TEOREZAR APRENDER e ENSINAR HISTÓRIA

TEORIZAR APRENDER *e* ENSINAR HISTÓRIA

Marcia de Almeida Gonçalves
ORGANIZAÇÃO

FGV EDITORA

FAPERJ
Fundação Carlos Chagas Filho de Amparo à Pesquisa do Estado do Rio de Janeiro

Direitos desta edição reservados à
FGV EDITORA
Rua Jornalista Orlando Dantas, 9
22231-010 | Rio de Janeiro, RJ | Brasil
Tel.: (21) 3799-4427
editora@fgv.br | pedidoseditora@fgv.br
www.fgv.br/editora

Impresso no Brasil | *Printed in Brazil*

1ª edição – 2023

Preparação de originais: Ronald Polito
Editoração eletrônica: Abreu's System
Revisão: Michele Mitie Sudoh
Capa: Estúdio 513

Dados Internacionais de Catalogação na Publicação (CIP)
Ficha catalográfica elaborada pela Biblioteca Mario Henrique Simonsen/FGV

Teorizar aprender e ensinar história / Organização Marcia de Almeida Gonçalves. – Rio de Janeiro : Editora FGV, 2023.
388 p.

Inclui bibliografia.
ISBN: 978-65-5652-227-2

1. História – Estudo e ensino. 2. Tecnologia educacional. 3. Literatura – História e crítica – Teoria, etc. I. Gonçalves, Marcia de Almeida, 1964-. II. Fundação Getulio Vargas.

CDD – 907

Elaborada por Rafaela Ramos de Moraes – CRB-7/6625

Sumário

Lugares para a teoria da história 7
Marcia de Almeida Gonçalves

PARTE I: PROPOSIÇÕES

1. Teoria da história em tempos digitais 23
   Elias Thomé Saliba

2. Teoria da história: usos, práticas, fins 49
   Estevão Chaves de Rezende Martins

3. Entre a espera e o desafio: ensaio sobre a factibilidade histórica 76
   Temístocles Cezar

4. O historicismo e a emergência da história no Brasil:
   Sérgio Buarque de Holanda e a sombra de Marc Bloch 93
   Guilherme Pereira das Neves

5. Demandas sociais e história do tempo presente:
   constituição e usos de arquivos orais em regimes autoritários 111
   Marieta de Moraes Ferreira

6. "Eu, você e todos nós." Notas sobre a singularidade, mas não apenas 123
   Marcia de Almeida Gonçalves

7. Outros sujeitos, outras teorias: reflexões para um programa de ensino de teoria feminista decolonial da história 139
Maria da Glória de Oliveira

8. A "aposta biográfica" na articulação entre teoria e didática da história 163
Carmen Teresa Gabriel

PARTE II: EXPERIÊNCIAS

9. Etnografando e construindo modos de olhar: o ensino de teoria da história 187
Durval Muniz de Albuquerque Júnior

10. Currículo e docência: uma trajetória de pesquisas em ensino de história 206
Ana Maria Monteiro

11. "A última aula do resto das nossas vidas": inquietações de docentes de teoria e metodologia da história 237
Benito Schmidt, Mara Cristina Rodrigues e Natalia Pietra Méndez

12. Dentro do conceito tem gente etc. e tal: pensando o ensino-pesquisa de teoria da história na universidade 271
Beatriz de Moraes Vieira

13. Teoria da história, ensino de história e novas tecnologias 297
Pedro Telles da Silveira e Thiago Lima Nicodemo

14. O ensino de teoria como análise de historicidades: uma eletiva sobre os anos 1980 316
Valdei Araujo

15. Autoria e formação como desafios para a historiografia e o ensino de história em tempos de crise democrática: contribuições de Ilmar Rohloff de Mattos e Manoel Luís Salgado Guimarães 335
Daniel Pinha Silva

16. Para que teoria? 360
Rebeca Gontijo

Sobre as autoras e os autores 379

Lugares para a teoria da história

Marcia de Almeida Gonçalves

> A busca do sentido, da inteligibilidade (aquela que dá hoje a nossa atualidade acentos tão dolorosos) se coloca na pesquisa histórica como um gesto a mais, não separado dos outros, que procura religar os mortos aos vivos, o sujeito a seus semelhantes, indicando os lugares de uma irredutível separação, lá onde irrompem a história para construir outra, certamente pouco discernível, mas dizível. [Arlette Farge, 2011:12]

Publicado originalmente pela Éditions du Seuil, em 1997, *Lugares para a história* é mobilizado na apresentação desta coletânea em função do que o livro permite conjecturar sobre a teoria da história, em especial nas suas relações com o ensino e a aprendizagem desse conhecimento. Escrito na década final do século passado, o texto de Farge foi construído como uma espécie de inventário de questionamentos acerca da pesquisa e da escrita da história de viés acadêmico, no qual a abordagem autobiográfica matiza as fronteiras tênues entre objetividade e subjetividade implicadas na ação intelectual do fazer historiográfico.

A abordagem autobiográfica garante para Farge um pacto de leitura em que o dito se lastreia em suas escolhas de pesquisa — sofrimento, violência, guerra em circunstâncias situadas, a França setecentista —, e também, com ênfase, possibilita a conexão com o presente em que o texto foi elaborado, na perspectiva de refletir sobre "modos singulares de existir ou de ser e estar no mundo" (Farge, 2011:9).[1] O livro de Farge se estrutura, como ela menciona, a partir da

[1] Arlette Farge organiza os capítulos a partir das seguintes expressões: "do sofrimento", "da violência", "da guerra", "da fala", "do acontecimento", "da opinião", "da diferença dos sexos"; "dos historiadores Bouvard e Pécochet". Em todos eles, nos diálogos com autores(as) mencionados(as), a conexão

premissa sugerida por Michel de Certeau de que os historiadores(as), "quando falam da história, estão sempre na história" (Certeau, apud Farge, 2011:7).

A epígrafe aponta para tópicas recorrentes nas reflexões sobre, e com, a história que há muito a configuram como prática intelectual. Entre elas, interessa destacar o "gesto a mais", na busca da "inteligibilidade" para "religar os mortos aos vivos", no reconhecimento de "irredutível separação", na possibilidade de construir outra história "pouco discernível, mas dizível".

Para minhas inquietudes como professora e historiadora, e organizadora desta coletânea, gesto e palavra indicam, como metáforas vivas, a potência da história como conhecimento sobre ações humanas no mundo, não apenas sob o legado dos modernos, mas certamente com tônicas particulares a partir das ressignificações e deslocamentos da máxima ciceroniana da "história como mestra da vida" (Koselleck, 2006:41-60). Gesto e palavra como alusões ao fazer e ao dizer e, de alguma maneira, tornar compreensível, e passível de análise crítica, modos de existirmos sob a condição humana, temporalmente, historicamente. Com perdão de certa simplicidade de enfoque, diria que as tarefas do que hoje é nomeado como teoria da história residem nos pontos de confluência entre gesto e palavra.

Se na década de 1990, por ocasião da primeira edição de *Lugares para a história*, Farge identificava uma atualidade sob "acentos tão dolorosos", neste ano de 2020, no curso da pandemia de Covid-19 e de seus impactos locais, regionais e globais, dor e morte ganharam destaques, arrisco dizer, inigualáveis em proporção numérica e simultaneidade, nos "modos singulares de ser e estar no mundo", afetando milhões de pessoas, entre acometidas pela doença e/ou por ela fatalmente vitimadas. Em países e regiões onde as desigualdades de matizes variados — classe, gênero, raça, orientação sexual — estruturam vidas e expectativas, a pandemia escancarou hierarquias e exclusões históricas, como na sociedade brasileira.

A busca de inteligibilidade por meio da história não neutraliza a dor e muito menos burla a morte. Informa, no entanto, a elaboração de saber que, na sua criticidade, rigor investigativo e compromisso ético (há que afirmá-los em tempos de revisionismos negacionistas!), apontam rotas alternativas para agir no presente.

---

passado/presente é convocada, assim situando a fala da historiadora em seu tempo de enunciação, sob a luz do que a inquietava na década de 1990, e a especificidade espaçotemporal de vivências da França setecentista.

Sob essas indagações, nesta coletânea, procurou-se, como sugere seu título, fomentar o ato de pensamento, o teorizar acerca do conhecimento histórico, implicado nas dimensões práticas de dois outros atos correlatos e complementares: o ensinar e o aprender esse conhecimento. E propositalmente, como permite a língua portuguesa, assim grafamos: textos definidos para substantivar o modo infinitivo dos verbos enunciados. A escolha, nesses termos, é porta de entrada para uma concepção em que teorizar, aprender e ensinar história significa conjugar verbos, tecer palavras e ações.

Busca-se, assim, ao mobilizar os verbos mencionados, valorizar a prática e o tempo presente de enunciações analíticas, no caso as que remetem à teoria da história e ao ensino e à aprendizagem de conceitos, temas e proposições do campo na formação de professores e historiadores, mas não apenas, tendo em vista os lugares da história na Educação Básica, nos debates contemporâneos no âmbito da pesquisa do ensino/aprendizagem da história.[2]

Decerto há historicidades nas configurações da teoria da história, de seus conceitos e abordagens, em consonância com a história da história, a história da historiografia, com as diversas culturas históricas, nas suas ambiências sociais e políticas. A coletânea, nesses termos, realiza uma pontual amostragem, importante frisar, desse elenco de questões e conceitos, enfatizando o recorte da contemporaneidade, nos limites de finais do século XX e décadas iniciais do XXI.

A construção dessa pontual amostragem buscou seguir dois critérios na composição da autoria dos textos então reunidos. O primeiro critério foi a junção de profissionais que atuassem como professores(as) e/ou pesquisadores(as) do que hoje é designado como área de teoria da história e de história da historiografia, nas suas variadas terminologias, na alusão à metodologia da pesquisa e à epistemologia, em graduações e pós-graduações, nas ciências humanas e na educação.[3] Foi incluída nesse critério a preocupação de reunir

---

[2] Entre outras produções que situam a pesquisa no ensino/aprendizagem da história, na atualidade, vale mencionar a coletânea *Pesquisa em ensino de história. Entre desafios epistemológicos e apostas políticas*, organizada por Ana Maria Monteiro, Carmen Teresa Gabriel, Cinthia Monteiro de Araújo e Warley da Costa (Monteiro et al., 2014).

[3] Importante mencionar a especificidade dos mestrados profissionais em ensino de história, relacionada com a formação continuada dos(as) que atuam como docentes na Educação Básica ou em espaços não formais educativos. Destaque para ProfHistória, mestrado em rede nacional, criado em 2014. Como docente do ProfHistória Uerj, nele ministrando a disciplina Teoria da História com regularidade, confesso o quanto as aulas nessa disciplina, em função da interlocução com

um conjunto diverso nas suas identidades pessoais e nos seus percursos de formação, em especial quanto às diferenças etárias e de gênero, de modo que leitores e leitoras possam ter em mãos a palavra dos(as) mais experientes em diálogo com os(as) mais jovens. Nessa perspectiva, reiterando o caráter de amostragem, tendo em vista a oportuna e significativa expansão das pesquisas e publicações relacionadas com a teoria da história e a história da historiografia, nas últimas duas décadas, no Brasil, 19 autores(as), com vinculações institucionais distintas, aqui se apresentam.

O segundo critério utilizado condiciona um elemento da forma de enunciação da totalidade dos textos dessa coletânea, a saber, a dimensão autobiográfica. No convite endereçado àqueles(as) para a composição da publicação, o eixo apresentado foi o de relatar experiências e proposições a partir da primeira pessoa do singular, na atuação intelectual de pensar e realizar a teoria da história, na pesquisa e, especialmente, na docência, ou nas conexões desses fazeres.

A premissa do valer-se da abordagem autobiográfica foi ancorada no caráter profícuo dessa elaboração narrativa como caminho para reflexão crítica tanto sobre os exercícios propriamente teóricos de situar conceitos, chaves heurísticas, interpretações sobre percursos formativos quanto sobre práticas instituídas na pesquisa, na realização/proposição de uma aula, de uma disciplina ou de um curso, de modo que teoria e prática possam ser redimensionadas nas suas interdependências e interseções. Como todos(as) os(as) autores(as) aqui reunidos são, no momento da publicação dessa coletânea, professores(as) universitários(as), cada um(a) deles(as), com suas respectivas assinaturas, realizaram e realizam aulas na graduação e na pós-graduação, vivenciando os dilemas, desafios e delícias daquilo tudo que envolve a performance didática, conjugada com a devida erudição.

Nas abordagens autobiográficas, resguardadas as diferenças nas formas de promovê-las, aplica-se o "relatar a si mesmo" (Butler, 2015) como possibilidade de instituir os "começos narrativos" e a "unidade narrativa de uma vida" (Ricoeur, 2014:167-174), configurando identidades profissionais e intelectuais, à moda de "identidades narrativas" (Ricoeur, 2014:145-159), na assunção das

mestrandos(as), todos(as) professores(as) da Educação Básica, viabilizaram retrospectivas de minha atuação na Educação Básica, entre 1987 e 1998, e indagações fundantes da proposta de organizar essa coletânea sobre o ensino de teoria da história. Para maiores informações sobre o ProfHistória, ver: <https://profhistoria.ufrj.br>.

diferenças temporais e das disjunções entre quem enuncia e quem atua na ação/percepção narradas.[4]

Se as ponderações de Ricoeur contribuem para desmembrar "o si mesmo" "como outro", fazendo do relato autobiográfico um caminho analítico para temporalização do eu, de suas ações e percepções, viabilizam igualmente apreensão do vivido na qual a presença de outros sujeitos virá de alguma forma a manifestar-se. Tal ênfase aparece, com cores particulares, nas considerações de Judith Butler. Segundo essa autora,

> Quando o "eu" busca fazer um relato de si mesmo, pode começar consigo, mas descobrirá que esse "si mesmo" já está implicado numa temporalidade social que excede suas próprias capacidades de narração; na verdade quando "eu" busca fazer um relato de si mesmo sem deixar de incluir as condições de seu próprio surgimento, deve, por necessidade tornar-se um teórico social. [Butler, 2015:18]

Nessa coletânea, os(as) que relataram a si mesmos(as) na alusão às suas respectivas ações como professores(as)/pesquisadores(as) de questões e conceitos afeitos à teoria da história, tornaram-se, de alguma forma, "teóricos sociais". A aposta é que essa abertura proporcionada pelas práticas autorreflexivas fomente nos leitores e leitoras compreensões acerca da potência de estimular questionamentos por meio da teoria da história para dizer, e fazer, algo além dela.

Com Ilmar Rohloff de Mattos, orientador de mestrado e amigo caro, aprendi que só se ensina algo a alguém se se souber como esse alguém pensa. A premissa, no caso, um cuidado, informa como começar uma conversa, um diálogo, uma aula. Essa lição tomada de Ilmar R. de Mattos desdobrou-se em ilação inspiradora dessa coletânea, qual seja: a de que professores(as) que pensam sobre sua prática docente, a interpretam sobre outras bases, promovendo crítica, autorreflexão, ampliando as possibilidades de apreensão dos conhecimentos ensinados e, quiçá, gerando proposições de formas outras

[4] Como analisa Paul Ricoeur, na obra *O si-mesmo como outro*, "quanto à noção de unidade narrativa da vida, também é preciso ver nela um misto instável entre fabulação e vivência. É precisamente em razão do caráter evasivo da vida real que temos necessidade do socorro da ficção para reorganizá-la retrospectivamente após os acontecimentos, mesmo que seja preciso considerar revisável e provisória toda e qualquer figura de enredo extraída da ficção ou da história. Assim é com a ajuda dos começos narrativos com os quais a leitura nos familiarizou, forçando de algum modo a mão, estabilizamos os começos reais constituídos pelas iniciativas — no sentido forte do termo — que tomamos" (Ricoeur, 2014:173).

de ensinar e aprender. No caso da teoria da história, amada, odiada, temida pelos(as) estudantes, diria que ela nunca passa pela indiferença, o pensar sobre sua docência nos espaços universitários é convite para compreendê-la de modo que ela possa ser decifrada antes de devorar quem se encanta pelo enigma.

* * *

A coletânea está organizada em duas partes intituladas "Proposições" e "Experiências". A diferença entre as partes foi instituída pelo critério da maior alusão de autores(as) aos estudantes cursistas de disciplinas ministradas, por meio da menção a questionamentos diretos dos(as) discentes ou de expectativas quanto às suas demandas ante suas especificidades identitárias as mais variadas — geracionais, profissionais, religiosas, de orientação sexual, de gênero, de classe, de posicionamento político. Os textos em que tal alusão se manifestou compuseram a parte intitulada "Experiências".

Na parte intitulada "Proposições", agruparam-se as reflexões que situaram questões caras à docência e à pesquisa da teoria da história, entre as já instituídas e as contemporâneas. Decerto, como leitores(as) poderão constatar, há os textos "curinga", algo que, no meu entendimento, não só pode interferir positivamente no jogo de recepção da coletânea quanto auxiliar na constatação de que experiências, uma vez narradas, conformam proposições e essas, por sua vez, orientam experiências, em especial quando se busca teorizar, ensinar e aprender história.[5]

Proposições

Elias Thomé Saliba, meu sempre querido orientador de doutorado, apresenta em seu texto "Teoria da história em tempos digitais", o curso de Teoria da História que ministrou na Universidade de São Paulo (USP), em 2018 e 2019. No texto, a teoria da história é abordada em seu aspecto mais restrito, como uma disciplina, e, em especial, no mais amplo, nas palavras de Saliba, na "qualidade de reflexão metódica e crítica sobre a história". À luz do acúmulo de suas ações como professor e pesquisador, o autor busca sistematizar análises

[5] Fica o registro de que o tíulo da coletânea inspirou-se diretamente no livro *Lembrar escrever esquecer* de Jeanne Marie Gagnebin (2006).

regidas pela interrogação acerca dos impactos da cultura digital, situando alterações radicais provocadas pelos circuitos da informação e redes virtuais, buscando rever conceitos da teoria da história tais como tempo, espaço, agentes históricos, narratividade, documentalidade, contrafactuais e memória social, levando em conta a emergência dos Big Data e seus desdobramentos no trabalho historiográfico. Ao narrar os processos de elaboração da disciplina ministrada, Saliba abre para leitores(as), de forma instigante, por meio de escrita ensaísta impecável, um leque de questões passíveis de serem tomadas como bússula para navegantes dos mares virtuais da Web, na interseção com as lógicas complexas que regem o mundo das finanças, da economia, da cultura, da política e da história.

Estevão Chaves de Rezende Martins realiza no texto "Teoria da história: usos, práticas e fins" análise cuidadosa e abrangente, focada, nas suas palavras, em reunir "reflexões sobre o porquê da história, a clarificação terminológica da teoria e do método, a presença e a função da história do quotidiano, suas operações argumentativas e o papel do ensino-aprendizagem de história no espaço público". Os(as) leitores(as) têm em mãos uma cartografia detalhada de aspectos teóricos cruciais em consonância com as funções da história para a vida prática, em diálogos com Reinhart Koselleck e Jörn Rüsen, entre outros(as). Ao pensar conceitos, formas, funções, usos e abusos da história como conhecimento, Estevão Martins mobiliza sua longa e criteriosa experiência no trato com a teoria, destacando igualmente lugares para o ensino/aprendizagem da história na formação de professores, na Educação Básica e no debate político contemporâneo.

Temístocles Cezar, em seu texto "Entre a espera e o desafio. Ensaio sobre a factibilidade histórica", apresenta para leitores(as) indagação sobre o conceito de factibilidade. Sua abordagem "toca os nervos" ao ousar expor, em tom confessional, algumas de suas dúvidas no trato com a pesquisa e o ensino da história. Entre a postulação de um problema e uma aporia, o autor estabelece como fio condutor as seguintes interrogações, nas suas palavras: "Como construímos no espaço público um fato histórico? Como efetivamente fazemos a história? E desde quando a fazemos, desde sempre? E se não construímos o fato histórico? E se não fazemos a história? E se a história da história não coincidir com modos de fazê-la na prática? E se a história fosse apenas a historiografia?" As reflexões de Temístocles Cezar materializam as contribuições de sua autobiografia intelectual no gesto de um pensar sobre/com a teoria e a história para, mesmo sem garantias, fazer história.

Guilherme Pereira das Neves, no texto "O historicismo e a emergência da história no Brasil: Sérgio Buarque de Holanda e a sombra de Marc Bloch", interroga o conceito de historicismo valendo-se de instigantes considerações mescladas à sua memória pessoal como estudante, pesquisador e professor. No texto, suas considerações se concentram, como ele especifica, em aspectos já conhecidos da carreira do autor de *Visão do paraíso* e da trajetória de Marc Bloch. Ao eleger e problematizar esses aspectos, Guilherme Pereira das Neves revisita as obras dos autores mencionados, não apenas para afirmar o caráter seminal de cada uma delas, em seus respectivos ambientes historiográficos, mas também para propor mais alguns indicadores acerca do que ainda cabe pesquisar sobre elas. Ao diferenciar e historicizar as obras de Sérgio Buarque de Holanda e de Marc Bloch, Guilherme Pereira das Neves os aproxima da crítica aos autoritarismos que ambos conheceram em seus tempos de vida, e de nossa atualidade, em que a história é posta mais uma vez em questão.

Marieta de Moraes Ferreira, no texto "Demandas sociais e história do tempo presente: constituição e usos de arquivos orais em regimes autoritários", apresenta, de foram didática e concisa, o resultado de pesquisas inseridas na sua vasta e referencial experiência com a história oral. Marieta de Morares Ferreira problematiza práticas de abordagem e estudo de memórias traumáticas por meio da produção e do uso de testemunhos, em projetos destinados a recuperar a trajetória política dos(as) que atuaram de forma relevante na oposição à ditadura militar no Brasil, a saber: Memórias dos Militantes do Partido dos Trabalhadores (PT); Lutas políticas na antiga Faculdade Nacional de Filosofia da Universidade do Brasil (FNFI/UB-1939-68); Comissão da Verdade instalada no IFCS/UFRJ nos anos de 2012-13. Atenta aos dilemas relativos aos "deveres de memória e direitos ao esquecimento", no debate nas humanidades, desde a década de 1990, a autora se posiciona ao indagar sobre "a instrumentalização da história pela demanda social e o vínculo entre função do conhecimento e função social da história", na defesa dos compromissos éticos e da autonomia de pesquisa.

Em texto de minha autoria, "'Eu, você e todos nós'. Notas sobre a singularidade, mas não apenas", tomo como fio condutor e fonte de inspiração um filme, mencionado no título, na versão em português, do longa *Me and you and everyone we know*, dirigido e protagonizado por Miranda July, exibido a partir de 2006, hoje disponível na plataforma YouTube. A alusão ao filme funciona como indiciador de abordagem acerca do conceito de singularidade, entre mudanças que afetaram e afetam o conhecimento histórico, em especial as reflexões de ordem teórica e conceitual, nos últimos 40 anos. Sem a pretensão de esgotar reflexões sobre a temática, realizei, como ensaio, na forma das tomadas cinematográficas, um breve exercício de análise sobre a singularidade a partir de conexões com a psicanálise, o valor biográfico, a escrita da história dimensionada pela relação com a alteridade e a mobilização de narrativas vivenciais no ensino/aprendizagem da história, na formação de professores, na universidade e na Educação Básica.

Maria da Glória de Oliveira, no texto "Outros sujeitos, outras teorias: reflexões para um programa de ensino de teoria feminista decolonial da história", realiza provocadora reflexão acerca do ensino de teoria da história, no melhor estilo "curinga", em que proposição epistêmica e experiência docente se alternam e se mesclam. Ao partir das salas de aula universitárias onde leciona, na Universidade Federal Rural do Rio de Janeiro (UFRRJ), as enquadra como "observatórios privilegiados de tensões, conflitos e contradições em que se desvelam os impasses e desafios estruturais das políticas públicas de inclusão", na atualidade. Ao se dispor a escutar os silêncios manifestos por graduandos(as) diante dos "incômodos e obscuros conteúdos da teoria da história", associou-os aos marcadores de corpo, gênero, cor de pele e classe social tão presentes nas identidades dos(as) estudantes. E, a partir de tais interpelações, Maria da Gloria de Oliveira traça seu programa de curso (de estudo e posicionamento político), no diálogo com o pensamento feminista e a teoria decolonial, sob a premissa de desejar, nas suas palavras, "outras e mais potentes teorias da história".

Carmen Teresa Gabriel, no texto "A 'aposta biográfica' na articulação entre teoria e didática da história", traz para a coletânea a palavra de pesquisadora e professora que atua há muito na formação inicial e continuada de professores(as) de história. O recorte da escrita biográfica orienta as considerações de Carmen Teresa Gabriel no sentido de discutir e problematizar premissas essencializadoras de conceitos históricos, a partir de estudos sobre linguagem. A autora busca então explorar postura epistêmica, no diálogo entre a história acadêmica e a história ensinada na Educação Básica, valendo-se de perspectivas pós-estruturalistas/pós-fundacionais para o enfrentamento de tensões nos debates do campo, em especial o lugar atribuído à agência no processo de compreensão e de produção do passado. Em destaque, situam-se os sentidos atribuídos às categorias de "sujeito histórico" e de "narrativa histórica", nas alusões a Paul Ricoeur, e o que a autora indica como possibilidades abertas para a didática da história ao incorporar tais reflexões para a reconfiguração das narrativas escolares, nas práticas docentes na Educação Básica.

Experiências

Durval Muniz de Albuquerque Júnior, no texto "Etnografando e construindo modos de olhar: o ensino de teoria da história", realiza, como indica o título, exercício etnográfico em que o campo a ser densamente narrado, na fronteira tênue entre descrever, compreender e problematizar, é tudo aquilo que ocorre quando aulas de teoria da história acontecem nas salas universitárias, em particular nas graduações. O texto de Durval Muniz de Albuquerque Júnior é mais um texto "curinga". Conjuga sua larga experiência como docente e pesquisador da teoria da história com a proposição crítica, sensível, apaixonada de lidar com conceitos, revelando suas potências investigativas para a escrita, o ensino e as vivências históricas. Nas palavras conclusivas do autor, o ensino de teoria da história prima por "ensinar a olhar para o mundo de uma dada maneira, para a história, para o passado, para os tempos, e, a partir daí, refletir, pensar sobre eles", no gesto de lidar com "as distintas formas de olhar, com os diferentes olhares sobre o mundo".

Ana Maria Monteiro, no texto "Currículo e docência: uma trajetória de pesquisas em ensino de história", elabora cuidadosa apresentação das pesquisas e reflexões que efetivou no curso de sua atuação na formação inicial e continuada de professores de história. Ao fazê-lo, articula com competência as relações entre teorias do currículo e reflexões sobre saberes e práticas docentes na Educação Básica, passíveis, no entanto, de serem associadas ao ensino universitário. Nesse ponto há muito que aprender com essa articulação, ainda mais na medida proposta e realizada por Ana Maria Monteiro, derivada diretamente de conceitos axiais da teoria da história e aplicada, como ela enfatiza, ao categorizar o lugar de fronteira ocupado pelo ensino desse campo de conhecimento. Ao dialogar com Durval Muniz de Albuquerque Júnior, Ana Maria Monteiro postula "o entendimento do fazer curricular como invenção", na abertura para possibilidades de conhecimento de experiências do "outro", e de produção de sentidos a partir de questões de nosso presente.

Benito Schmidt, Mara Cristina Rodrigues e Natalia Pietra Méndez, no texto "'A última aula do resto das nossas vidas': inquietações de docentes de teoria e metodologia da história", apresentam reflexões focadas nas suas ações docentes em disciplinas da área de teoria e metodologia da história para graduandos(as) em história da Universidade Federal do Rio Grande do Sul — História e Relações de Gênero e Metodologias da Pesquisa Histórica. A escrita a seis mãos, tentativa de romper com a "função autor" tradicional, inspirou-se nas considerações de Heloísa Buarque de Holanda, bell hooks e Ron Scapp, sob a premissa de instituir uma "comunidade pedagógica". Possibilitam para os(as) leitores(as) tanto a descrição cuidadosa quanto a problematização sensível das impressões dos(as) autores(as) e dos(as) estudantes, em que emoções, expectativas, realizações e frustrações são situadas corporeamente nos marcadores de gênero, orientação sexual, raça e classe social, configurando a crítica dos cânones curriculares da formação universitária, na busca de outras palavras e outros gestos para se pensar com, e na, história.

Beatriz de Moraes Vieira, no texto "Dentro do conceito tem gente etc. e tal: pensando o ensino-pesquisa de teoria da história na universidade", promove exercício de análise sobre suas ações como docente nas aulas de teoria da história, no curso de graduação em história do Instituto de Filosofia e Ciências Humanas da Universidade Estadual do Rio de Janeiro (IFCH/Uerj), a partir das interrogações e provocações dos(as) estudantes. A autora mobiliza referências da literatura, no caso Jorge Luis Borges — "Do rigor da ciência" e "Funes, o memorioso" —, e da teoria literária para efetivar ilações criteriosas entre metáfora, conceito e conhecimento, destaques para Paul Ricoeur, na obra *A metáfora viva*. A partir desse percurso teorizador, Beatriz de Moraes Vieira estabelece as conexões com exercícios propostos aos(às) estudantes, mobilizando, entre outros materiais, questões do vestibular da Uerj. Como (in)conclusão situa, com sensibilidade, lugares para "a dor da história".

Pedro Telles da Silveira e Thiago Lima Nicodemo, no texto "Teoria da história, ensino de história e novas tecnologias", se dispõem a enfrentar, sem a pretensão de formular respostas unívocas, as seguintes questões, nas suas palavras: "Quais as alterações trazidas no estatuto da teoria da história nos cursos de graduação devido à introdução das novas tecnologias? Que funções a teoria da história pode ou deve assumir numa configuração marcada pela presença dos meios digitais?" Os autores realizam análises retrospectivas e prospectivas, à luz da historicidade do que concerne à teoria da história, sob a premissa de identificar desafios e apostas que afetaram e afetam seu ensino na universidade. Assim abordam a história da introdução da teoria da história no Brasil, a relação entre tecnologia e epistemologia e indicam lugares para a teoria da história na formação de historiadores(as) hoje e no futuro.

Valdei Lopes de Araujo, no texto "O ensino de teoria como análise de historicidades: uma eletiva sobre os anos 1980", apresenta considerações sobre algumas das estratégias didáticas que utiliza em sua prática docente como professor da área de teoria e história da historiografia na Universidade Federal de Ouro Preto (Ufop). Na esteira de algumas questões que o inquietam, a saber, "Quais conceitos e fenômenos podem nos servir de apoio para estimular nossos estudantes a experimentar formas inovadoras de sentir, representar e apresentar fenômenos históricos?", Valdei Lopes de Araújo evita pegadas universalistas e recorre aos fazeres de sua autoria e de seus alunos(as), no caso, em duas disciplinas eletivas: "A década perdida reencontrada", e outra focada em aproximações entre a catástrofe de Chernobil e o rompimento da barragem de detritos de mineração em Bento Rodrigues, na cidade de Mariana, no diálogo com o livro *Vozes de Tchernóbil*, de Svetlana Aleksiévitch.

Daniel Pinha Silva, no texto "Autoria e formação como desafios para a historiografia e o ensino de história em tempos de crise democrática: contribuições de Ilmar Rohloff de Mattos e Manoel Luís Salgado Guimarães", elabora reflexão original e significativa ao conjugar as lições de dois grandes professores e pesquisadores, indicados no título, ao seu exercício docente, na disciplina Teoria da História, oferecida para mestrandos(as) do ProfHistória Uerj em 2019. E assim o faz na premissa de indagar se os conceitos de autoria e de formação (*bildung*) são aplicados não apenas nos processos de formação inicial e continuada de professores que atuam na Educação Básica, mas também nos dilemas político pedagógicos que quotidianamente afetam a atuação profissional de professores(as) no Brasil atual.

O texto de Rebeca Gontijo, "Para que teoria?", encerra a coletânea apresentando, como provocação para leitores e leitoras, a pergunta que o intitula. Como pondera a autora, a pergunta é o seu mote para situar sua experiência como docente da teoria da história na UFRRJ e também alguns dos problemas intrínsecos à teoria nas suas relações com os outros campos da produção de viés acadêmico do conhecimento histórico. Ao pensar sobre o que significa teorizar, elabora interessante digressão sobre historiadores de ofício mais ou menos céticos quanto às funções da teoria. Indica igualmente, no escrutínio das dúvidas de estudantes universitários, o que pode a teoria da história, uma vez situada nos dilemas práticos de passados e presentes. O texto funciona também como convite para manter a pergunta que o intitula como uma espécie de sinal de alerta, sem respostas universais e definitivas, na abertura para o mundo da vida.

Cabem, para finalizar essa apresentação, mais algumas palavras. Pensar lugares para a teoria da história, em diálogos com a epígrafe de Arlette Farge, ao fim, reiterou suas funções no ensino e na aprendizagem da história. Nesses termos, a proposta de organizar a coletânea é tributária da escuta das inquietudes dos(as) estudantes, graduandos(as) e pós-graduandos(as). De todo, certamente, essa coletânea não teria sido possível, em qualidade e diversidade, sem a colaboração de todos(as) os(as) autores(as) que se dispuseram a participar. A todos e todas, meu fraterno agradecimento. Como organizadora, o trabalho foi aprendizado intenso, e a reafirmação da certeza, em tempos tão dolorosos, da sonoridade prolífica de vozes plurais.

Cumpre também agradecer à equipe de produção da FGV Editora, ao CNPq e à Faperj pelo financiamento da publicação.

Como singela homenagem, trabalho de memória e reconhecimento do legado intelectual, a coletânea é dedicada aos mestres formadores Manoel Luiz Salgado Guimarães e Ricardo Benzaquen de Araújo.

Cidade do Rio de Janeiro, agosto de 2020.

Referências

BUTLER, Judith. *Relatar a si mesmo*. Crítica da violência ética. Tradução de Rogerio Bettoni. Belo Horizonte: Autêntica, 2015.

DE CERTEAU, Michel. *L'ecriture de l'histoire*. Paris: Gallimard, 1975.

FARGE, Arlette. *Lugares para a história*. Tradução de Fernando Scheib. Belo Horizonte: Autêntica, 2011.

GAGNEBIN, Jeanne Marie. *Lembrar escrever esquecer.* São Paulo: Ed. 34, 2006.

KOSELLECK, Reinhart. Historia magistra vitae — sobre a dissolução do topos na história moderna em movimento. In: ______. *Futuro passado*. Contribuição à semântica dos tempos históricos. Tradução de Wilma Patrícia Maas e Carlos Almeida Pereira; revisão da tradução de César Benjamin. Rio de Janeiro: Contraponto; Ed. PUC-Rio, 2006, p. 41-60.

MONTEIRO, Ana Maria et al. (Org.). *Pesquisa em ensino de história*. Entre desafios epistemológicos e apostas políticas. Rio de Janeiro: Mauad X; Faperj, 2014.

RICOEUR, Paul. *O si-mesmo como outro*. Tradução de Ivone B. Benedetti. São Paulo: WMF Martins Fontes, 2014.

PARTE I:
PROPOSIÇÕES

1

Teoria da história em tempos digitais

Elias Thomé Saliba

I

Seres de outro planeta, chamados Kanamitas, falando uma língua desconhecida, pousam na terra, conseguem se comunicar por telepatia e garantem aos humanos amedrontados que seu único propósito é ajudar a humanidade. E realmente melhoram as coisas em todos os campos, principalmente na agricultura, e ainda presenteiam os terráqueos com um livro escrito no idioma kanamita, do qual os criptógrafos conseguem decifrar apenas o título: *Para servir ao homem*. No final da história, quando um grupo de entusiasmados humanos é convencido a conhecer o planeta Kanamita, é que uma criptógrafa consegue decifrar o conteúdo e alerta aqueles prestes a embarcar: "Não entrem, é um livro de receitas!" A moral da fábula é simples: "Não existe almoço grátis, a não ser que você seja o almoço."

Este episódio, colhido de uma antiga série de TV, "Além da imaginação", me veio à memória ao comparar este nosso mundo contemporâneo em contraste com a época na qual decidi ser historiador, o que aconteceu ali nos tormentosos anos iniciais da década de 1970. O episódio talvez seja interessante para repensar a história e as utopias de ser historiador num momento no qual enfrentamos as facilidades, as promessas, as rápidas alterações — e os limites e os perigos da recente avalanche dos tempos digitais.

"A informação digital dura por toda a eternidade — ou por cinco anos, o que acontecer primeiro." Cinco anos é muito tempo para a incrível velocidade da atual inovação tecnológica e, pouco depois, até mesmo a piada já envelheceu. Mas ela é ainda bastante sintomática da urgência em confrontar o excesso de deslumbramento tecnológico e reconhecer que vivemos a época áurea da mídia morta, do excesso de informação, e sofremos mundialmente da doença do curto prazo. Tal constatação se faz imprescindível ao inicarmos uma reflexão sobre a teoria da história — aqui entendida tanto em seu aspecto mais restrito, o de uma disciplina, quanto no seu aspecto mais amplo de reflexão metódica e crítica sobre a história.

Durante as quatro décadas nas quais fomos responsáveis pela disciplina de Teoria da História nos cursos de história, em duas diferentes instituições universitárias, nossa impressão é a de que os conteúdos dos programas e suas sucessivas alterações constituíram-se praticamente em sismógrafos das inquietações, mais amplas da historiografia, das rupturas e dos desafios políticos e epistemológicos de cada uma dessas décadas — que, para simplificar, optamos aqui por designá-las pelos seus epítetos mais conhecidos: a *virada linguística* na década de 1980; a *virada cultural* da década de 1990; a *virada subjetiva* na década de 2010 e esta, dos últimos cinco anos — a qual, embora já reconhecida e até mapeada por algumas publicações recentes, optamos por designar provisoriamente como uma *virada digital.*

As disciplinas de Teoria da História tiveram um destaque singular na década de 1980 na Pontifícia Universidade Católica (PUC) de São Paulo. Divididos em três semestres, os conteúdos enfatizavam o estudo dos sedimentos epistemológicos das teorias cognitivas para depois adentrarem nos estudos dos tópicos clássicos e nos conceitos operativos da teoria da história: temporalidade, narrativa, causalidade, objetividade, contrafactuais etc. Era, afinal, a história social, com difusas inspirações marxistas, que dava o tom para os programas, reiterando que a disciplina era uma forma de expor, compreender e discutir as diversas concepções a respeito de como funcionavam as sociedades. Era ainda uma forma de crítica às filosofias da história — aquelas construções teleológicas de suposto alcance universal sobre os destinos das sociedades. De qualquer forma, ressaltava-se a bidimensionalidade intrínseca do olhar historiográfico sobre o passado que era, ao mesmo tempo, uma genealogia do sistema social do tempo presente e uma iniludível escolha entre os muitos projetos políticos de construção do futuro. Como veremos adiante, esta necessidade de um olhar crítico sobre projetos políticos de construção do futuro seria reafirmada, ainda que em novas configurações e, acrescente-se, em um novo espectro de dúvidas e incertezas.

Na década de 1990, no embalo da *virada cultural*, já nos conteúdos dos cursos de história da Universidade de São Paulo (USP), apesar de ainda se referirem às clássicas teorias cognitivas, introduzimos tópicos que já tratavam das questões de representação, linguagem e história cultural. Na primeira década deste século, em anos já marcados por aquilo que vários analistas difusamente nomearam de *virada subjetiva*, as questões clássicas continuaram a ser abordadas, mas foram bastante temperadas com as atenuações subjetivas trazidas pelas ambiguidades da muita citada, pouco definida e ainda menos compreendida conjuntura "pós-moderna". Não é nosso objetivo analisar o impacto de cada uma destas alterações nas grandes tendências historiográficas nos conteúdos de uma disciplina universitária — o que só poderia ser feito noutro ensaio. O que gostaríamos de ressaltar, contudo, é aquilo que se manteve no decorrer destas quase quatro décadas de experiência no ensino da teoria da história: a aposta nos fundamentos racionais da história como parte de toda ciência cognitiva e, ao mesmo tempo, na sua vocação singular e eminentemente crítica inerente às humanidades. Se esta observação parece óbvia demais, é sempre bom repeti-la com certa ênfase, sobretudo, nos tempos (e é preciso dizê-lo com certa audácia) obscurantistas nos quais vivemos. De qualquer forma, percebíamos que, diante do atual impacto do universo digital — e apesar de sempre modificado e atualizado em face daquelas tantas *viradas* —, começamos a sentir muita dificuldade em continuar mantendo o mesmo programa de teoria da história, desconsiderando tais mudanças. Até que ponto tais fundamentos inerentes à teoria da história sofreram o impacto — e supostamente se modificaram — com a ascensão rápida e surpreendente do universo digital e, mais especificamente, com a autêntica revolução tecnológica genericamente designada pela emergência dos Big Data?

Assim, após uma preparação de quase sete meses, reunindo, lendo e selecionando de forma criteriosa a ampla e desigual bibliografia sobre o tema do universo digital, alteramos completamente o programa de teoria da história, cuja ementa, do curso ministrado no segundo semestre de 2018 e no primeiro de 2019, foi a seguinte:

> O curso pretende abordar o impacto da cultura digital na teoria do conhecimento e na teoria da história, analisando as alterações radicais provocadas pelos circuitos da informação e redes virtuais; os desdobramentos cognitivos provocados pelas novas formas de acesso às fontes e os efeitos sobre as teorias culturais e os modos de compreender as sociedades. Pretende-se ainda rever conceitos operativos de teoria da história, tais como tempo, espaço, agentes históricos, narratividade, documentalidade,

contrafactuais e memória social — a partir de novos ângulos possibilitados pelos Big Data — e seus desdobramentos no trabalho historiográfico.[1]

Reconhecemos aí uma certa ousadia em tratar de uma temática como esta — com alterações tão rápidas e de difícil reconhecimento —, mas, pessoalmente, não mais conseguíamos pensar na própria teoria da história da mesma maneira que pensávamos há uma década. Ousadia e, sobretudo, dificuldade de mínimo distanciamento, já que, formados na "era analógica", tínhamos que lidar com os impactos de uma inovação tecnológica cujas consequências, boas e ruins, sentíamos — nós, mas, principalmente os alunos, mais jovens e, quase todos, se não a maioria, nascidos na era digital. Essa dificuldade se expressava na diversidade e variedade da bibliografia disponível: havia tanto aqueles autores que ainda se apegavam à afirmação ingênua de que a ordem tecnológica contemporânea seria um conjunto de ferramentas neutras, utilizadas de diferentes maneiras, a serviço de uma política emancipatória, quanto estudos bem mais críticos, que procuravam mostrar o incremento dos dispositivos controladores no contexto do capitalismo neoliberal e da capacidade de resiliência deste último. Ao primeiro conjunto de autores designamos como os "eufóricos" ou — melhor caracterizados — como "solucionistas", pois acreditam que apenas mudanças ou meros ajustes funcionais poderiam colocar a tecnologia a serviço da sociedade.[2]

Acompanhando esta toada eufórica, irresistível — quase consensual pelo medo de "ficar para trás" ou de ser considerado um ludista antiquado ou redivivo —, vinham aquelas vozes ingenuamente otimistas, de que "um outro mundo é possível com novas formas de interação", e o argumento difuso de que a justiça econômica e a criação de relações sociais igualitárias poderiam, de alguma maneira, conviver com conglomerados de empresas como Google, Apple, Amazon etc. E ai de quem esboçar quaisquer críticas ou objeções a esta nova paisagem! Há uma proibição e, não raro, censura velada a todas as críticas ao consumo tecnológico obrigatório. Até mesmo uma simples recusa parcial das ofertas intensamente comercializadas por empresas multinacionais é tratada como oposição à própria tecnologia.

---

[1] A ementa é apenas uma indicação muito sumária. Mais detalhes sobre a disciplina ministrada podem ser encontrados em: <https://teoriadahistoriaetsusp.wordpress.com/>.

[2] Entre os autores, chamados "eufóricos", indicados na mesma disciplina como exemplos, encontram-se Tapscott (2010); Tucker (2018); e Johnson (2014), entre muitos outros.

Evgeny Morozov, num dos textos discutidos no curso, vai mais longe, ao afirmar que,

> enquanto a narrativa cultural dominante considerar a tecnologia como a arma dos fracos e dos pobres e não como a arma apontada para os fracos e os pobres, há pouca esperança de que fenômenos como o extrativismo de dados sejam realmente levados em conta. Aqui, claro, não se trata da tecnologia em si, mas da tecnologia tal como é manipulada hoje pelo poderoso setor empresarial extrativista de dados. [...] a causa de a narrativa técnico-utópica sempre acabar vencendo é a sua habilidade de apresentar toda crítica à lógica comercial e social das tecnologias digitais como um ataque conservador e explícito à tecnologia — e ao progresso! [Morozov, 2018:173-174]

Noutros termos, só é possível entender o mundo digital de hoje se o considerarmos como parte da interseção das lógicas complexas que regem o mundo das finanças, da economia, da cultura e da política.

II

> Foi dada a eles a opção de serem reis ou mensageiros de reis. Com a ingenuidade das crianças, todos escolheram ser mensageiros. Eis por que só existem mensageiros, que correm pelo mundo e, como não há reis, gritam uns para os outros mensagens que não têm mais sentido. [Franz Kafka, *Diários*, 1919]

Por tudo isso, tínhamos que começar caracterizando o próprio meio digital e, seguindo aquele sotaque de professor de história, fazendo uma espécie de história da tecnologia digital, e da internet, como parte da história do capitalismo e de seus diferentes impactos sobre o atual estágio do mundo contemporâneo. Este começo foi difícil, porque era preciso passar ao largo da "narrativa solucionista" e pensar fora da internet, ou seja, ir além dos contos de fadas inventados pelas narrativas do Vale do Silício e caracterizar o novo estágio do capitalismo. *Modernidade Líquida, Capitalismo Cognitivo, Capitalismo Flexível, Capitalismo Informacional, Capitalismo de Vigilância* são alguns dos conceitos utilizados por diversos autores, os quais, apesar de diferenças de ênfases, apresentam algumas características comuns — estudadas nas duas primeiras sessões do curso. Apesar da diversidade de abordagens, o elemento comum para o qual todos os autores apontam é a tecnologia. Muitos, sobretudo aqueles nas quais a ênfase recai sobre as teorias cognitivas, chegam a colocá-la como elemento imprescindível para se repensar o conhecimento, ciência — quando não a própria noção de verdade —, introduzindo como elemento novo, doravante considerado em três dimensões inter-relacionadas e insepararáveis: ontologia, gnoseologia e tecnologia (Ferraris, 2018).

Em 2011, Beatriz Sarlo já definia de forma bastante precisa a Web:

> O único princípio da internet é o princípio do encadeamento: é uma sintaxe que vincula todas as plataformas. O princípio do encadeamento estabelece uma espécie de equivalência: o perfil de alguém real certifica o blog de onde se "linka" a uma notícia falsa, a um boato ou ao Facebook de propaganda de alguém ou de um produto. A presença na Web não obedece às leis de produção da informação nem de difusão da opinião comuns há dez anos. É outra lógica, mais semelhante à dinâmica do boato. Um jornalista, um funcionário, um político, um indivíduo que conseguiu que seu nome seja reconhecido diz algo. Tirou isso do rádio, do que escutou na calçada, do que lhe contou um amigo, do que lhe convém que se saiba, e o converte em fato. [Sarlo, 2011:9-11]

E, de forma quase profética, já antecipava, em mais de cinco anos, o aparecimento do contraconhecimento (ou da chamada pós-verdade):

> A partir deste momento, deixa-se de discutir seu caráter factual, as intenções que estão por trás do dado comunicado ou as consequências que se quer provocar com o que supostamente ocorreu. As coisas se dão como certas, como acontece com o boato, que é expansivo e não leva em conta o valor de verdade daquilo que se difunde. O encadeamento potencializa esta lógica do boato ao multiplicar a mesma coisa em vários lugares que parecem ser diferentes. Produz um circuito que é mais autorizado e verossímil que qualquer outro porque confirma a ideia de que os meios estabelecidos (e anteriores à Web) invariavelmente escondem alguma coisa. O boato desmascara esses ocultamentos e se adapta bem às teorias conspiratórias, que são o seu modelo interpretativo predileto. As contradições, enfim, não importam. A internet as esmaga. Amanhã pode ser falso o que eu digo hoje, mas este "hoje" já não existirá amanhã. A aceleração que domina a imprensa audiovisual, a internet impôs um ritmo verdadeiramente alucinante: é uma grande memória coletiva que padece de Alzheimer. [Sarlo, 2011:13-14]

A internet, sobretudo pelos efeitos de presentificação e esquecimento que provoca, pode ser definida, metaforicamente, acompanhando Sarlo, como um "grande Funes, que sofre de Alzheimer".[3] Pode parecer um tanto óbvio, mas é preciso começar por definir a Web como um *instrumento de registro e não simplesmente um instrumento de comunicação*. Maurizio Ferraris escreveu, por exemplo, que a Web "é de fato um dispositivo que produz documentos, não é um aparato passivo, não é um tecido, mas um tecelão, e esta é a grande diferença relativamente a mídias, como a TV e o rádio, cuja função prevalecente é transmitir informações sobre eventos gerados noutros lugares"; ela é, portanto, um sistema performativo, e não puramente descritivo, e isto explica por que mudou a nossa vida muito mais do que os meios de comunicação de massa; ela é *um acelerador da documentalidade*, e precisamente este cruzamento entre a dimensão do arquivo e a rapidez da transmissão está na base do poder que consegue canalizar (Ferraris, 2017:68). O mesmo autor distingue, além disso, entre documento forte e documento fraco: o primeiro é a inscrição de um ato, e está prevalentemente ligado à escrita; o segundo é o registro de um fato. Este pode ser "involuntário", como o rastro encontrado pela polícia científica e classificado como prova, o sintoma de uma doença registrada por um médico numa ficha clínica etc. Em ambos os casos, o documento pode ser usado para exercitar uma forma de governamentalidade e é por isto que, com o documento, se passa da análise da sociedade à análise do campo da política:

> Os cidadãos sentem-se muito mais "controlados [...] do que nos sistemas totalitários [...]. O poder é mais difuso e eficaz hoje porque se assistiu a um crescimento dos sistemas de registro, seja no sentido dos documentos fracos (aquisição de provas, controle, escutas), seja na rapidez da emissão de documentos fortes (entrega de atas, execuções burocráticas complexas etc.) [Ferraris, 2017:69]

A relação entre documentalidade e seu efeito muito próximo ao limite da *mobilização total* na época digital fornece a linha para iniciar uma reflexão sobre as novas configurações dos movimentos sociais e como elas são absorvidas pelas teorias sociais. Com o advento, quase explosivo em sua rapidez, das formas quotidianas de inscrição digital, como um e-mail, uma mensagem via WhatsApp, um comentário no Facebook ou um *tweet* — em suma, daquilo a que se convecionou chamar de "economia da atenção" —, passamos a

[3] Como é deveras conhecido, Funes é o personagem de um famoso conto de Jorge Luis Borges — um homem que é vítima de um processo de desumanização por incapacidade de esquecer.

depender de formas de comunicação e de compartilhamento de informação que escapam tanto ao nosso controle quanto à nossa própria compreensão. A primeira coisa que tais tecnologias têm em comum é tanto o fato de serem uma realidade social como o fato de mobilizarem os indivíduos, na medida em que parecem exigir sempre uma resposta ou uma ação. Pense-se em todas as notificações que recebemos nos nossos telefones, nos e-mails a que não respondemos ainda e nos dois vistos azuis numa mensagem do WhatsApp. Este elemento forte de mobilização quase total, reconhecido por todos os analistas, conduziu a análises um tanto diversas quanto aos seus impactos subjetivos e sociais.

A própria expressão "redes sociais" é um eufemismo para a atuação de grandes conglomerados empresariais, com tendências fortemente centralizadoras inerentes a redes complexas — cujo matéria-prima essencial são os dados, qualquer espécie de dados. Não resta dúvida de que empresas como Google, Facebook, Amazon também se assemelham a uma nova forma de tecnocracia, na medida em que suas propostas consistem em articular automaticamente as preferências individuais e escolhas coletivas por intermédio de dados e algoritmos. Como veremos adiante, tais mudanças transtornam profundamente as definições tanto da privacidade quanto do espaço público, na medida em que elas implicam uma enorme porosidade entre estes dois campos da experiência humana e, ao mesmo tempo, deixam a poderosos atores privados, tais como Google ou Facebook, a incumbência de definir esses novos limites — além de captar sua substância para fins comerciais e, até mesmo, políticos ou geopolíticos (Loveluck, 2018:247-249].

Na abordagem mais radical, a sociedade atual é definida como fortemente militarizada. Para esses analistas, o que acontece no mundo da internet não é (como às vezes se afirma vagamente) um triunfo incondicional do capital, ou seja, da documentalidade (a mobilização total *produz os dados*), mas, para ser mais exato, o triunfo da militarização. A partir do momento em que você tem um sistema organizado de transmissão de documentos, você tem a essência de um aparato militar. O trabalho realizado tem, em geral, a qualidade do serviço devido e gratuito, próprio das funções militares. E o valor agregado que se acumula é, antes de mais nada, um acúmulo automático de poder. Todos reconhecem que, na Web, a mercadoria para vender somos nós próprios. Não é exatamente assim: somos nós como sujeitos voluntários de uma ordem, somos nós que voluntariamente obedecemos, precisamente como no fetichismo da mercadoria, exceto que neste caso não há sequer necessidade de mercadorias, basta uma ordem que nos chega pelos sofisticados dispositivos. Ferraris, que enfatizou tal processo, escreve:

> A moral é simples. Para realizar a mobilização total não é necessário (como até é tecnicamente possível) dispor de apps que digam o local onde você está, basta simplesmente a combinação de um sistema de trabalhos flexíveis com um aparato de responsabilização que te alcança em toda a parte atribuindo-te as tarefas. E de um sistema de obrigações que se tornam peremptórias apenas pelo fato de serem tecnicamente possíveis. O imperativo técnico vira assim ao contrário imperativo moral: "se podes, deves". A radicalização militar dos tempos do trabalho (em particular a solicitação de disponibilidade a qualquer hora, que faz desaparecer o caráter próprio da vida civil) borra completamente a distinção entre vida privada e vida pública, entre vida civil e vida militar. Aquilo que queria sugerir é que (geralmente) não estamos em guerra, mas estamos militarizados, e que isto é o caráter original introduzido pelos nossos aparatos digitais. [Ferraris, 2017:79-81]

Noutras abordagens — e por analogia ao conhecido esboço prisional de Bentham — praticamente todos os analistas partem da caracterização clássica de Foucault de uma estrutura panóptica da sociedade do controle com a estrutura do panóptico digital — também designado ironicamente, por alguns — desta feita por inspiração em Orwell — como o *Big Brother amável*. A sociedade do controle atual apresenta uma estrutura panóptica bastante específica. Contrariamente à população carcerária, que não tem comunicação mútua, os habitantes digitais estão ligados em rede e mantêm intensiva comunicação entre si; seus frequentadores colaboram voluntária, ativamente e de forma pessoal em sua edificação e manutenção, expondo-se e desnudando a si mesmos no mercado panóptico. Nesse sentido, ali onde o sujeito dessa sociedade não se desnuda por coação externa, mas a partir de uma necessidade gerada por si mesmo, a sociedade de controle chega a sua máxima consumação.

Byung-Chul Han, por exemplo, observa que, no mundo atual, a coação por transparência não é um imperativo explicitamente moral ou biopolítico, mas sobretudo um imperativo econômico; quem se ilumina completamente se expõe e se oferece à exploração econômica. Iluminação completa é exploração. Quando uma pessoa é superfocalizada e iluminada, maximiza sua eficiência econômica. O cliente transparente é o "novo presidiário, uma nova espécie de *homo sacer* do panóptico digital" (Han, 2017:24-27; 2016:19-26).

Aqui será preciso voltar à moral da fábula descrita em "Além da imaginação": "Não existe almoço grátis, a não ser que você seja o almoço." No capitalismo informacional, a tradicional economia da produção ou da *difusão* perdeu importância para a economia da *atenção*: como atrair a audiência? Como ser notado? Como ser percebido? Como afetar e envolver o público? Assim, a lógica não se limita mais a como produzir, distribuir ou levar a mensagem, mas a parte final da cadeia econômico-financeiro desloca-se para a mineração de dados. Mais do que fazer parte do ramo publicitário, empresas como o Facebook estão no ramo de vigilância. Na realidade, esta última tornou-se, segundo Zubooff, a maior empresa de vigilância na história da humanidade. A empresa sabe muito, muito mais sobre as pessoas do que o governo mais invasivo já soube a respeito de seus cidadãos (Zuboff, 2019:13-16). Até que ponto, no limiar destas novas relações sociais, assistimos a um esgarçamento dos tecidos comunitários e, sob um aspecto mais extenso, das próprias identidades sociais — é questão que provoca muitas discussões.

É assim, portanto, que o impacto das tecnologias digitais e da chamada "economia da atenção" sobre a formação das subjetividades e das identidades também é analisado no curso, a partir de diversas abordagens. A maioria dos analistas desta etapa do capitalismo rejeita que a disseminação de modos de sociabilidade via dispositivos portáteis conectados em tempo integral (hoje, algo incontornável) seja tomada como evolução natural das coisas, que chegariam, afinal, a um universo "pós-humanista". Sem dispor de alternativas, vários autores, a partir de um ponto de vista mais crítico, negam tal evolução: será preciso reaver o humano, resgatá-lo da *nuvem*, por assim dizer, para que a experiência cotidiana, incluindo a política, volte a fazer sentido. De qualquer forma, a diluição das identidades impactou de forma bastante desigual os movimentos sociais na história das duas últimas décadas.

Entre muitos autores, foi Manuel Castells quem tratou de forma mais consistente dos destinos dos movimentos sociais na era das redes e da internet. Durante uma sessão específica do curso, discutimos as principais características que singularizam os movimentos sociais na nossa época. As redes são multimodais (ou seja, utilizam diversos aplicativos) e se formam quase sempre a partir de uma reação emocional (contando com a força das imagens) contra o que se considera intolerável, mas *só se convertem em movimento quando ocorre a ocupação do espaço público*. Isto porque não basta simplesmente protestar ou manifestar-se virtualmente, é necessário tornar-se visível para o conjunto da sociedade por meio da ocupação de um espaço, predominantemente urbano.

Através do exame concreto de alguns destes movimentos (Ocuppy Wall Street ou da Praça Tahir, no Egito), Castells destaca alguns tópicos relevantes: são movimentos efêmeros, forjados a partir de um sentimento de "estarem juntos" e de que não precisam estar filiados a um partido e nem sequer partilhar de um programa; são movimentos, em sua origem, não violentos e adquirem força na medida em que argumentam que "a sociedade é injusta", que "se pode resistir" e que "se pode mudar". Na maioria dos casos, a repressão aos movimentos é que trata de torná-los violentos — e, nestes casos, os movimentos chegam ao fim, já que o conjunto da população se retira, porque reforça o que a mídia dominante sempre propagou, "que são violentos, vândalos que vão destruir a sociedade". Finalmente, a horizontalidade da comunicação nestas redes faz com que as assembleias ou formas participativas na internet não sejam apenas mais um meio, mas um fim: "a forma de fazer democracia é a forma de construir a democracia", define Castells. Como são movimentos efêmeros, com estrutura informal e descentralizada, afrontando os perigos da burocratização e manipulação do movimento — e desligados de quaisquer tipos de organização política —, acabam, em alguns casos, por adentrarem o espaço institucional.[4] Aí é que começam os problemas, pois até que ponto a esfera pública tradicional não foi também severamente afetada pelo impacto do universo digital? Aqui, a questão remete ao próximo tópico do programa da disciplina, que discute as redes sociais e, sobretudo, seus impactos sobre a constituição das subjetividades, das identidades e da memória coletiva.

Nesta caracterização do impacto das redes nos movimentos sociais, ganharam relevância os debates sobre as teorias sociais e seus desdobramentos e inflexões na teoria da história. Mas se antes de entrar neste debate, que se acirrou com a conjuntura política mundial de ascensão de partidos autoritários e com tendências neofascistas, a partir de 2017, adentrarmos nestas leituras bastante atuais, seria preciso caracterizar as novas experiências com as subjetividades e identidades sociais. Aqui, leituras de autores como Jonathan Crary, Byung-Chul Han e, sobretudo, Paula Sibilia foram essenciais, sobretudo porque forneciam um mapeamento inicial dos impactos do universo digital sobre a identidade social, experiência com a temporalidade e efeitos sobre a memória social.

---

[4] Castells (2013). Embora neste livro Castells tenha realizado uma avaliação mais otimista, no seu último trabalho, escrito após as eleições de Trump e Bolsonaro e outros, além do plebiscito do Brexit, ele se mostra bastante pessimista. Ver Castells (2019).

Um destes efeitos, hoje facilmente perceptível, é a inscrição geral da vida humana na duração sem descanso, definida por um ritmo de funcionamento contínuo, melhor definido pelo título do livro de Crary: *Capitalismo 24/7*, ou seja, 24 horas por dia, sete dias por semana. Distintamente do que foi identificado como tempo vazio e homogêneo da modernidade ou o tempo do calendário linear do mercado financeiro (que já excluíam toda esperança em projetos individuais), o que temos agora é o abandono da noção de que o tempo possa estar acoplado a quaisquer tarefas de longo prazo, incluindo "fantasias" de progresso e de desenvolvimento. Para tais autores, a Era Digital, em vez de representar um ponto de virada histórica relevante, colonizou totalmente nossa experiência sensorial e social de tal forma que nos jogou no mesmo exercício banal de consumo ininterrupto, isolamento social e impotência política. Para Crary, por exemplo, esta é a forma que assume o progresso contemporâneo: a prisão e o controle implacáveis do tempo e da experiência. "Por isto", prossegue o mesmo autor,

> uma análise das nossas novas experiências com o tempo mostrará que esta aceleração na produção de novidades incapacita cada vez mais a memória coletiva. As condições cotidianas de comunicação e acesso à informação garantem o apagamento sistemático do passado como parte da construção fantasmagórica do presente. Neste caso a evaporação do conhecimento histórico nem mais precisa ser imposta de cima para baixo. [Crary, 2014:43]

III

> No reality-show Beleza Comprada, o personagem Pedro, conversando com sua mãe sobre as dificuldades de manter o peso, diz que mesmo depois da lipo (nas costas, no peito e na barriga) continuará gostando de comidas gordas porque continuará com "espírito de gordo". Ela então lhe responde: "Mas aí é questão de memória, você pode apagar esta e implantar uma outra." E Pedro rebate: existe cirurgia pra isso? [Ilana Feldman, 2011]

Franco Berardi observa que "a primeira, urgente, difícil e mais indispensável operação a ser executada é a compreensão da mutação de formatos das mentes conectivas. A primeira geração que aprendeu mais palavras com uma máquina do que com a mãe está hoje em cena. Quais são os caracteres essenciais de sua formação? Qual é o seu horizonte de consciência possível, quais são as formas da sua singularização?" — questiona Berardi (2019:128).

Apesar das dificuldades de análise, pois são todos processos ainda em curso, as hipóteses dos autores, neste tópico das subjetividades e identidades sociais, são muitas. Uma delas, talvez a mais saliente, é a própria dificuldade de apreensão do *acontecimento*. Na voragem do universo digital fica difícil, senão impossível, distinguir um acontecimento de sua apreensão e, assim, os três níveis de percepção temporal — passado, presente e futuro — diluem-se, perdem quaisquer distâncias e modificam completamente sua percepção. O acontecimento, por assim dizer, não dispõe sequer mesmo de tempo para se converter em passado. Esta nova lógica do instante eliminaria do nosso horizonte o passado e o futuro, atingindo a própria espessura da historicidade e da memória. Paula Sibilia foi quem mais se dedicou à análise detalhada dos desdobramentos das questões de identidade e subjetividade na direção de uma nova compreensão da memória social, sobretudo associando-as ao fenômeno da exibição da intimidade que hoje prolifera e que parece ser fruto de um deslocamento dos eixos em torno dos quais as subjetividades modernas se constituíram (Sibilia, 2016:158-167). A mesma autora discorre sobre a cultura digital da *extimidade* e as mutações no conceito de subjetividade em dois planos. Primeiro, o abandono daquele eu interior, em proveito de uma gradativa exteriorização do eu. Por isso, em vez de solicitar a técnica da introspecção, que procura sondar dentro de si para decifrar o que se é, as novas práticas incitam o gesto oposto: impelem a se mostrar, tendo como alvo o olhar alheio. Em segundo lugar, ocorre um deslizamento num outro eixo da subjetividade: o eixo temporal — ou seja, o estatuto do passado e das lembranças do vivido fornecendo um outro embasamento do eu moderno. Portanto, não se trata apenas de um abatimento na contemplação introspectiva — mas também a indagação retrospectiva tende a se extinguir nas novas práticas autorreferentes, atenuando seu valor outrora primordial na constituição da própria vida como relato e como narrativa dotada de mínimo significado.

Sibilia recorre às mesmas metáforas utilizadas por Freud para investigar os modos de inscrição do passado na subjetividade dos labirintos da mente: Roma e Pompeia. Roma evoca a metáfora da cidade eterna como um território em ruínas, onde uma infinidade de cacos constitui estilhaços do passado, todos dispersos desordenadamente em diversas camadas históricas. A metáfora sugere ainda que nada se perde para sempre, pois tudo o que já aconteceu pode reaparecer e tornar-se significativo no presente. Mesmo parecendo ter sucumbido às névoas do esquecimento, de repente, qualquer fragmento empoeirado do já vivido pode vir à tona e se atualizar repleto de sentido. Em contraste, Pompeia é a cidade petrificada, a metáfora da preservação intacta de uma imagem: um instantâneo eternizado, genuína lembrança quase fotográfica de um momento único e irrepetível, congelado de uma só vez e para sempre, como aconteceu naquele momento em que a cidade romana foi subitamente mumificada sob a lava do vulcão. "Duas temporalidades distintas e opostas" — escreve a autora — "mutuamente excludentes, embora complementares: ou é Roma, a multiplicidade de infinitas camadas, porém sempre parcelares; ou é Pompeia, a totalidade preservada num momento singular" (Sibilia, 2016).

Assim, em tempos nos quais vivemos a voragem digital, a memória subjetiva oscilaria entre ambas as modalidades de recordação, entre estes dois tipos de restos arqueológicos — marcas mnêmicas soterradas, vestígios de um eu que já se foi —, sem jamais conseguir juntá-las, pois seria impossível atualizar simultaneamente todas estas virtualidades. É Roma, portanto, ou é Pompeia, mas nunca ambas superpostas. De um lado, um tempo da acumulação, da propagação, da saturação, porém fragmentário; de outro lado, um tempo da captura, do corte, do instante, porém totalizante:

> Todas estas mutações estariam se realizando nas formas de percebermos o tempo passado. É a sensação de vivermos num presente inflado, congelado, onipresente e constantemente presentificado que promove a vivência do instante e conspira contra as tentativas de dar sentido à duração. Portanto, mais do que viver na alastrada temporalidade de Roma, hoje nos instalamos na espasmódica temporalidade de Pompeia. Se as regras do jogo mudaram a tal ponto, é fácil intuir que a nossa relação com a memória tampouco poderia permanecer intacta. [Sibilia, 2016:158]

A conclusão dos autores, tanto de Crary quanto de Sibilia, é a de que o fenômeno do esgarçamento da memória subjetiva, por meio da presentificação, é inerente à própria experiência humana das redes digitais. Embora estejam ainda na avaliação inicial, as repercussões de tais fenômenos sobre o funcionamento da esfera pública e, por extensão, sobre a política são visíveis.

IV

> Considero que existe um modo muito mais eficaz de desfrutar pedagogicamente dos defeitos da internet. Dar como exercício em sala de aula, pesquisa em casa ou trabalho universitário o seguinte tema: "Sobre o assunto X, encontrar na internet uma série de textos improcedentes e explicar por que não são confiáveis." Eis uma pesquisa que exige capacidade crítica e habilidade no confronto das diversas fontes — e que exercitaria os estudantes na arte da discriminação. [Eco, 2017:84]

Esta primeira parte do curso, mais geral e, até certo ponto, um tanto quanto especulativa, foi necessária para fornecer subsídios e elementos de crítica daquilo que é mais difícil de reconhecer nas sociedades contemporâneas: o lado mais obscuro e mais perverso das tecnologias digitais, a urgência em confrontar o excesso de deslumbramento tecnológico e reconhecer que vivemos a época áurea da mídia morta, do excesso de informação e sofremos mundialmente da doença do curto prazo. Porque hoje parece que todo aspecto da vida humana é demarcado e julgado, empacotado e pago, em escala temporal de poucos meses e anos e, numa era de campanhas eleitorais permanentes, os políticos não planejam além de alguns anos de suas apostas eleitorais. A segunda e última parte do curso aborda, de maneira mais detalhada possível, como a história e os historiadores podem contribuir com seu olhar para a longa duração do passado — e diante desta escalada de transformação digital à nossa frente, para vislumbrar um futuro para as sociedades.

São poucos os historiadores que se dedicaram a pensar sobre tais questões, pelo menos nas duas últimas décadas. Há alguns que se preocupam, quase que exclusivamente, em destacar os benefícios enormes de uma "história digital", fazendo uma espécie de contraponto às abordagens solucionistas da tecnologia. A partir de 2011, com o *Manifesto das humanidades digitais* (2011), surgiu mesmo uma espécie de disciplina ou uma transdisciplina "portadora dos métodos, dos dispositivos e das perspectivas heurísticas ligadas ao digital no domínio das ciências humanas e sociais".

Historiadores como Carlo Ginzburg, Roger Chartier ou Robert Darnton discutiram aspectos pontuais das relações entre a história e a revolução digital. Ginzburg define buscadores como o Google como "uma extensão, uma prótese do nosso corpo e de nossa mente", e como tais dispositivos facilitaram enormemente a tarefa do pesquisador: ele conta, a este propósito, sua experiência surpreendente ao descobrir uma espécie de "leitura confirmatória" de uma leitora russa (da Sibéria) do seu livro sobre os *Andarilhos do bem*:

> O Google, este poderoso instrumento de homogeneização cultural (e, portanto, de controle, ainda que indireto) pode ser usado em diferentes e imprevisíveis direções: por exemplo, ajudando uma garota siberiana a fugir do seu destino (ou daquilo que lhe parecer ser seu destino) na construção de uma identidade completamente estranha ao contexto no qual ela vive. Em poucos minutos, Diana aboliu o tempo e o espaço: cinco séculos, 15 mil quilômetros, oito fusos horários. Ela autonomamente reelaborou, de uma maneira totalmente anti-histórica, uma tradição histórica da qual lhe tinha chegado apenas um eco indireto. Idealizar o Google não teria sentido; recusar a constatação da energia que ele pode liberar seria igualmente sem sentido. O caso de Diana mostra que o Google é ao mesmo tempo um poderoso instrumento de pesquisa histórica e um poderoso instrumento de cancelamento da história — porque, no presente eletrônico, o passado se dissolve. [Ginzburg, 2014:41-43]

Assim, apesar do seu entusiasmo, Ginzburg observa que a internet ainda é um meio "potencialmente democrático", dependendo do que seremos capazes de fazer com tal meio tecnológico.

Lembre-se, contudo, que os três mencionados historiadores citados escreveram bem antes da ascensão meteórica dos chamados Big Data. De qualquer forma, suas reflexões são importantes pois dedicam-se a definir, por exemplo, quais as consequências do apagamento dos suportes materiais nos quais as fontes e os documentos foram produzidos, rebaixando-os, todos, a um único meio, que é a tela do computador. O Google Book Search, que conduziu à digitalização de bibliotecas inteiras, milhões e milhões de livros — apesar de sua aparência democrática e de real facilitador das pesquisas e da própria leitura —, é visto com reservas por historiadores como Chartier e Darnton. Eles manifestam sérias dúvidas, de natureza legal e política, da privatização de bens públicos por uma empresa privada que opera sob condições de quase monopólio. Chartier argumentou que, de um lado, o Google introduz uma leitura muito fragmentária, que isola fragmentos de textos, frases e palavras; de outro lado, apaga a especificidade dos suportes materiais nos quais os textos ou imagens foram inscritos, transferindo-os para um único meio, que é a tela do computador.

Já para Darnton, o sentido pleno de um livro jamais poderá ser captado pela digitalização de seus conteúdos, pois ele depende em boa dose de elementos iniludíveis como o *layout*, a capa, a tipografia, os elementos paratextuais, quando não o próprio papel. A história das bibliotecas, escreve Darnton,

> demonstra que elas são mais vulneráveis do que pensamos, e não só por causa das guerras. Dirão alguns que elas podem ser substituídas pela internet. Ora, quanto a mim, sou partidário da digitalização, mas fiquei horrorizado quando soube que o projeto original para um novo campus da Universidade da Califórnia em Monterrey nem sequer incluía uma biblioteca. Imaginamos as bibliotecas como o núcleo de nossos *campi*, mas esse seria um novo *campus* sem uma biblioteca. Os projetistas julgaram que os computadores seriam suficientes, supostamente porque acreditavam que os livros nada mais fossem que recipientes de informação. Hoje muitos estudantes adotam essa atitude, e não só na Califórnia. Acham que pesquisar é surfar. Quando escrevem trabalhos, costumam surfar na internet, baixar os arquivos, recortar, colar e imprimir. Se tal coisa nos fornece um relance do futuro, é o quanto basta, a meu ver, para tornar a pessoa um *ludita*. [Darnton, 2001:4C]

Mais recentemente, após a rápida explosão do Big Data, apenas alguns historiadores começaram a pensar sobre o tema, tentando sobretudo recuperar um lugar para o conhecimento histórico nas sociedades contemporâneas. Escrito em dupla, pelo historiador David Armitage e pela historiadora Jo Guldi, um destes exemplos mais notáveis é o *Manifesto pela história*, uma abordagem detalhada de como a historiografia, adaptada aos tempos digitais, pode se transformar num remédio para a atual doença do curto prazo (Armitage e Guldi, 2018). Os dois autores começam o livro rediscutindo a noção de longa duração. A *longa duração* foi batizada e utilizada, em grande estilo, por Fernand Braudel, que empregou o termo pela primeira vez em 1958 e depois exercitou-a em livros que se tornaram clássicos da historiografia. Mas Guldi e Armitage não propõem um retorno puro e simples à temporalidade braudeliana em sua encarnação original, mesmo porque hoje os historiadores mantêm uma relação com as fontes bastante diferente da época de Braudel. Brincando um pouco, imaginem o que o historiador francês não faria com a enorme disponibilidade de fontes desta era digital? Enfim, depois de uma certa ressaca dos estudos de micro-história, e postos diante de um enorme incremento de evidência possibilitado pelas abundantes fontes dos Big Data, os historiadores começam a se voltar para estudos mais abrangentes. Muitas pesquisas, nos últimos anos, sobre a longa história da mudança climática, as consequências do comércio de escravos, ou sobre a variedade e os destinos do direito à propriedade no Ocidente, já utilizaram sofisticadas técnicas de computação, vislumbrando novas perspectivas para desafios do presente, combatendo o *short-termism* de nossa época com aquela amplitude de visão de longo alcance que somente os historiadores podem proporcionar.

Braudel tinha mesmo algo de visionário, mas, hoje, dificilmente um pesquisador de história pode ignorar a vantagem do uso de ferramentas digitais, sobretudo quando o volume de papéis que há para ler tornou-se simplesmente excessivo. Na era dos bancos de conhecimentos digitalizados, as ferramentas para a análise da mudança social nos rodeiam por toda parte. Como aquela, da Google Ngrams, que possibilita a busca por palavras em 5,2 milhões de livros publicados entre 1500 e 2008: são 500 bilhões de palavras que permitem visualizar como o uso dos termos mudou ao longo do tempo! É um guia valioso de uma primeira sondagem para avaliar a ascensão e o declínio de determinadas ideias. Mas é ainda muito limitado, primeiro, porque enfatiza apenas a tradição anglo norte-americana, ignorando todo o resto, e segundo, porque é apenas a partir do ano de 1500.

A própria Jo Guldi coordenou uma equipe de historiadores que criou o Paper Machines — o qual opera com recopilações de textos, tanto aqueles extraídos de fontes digitais, como diários e conversações por internet em tempo real, quanto textos escaneados e guardados mediante o reconhecimento ótico de caracteres de fontes de papel, incluindo arquivos governamentais. Trata-se de um programa que permite aos usuários criar bibliografias e construir suas bibliotecas pessoais num banco de dados on-line, desenhado tendo em mente a variedade das fontes textuais dos historiadores. Sua finalidade é tornar acessível o arsenal de textos de última geração a estudiosos de uma variedade de disciplinas no campo das humanidades que carecem de conhecimentos técnicos ou dos imensos recursos computacionais. Outras ferramentas similares podem oferecer métricas para a compreensão de mudanças a longo prazo, das mais banais às mais profundas, ao longo do tempo, na história da mais banal à mais profunda.

Já na área da cartografia, o historiador pode trabalhar com mapas que superpõem décadas, quando não séculos, de rotas de comércio internacional, crescimento da população, precipitações pluviais e condições meteorológicas. Pode folhear um atlas do comércio internacional de escravos baseado num dos grandes projetos digitais sobre a longa duração — como o Trans-Atlantic Slave Trade Database, que acumula informação sobre cerca de 35 mil viagens realizadas entre os séculos XVI e XIX para transportar mais de 12 milhões de pessoas escravizadas. Utilizando o Google Earth, pode separar transparências realizadas a partir de mapas dos séculos XVI ao XIX que mostram o crescimento de Londres. Para qualquer estudo, grande ou pequeno, os dados que constituem a base de nosso trabalho são hoje abundantes. Mas é preciso questionar os metadados. Quando eles não estiverem presentes, desconfiem. À luz dos recentes avanços nesta área de arquivos digitalizados, a heurística e a crítica histórica devem ser completamente repensadas e revistas. Neste campo, ainda há muito trabalho a fazer.

De qualquer forma, nesta avalanche de fontes saturadas, muitos dos dilemas sobre quais dados ter em conta são questões éticas que os historiadores já conhecem e têm muito a oferecer. O mais trivial trabalho do historiador, assim como dos melhores jornalistas — nesta época áurea das *fake news* —, é criar e insistir no registro dos metadados dos arquivos digitais e a pergunta mais importante e difícil de responder é: como isto chegou até nós? Mas há desafios mais complexos. Como repórteres do passado, os historiadores também necessitam vasculhar em arquivos que a mente oficial ocultou, vulgarmente rotulados com a advertência: "Não ler." O escândalo de Snowden fez muito barulho, mas a tática de redescobrir arquivos (rotineira para os historiadores) ganhou vida nova nos tempos digitais: um rico volume de informação pode ajudar a desvelar os silêncios deliberados dos bancos de dados, iluminando aspectos da atividade governamental sobre os quais alguns prefeririam que o público nada soubesse. Esses são os *arquivos invisíveis*, que não esperam precisamente pela visita do pesquisador, mas antes têm que ser construídos a partir da leitura do que foi desclassificado ou removido. O historiador Matthew Connelly, por exemplo, idealizou um website que chamou de Declassification Engine, projetado para ajudar o público a rastrear informes não publicados ou não documentados do governo dos Estados Unidos. Mas ainda é um exemplo isolado.

Armitage e Guldi afirmam ainda que nesta crise de *short-termism* nosso mundo precisa reencontrar em algum lugar a informação sobre a relação entre o passado e o futuro. A história — como disciplina e objeto de estudo — pode ser o esteio que falta a esta reflexão sobre o futuro. O professor de história — e particularmente o docente da disciplina Teoria da História — deve insistir e sempre retornar a alguns daqueles célebres modos de percepção especialmente necessários a uma autêntica consciência histórica, elencados por David Lowenthal:

> 1) *Familiaridade*: capacidade de reconhecer e localizar uma série de referências substantivas sobre um passado consensualmente compartilhado; 2) *Juízo comparativo*: capacidade de absorver e avaliar evidências provenientes de uma ampla gama de fontes, variadas e conflitantes; 3) *Consciência de verdades múltiplas*: capacidade de entender o porquê de diferentes sujeitos serem capazes de conhecer o passado de maneiras distintas; 4) *Disponibilidade retrospectiva*: consciência de que conhecer o passado não é como conhecer o presente e que a História muda, na medida em que novos dados, percepções, contextos e sínteses são descobertos, produzido ou revistos; 5) *Avaliação de autoridade*: capacidade de reconhecer o que se deve aos precursores e à tradição, evitando, ao mesmo tempo, a veneração ou a adesão inquestionável às perspectivas anteriores. [Lowenthal, 2013:168-169]

A inovação digital abriu novos campos de pesquisa e novíssimas perspectivas para o historiador. Mas inovação digital por si mesma não basta para dissipar a bruma dos relatos e a confusão em nossas sociedades, atualmente bastante divididas por mitologias em competição. Todo software criado até agora é algo frágil e uma civilização acorrentada a esse software herdará essa fragilidade. Para dar sentido a questões causais e construir relatos persuasivos ao longo do tempo, a formação humanística possibilita aos historiadores retomarem a sua mais digna vocação, como árbitros para julgar as falsidades, os mitos e o confuso ruído de fundo desta época submersa pelos Big Data. Menos do que um manifesto, Guldi e Armitage escreveram um autêntico programa para as humanidades na era digital. Mas, na conclusão, não resistem à tentação de incluir uma definição com ar de manifesto: "A História é uma espada de duplo corte, um que abre novas possiblidades para o futuro, e outro que esclarece o passado com seu alarido, suas contradições e suas mentiras."

Para terminar esta breve explanação, gostaríamos de dizer que a disciplina de Teoria da História e, sobretudo, os conteúdos do programa que apresentamos e sua configuração didática ainda precisam ser avaliados em toda a sua extensão. Alguns tópicos ainda são incompletos e hesitantes ao abordar inúmeras questões, mas temos certeza de que não é mais possível ignorar os impactos desta autêntica revolução tecnológica nos nossos conceitos e, sobretudo, na vocação crítica das categorias teóricas que devem ser continuamente aperfeiçoadas e renovadas. Se não soar muito confessional, diria que, hoje, é quase impossível seguir as mesmas linhas dos programas da disciplina de teoria da história de 10 anos atrás — mesmo porque ela deve acompanhar, como um sismógrafo, a mudanças ocorridas na história e na historiografia. De muitas e das mais variadas formas (todas facilmente reconhecíveis), nosso sistema cultural e educacional e nossa dependência da internet e do mundo digital, facilitaram nossas vidas em muitos sentidos (e não mais conseguiríamos viver fora desta forte atmosfera de conexão integral), mas também criaram uma geração de jovens que não sabem o que não sabem. A humildade não é apenas uma noção simples, mas, como registraram todos os filósofos, se entendermos que não sabemos, se conseguirmos aceitar esta verdade, podemos educar a mente, restabelecer a civilidade perdida e desarmar o excesso de mentiras que ameaçam nosso mundo. Embora com todos os revezes, ameaças e obscurantismos, acreditamos que o conhecimento histórico ainda é o motor que nos empurra na direção de um mundo mais verdadeiro e mais justo.

Referências

ANDERS, George. *You can do anything*: the surprising power of a "useless" liberal arts education. Nova York: Little, Brown Co., 2017,

AGAMBEN, Giorgio. *O que é um dispositivo?* Tradução de Nilcéia Valdati. *Outra Travessia*, Florianópolis, 2015. Disponível em: <https://periodicos.ufsc.br/index.php/Outra/article/view/12576>.

ARMITAGE, D.; GULDI, J. *Manifesto pela história*. Tradução de Modesto Florenzano. Belo Horizonte: Autêntica, 2018.

ASSANGE, Julian. *Wikileaks*: quando o Google encontrou o Wikileaks. Tradução de Cristina Yamagami. São Paulo: Boitempo, 2015.

AYERS, Edward L. *The pasts an futures of digital history*. History Virginia, University of Virginia Press, 1999. Disponível em: <www.vcdh.virginia.edu/PastsFutures.html>.

BAUMANN, Zigmund. *Retrotopia*. Tradução de Albino Mosquera. Barcelona: Paidós, 2016.

BERARDI, Franco. *Depois do futuro*. Tradução de Regina Silva. São Paulo: Ubu, 2019.

BUTLER, Judith. *Corpos em aliança e a política das ruas*: notas para uma teoria performativa da assembleia. Tradução de Fernanda S. Miguens. Rio de Janeiro: Civilização Brasileira, 2018.

CANCLINI, Nestor G. *Leitores, espectadores e internautas*. Tradução de Ana Goldberger. São Paulo: Iluminuras; Itaú Cultural, 2008.

______. *O mundo inteiro como um lugar estranho*. Tradução de Larissa Lacoselli. São Paulo: Edusp, 2017.

CARR, Nicholas. *A geração superficial*. Tradução de Monica Friaça. Rio de Janeiro: Agir, 2011.

CASTELLS, Manuel. *A galáxia da internet*. Tradução de Maria Luiza X. Borges. Rio de Janeiro: Zahar, 2004.

______. *Redes de indignação e esperança*: movimentos sociais na era da internet. Tradução de Carlos Alberto Medeiros. Rio de Janeiro: Zahar, 2013.

______. *Ruptura*: a crise da democracia liberal. Tradução de Joana Angélica Melo. Rio de Janeiro: Zahar, 2019.

CRARY, Jonathan. *24/7*: o capitalismo tardio e os fins do sono. Tradução de Joaquim Toledo. São Paulo: Cosac Naif, 2014.

D'ANCONA, Matthew. *Pós-verdade*: a nova guerra contra os fatos em tempos de fake news. Tradução de Carlos Szlak. Barueri: Faro Editorial, 2018.

DARNTON, Robert. A questão dos livros. Passado, presente, futuro. Tradução de Daniel Pellizzari. São Paulo: Companhia das Letras, 2010.

______. *O poder das bibliotecas*. Conferência na Biblioteca Pública de Nova York, em 1999. Folha de S.Paulo. 15 abr. 2001. Ilustríssima.

DE MASI, Domenico. *Alfabeto da sociedade desorientada*. Tradução de Frederico Carotti. São Paulo: Objetiva, 2017.

______. *Uma simples revolução*: novos rumos para uma sociedade perdida. Tradução de Yadyr Figueiredo. São Paulo: Sextante, 2019.

DURANTI, Luciana. *Diplomatics*: new uses for an old science. Chicago: Saaca and Scarecrow Press, 1999.

______. Reability and Autheticity: the concept and their implications. *Archivaria*, Otawa, n. 39, p. 5-10, primavera 1995.

______. The preservation of the integrity of electronic records. In: DLM-FORUM ON ELECTRONIC RECORDS, 1996, Bruxelas. *Proceedings*... p. 60-65.

ECO, Umberto. *Pape Satan Aleppe*: crônicas de uma sociedade líquida. Tradução de Eliana Aguiar. Rio de Janeiro: Record, 2017.

FELDMAN, Ilana. *Reality show*, reprogramação do corpo e produção de esquecimento. *Trópico*, Rio de Janeiro, n. 4, 2011. Disponível em: <www.revistatropico.com.br/tropico/html/textos/2469,1.shl>.

FERGUSON, Niall. A praça e a torre: redes, hierarquias e a luta pelo poder global. São Paulo: Crítica, 2019.

FERRARIS, Maurizio. *Movilización total*. Tradução de Miguel A. Ortega. Barcelona: Herder, 2017.

______. *Postvérité et autres énigmes*. Tradução de Michel Orcel. Paris: P.U.F., 2018.

FOER, Franklin. *O mundo que não pensa*: a humanidade diante do perigo real de extinção do homo sapiens. São Paulo: Leya, 2019.

GINZBURG, Carlo. A história na era Google. Im: SCHULLER, Luis; WOLF, Eduardo (Org.). *Pensar o contemporâneo*. Porto Alegre: Arquipélago, 2014.

HALL, Gary. There are no digital humanities. In: GOLD, Matthew K. (Org.). *Debates in the digital humanities*. Minneapolis: University of Minnesota Press, 2012, p. 133-136.

HARARI, Yuval Noah. *Homo Deus*: uma breve história do amanhã. Tradução de Paulo Geiger. São Paulo: Companhia das Letras, 2016.

______. *21 lições para o século 21*. Tradução de Paulo Geiger. São Paulo: Companhia das Letras, 2018.

HAN, Byung-Chul. *A agonia do eros*. Tradução de Enio P. Giachini. Petrópolis: Vozes, 2017.

______. *Hiperculturalidad*. Tradução de Florencia Gaillour. Madri: Herder, 2018.

______. *No enxame*: reflexões sobre o digital. Tradução de Miguel S. Pereira. Lisboa: Relógio d'Água, 2016.

______. *Por favor, cierra los ojos*: a la búsqueda de otro tiempo diferente. Tradução de Raul Gabás. Barcelona: Herder, 2016.

______. *Psicopolítica*: neoliberalismo e novas técnicas de poder. Tradução de Miguel Serras Pereira. Lisboa: Relógio d'Água, 2015.

______. *Sociedade do cansaço*. Tradução de Enio Giachini. Petrópolis: Vozes, 2017.

HARTLEY, Scott. *O fuzzy e o techie*: por que as ciências humanas vão dominar o mundo digital. Tradução de Luis Dolhnikoff. São Paulo: BEI Comunicação, 2017.

JOHNSON, Steven. *Tudo o que é ruim é bom para você*: como os games e a TV nos tornam mais inteligentes. Tradução de Sergio Goes. Rio de Janeiro: Zahar, 2014.

KEEN, Andrew. *How to fix the future*: staying human inte digital age. Londres: Atlantic Books, 2018.

______. *Vertigem digital*. Tradução de Alexandre Martins. Rio de Janeiro: Zahar, 2012.

KERCHHOVE, Derrick de. A pele da cultura. Tradução de Antonia B. Salgueiro. São Paulo: Annablume, 2009.

LIPOVETSKY, Gilles. *A era do vazio*: ensaio sobre o individualismo contemporâneo. Tradução de Therezinha M. Deutsch. São Paulo: Manole, 2005.

LOVELUCK, Benjamin. *Redes, liberdades e controle*: uma genealogia política da internet. Tradução de Guilherme de Freitas Teixeira. Petrópolis: Vozes, 2018.

LOWENTHAL, David. Dilemmas and delights of learning history. In: STEARNS, P. (Org.). *Knowing, teaching and learning history*: national and international perspectives. Nova York: N.Y.U. Press, 2013.

MANIFESTE des digitals humanities. Escrito e divulgado na THATCamp (The Humanities and Technology Camp). Paris, 2010. Disponível em: <http://tcp.hypotheses.org/caegory/manifeste>.

MIEDEMA, John. *Slow reading*. Tradução de Cristina Cupertino. São Paulo: Octavo Sello, 2011.

MOROZOV, Evgeny. *Big tech*: a ascensão dos dados e a morte da política. Tradução de Claudio Marcondes. São Paulo: Ubu, 2018.

NOBLE, Safiya Umoja. *Algorithms of opression*: how search engines reinforce racism. Nova York: N.Y.U. Press, 2018.

PARISIER, Eli. *O filtro invisível*: o que a internet está escondendo de você. Tradução de Diego Alfaro. Rio de Janeiro: Zahar, 2014.

PINKER, Steven. *O novo iluminismo*: em defesa da razão, da ciência e do humanismo. Tradução de Laura Motta e Pedro Soares. S. Paulo: Companhia das Letras, 2018.

POWERS, William. *O BlackBerry de Hamlet*. Tradução de Daniel Abraão. São Paulo: Alaúde, 2012.

RENDUELES, César. *Capitalismo canalla*: una historia personal del capitalismo a través de la literatura. Barcelona: Seix Barral, 2015.

______. *Sociofobia*: mudança política na era da utopia digital. Tradução de Sergio Molina. São Paulo: Sesc, 2016.

RONSON, Jon. *So you've been publicy shamed*. Nova York: Harper, 2015.

ROSENZWEIG, Roy (Org.). *Clio wired*: the future of the past in the digital age. Nova York: Columbia U. Press, 2011.

RUNCIMAN, David. Revolução tecnológica! In: ______. *Como a democracia chega ao fim*. Tradução de Sergio Flaksman. São Paulo: Todavia, 2108, p. 129-143.

TAPSCOTT, Don. *A hora da geração digital*. Tradução de Marcelo Lino. Rio de Janeiro: Agir, 2010.

TUCKER, Jeffrey. *A bela anarquia*: como criar seu próprio mundo livre na era digital. Tradução de Paulo Polzonoff. São Paulo: LVM, 2018.

SALIBA, Elias Thomé. Na guinada subjetiva, a memória tem futuro? In: ROCHA, Helenice; MAGALHÃES, Marcelo; GONTIJO, Rebeca (Org.). *A escrita da história escolar*: memória e historiografia. 2. ed. Rio de Janeiro: FGV, 2014, p. 51-64.

______. Pequena história do documento: aventuras modernas e desventuras pós-modernas. In: LUCA, Tania de; PINSKY, Carla B. (Org.). *O historiador e suas fontes*. 4. ed. São Paulo: Contexto, 2015, p. 309-328.

SARLO, Beatriz. *La intimidad publica*. Buenos Aires: Seix Barral, 2018.

______. O animal político na web. *Serrote*, São Paulo, n. 7, mar. 2011.

SENNET, Richard. *A corrosão do caráter*. Tradução de Emilia Sarrazin. Rio de Janeiro: Record, 2015.

SEWELL JR., William H. *Lógicas da história*: teoria social e transformação social. Tradução de Caesar de Souza. Petrópolis: Vozes, 2017.

SIBILIA, Paula. *O homem pós-orgânico*: a alquimia dos corpos e das almas à luz das tecnologias digitais. Tradução de Vera Chamma. Rio de Janeiro: Contraponto, 2016.

______. *O show do eu*: a intimidade como espetáculo. Rio de Janeiro: Contraponto, 2016.

______. *Redes ou paredes*: a escola em tempos de dispersão. Tradução de Vera Ribeiro. Rio de Janeiro: Contraponto, 2013.

SNYDER, Timothy. *Na contramão da liberdade*: a guinada autoritária nas democracias contemporâneas. Tradução de Berilo Vargas. São Paulo: Companhia das Letras, 2019.

TRAVERSO, Enzo. *Melancolia de esquerda*: marxismo, história e memória. Tradução de André Bezamat. Belo Horizonte: Ayiné, 2018.

TÜRCKE, Christoph. Cultura do déficit de atenção. *Serrote*, São Paulo, n. 19, p. 51-61, 2015.

______. *Sociedade excitada*: filosofia da sensação. Tradução de Antonio Zuin et al. Campinas: Edit. da Unicamp, 2011.

WELLER, Toni (Org.). *History in the digital age*. Nova York: Routledge, 2014.

ZIBLATT, Daniel; LEVITSKY, Steven. *Como as democracias morrem*. Tradução de Renato Aguiar. Rio de Janeiro: Zahar, 2018.

ZIMMER, Michael (Org.). *Internet research ethics for the social age*: new challenges, cases, and contexts. Peter Lang, 2017.

ZIZEK, Slavoj. *Benvindo ao deserto do real.* Tradução de Paulo Cesar Castanheira. São Paulo: Boitempo, 2003.

ZUBOFF, Shoshana. *The age of surveillance capitalism*: the fight of a human future and the new frontier of the power. Montreal: Kobo, 2019.

2

Teoria da história: usos, práticas, fins

Estevão Chaves de Rezende Martins

Nas ciências sociais em geral, e na ciência histórica em particular, não raro ouvem-se objeções contra o uso ou a elaboração de teorias, alegando-se que estas se afastam da realidade, espalhando véus especulativos que impediriam a correta visão da realidade do mundo. O século XX debateu-se entre extremos de certezas inseguras, malgrado sua pretensão de acuidade, como no neopositivismo do Círculo de Viena (Sigmund, 2015), e de inseguranças certas, em uma sorte de ceticismo redivivo, com o assim chamado pós-modernismo e suas angústias.[1]

Nos anos 1970, a ciência da história, cujo período de consolidação se estendia desde meados do século XIX, com o historicismo alemão, ou escola metódica, na expressão francesa, já se encontrava firmada como uma prática científica confiável. Politicamente, contudo, o mundo parecia dividido entre conservadores e revolucionários, no contexto da Guerra Fria. Se a cena internacional aparentava estar fraturada entre capitalismo e democracia, de um lado, e socialismo e autoritarismo, de outro, o campo teórico e metodológico da ciência em geral debatia-se entre o horror ao positivismo e o entusiasmo pela dialética. Em ambos os casos, profissões de fé teóricas enrijecidas comprometiam seriamente a fundamentação possível de um conhecimento científico confiável.

Muitas polêmicas se instalam, oscilando entre positivismo ingênuo (a realidade é tal como me parece) (Popper, 2004; 1980), materialismo tosco (o

---

[1] A bibliografia sobre pós-modernidade é legião. Fico aqui apenas com um livro marcante, que cobre bem o tema à maneira de S. Freud (1930) e Sérgio Rouanet (2001): Z. Bauman (2001).

observador é mera função da matéria determinada e determinante) (Glaser, 2011), ceticismo alienado (a dúvida é tida como certa, o que estaria fora de dúvida) (Hicks, 2011), dialética acrobática (os contrários não se contrariam, mas se entretecem) (Röd, 1984), veracidade inconsequente (é verdadeiro que nada é verdade) (Papini, 1978; 1931), triunfo da alienação (agentes humanos somente são funções operadas por terceiros, seja outrem, o Estado, a providência ou sabe-se lá que entidade), desesperança triunfal (o apocalipse atômico ou ecológico é para hoje, pois o amanhã já não será), conflitos insuperáveis (do primeiro ao terceiro mundo, nada se concilia tudo se opõe), e assim por diante.

No turbilhão das incertezas reais ou pensadas, filósofos e outros pensadores decretam sem hesitar o fim dos tempos e, enquanto tal não ocorre, o fim da história (Fukuyama, 1992; 2018). A história, no entanto, não acabou — nem como ação humana no tempo nem como conhecimento produzido e praticado em bases confiáveis. Em 2006 publiquei um artigo na revista *Fênix* (Universidade Federal de Uberlândia), intitulado "História e teoria na era dos extremos" (Martins, 2006:1-19).[2] Nessa reflexão, debrucei-me sobre um século XX

> de incríveis contrastes, nisso não muito diferente dos séculos que o precederam. Sombrio, obscuro, cruel, vertiginoso, criativo, inovador, libertário, ímpar — a adjetivação, dependendo do ângulo de análise, varia abundantemente. É nesse mesmo século XX, todavia, que se realiza a dupla afirmação do campo da História: como (1) capaz de produzir conhecimento confiável porque (2) dotou-se de sustentação teórica sólida. O itinerário da legitimação do conhecimento histórico em seu formato científico, pode-se dizer, é o desafio e a aventura da historiografia no século XX.

Desafio semelhante se dá na prática do ensino-aprendizagem de história, que não se limita ao sistema escolar formal. A formação de docentes, a produção de conhecimento confiável, o uso de referenciais teóricos (historiográficos, pedagógicos, psicológicos, sociológicos, políticos, econômicos, culturais), a interação no espaço social, são fundamentais e decisivos (Schmidt, 2019:35-53). Conhecer como tais usos e ações se dão no respectivo tempo presente e sua razoabilidade para a identidade mesma do agente racional humano em sua evolução e afirmação tornaram-se estratégicos para o bem-estar em sociedade.

---

[2] Ver também Martins (2011:945-985).

O diálogo e a cooperação entre praticantes do ensino-aprendizagem de história e os produtores de historiografia são basilares para consolidar a função pública (e privada) do conhecimento histórico situado socialmente (Schmidt, 2011:239-252).

A seguir, em quatro tópicos, busca-se reunir reflexões sobre o porquê da história, a clarificação terminológica da teoria e do método, a presença e a função da história do quotidiano, suas operações argumentativas e o papel do ensino-aprendizagem de história no espaço público.

História: por quê? Para quê?

Afinal, faz-se história por quê e para quê? Tais questões seguem atuais e colocam os interessados diante de desafios constantes. A tarefa de sustentar a razoabilidade do conhecimento histórico em nossos tempos aparece assim como uma ação estratégica de relevância, tanto científica quanto socialmente. Cinco aspectos constituem a agenda da tarefa de uma teoria da história: (1) a possibilidade de conhecimento confiável em geral (aspecto gnosiológico), (2) a possibilidade de conhecimento científico demonstrável (aspecto epistemológico), (3) a base empírica (aspecto historiográfico), (4) a interface disciplinar (aspecto curricular da formação profissional), (5) o impacto público (aspecto social). Tais aspectos possuem desdobramentos e ênfases diversas em momentos distintos.

Assim, por exemplo, a aversão da primeira metade do século XX ao "positivismo ingênuo" acarreta um afastamento da reflexão teórica epistemológica, vista com maus olhos por ser especulativa e alheia "à realidade".[3] Não se abre mão, porém, do rigor metódico e das práticas de controle empírico. O que não deixa de ser uma forma, quem sabe, de "positivismo sadio". Quando do lançamento da revista *Annales*, em 1929, o editorial assinado por Lucien Febvre e Marc Bloch — malgrado a notável inovação que a revista anuncia introduzir — reafirma dois pontos essenciais da fundamentação teórica da investigação histórica: o método empírico de lidar com as fontes e a distância

[3] Um clássico da distinção entre filosofia especulativa e filosofia especulativa da história é W. H. Walsh (1951). Seu livro resume bem os dilemas da primeira metade do século XX na Europa e nos Estados Unidos quanto à história. Outro clássico, de 1936, é a *Introduction à la philosophie de l'Histoire. Essai sur les limites de l'objectivité historique*, de Raymond Aron. Ambas as obras foram reeditadas diversas vezes.

crítica que o historiador deve manter.[4] Vinte e três anos depois, em 1952, os fundadores da revista inglesa *Past & Present*, no editorial de abertura do primeiro número, recordam as palavras dos *Annales* e vão mais além, ao citar Ibn Khaldun (1332-1406) para enfatizar ser tarefa dos historiadores investigar, entender, descrever e explicar as transformações por que passa a sociedade (Past & Present, 1952:i-iv). O subtítulo da nova revista revela a preocupação em sustentar teoricamente a validade da história como especialidade: trata-se de uma revista de "história científica". Mais revelador ainda, para o imediato após Segunda Guerra Mundial, em um ambiente cultural em que as ciências ditas naturais triunfam e imperam, os editores — é relevante ressaltar que o editor assistente é o jovem professor Eric J. Hobsbawm — remetem a Políbio (ca. 220-146 a.C.) para assegurar que adotam sua visão de história:

> *the property of history is, first, to ascertain what was actually said (or done) and, second, to discover the causes of success or failure. The facts by themselves may be interesting, but hardly useful. It is the study of causes which makes history fruitful. When our minds transfer to present occasions similar conditions from the past, we acquire a basis for estimating the future [...] and are helped to face coming events with confidence.* [Past & Present, 1952:iii]

Essas duas tomadas emblemáticas de posição firmam o entendimento, na prática dos historiadores, de que sua especialidade é (a) científica, (b) metódica e (c) útil. Para a agenda de uma teoria desse "saber fazer" historiográfico, a tese aí defendida é fundamental. Ela pressupõe que fazer ciência não coincide com os paradigmas praticados pelas ciências "duras" e que a história não é uma forma alternativa de prosa ou de poética. Ambos pressupostos "profissionais" sofreram e vieram novamente a sofrer incontáveis críticas e contestações — que parecem acompanhá-los teimosamente a todo momento (Neves, 2011:103-123). A metodização da investigação como requisito de admissibilidade da história certamente tem em conta a variedade de reflexões, históricas e historiográficas, que dela resulta. A tarefa teórica se torna assim mais complexa, mas não impossível.

---

[4] "*Tandis qu'aux documents du passé les historiens appliquent leurs bonnes vieilles méthodes éprouvées, des hommes de plus en plus nombreux consacrent, non sans fièvre parfois, leur activité à l'étude des sociétés et des économies contemporaines .... mais tous animés d'un même esprit d'exacte impartialité, exposeront le résultat de leurs recherches sur des sujets de leur compétence et de leur choix.*" *Annales d'Histoire Économique et Sociale* (1929:1-2).

Convém ter-se presente, pois, que o termo história designa mais de uma coisa e que a plurivocidade, quando não ambiguidade, da palavra engendra hesitação e eventualmente a alegação de que a história sequer existiria enquanto tal.[5] Metodicamente, a clareza terminológica auxilia na organização da agenda teórica. Assim, definamos os sentidos em que a palavra "história" pode aparecer e como se a deve tomar em um programa teórico.

História e teoria: sentidos dos termos

De início convencione-se entender por "teoria da história" a análise epistemológica da história como ciência, isto é, a forma especializada profissional de produção de conhecimentos sobre o passado dos agentes racionais humanos em sociedade. Sua fonte é a historiografia admitida como tal pelos que, por sua vez, são socialmente reconhecidos como integrantes de uma corporação profissional: os historiadores. Essa corporação é identificada pelo procedimento que utiliza para tratar as fontes com que lida, para as articular e para elaborar os discursos mediante os quais narra, reconstrutivamente, o processo temporal e ativo em que os agentes se fizeram. Com base na historiografia, a reflexão teórica busca identificar e descrever as condições de possibilidade de produção de um conhecimento confiável, demonstrável e controlável tal como aparece na historiografia. Fica pois claro que a teoria da história de modo algum é um *a priori* ou uma receita que exista por si só e que deva ser aplicada pelos "executores". As fontes de informação da teoria da história são a historiografia efetivamente produzida e a prática investigativa de seus autores. O modo de atuação de uma tal teoria é, por conseguinte, intrinsecamente indutivo e depende do estoque real da historiografia (e de sua história). Obviamente, isso não pode eludir o fato de que a historiografia concretamente produzida deixa seu legado no tempo e na memória — e que certas práticas empíricas de ontem (Heródoto ou Tucídides, Ranke ou Droysen, Febvre ou Braudel, por exemplo) podem aparecer hoje como "regras de bem fazer" válidas *a priori*. Não necessariamente. E não para todo e qualquer tempo. Tampouco para toda e qualquer sociedade. Que devam ser conhecidas e estudadas, é certo. Que cada tempo deva poder produzir seu modo de ser, de fazer e de pensar, a

[5] Sobre esse ponto, que rejeita o ontologismo da história, ver Paul Veyne (1978: 1ª Parte, cap. II: "Tout est historique, donc l'histoire n'existe pas").

partir do legado, com ele ou até contra ele, parece ser também uma obviedade (Martins,1992:59-73). Método é forma, não conteúdo.

Nem sempre a teoria da história — ou seja: a epistemologia da história como prática científica — logra reconhecimento de seu sentido ou utilidade. Na medida em que a epistemologia da história parece possuir a virtude de neutralizar os arriscados voos especulativos que se pensava poder fazer na filosofia da história, sem compromisso específico com o controle metódico de investigação empírica, cresceu o interesse pela teoria, muito especialmente a partir dos anos 1970.[6]

O termo "história" é empregado em pelo menos três acepções. A primeira remete "ao que ocorreu ou aconteceu". Essas ocorrências ou acontecimentos são obviamente tidos por reais — atos praticados por agentes racionais humanos, individual ou coletivamente, em função de condições, circunstâncias, injunções, intenções, objetivos, metas etc. de seu tempo — e pertencem inelutavelmente ao "passado" humano, mesmo se sua presença na memória e na respectiva consciência (e, por consequência, nas fontes) requeira cuidadoso exame. A segunda acepção diz respeito à "investigação do que se deu" — essa atividade responde a métodos, procedimentos, "cláusulas profissionais de atuação", e depende das fontes de informação, de sua crítica e de sua fiabilidade. O terceiro sentido expresso pelo termo história refere-se ao assim chamado "produto final" em que se formulam os resultados obtidos, pela história-investigação, sobre a história-processo: a historiografia. Assim, a linguagem corrente (e, no mais das vezes, também a linguagem científica) chama de "livros de história" os que aqui se qualifica como historiografia.

A palavra "história" designa, por conseguinte, tanto o ocorrido como o processo de o reconstituir e ainda o resultado investigativo no qual o que aconteceu (que se supõe haver sido adequadamente reconstruído pela investigação) é descrito, entendido, interpretado, explicado, narrado. O conteúdo da teoria da história é, desse modo, a análise da forma e da maneira como os historiadores investigam o passado e o produzem ou reproduzem em livros, artigos, relatórios, pareceres, documentários etc.

Vale dizer: a teoria da história, com efeito, não investiga diretamente o passado humano, em qualquer de suas formas, mas exclusivamente o procedimento (e sua fundamentação) utilizado pelo historiador para o reconstruir e a pertinência do resultado obtido. A comparação e a análise permitem indis-

[6] Apresentei um relato desse interesse em um artigo já há mais de 30 anos: Martins (1983:49-58).

cutivelmente que o historiador "na linha de frente" disponha de um recurso inestimável de crítica metódica e de cotejo de fontes. Um primeiro eventual mal-entendido acerca da utilidade da teoria da história para o trabalho do historiador resolve-se pela constatação de que ambas as especialidades possuem objetos distintos, ou seja, a primeira cuida da análise crítica da historiografia, a segunda debruça-se sobre o passado "em si", tal como presente (isso mesmo: presente) nas fontes.

Um segundo mal-entendido está na dúvida acerca da cientificidade possível da pesquisa histórica. A aproximação da história com a literatura ou com a retórica tendeu sempre a esvaziar-lhe a cientificidade. Todo o mal-entendido reside na circunstância de que essas formas são tratadas como excludentes e de que uma teria de ser prioritária sobre a outra. A convicção metódica prevalente é de que a história procede de modo científico ao reunir suas fontes, analisá-las, descrevê-las, explicá-las e narrar seu fio. Esses passos são controláveis, comparáveis, criticáveis, reformáveis, confirmáveis, modificáveis, completáveis, superáveis. Literatura ou retórica não substituem a história e seu procedimento, mas são, com relação a ela, instrumentais. Marc Bloch, em texto magistral de 1914, ao paraninfar turma de bacharéis do liceu de Amiens, diz bem da importância dessa função crítica e analítica da história, como recurso metódico. Não chega a formular uma proposta em termos teóricos, mas ao comparar o trabalho do historiador com o de um juiz de instrução, deixa claro não apenas o quão relativo ao conjunto de circunstâncias é o conhecimento histórico obtido como ainda o papel de seleção e julgamento que o historiador tem de exercer, criteriosamente, diante da massa de informações com que lida, nem sempre coerente ou consistente. Por essa razão, a historiografia publicada possui sempre um caráter de transitoriedade, de correspondência ao *status quaestionis* tal como se afigura aqui e agora, a cada vez. Essa correspondência "datada" nada retira à pertinência do conhecimento. Pelo contrário, é justamente sua "datação" que, no caso da ação racional humana individual e/ou social, abre a possibilidade de expansão e aprofundamento do conhecimento. Ambos os fenômenos empíricos de produção de conhecimento somente são possíveis porque não se pode pressupor haver-se esgotado as fontes ou tê-las interpretado de forma definitiva.

A história no quotidiano

No meio cultural em que a sociedade se constitui e em que política e economia — entre outras atividades — são praticadas, perguntar-se sobre a história tornou-se o pão-nosso-de-cada-dia de muita gente, quando não de todos.

No fundo, a questão posta é de saber como é que as coisas evoluíram para chegar ao ponto em que estão: o presente tal como é percebido, vivido, entendido, interpretado. E se as coisas evoluirão daí para a frente dessa ou daquela maneira. Perguntar-se "como foi o que foi" é debruçar-se sobre o passado e, de certa maneira, entrar em si mesmo — aqui e agora. Entender "o que é como é" consiste tanto em compreender o presente quanto formar e consolidar sua identidade. Projetar "o que será" como possível (factível) é atribuir sentido ao tempo e atribuir poder, a si próprio, de agir no tempo e de o domesticar.

Essas questões não são simples, como não são as múltiplas respostas que a elas se dão, ao longo de tempos que se precedem, sucedem, sobrepõem, cruzam, entretecem. Sempre me pareceu que "domesticar o tempo", por difícil que pareça, é um anseio que move a reflexão histórica de cada um, como sujeito no tempo. E não só a reflexão dos "profissionais da história", que se consideram "senhores do tempo".

Refletir historicamente para assenhorear-se de um tempo que aparenta correr sem que o sujeito possa dominá-lo, de modo a fazê-lo seu — seja lá de que modo for —, é uma característica intrínseca à racionalidade humana. Uma das primeiras experiências que se tem é a de constatar que todo agente racional humano emerge em um mundo repleto de história. Esse mundo o envolve e, de certa maneira, o "produz". De modo a tornar-se senhor desse mundo que o precede e que — sob certos aspectos — o engole, o agente racional humano, em princípio, busca produzir uma reflexão histórica sobre si e seu mundo. Tal reflexão é encetada com o fito de o tornar senhor de si e do mundo, o quanto possível, e de o fazer produtor, além de "produto da história".

Analogamente, o historiador surge e atua em mundo historicizado por todos. Ele almeja produzir uma compreensão controlável desse mundo — vale dizer, revestida de método científico —, compreensível, reconstruível e praticável não só por ele e seus colegas de ofício, mas por todo e qualquer um. Ao menos em tese.

Inúmeras perguntas históricas saltam continuamente aos olhos do agente racional humano. Tais perguntas emergem da experiência vivida da contingência e das expectativas que o agente concebe para si e para seu futuro.

Espaço de experiência e horizonte de expectativa são expressões cunhadas por Reinhardt Koselleck para explicitar a vivência temporal do agente no presente, decorrência do passado, e sua projeção para o amanhã, decorrência desse presente (Koselleck, 2006). Koselleck diagnostica algo semelhante aos mal-estares existenciais que amiúde assolam o quotidiano das pessoas e vê no pensamento histórico uma estratégia de domesticação do tempo que permite ao agente haver-se com a fluidez do ontem-hoje-amanhã. De forma análoga, Jörn Rüsen (2015) qualifica de "carência de orientação" o impulso existencial que leva todo agente a perguntar-se de onde vem e para onde vai.[7]

Ao se lidar com o ilimitado e desafiador leque de respostas possíveis a tantas perguntas históricas, interessa entender as condições de possibilidade de produção de um conhecimento histórico controlável, confiável, compartilhável sob a égide do método científico (justamente "moderno"). Sempre causa espécie imaginar que o mundo pudesse ser reduzido a um vórtice de opiniões quaisquer, nas quais confiança alguma pudesse ser depositada para além das seduções do momento fugaz em que se encontrasse o carrossel do tempo.

A fórmula cartesiana da dúvida metódica parece ser o melhor antídoto tanto contra dogmatismos fáceis ou ceticismos inconsequentes. O absolutismo gnosiológico *a priori* é tão pouco satisfatório quanto o relativismo cético *a priori*. A desculpa de um ou de outro não basta para eximir a reta razão da capacidade de examinar e de demonstrar, não apenas de decidir e impor. Não se trata de um caminho simples, mas complexo e cheio de percalços — mas decididamente possível e praticável. Para a historiografia, como resultado de um percurso bem-sucedido, o século XIX foi decisivo (Martins, 2010). A trajetória da reflexão histórica metodizada não foi sem estorvos e obstáculos. Nem se pode dizer que é objeto de aclamação unânime e de adesão absoluta. Mas indiscutivelmente a autoridade metódica do discurso historiográfico contemporâneo está assegurada. Contra ventos e marés.

A "apólice de seguro" metódica que a pesquisa histórica subscreve, e cuja garantia transpõe para seu produto (historiografia), assegura a cientificidade do conhecimento histórico especializado. A qualidade científica do conhecimento histórico é hoje uma conquista consolidada e reconhecida. Sua formatação metódica é importante. Mais importante ainda é a relevância pessoal e social do pensamento e da consciência histórica — sua "utilidade prática" (Martins, 2019).

---

[7] Ver também Assis (2010).

O que faz sentido pensar historicamente, por que faz sentido pensar isso ou aquilo, para que apreender, entender, atribuir sentido a gentes e a grupos, a tempos e a episódios? A cada tempo sua intriga desafiadora. A cada quotidiano pertence uma nova bateria de questões ou a revisão de questões, não raro múltiplas vezes tratadas. E a todas elaboram-se respostas ao sabor do tempo presente. Não parece que as narrativas históricas sejam quaisquer, já que revestidas da confiabilidade metódica. Se fossem quaisquer, a história seria varrida pelos ventos do arbítrio em todas as direções e perderia qualquer relevância como referência neste ou em outro tempo. Em culturas fortemente politizadas, perguntar pelo significado da história para a sociedade e pelas expectativas que essa lhe dirige pode soar vão. No entanto, inúmeros grandes "nomes da história" consideram que essa questão de fundo merece cuidado e atenção. E, sobretudo, boa resposta e valorização do fazer histórico. Jakob Burkhardt, Marc Bloch, Fernand Braudel, Nathalie Zemon Davis, George Duby, Lucien Febvre, Mary Fulbrook, François Furet, Serge Gruzinski, François Hartog, Emmanuel Le Roy Ladurie, Hermann Lübbe, Herbert Lüthy, Margareth MacMillan, Thomas Nipperdey, Jürgen Kocka, Reinhart Koselleck, Jörn Rüsen, Paul Veyne, Allan Megill, Hayden White, François Dosse, Ethan Kleinberg, Ewa Domanska, Marek Tamm, Georg Iggers, Arnaldo Momigliano, Hermann Paul, Valdei Araujo, Arthur Assis e tantos outros — um rol nunca é completo — dedicaram-se com intensidade a essas questões. Que os historiadores vejam em seu fazer algo de incontornavelmente relevante para a sociedade é, sem dúvida, um truísmo.

No contexto cultural de uma sociedade dada, explicitar como a ciência da história é relevante para essa sociedade parece mais produtivo em um programa de análise teórica. Quando Jörn Rüsen conectou, em sua matriz disciplinar, a ciência especializada e a vida prática, situando assim a história em sua função de orientação existencial, estabeleceu uma relação direta entre a disciplina científica e seu "público". Está claro que a história possui, para a sociedade, uma relevância muito mais imediata e perceptível do que outras ciências, como — para citar um exemplo apenas — a matemática pura ao investigar os números primos de Mersenne. À história põe-se assim a tarefa de lidar com o (seu) "público", sem cair na tentação instrumental de supor que as historiadoras e os historiadores devessem meramente atender às demandas do "público". Pertence assim à dimensão "útil" da reflexão teórica apreender o sentido da historiografia em seu tempo e sua inserção na vida dos agentes desse e nesse tempo (Martins, 2016:73-91).

A história tem uma função sobretudo esclarecedora — na melhor tradição das Luzes — e não denunciadora. A historiografia pode até fornecer clareza e segurança "técnica" a serem eventualmente utilizadas em foros sociais de outro tipo: como os trabalhos de Henry Rousso (2016) no equacionamento do negacionismo referente ao Holocausto, de José Murilo de Carvalho (2017) sobre o substrato da consciência social e política do Brasil, ou os trabalhos de João José Reis (2012) quanto à escravidão, entre os muitos exemplos que se poderia citar. Uma vez publicado seu escrito, o historiador "perde seu controle", que esteve sob sua única responsabilidade, na fase de elaboração. Na formatação de sua narrativa, o historiador tem de dominar a equação entre engajamento e distanciamento, como alertava Norbert Elias (2003) há mais de 30 anos.

Objetividade e partidarismo se contrapõem em um debate que fez furor nos anos 1970-80, envolvendo, no espaço público, militantes políticos e historiadores. De certo modo, a questão não é nova e ainda persiste, já que a cada instante corresponde outro motivo, outro interesse, outro objetivo, outro contexto, outro momento — tanto para o perguntar como para o responder. Já Droysen reconhecera que o postulado rankeano da objetividade — expresso pelas conhecidas exigências, de contar "tal como efetivamente ocorreu" e de ao mesmo tempo "neutralizar-se" (Ranke, 1874:VII) — no fundo equivaleria a uma "castração" (Droysen, 1971:287). Nesse ponto tem razão o historiador alemão contemporâneo Thomas Nipperdey (1927-92):

> A História deve certamente também servir à sociedade. Mas se o fizer desprezando a objetividade, ou seja: tomando partido desse ou daquele interesse na sociedade, no presente, em algum grupo, em algum sistema valorativo dominante ou ainda em algum sistema valorativo revolucionário, nada mais faz ela do que repetir os preconceitos vigentes. [Nipperdey, 1986:219]

Significa isso dizer que a história é impotente? Pelo contrário: somente a história como ciência dá conta de analisar processos e contextos históricos. As demais ciências estão igualmente imersas no respectivo contexto histórico. Assim, pode-se lembrar que Karl Marx teria razão ao ousar dizer: "Conhecemos apenas uma ciência: a ciência da História" (Marx e Engels, 2017). Mesmo que Marx estivesse certo, importa reconhecer que a ciência da história é bem a única ciência a conseguir, pelo procedimento historiográfico recursivo, analisar com método próprio tanto o sujeito cognoscente quanto o objeto investigado.

Com o potencial analítico expandido, disponível à história — como ciência —, adquire ela um grau mais elevado de objetividade.

Descrição, explicação e interpretação

A reflexão teórica se aparenta à estrutura de um edifício: para que a argumentação histórica se sustente, é preciso existir um suporte estruturante. Há pesquisadores que adotam roteiros prévios, "aplicando" teorias anteriormente elaboradas, que entendem ser as mais adequadas para a resposta à sua pergunta histórica. Assim o pensamento de Marx foi uma referência forte durante o século XX (ainda o é para muitos) e serviu de inspiração para a escola inglesa de história social, entre outras. O pensamento de Max Weber foi decisivo na constituição da escola alemã de história social, conhecida como "escola de Bielefeld". A "onda antropologizante" dos anos 1990 teve em Clifford Geertz ou em Marvin Harris também suas referências marcantes. A filosofia tem sua presença forte com Michel Foucault. Fenômenos semelhantes de genealogias teóricas ocorrem nos diversos ramos da história, da política à economia, da cultura à sociedade, da ciência ao quotidiano. A teoria da história deve sempre viabilizar a análise do "DNA" teórico explícito ou implícito na historiografia que lhe serve de matéria-prima. Articulada com a "iniciação técnica" da introdução ao estudo da história, com a história da historiografia e com as práticas de publicização da história (suas didáticas) (Cerri, 2017:11-30), a teoria da história inclui em sua agenda de trabalho tipologias, classificações, genealogias de pensamento e de influências que contribuem para o reconhecimento da reflexão estruturante da pesquisa histórica e da narrativa historiográfica. Conhecer a "planta" da construção auxilia decisivamente o entendimento da obra terminada — o que é mais fácil quando os autores anunciam suas referências e o modo como as aplicam. O trabalho teórico se debruça sobre essas informações (quando disponíveis) ou as investiga na narrativa historiográfica. O procedimento é como uma dissecação arqueológica do saber historiográfico para conhecer-lhe ponto de partida, percurso e ponto de chegada. Dois estudos recentes exemplificam tal utilidade prática de modo interessante e cabal: os de Mary Fulbrook (2003) e de Margaret MacMillan (2008). Importa ter sempre presente que, teoricamente, nenhum tema pode (ou deve) ser estranho à história. O leque da reflexão e da pergunta históricas abre-se, em princípio, sem limites de qualquer natureza. A diferença prática está no modo de tratar o tema, em que a perspectiva temporal e a reflexão historicizante caracterizam a abordagem metódica da história e sua relevância para o tempo presente.

Os historiadores devem estar sempre conscientes de que necessitam fazer (e fazem) uma série de pressuposições para a interpretação de suas fontes e para o uso de seus materiais de trabalho, incluídos os manuais escolares de todos os níveis. Tais fontes precisam, de fato, não somente ser corretamente compreendidas, mas também ser devidamente identificadas e ordenadas como fontes de determinado tipo ou relevância, isto é: são julgadas quanto à sua significância para a interpretação do tema histórico e para o impacto social do conhecimento histórico. Com base nelas, o historiador parte para a reconstrução e interpretação dos contextos de interação histórica. Quem investiga um acontecimento do ponto de vista do contexto de interação em que se insere não se desincumbe de sua tarefa sem o recurso a algum tipo de explicação. A explicação articula o sentido originário do episódio trabalhado e o sentido que possa ter no momento em que é trabalhado, no presente.

O problema das explicações pode ser, decerto, minimizado com a indicação de que bastariam à análise histórica os hábitos explicativos da vida quotidiana (Passmore, 1962:105 ss.) ou que a explicitação dos pressupostos teóricos subjacentes às respectivas explicações levaria a um amontoado de trivialidades. Explicações e análises históricas, porém, não são possíveis sem fundamento teórico. Ao menos enquanto os hábitos explicativos do quotidiano são analisáveis e corrigíveis com o auxílio do conhecimento científico, as teorias em ciência social adquirem uma relevância imediata para a análise histórica. Como nas demais ciências, o progresso do conhecimento nas ciências sociais também consiste na superação das versões do senso comum, tais como estão à base dos hábitos explicativos do quotidiano. Uma análise histórica, por exemplo, de uma inflação ou de uma crise econômica dificilmente será consistente sem conhecimentos de economia teórica, por limitados que estes possam ser. Quem quisesse deixá-los de lado correria o risco de cair em concepções econômicas há muito superadas. Uma metodologia da ciência histórica que não atribua valor algum ao pensamento teórico só pode ter o efeito de isolar a historiografia das demais ciências sociais e de tornar suas explicações e construções impermeáveis a toda crítica possível (Goldstein, 1967).

Por conseguinte, tudo o que se entenda por "história" ou a que se atribua o predicado "histórico" não é conjunto dos elementos ou fatos irredutíveis do mundo perceptível sensorialmente e de eventuais relações causais nele, mas um construto significativo gerado por uma informação autóctone e *sui generis*, que está carregado de sentido a partir de um quadro valorativo próprio e que não se confunde em absoluto com a série ininterrupta de eventos no tempo e no espaço que caracteriza a sequência fatual da realidade.

A história não é, por conseguinte, uma reprodução repetitiva e duplicativa do evento, mas uma organização reconstrutiva específica de elementos, processos, eventos e ações localizáveis temporal e espacialmente e que lhes confere sentido e significado. Ela pressupõe, para a sua construção significante da realidade *como* história, a constituição do mundo concreto sensível do homem como base material, mas não se reduz a ela.

Dos tópicos aqui esboçados (em termos antropológicos fundamentais) resultam pontos de referência da construção histórica em sua completude formal: a relação do homem com a natureza e com a sociedade e o interesse prático fundamental na "humanidade" da vida humana. Ambos os momentos são pontos de fuga implícitos de todo processo construtivo, cuja resultante é o que chamamos de história. O "universo vital" do ser na natureza e na sociedade constitui o substrato teoricamente completo e materialmente subjacente à construção, enquanto a "humanidade" do ser humano e de suas relações, uma perspectiva *a priori*. Neste sentido, por exemplo, H. Rickert (1913; 1915; 1924) pode afirmar que a história tem a ver com símbolos carregados de valores culturais. A historicidade das diferentes formas de organização dos universos vitais do agente racional humano, como a relatividade dos valores e de sua ordenação hierárquica, tem de ser levada em conta. Por outra parte, o núcleo teórico da respectiva concepção da cultura pode ser conservado, pois contém já os dois momentos fundamentais do pressuposto filosófico--antropológico, embora ainda diferenciados. Diante deles, a suspeita do relativismo e mutabilidade históricos não poderia ser levantada tão facilmente. As dimensões do universo vital humano seriam em si mesmas constantes culturais porque fundam, elas mesmas, o próprio conceito de cultura. O imperativo da "humanidade" é validado, como em todo conhecimento abstrato e reflexivo, não por ser conhecido, mas por sua exigibilidade perante todos os indivíduos humanos. Estes dois pontos de fuga da construção histórica enunciam sua projeção no plano, mas não o meio concreto de sua visualização. Faltam ainda a "prancheta" e o "papel" para se dar, ao que é apenas projeto, uma forma efetiva. Para a construção histórica, este meio é a figura-base da narração (Koselleck,1973:307-317), possível em toda linguagem natural. Ao narrarmos algo, falamos de fatos e ocorrências do mundo dos homens na natureza e na sociedade, apreendemo-las como um contexto significativo de acontecimentos, selecionamos o "essencial" e relatamos um processo que supomos possuir sentido e significado para o ser humano. Em suma: ao narrarmos, olhamos os acontecimentos de uma perspectiva histórica e enunciamos histórias. Por outro lado, ao concebermos algo como uma possível história, como um conjunto de acontecimentos significativos para o universo vital humano, nós nos baseamos na pressuposição de um conjunto inenarrável de acontecimentos com começo, meio e fim. A constituição da história se demonstra, por conseguinte, como uma construção narrativa que instaura a significação dos acontecimentos sobre a estrutura básica do universo vital humano, esquematizada na intenção narrativa. O que resulta é uma síntese narrativa original, um esquema *a priori* para histórias, que fundamenta, como condição de possibilidade, as narrações concretas, o objeto histórico empírico. Este objeto histórico empírico seria, por conseguinte, construído a partir de um padrão racional de "humanidade", previamente aceito e posto como fim precípuo, e que possibilita a própria síntese narrativa da construção histórica, dentro dos parâmetros da inserção do ser humano, agente racional da história e na história (Nipperdey, 1973:225-225), nas esferas da natureza e da sociedade. Tal não significa, porém, que as histórias narrem apenas os agentes e suas ações; *todos* os elementos do "universo vital" podem ser temas referenciais das histórias. Isto implica o conhecimento histórico, o conhecimento da história poder e dever ser concebido como um conhecimento empírico e permanentemente sujeito a revisão. Ele está previamente possibilitado por uma estrutura cognoscitiva categorial, mas por nenhum conteúdo preciso.

História: ensino e aprendizagem no espaço público[8]

A história se faz, pois, pelo agir humano no tempo e no espaço social. O agir é individual. Seus resultados vão além do âmbito do particular e conformam o conjunto da sociedade, por diferentes caminhos. Sociedades e culturas, as mais diversas, mas todas originadas do e pelo agir racional humano, preenchem o tempo — por assim dizer — com seus legados de ação, acumulados ao longo das tradições, sucessivamente marcadas pelas circunstâncias políticas,

[8] Esta parte utiliza, com modificações, textos meus anteriormente publicados. Ver Martins (2017: cap. 13).

econômicas, sociais e culturais que envolveram cada um de seus elementos e o conjunto que formam.

O ensino-aprendizagem da história situa-se em dupla perspectiva. A tradicional, de cunho restrito, e a potenciadora, de tipo abrangente. O ensino tradicional (a não confundir com conservador ou retrógrado) restringe-se à institucionalização do sistema instrucional do Estado e diz respeito ao "dar aula de história" nas escolas, da fundamental à superior. O ensino potenciador está relacionado com o papel estético da história na comunicação social em geral, e seu efeito formador e conformador da consciência histórica nas pessoas e em suas comunidades. As duas perspectivas são interdependentes e pode-se dizer que a segunda tem efeitos notórios sobre a disciplina formal dos sistemas de ensino.

Em ambos os casos a consciência histórica de cada indivíduo é um requisito. Nessa consciência o agente coloca em perspectiva a própria experiência refletida do tempo, cujo sentido histórico vem a ser articulado quando se dá a devida identificação de seus componentes culturais e de seu efeito conformador do presente. Ou seja: cada indivíduo carece de orientar-se no agir concreto por um pensamento (intencional, na medida em que é racional) no qual é indispensável a transformação, em história, do tempo vivido na experiência do dia a dia (o que inclui a memória e a tradição do passado) — transformação essa operada pela reflexão. Tal apropriação é um elemento-chave da constituição do sujeito histórico, tomado individualmente. Importa que cada um e todos realizem essa apropriação. Ela é inicial. Adiante, na medida em que o sujeito opera a própria escala de valores e fixa para si objetivos de ação, a apropriação é confirmada, transformada ou, eventualmente, rejeitada. Esse processo é um moto-contínuo.

O primeiro ambiente formal, por conseguinte, em que se dá a apropriação da consciência histórica, é o do sistema escolar. O ambiente mais genérico da convivência familiar (ou, inespecificamente, social) precede e acompanha o ambiente escolar. Num como noutro ambiente procede-se frequentemente por exemplificação. A história ensinada aparece, nesses contatos, como uma história de exemplos — de atos merecedores de destaque ou de comportamentos que valem a pena ser adotados. Os exemplos servem de âncoras para uma segunda vertente do ensino: a da problematização dos elementos (temas) que compõem, no mais das vezes, os conteúdos definidos para a instrução escolar. A exemplificação exortativa (pode ser mediante o recurso a um "grande personagem", a um "homem de Estado", a um "líder revolucionário", a um "grupo de esquecidos", ao conjunto dos "derrotados", e assim por diante) requer que se pense com cuidado o sistema de escolhas. As escolhas incluem os critérios de periodização (no Brasil, habitualmente, faz-se essa periodização de acordo com o estatuto político ao longo do tempo [menos, por exemplo, de acordo com o sistema econômico] — colônia, monarquia, república), que devem ser refletidos e, no momento adequado, explicitados. Elas incluem, ademais, os objetivos instrucionais fixados pelo sistema escolar a partir de políticas de Estado (de que são coautores historiadores ou pedagogos com teorias e metas próprias, seja na definição dos suportes [livros e outros materiais] seja na estipulação dos meios [formação dos professores]). O modo exemplar de ensino requer, por conseguinte, que se explicite — ao menos entre seus praticantes, e por dever de transparência para com seus aprendizes — pelo menos cinco requisitos, na medida em que pretenderia privilegiar o "essencial", o "válido", o "relevante":

a) o caráter elementar das ideias diretrizes (simplificações unificadoras, a que é reduzida, metodicamente, a complexidade);
b) o caráter fundamental das escolhas feitas (relevância de tais temas para a experiência de formação e consolidação da consciência histórica);
c) o caráter típico das escolhas feitas (exemplaridade propriamente dita);
d) o caráter categorial (definição dos conceitos utilizados na organização dos critérios de escolha e de sua aplicação);
e) o caráter representativo (a estipulação dos aspectos com que, mediante tal aprendizado, pode-se dar conta de situações outras do passado ou do presente, por recurso à consciência histórica construída).

Importa ressaltar que convém dedicar atenção ao caráter da representatividade, na medida em que o sistema escolar (tanto pela evolução psicoeducacional quanto pela massa de conteúdos) não deixa ao professor espaço suficiente para esgotar (se é que tal seria possível) todos os desdobramentos de um tema mais detidamente tratado. Assim, habitualmente, o fenômeno da Revolução Francesa (já bastante complexo por si só) recebe uma atenção algo maior do que outros. Entretanto, sua representatividade para lidar com outros fenômenos igualmente chamados "revolução" (por exemplo, as de 1848 ou de 1917 na Europa ou ainda a Cubana de 1959) deve ser tomada com prudência. A redução simplificadora (item *a* anterior) não tem só vantagens. Sobretudo porque o aprendiz ainda não dispõe de meios próprios, desde o primeiro momento, para haver-se por si mesmo com os conteúdos que lhe são transmitidos, a responsabilidade teórica (e social) do professor é tanto maior. Formar a consciência e o pensamento históricos deve ser tanto o objetivo quanto orientar o aprendizado informativo dos eventos do passado constantes do programa de atividades.

Se o modo "exemplar" permite deter-se em algumas estações representativas, importa ainda mais sustentar essa representatividade de forma teórica e didática, além de fazer entender, passo a passo, àqueles que recebem a instrução, que o representativo não esgota o campo histórico. Se o recurso à exemplaridade (que parece predominar nos livros didáticos e nas diretrizes curriculares) oferece vantagens relativas (redução de imensas multiplicidades a complexos estruturados, aprofundamento [mesmo se limitado] da abordagem de determinado(s) fenômeno(s), transposição possível do conteúdo aprendido a outros objetos, problemas, experiências) também exige transparência teórica e metodológica (para o professor) e articulação crítica com os conteúdos. De outra forma, corre-se o risco de oferecer, nas etapas elementares do aprendizado, uma dose demasiado alta de abstração meta-histórica, em função de opções teóricas familiares (quando o são) somente a autores ou a professores, abstração pouco apta a formar adequadamente os aprendizes nas fases evolutivas do sistema escolar. Tem-se que manejar aqui, por conseguinte, uma solução de facilidade (programações prontas e fechadas) em conjunto com a habilidade pedagógica de interagir com o grupo de aprendizes na etapa em que se encontram (que dificilmente parece poder estar pronta e fechada).

Isso requer que se lide com a formação de quatro habilidades (mínimas, pode-se dizer):

a) o aprendizado de métodos e de técnicas de pesquisa;
b) o aprendizado de categorias, princípios e conceitos;
c) a conscientização da dimensão aproximativa do que se defina como "característico", "típico", "representativo";
d) a consciência de que a experiência pessoal e coletiva da relação do presente com o passado faz parte da elaboração do discurso histórico.

As generalizações simplificadoras amplas, se ajudam a exposição abrangente de longos períodos de tempo e de questões de alto grau de complexidade (de difícil explanação em função do estágio de desenvolvimento psicológico e cultural de alunos em sala de aula), implicam sempre o risco de uma "desencarnação" da história. A exemplificação é, pois, indispensável, e o cuidado para evitar equiparações demasiado rápidas (ocorrências de características distintas subsumidas, sem modulação, sob o conceito de "revolução" ou de "capitalismo", por exemplo). Assim tem-se uma articulação produtiva entre generalização e singularização, sem perder um elemento precioso tanto na reflexão histórica quanto no ensino da história: a orientação por questões, perguntas, problemas.

O conceito de ensino de história orientado por problemas é paralelo ao de ensino exemplar. Sua preocupação inicial foi a de evitar apresentar, nas aulas, somente material previamente elaborado (notadamente o didático), de forma acrítica. Sua intenção de treinar os aprendizes na capacidade de pensar autonomamente parece correta, mesmo se deva ser ajustada — diga-se mais uma vez — à condição cultural e de desenvolvimento psicológico do público ouvinte e participante (quer seja nas escolas ou na comunidade em geral). Chama-se de "problemas", nesse tipo de abordagem do ensino, as questões que emergem das experiências atuais do grupo e que o motivam para interessar-se pelas origens do estado de coisas, no passado. Por certo incumbe ao responsável pelo ensino estar suficientemente instrumentado, em conteúdo e em recursos didáticos, para assegurar a articulação da busca das respostas, sem incorrer num risco desmesurado de fragmentação e de saltos inapreensíveis pelo grupo de alunos ou ouvintes. É igualmente necessário que as perguntas, surgidas no contexto das carências próprias de orientação da sociedade em que se vive atualmente, possam ser organizadas em problemas. Assim, por exemplo, o tema politicamente atual da corrupção na administração pública, com que o grupo frequentemente é confrontado no noticiário quotidiano, gera espontaneamente perguntas sobre as origens e as razões da questão. A problematização no ensino de história permite articular a busca das respostas ao longo do fio condutor do patrimonialismo, do clientelismo e do personalismo na organização social brasileira.

O ensino da história tem sua missão mais destacada no estabelecimento da correlação substantiva entre a vida quotidiana do presente e o passado historicizado. O ensino deve tomar seu ponto de partida, por, justamente nas questões que os alunos percebem, em suas experiências atuais, não poderem ser adequadamente entendidas se não se recorrer a uma volta ao passado. Seu "lugar social" é também o lugar em que constroem suas experiências históricas. O encontro do lugar atual e do lugar passado na experiência dos alunos (e do público em geral, é bom lembrar) tem por objetivo ensejar a sensação de que o tema "diz respeito a mim (a nós)". A noção de "dizer respeito a", como categoria relevante para o ensino de história, significa que determinados contextos históricos, para o grupo, não são simplesmente "coisa do passado", mas possuem uma relação existencial remanescente com o presente. Esse "dizer respeito a" começa por uma circunstância de ser afetado emocionalmente. O interesse do grupo é despertado, pois, por uma identificação (mesmo se superficial) com a questão suscitada pela reflexão histórica. Dessa identificação inicial evoluir-se-ia para a busca de respostas críticas na história que contribuam para a elaboração ou expansão da identidade singular ou coletiva. Sem que se perca de vista, no entanto, o caráter metódico da contextualização do passado, pois de outra forma o risco de haver uma apropriação particularizada e uma instrumentalização subjetiva do passado, colocando-o preconceituosamente a serviço de causas atuais, é imediato.

Se a percepção de que tal ou qual questão diz respeito às pessoas e aos grupos pode ser mais fácil de ser manejada, deve-se ter presente ainda que a aparência do "não ter nada a ver com isso" precisa ser igualmente levada em conta. Trata-se do verso da medalha do sentimento de ser afetado por essa ou aquela questão (por exemplo: a escravidão e suas consequências na organização social e econômica de um país) e de não o ser por uma outra (por exemplo: a formação do mercantilismo). Incumbe ao docente (cuja formação histórica tem de ser sólida) colocar em evidência, de maneira acessível, o quanto os temas "não evidentes" na realidade presente são, afinal, dessa ou daquela maneira, tão relevantes quanto o que parece óbvio no quotidiano.

Somente no balanço equilibrado dos dois aspectos das questões (que, de início, apenas o profissional treinado estaria apto a ver e a fazer ver) pode contribuir eficazmente a um aprendizado da história que associe o aspecto "problema" à complexidade das respostas que abarcam mais aspectos do que a mera satisfação subjetiva particular desse ou daquele indivíduo. Esse balanço é um convite a refletir cuidadosamente sobre os *a priori* de cunho ideológico que condicionem as abordagens (tanto nos materiais utilizados quanto nas apresentações atuais ou ainda nos interesses do público). Ou seja: existem os *a priori*. A questão não está em os negar. A questão está, sim, em tê-los presentes, identificá-los com honestidade e transparência e colocá-los em perspectiva, de modo a não contaminar as respostas com preferências unilaterais.

Dessa maneira, da fase inicial da descoberta do que "diz respeito" ao grupo, orientada (mas não tutelada) pelo docente, passa-se à habilitação do grupo a refletir por conta própria, mediante aprendizado gradual dos recursos metódicos com que se lida com as fontes da informação histórica e com os formatos em que aparecem. Contribui-se assim para a consolidação de uma consciência histórica simultaneamente pertinente à cultura histórica disponível na sociedade a que se pertence e criticamente independente dela, de modo a que se possa conformar a cultura histórica (individual e comum) da sociedade do dia seguinte. Essa consciência histórica inclui diversas dimensões: consciência do tempo, da realidade, da historicidade da existência do agente, da identidade pessoal e grupal, da moral, da política, da sociedade como "meio ambiente envolvente", da economia como "circunstância de atuação laboral". O entrelaçamento dessas dimensões forma uma tessitura única, mas seus diversos fios podem ser analiticamente distinguidos e, com isso, fortemente valorizados pela estruturação da consciência histórica por força da atuação própria do agente racional.

Sabe-se que o número de aspectos que envolve a atividade de ensinar-aprender história no plano da instrução escolar é grande e variado. Podem ser agrupados em sete conjuntos, sugeridos a título de convite à reflexão:

1. A história tomada como universo concreto da vida de todos e de cada um;
2. A história definida como uma prática científica;
3. A história como prática didática na sociedade e em suas formas de transmissão de cultura;
4. A história como conteúdo curricular no universo instrucional das escolas;
5. A história como relação social de ensino-aprendizagem;
6. O ensino de história como fator social de institucionalização cultural;
7. A cultura histórica como pano de fundo das relações sociais.

Pode-se exemplificar com temas cada um desses conjuntos (mesmo que aqui não se possa desenvolver cada um deles, pela extensão que tal empresa tomaria).

1. No caso da história tomada como universo concreto da vida de todos e de cada um, parece interessante refletir sobre os seguintes tópicos: tempo, socialização, identidade, consciência do quotidiano, memória, lembrança, cultura, consciência histórica, imaginação histórica (pela palavra e pela imagem), linguagem, argumentação e demonstração,

realidade e utopia, consciência nacional e nacionalismos, modernidade e pós-modernismo.

2. Para a história definida como uma prática científica, pode-se tomar: definição de história (processo, produção, historiografia), filosofia e teoria da história, periodização, teorias de ciências sociais e seu papel na história, método e metodização, hermenêutica, compreensão, explicação, categorias e conceitos, narratividade, objetividade, subjetividade, leis e leis aparentes, historiografia, história universal e história particular, historicismo, positivismo, marxismo, escolas historiográficas (Annales, *Past and Present*, micro-história etc.), história social, história cultural, história política, história econômica, história das ideias, história e ciências sociais (antropologia, sociologia, política, economia, direito), história e gênero, meio ambiente e ação humana, história oral, e assim por diante.
3. Com relação à história como prática didática na sociedade e em suas formas de transmissão de cultura, conviria deter-se em alguns aspectos relevantes: a história das formas de ensino e de prática didática da história, o aprendizado histórico (formas históricas de definir aprendizado e formas históricas de atribuir conteúdos determinados ao aprendizado da história), relevância presente e inserção futura, identidade individual e grupo e emancipação crítica, escolha de temas e sua responsabilidade social, o uso da cronologia, sua utilidade e sua relativização, exemplos e problematizações, saber histórico e representação da história, uso da linguagem escrita e visual no ensino, personalização e abstração, valores, conceitos e pré-conceitos, multiplicidade de interpretações e critérios de orientação, inclusão e discriminação na consciência social, interação pessoa-sociedade-Estado em um mundo preenchido pela história, e outros análogos.
4. A realidade institucional concreta do mundo em que se vive, "de carne e osso", conduz a pensar a história como conteúdo curricular no universo instrucional das escolas: teorias do aprendizado e interação com projetos pedagógicos, teoria da formação histórica e didática da cultura histórica, preparo científico dos docentes, cultura psicológica dos docentes e ajustamento de conduta com respeito ao público, análise das circunstâncias de ensino e aprendizado externas aos conteúdos programáticos, socialização, objetivos de aprendizado e motivação dos alunos, operacionalização (prazos, materiais, apoio interdisciplinar,

sustentação institucional, custos e benefícios), produção e crítica de livros didáticos.

5. Para a história como relação social de ensino-aprendizagem importam algumas questões estratégicas para a correlação docente-público: formação metódica, formas sociais de convivência ou de oposição, formas sociais de trabalho ("profissão do docente") e de formação cidadã ("a história é uma vocação, não apenas um ofício"), aprendizado-motivação-descoberta-retorno sobre si por parte dos alunos (público), orientação crítica do agir, análise de custo-benefício do material didático (livros incluídos) para a finalidade do aprendizado, acesso e manejo de fontes, literatura e percepção subjetiva da presença de que tipo de história nela aparece, jogos e recursos lúdicos no aprendizado (dramatizações, entre outros), planejamento-metas-objetivos, escolha e tratamento de temas, construção e comparação de conceitos, mensuração e avaliação de desempenho, acompanhamento de resultados e de sua persistência, avaliação global de desempenho sistêmico por via de comparação interinstitucional e internacional.
6. O ensino de história como fator social de institucionalização cultural sugere refletir sobre alguns pontos, como: diretrizes curriculares e pertinência sociocultural, conteúdos programáticos e desenvolvimento psicossocial (escola básica, escola média, escola profissional, escola superior), ambiente sociocultural comunitário, local, regional, nacional, supranacional, internacional, comparativo, consciências culturais multinacionais e multilíngues, formações profissionais para funções no Estado, manuais escolares (livros didáticos) comparativos (a perspectiva do outro), formação de adultos (continuada ou de recuperação), formação graduada e pós-graduada de historiadores, habilitação pedagógica de historiadores (para o sistema escolar fundamental e médio e para o sistema universitário), a aptidão à pesquisa e a aptidão ao ensino.
7. Na medida em que a cultura histórica é o pano de fundo das relações sociais, não restrita apenas às questões especializadas do campo da pesquisa e do ensino formais de história, importa incluir na reflexão itens do seguinte teor: história na literatura, história nas ciências ditas exatas e naturais ("história da ciência"), romances históricos, história no teatro e na música, história nos quadrinhos, na fotografia, no rádio, no cinema, na televisão e no grafismo eletrônico, história na política,

> história na publicidade, história nos esportes, história nas artes plásticas e figurativas, história na arquitetura e no urbanismo, história nas exposições e nos museus, história no patrimônio e nos monumentos, história nas comemorações privadas e públicas, história na paisagem e na relação com o meio ambiente (em particular no tecnicamente modificado), associações, institutos e sociedades de história, instrumentalização da história na política, na economia e nas relações internacionais — e muitos outros aspectos mais.

A reflexão sobre o papel do ensino de história leva em conta, como se vê, uma dimensão "interna" e uma dimensão "externa". Ambas são interdependentes. A dimensão interna abrange as questões referentes à formação profissional do historiador e de sua habilitação ao ensino, à organização das práticas de ensino e dos conteúdos nela adotados, à produção dos meios de apoio ao ensino e à difusão da história no meio escolar. A dimensão externa abrange dois grandes conjuntos de questões: o primeiro tem a ver com o ambiente social e cultural em que a história é pensada, produzida (como historiografia) e ensinada. O segundo está na repercussão da história na formação do pensamento, da consciência e da cultura histórica, tanto dos alunos nos sistemas escolares quanto do público em geral, mediante a ilimitada diversidade de usos (e por vezes de abusos) da história e da historiografia na cultura contemporânea.

Em todos os aspectos percebe-se uma dupla preocupação: com a qualidade controlável dos conteúdos produzidos e utilizados e com a responsabilidade de docentes e aprendizes para consigo e para com os demais. O ensino de história é, com isso, simultaneamente profissão e missão.

Referências

ANNALES d'Histoire Économique et Sociale, n. 1, 1929, p. 1-2.

ARON, Raymond. *Introduction à la philosophie de l'histoire*. Essai sur les limites de l'objectivité historique. Paris: Plon, 1936.

ASSIS, Arthur A. *A teoria da história de Jörn Rüsen*. Uma introdução. Goiânia: Ed. UFG, 2010.

BAUMAN, Z. *Modernidade líquida*. Rio de Janeiro: Zahar, 2001 [orig. 1999].

CARVALHO, José Murilo de. *Nação e cidadania no Império*: novos horizontes. Rio de Janeiro: Civilização Brasileira, 2007.

CERRI, Luis Fernando. "Um lugar na história para a didática da história. *História & Ensino*, v. 23, 2017, p. 11-30.

DROYSEN, Johann Gustav. *Historik*. 6. ed. Darmstadt: Wissenschaftliche Buchgesellschaft, 1971.

ELIAS, N. *Engagement und Distanzierung*. Editado e traduzido para o alemão por Michael Schröter. Amsterdã: Fundação Norbert Elias, 2003 (Obras Completas de N. Elias por Johan Heilbron, v. 8) [orig. 1983].

FREUD, Sigmund. *Das Unbehagen in der Kultur*. Viena: Internationaler Psychoanalytischer Verlag, 1930.

FUKUYAMA, Francis. *Identity*: the demand for dignity and the politics of resentment. Nova York: Farrar, Straus and Giroux, 2018.

______. *The end of history and the last man*. Nova York: Free Press, 1992.

FULBROOK, Mary. *Historical theory*. Londres: Routledge, 2003.

GLASER, André. *Raymond Williams*: materialismo cultural. São Paulo: Biblioteca 24horas, 2011.

GOLDSTEIN, Leon J. Theory in history. *Philosophy of Science*, v. 34, 1967.

HICKS, Stephen R. C. *Explaining postmodernism*: skepticism and socialism from Rousseau to Foucault. Roscoe, Ill.: Ockham's Razor Publishers, 2011.

KOSELLECK, R. Darstellung, Ereignis und Struktur. In: SCHULZ, G. (Ed.). *Geschichte heute*. Göttingen, 1973, p. 307-317.

______. *Futuro passado*: contribuição à semântica dos tempos históricos. Rio de Janeiro: Contraponto, 2006 [orig. 1979].

MACMILLAN, Margaret. *Dangerous games*. The uses and abuses of history. Toronto: Penguin Canada, 2008.

MARTINS, E. C. de R. A renovação contemporânea da historiografia. In: SIMON, Samuel (Org.). *Um século de conhecimento*. Arte, filosofia, ciência e tecnologia no século XX. Brasília: Editora da Universidade de Brasília, 2011, p. 945-985.

______. Atualidade e relevância da teoria da história. Um debate contemporâneo. *Revista da Sociedade Brasileira de Pesquisa Histórica*, v. 1, n. 1, p. 49-58, 1983.

______. Consciência histórica. In: FERREIRA, Marieta de Moraes; OLIVEIRA, Margarida Maria Dias de (Org.). *Dicionário de ensino de história*. Rio de Janeiro: FGV, 2019.

______. Consciência histórica, práxis e cultura. A propósito da teoria da história de Jörn Rüsen. *Síntese* (nova fase), v. 19, n. 56, 1992, p. 59-73.

______. História e teoria na era dos extremos. *Fênix*. Revista de História e Estudos Culturais, a. III, v. 3, n. 2, 2006, p. 1-19.

______. Processos históricos, aprendizagem e educação de uma "segunda natureza humana". *Educar em Revista* (Impresso), v. 60, p. 73-91, 2016.

______. *Teoria e filosofia da história*. Contribuições para o ensino de história. Curitiba: W. A. Editores, 2017.

______ (Org.). *A história pensada*. Teoria e metodologia da história na Europa do século XIX. São Paulo: Contexto, 2010.

MARX, Karl; ENGELS, Friedrich. *Marx-Engels-Gesamtausgabe*. Parte I. v. 5. Karl Marx/Friedrich Engels: *Deutsche Ideologie. Manuskripte und Drucke*. Ediado por Ulrich Pagel, Gerald Hubmann e Christine Weckwerth. Publicado pela Internationale Marx-Engels-Stiftung (Imes). Amsterdã, Berlim, Boston: De Gruyter Akademie Forschung, 2017.

NEVES, Guilherme Pereira das. *História*. Teoria e variações. Rio de Janeiro: Mauad, 2011.

NIPPERDEY, Th. Die anthropologische Dimension der Geschichtswissenschaft. In: SCHULZ, G. (Ed.). *Geschichte heute*. Göttingen, 1973. p. 225-225.

______. Kann Geschichte objektiv sein? In: ______. *Nachdenken über deutsche Geschichte*. Essays. Munique: C. H. Beck Verlag, 1986, p. 218-234.

PAPINI, Giovanni. *Gog*. Florença: Vallechi, 1931 [Prêmio Nocturne (França), 2006].

______. *Rapporto sugli Uomini*. Milão: Rusconi, 1978.

PASSMORE, John. Explanation in everyday life, in science and in history. *History and Theory*, v. 2, p. 105 ss., 1962.

PAST & Present. A journal of scientific history, n. 1, p. i-iv, fev. 1952.

POPPER, Karl. *A lógica das ciências sociais*. 3. ed. Rio de Janeiro: Tempo Brasileiro, 2004.

______. *A miséria do historicismo*. São Paulo: Edusp, 1980 [org. 1957].

RANKE, Leopold von. *Englische Geschichte vornehmlich im Siebzehnten Jahrhundert* (introd. ao Livro V). In: ______. *Sämmtliche Werke*. 3. ed. Leipzig, v. 15, 1870.

______. Geschichte der romanischen und germanischen Völker von 1494 bis 1514. In: ______. *Sämmtliche Werke*. 3. ed. Leipzig, v. 33/34, 1874.

REIS, João José; AZEVEDO, Elciene (Org.). *Escravidão e suas sombras*. Salvador: EDUFBA, 2012.

RICKERT, H. *Die Grenzen der naturwissenschaftlichen Begriffsbildung. Eine logische Einleitung in die historischen Wissenschaften*. Tübingen, 1913.

______. *Die Probleme der Geschichtsphilosophie*. Eine Einführung. Heidelberg, 1924.

______. *Naturwissenschaft und Kulturwissenschaft*. Tübingen, 1915.

RÖD, Wolfgang. *Filosofia dialética moderna*. Brasília: EdUnB, 1984 [orig. 1974].

ROUANET, Sérgio. *Mal-estar na modernidade*. São Paulo: Companhia das Letras, 2001.

ROUSSO, Henry. *Face au Passé*. Essais sur la mémoire contemporaine. Paris: Éditions Belin, 2016.

RÜSEN, J. *Teoria da história*. Uma teoria da história como ciência. Curitiba: Ed. da UFPR, 2015 [orig. 2013].

SCHMIDT, Maria Auxiliadora M. dos S. Cognição histórica situada: uma possibilidade para a aprendizagem da História. In: LONGHINI, Marcos Daniel (Org.). *O uno e o diverso na educação*. Uberlândia: Edufu, 2011. v. 1, p. 239-252.

______. O historiador e a pesquisa em educação histórica. *Educar em Revista (Impresso)*, v. 35, 2019, p. 35-53.

SIGMUND, K. Der Wiener Kreis auf den Punkt gebracht. In: ______. *Sie nannten sich Der Wiener Kreis*. Wiesbaden: Springer Spektrum, 2015.

VEYNE, Paul. *Comment on écrit l'histoire*, Paris: Seuil, 1978.

WALSH, W. H. *An introduction to philosophy of history*. Londres: Hutchinson, 1951.

3

Entre a espera e o desafio: ensaio sobre a factibilidade histórica

Temístocles Cezar

> *Nulisseu*: O senhor acredita que nós fazemos mesmo a história?
> *Professor*: Por que a dúvida?
> *Nulisseu*: Porque, às vezes, espero tanto que fico descrente.
> *Professor*: Eu também… [Nulisseu, *Questões*, II, 2019]

I

1994, último ano do governo Itamar Franco. Em uma visita a Porto Alegre, o ministro da educação, senhor Murílio Hingel, amigo pessoal do presidente da República, é recebido por professoras e professores, alunas e alunos de graduação e pós-graduação sob fortes protestos contra a sua política para o setor educacional. Recordo-me que, ao chegar à manifestação, uma aluna, liderança do movimento estudantil, que eu conhecia do *campus* do Vale, me disse, se a memória não me trai, algo assim: "Professor, hoje nós vamos construir aqui um fato — e acrescentou —, um fato histórico!" Lembro bem do verbo "construir" e da expressão "fato histórico", lembro bem igualmente do impacto que essas palavras me causaram. Embora fosse um professor de história e ensinasse como se *constrói um fato histórico*, a versão prática da teoria ao mesmo tempo que me soou familiar, me desorientou.

Era a primeira vez, desde que comecei a estudar história, que sua factibilidade se apresentava para mim como um movimento físico, corpóreo, palpável, que rompia com a inércia da espera. Resultou dessa perplexidade um problema e uma aporia. Problema porque pensei: como construímos no espaço público um fato histórico? Como efetivamente fazemos a história? E desde quando a fazemos, desde sempre? Aporia porque, ato contínuo, pensei: e se não construímos o fato histórico? E se não fazemos a história? E se a história da história não coincidir com modos de fazê-la na prática? E se a história fosse apenas a historiografia?

Confesso que certo constrangimento se apoderou de mim. Um mal-estar que guardei em silêncio durante um longo período. Era algo para se refletir, não para se discutir, sobretudo com o alunato do curso de história, pois para a maioria, supunha eu, entrar para o curso de história era uma forma "avançada" não apenas de compreender, mas de fazer esta História com H maiúsculo. Além disso, considerava temerário e/ou inadequado instigar uma discussão acerca de um tema para o qual eu, naquele momento, me sentia mais do que despreparado, incrédulo quanto à sua pertinência. Seria, imaginava eu, como negar não somente a historicidade do mundo, mas, de certa maneira, a própria vida. Não parecia razoável supor a indisponibilidade dos seres humanos ao gesto histórico, à práxis (à prática), mesmo que me incomodassem reservas quanto ao voluntarismo, à espera interminável pela ação e restrições à liberdade de escolha...

> Devemos começar por constatar o primeiro pressuposto de toda a existência humana e também, portanto, de toda a história, a saber, o pressuposto de que os homens têm de estar em condições de viver para poder "fazer história".
>
> Toda vida social é essencialmente prática. Todos os mistérios que conduzem a teoria ao misticismo encontram sua solução racional na prática humana e na compreensão dessa prática. [Marx e Engels][1]

II

Transcorridos três anos daquele *fato histórico*, em 1997, estudando para meu doutorado, deparei-me com uma edição de o *Futuro passado* de Reinhart Koselleck (1990). Ao ler o capítulo "Sobre a disponibilidade da história", nem o problema, nem a aporia, se resolveram, mas, com certeza, entendi um pouco melhor as razões de essas inquietações terem se formulado em

---

[1] Respectivamente, "Feuerbach e história rascunhos e anotações" e "Ad Feuerbach" (tese 8). Marx e Engels (2007:32-33, 534).

minha mente. Em primeiro lugar, a pertinência da dúvida: nem sempre foi uma evidência que a condição humana implicasse uma condição histórica inexorável e irreversível. Em segundo lugar, à factibilidade da história nem sempre correspondeu a ação de mulheres e de homens ao longo do tempo: "por mais de 2 mil anos fez parte da cultura mediterrânica e ocidental a ideia de que se contavam *histórias*, que podiam ser objetos de pesquisa e escritas. Mas só por volta de 1780 passou a ser possível imaginar que se pudesse fazer a história" (Koselleck, 2006:234). Assim, realizar concretamente a história somente adquiriu sentido semântico na virada do século XVIII para o século XIX, tornando-se a parte factual da experiência moderna do novo conceito de história: "O coletivo singular 'História', como categoria transcendental, sempre estava referido à ação. Não só a descoberta da 'História', em especial o desvendamento de uma História factível, faz parte do selo do mundo burguês que despontava" (Koselleck, 2013:219).

A singularização do conceito de história, causa e efeito da crença na universalização histórica, implicava a ideia de que a materialização e a realização do gesto histórico correspondiam à capacidade de seus agentes em planejarem e controlarem, de perspectiva distinta da que a antecedia, espaço e tempo.[2] Intimamente ligado a este mesmo campo conceitual, o progresso, cuja formulação possivelmente seja devedora de Kant, é um dos principais vetores teóricos e políticos que orienta essa inédita experiência histórica que "tem raízes no conhecimento anacrônico que ocorre em um tempo cronologicamente idêntico" (Kant, 1990:86-89; Koselleck, 2006:285). Dessa maneira, "desde o século XVIII as diferenças em relação à melhor organização ou à situação do desenvolvimento científico, técnico ou econômico passam a ser organizadas, cada vez mais, pela experiência da história" (Koselleck, 2006:285). A história, expressa com um singular-coletivo (*Geschichte*), concentrava a experiência de uma temporalização inédita: ao teleologizar a história nos trilhos do progresso, da simultaneidade do não simultâneo, e ao universalizar a possibilidade de ação, o futuro ficou tão passível de planejamento quanto aberto, e, em princípio, factível. "A expressão 'fazer a história', empregada inicialmente com reservas, terminou por impor-se. Empregada como *desafio*, ganhou função apelativa" (Koselleck, 2006:241, grifo meu).

No entanto, além de vincular a constituição linguística da alteração conceitual à produção dos acontecimentos históricos, Koselleck propõe a análise dos

---

[2] Koselleck (2006:235); Jasmin (2011:377-403). Ver também: Hartog (2009:53-66).

"limites da ideia de fazer a história". Essas limitações são apresentadas a partir da seguinte tese: "a história caracteriza-se pelo fato de que, com o decorrer do tempo, as previsões e os planos dos homens sempre são diferentes de sua realização". Os exemplos provêm, paradoxalmente, "de quatro homens que normalmente são considerados como tendo feito algo parecido com história: Marx, Bismarck, Hitler e Roosevelt" (Koselleck, 2006:242). Não é o caso de se reconstituir a argumentação de Koselleck acerca desses sujeitos, apenas de chamar a atenção para a conclusão: as restrições à liberdade, à consciência das ações, a renúncia a planos e estratégias predefinidas, a distância entre as intenções e os resultados conduzem à frustação das expectativas de realmente se fazer a história. Nas palavras de Koselleck:

> na história sempre ocorre ou mais ou menos do que está contido nas condições previamente dadas. Sobre este mais ou menos opinam os homens, queiram ou não. Mas as condições prévias não se modificam. Quando isto ocorre, elas se modificam tão lentamente e em prazos tão longos que se subtraem a disposição direta, à possibilidade de se fazer a história. [Koselleck, 2006:246]

O caráter disponível e o potencial mobilizador que o conceito moderno de história pressupunha, ao impulsionar e viabilizar atitudes conscientes e inconscientes das pessoas, dissimulavam um lado sombrio da ação humana: ator, às vezes, autor, quase nunca...

> A ação humana, projetada em uma rede de relações onde se perseguem muitos fins opostos quase nunca cumpre sua intenção original; nenhum ato pode ser reconhecido por seu autor como seu, com a mesma feliz certeza com que uma obra de qualquer tipo pode ser reconhecida por seu criador. Quem começar a agir deve saber que iniciou algo cujo fim nunca pode predizer, nem que seja porque sua própria ação já tenha mudado tudo tornando-o ainda mais imprevisível. [Arendt, 1961:84, as traduções em língua estrangeira são minhas]

A historiografia é um acontecimento estreitamente cultural que não implica em atitude nova diante da historicidade, diante da ação. [Veyne, 1996:112]

III

A água fria que Koselleck lança no ardor de uma das premissas fundamentais da percepção moderna da história — mulheres e homens de carne e osso realizarem-na — se faz acompanhar, no mesmo contexto, do dilacerante diagnóstico do esvaziamento da fórmula clássica: *historia magistra vitae*. Como fazer a história sem os exemplos provenientes do passado? Isto é, como converter as ações humanas em fatos históricos sem considerar que o aprendizado prévio gera e informa a dinâmica do presente, que por sua vez produz dados e conhecimento para projetar?

Se para alguns se tratava de uma decadência inexorável da ideia da história como mestra da vida, para outros o que se verificava, de fato, era um esvaziamento retórico do *topos*, isto é, uma oscilação entre conteúdo e forma: enquanto conteúdo, a história como guia do agir humano parecia perder qualquer significado prático; enquanto forma, parecia transformar-se em um significante desabitado, incolor. Qual seria, então, o sentido do lema *historia magistra vitae* em tal contexto? Sabendo-se que desde o humanismo já existia oposição à noção de que se podia aprender com a história? (Koselleck, 2006:46-47)

A hipótese de Koselleck é a de que as críticas à antiga fórmula encontraram amparo neste movimento intelectual, cujo esboço procurei reconstituir anteriormente, que reorganizou a temporalidade. Ou seja, passado e futuro readquirem nova fisionomia a partir da transformação do conceito de história, impondo-se e abrindo um novo espaço de experiência: "diferentes tempos e períodos de experiência, passíveis de alternância, tomaram o lugar outrora reservado ao passado entendido como exemplo" (Koselleck, 2006:47).

Nesse sentido, à medida que a história assumia o progresso como ordem do tempo, ela passava a admitir a unicidade e singularidade dos acontecimentos. Por conseguinte, a educação baseada no exemplo pretérito perdia consistência: "cada ensinamento particular conflui então no evento pedagógico geral" (Koselleck, 2006:55). Se havia um aprendizado, seria o de que, como pensava Hegel, referindo-se à história pragmática, os homens não se instruíam com ela: "em geral se aconselha a governantes, estadistas e povos a aprenderem a partir das experiências da história. Mas o que a experiência e a história ensinam é que os povos e governos até agora jamais aprenderam a partir da história, muito menos agiram segundo as suas lições" (Hegel, 1990:49-50). Se passado e futuro não mais coincidiam, então a possibilidade da repetição histórica perdia significado, tornando a experiência uma realização restrita a seu tempo, permitindo ao porvir deslizar rumo a uma infinitude de possibilidades.

Não seria mais, desse modo, o passado que esclareceria e iluminaria o futuro, mas o futuro que relançaria sobre o passado o peso de sua presença: não mais como imitação nem como singularidade, mas como diferença. A famosa frase de Marx na abertura de *O 18 brumário* — "Os homens fazem sua própria história, mas não a fazem como querem; não a fazem sob circunstâncias de sua escolha e sim sob aquelas que com que se defrontam diretamente, ligadas e transmitidas pelo passado. A tradição de todas as gerações mortas oprime como um pesadelo o cérebro dos vivos" (Marx, 1985:329) —, que me assombra e me ilumina desde a época de estudante, expressava essa nova relação entre tempo e história, em que a *historia magistra vitae* parecia vacilar. De certa forma, entretanto, não deixemos de perceber, houve uma reabilitação dos ensinamentos da história, apenas com fluxo invertido: o aprendizado e os exemplos não vinham mais do passado, mas do futuro que ainda não se realizara!

Frequentemente me surpreendo pensando em como os fazedores de história, sejam eles a sociedade, sejam eles indivíduos, conscientes ou inconscientes, ativos ou passivos, lida(va)m com o suposto desgaste da prescrição clássica da história como guia da vida...

> O mundo histórico é o mundo do fazer humano. Esse fazer está sempre em relação com o saber. [Castoriadis, 1982:90]

IV

A corrosão da história exemplar e a disposição de os humanos fazerem a história são duas teses que me parecem, portanto, complementares. Elas têm me inquietado tanto, que resolvi convertê-las em objeto de estudo e de pesquisa. Em meus últimos projetos, tenho procurado, sobretudo após os trabalhos pioneiros de Maria da Glória de Oliveira e de Valdei Lopes de Araujo acerca do fazer histórico e a permanência da expressão *historia magistra vitae* no século XIX brasileiro,[3] mapear situações em que a expressão se converte nas figuras gêmeas da autoridade e da tradição e, finalmente, em crença. Essas

---

[3] Oliveira (2010:37-52; 2015:273-294), Araujo (2011:131-147).

figurações, quando aliadas a indeterminações historiográficas do tempo e suas formas discursivas, têm a capacidade de produzir explicações para o movimento histórico do passado, do presente e de projeções futuristas, uma movimentação normalmente silenciosa, cujos efeitos geram maneiras distintas de entendimento da experiência do tempo vivido. Meu objetivo geral tem sido o de verificar a pertinência da ideia da história mestra da vida para a sociedade brasileira, posto que, se sua utilidade historiográfica, política e social parece uma evidência, seus inconvenientes, uma questão recalcada pela historiografia e, de certo modo, pelos agentes sociais, não se deixam apreender da mesma maneira e muito menos com a mesma visibilidade (Cezar, 2018b:78-95; 2019:21-44).

Minha ideia não é, entretanto, a de testar ou adaptar as hipóteses de Koselleck ao contexto brasileiro, mas de expandi-las de modo que possa perceber seus limites e potencialidades, mormente em relação a seus efeitos práticos, normativos, éticos e morais sobre a história feita no Brasil. Entendo, no entanto, que seja correto e desejável apontar, recalibrar ou simplesmente corrigir concepções e rumos destas investigações baseadas na história dos conceitos. Especificamente em relação à *historia magistra vitae*, Christophe Bouton, por exemplo, considera um equívoco definir seu movimento como "dissolução" uma vez que ela contém a ideia de "supressão". Valeria mais se falar em "transformação e de reformulações" do *topos* ao longo do séculos XIX e XX, pois, para Bouton, o que a história do século XX ensina é que temos todo interesse em conhecer e lembrar o passado a fim de nos oferecermos uma oportunidade, de termos uma chance, de não repeti-la um dia.[4]

Não obstante, é preciso reconhecer que Koselleck admitia que a falta de uma história da expressão *historia magistra vitae*, que a despeito dos reparos pontuais ou substanciais à sua obra, até este momento, pelo que eu acompanho da produção historiográfica, ainda não foi escrita, tornava "mais difícil esclarecer a diferença que sempre existiu entre o mero emprego do lugar-comum e seu efeito prático" (Koselleck, 2006:42). Essa ausência e, por consequência, essa dificuldade não foram suficientes para impedir que, em uma linha descontínua do tempo do progresso no século XIX e que avança aos séculos XX e XXI, reativassem-se críticas à utilidade da história (Nietzsche, 2005), à sua capacidade de ser transmitida (Benjamin, 1994:114-119, 197-

[4] Bouton (2018a:1-33; 2018b: 124-149). Para uma análise que corrabora a avaliação de Bouton, ver: Assis (2018:310).

221), e mesmo ao seu poder inebriante e entorpecedor (Valéry, 1945:35-38; 1991:115-121). Mais recentemente, e sem a intensão de situá-lo nesse espectro da descontinuidade crítica ou neopirronista da história, os trabalhos de Hans Ulrich Gumbrecht trazem estimulantes interrogações sobre a capacidade de a *historia magistra vitae* e da historiografia contemporânea ensinarem, ou, invertendo a questão, de se aprender com a história: "ninguém mais confia no conhecimento histórico para situações práticas. Nos derradeiros anos do século XX, as pessoas já não consideram a História uma base sólida para decisões cotidianas" (Gumbrecht, 1999:459-485). Se fizéssemos uma pesquisa de campo mais detalhada sobre esta questão, que afastasse o impressionismo teórico, me pergunto: qual seria seu resultado prático? Acreditar na história é o mesmo que criar normas de conduta cotidiana a partir dela? (Hartog, 2017)

O fato de os historiadores serem lidos significa que se aprende com a história? (Gumbrecht, 2011:25-42). A busca por uma experiência efetiva do passado, seja no âmbito da memória, seja no da produção de uma presença, seria alternativa suficiente à suposta falência da *historia magistra vitae*? (Gumbrecht, 2010). Logo, se houve ou há uma querela entre a história como instrumento de pedagogia moral para o mundo da vida e um saber cuja utilidade pode estar deslocada da sua compreensão como forma mobilizadora, ou seja, uma história esgotada em suas pretensões regulatórias, o certo é que, inequivocamente, a antiga concepção da utilidade pragmática da história continua entre nós, às vezes de forma mais direta e otimista, outras mais ponderada e complexa...

> É fundamental estudar a ditadura que começou há cinquenta anos, a fim de compreender a atualidade do seu legado e, assim, criar condições de superá-lo. [Motta, Reis e Ridenti, 2014:9]

> Questões de ordem ética, moral e epistemológica para os historiadores, que exigiam discussões sobre os diversos sentidos atribuídos às noções de "memória" e "verdade", bem como digressões sobre a coexistência de distintas cronosofias e culturas históricas, passaram de complementares ao primeiro plano das análises, explicitando, não apenas as disputas pela memória, mas também os confrontos entre diferentes dimensões da história (cognitiva e prática) e uma batalha pelo "passado" e por uma cronosofia específica. A partir desse redimensionamento, foi necessário refletir sobre as funções sociais dos historiadores, as lições do passado e as possibilidades de aprendizado com a história. [Bauer, 2017:236]

V

Aceitar como um dado da realidade que antes da modernidade a pergunta quem faz a história era destituída de significado e de significante constituindo uma espécie de signo vazio não é o mesmo que aquiescer que a história como mestra da vida tenha, realmente, perdido densidade e poder de interpelação. Àquela proposição contrasta-se a evidência de a condição histórica ser percebida (mesmo sendo a partir de um certo momento — que seja a virada do século XVIII para o século XIX!) como um gesto milenar, que atravessa o tempo ocidental, tornando impensável imaginar que as formas de exercício prático da história e a sua percepção como consequência da ação humana não tenham sempre existido. Quanto à segunda proposição, mesmo que se reconheçam os limites práticos e retóricos da *historia magistra vitae*, não há, portanto, consenso acerca de que sua extenuação semântica tenha afetado a crença em sua viabilidade e necessidade.

Partindo-se desses pressupostos, não é surpreende que a cultura historiográfica, desde o século XIX, tenha se esforçado para revelar atores históricos que independem da consciência moderna do tempo acerca de suas possibilidades reais de consecução ao longo da história. Assim, desde os ideólogos "fabricantes da história", que, de acordo com Marx, "têm o poder em suas mãos" (Marx e Engels, 2007:110), aos indivíduos ou classes sociais, que se apercebem como sujeitos lúcidos ou inconscientes, submissos ou não à vontade de outros, mergulhados nas águas turvas e agitadas ou transparentes e calmas do oceano histórico, sua atuação na história parece, portanto, transcender a cronologia.

Por isso, apesar de a impotência, a ignorância, a violência e a confusão constituírem-se em argumentos suscetíveis de oporem-se à factibilidade da história, a ideia de que a fazemos, após constituída, persiste, eu diria, até com certo vigor, o mesmo que manteria sua utilidade pedagógica atuante (Bouton, 2011:267-269). Essa vitalidade excede a teoria e converte-se em uma espécie de filosofia da história que localiza e avista, de modo geral pela mão daquelas(les) que se dedicam a pesquisar, a escrever e a ensinar a história, o fazer humano em todo e qualquer registro de pessoas ou de grupos ao longo do tempo passado, do presente e do futuro.

Assim, mesmo que desconheçamos os mecanismos de nossas possibilidades e de nossos limites para atuarmos neste imenso cenário que é a história, parece-nos uma evidência que o *homo habilis* existiu no pleistoceno inferior, que Alexandre, o Grande, aluno de Aristóteles, conquistou e instituiu um dos maiores impérios do mundo, que o imperialismo do século XIX impingiu a marca da violência física em suas conquistas, que a revolução soviética inaugurou outros modos de se olhar para o futuro, que a revolução digital do século XXI é tão incontestável e irreversível quanto insondável em suas consequências, ou seja, aprendemos na escola, na família ou por ouvir dizer que, mesmo sem nossa participação ativa, mulheres e homens sobreviveram, mataram, destruíram e construíram coisas e pensamentos, em suma, viveram e morreram desde sempre.

> História não significa apenas o "passado" no sentido do que passou, mas também a sua proveniência. O que "tem história" encontra-se inserido num devir. O seu "desenvolvimento" pode ser ora ascensão, ora queda. O que, desse modo, "tem uma história" pode, ao mesmo tempo, "fazer" história. "Fazendo época", determina-se numa "atualização", o "futuro". História significa, aqui, um "conjunto de acontecimentos e influências" que atravessa "passado", "presente" e "futuro". [Heidegger, 2006:470]

VI

Do aprendizado, não importa como, de que fazemos a história à crença em sua realização, o discurso histórico se torna capaz, simultaneamente, de elucidar modos de se criar acontecimentos ou de ocultá-los. Destarte, enquanto na Europa um sujeito como o barão de Eichendorff afirmava que "um faz a história, outro a escreve" (Koselleck, 2006:234), no Brasil se pensava que um relato como o de Gabriel Soares de Sousa (o suposto senhor de engenho que teria vivido na Bahia quinhentista) revelava um ator e um escritor da história (Cezar, 2018c:71-80), o que não impedia, entretanto, que um manual escolar procurasse deliberadamente invisibilizar ou diminuir a atuação de Zumbi em Palmares,[5] ou que um historiador afirmasse que para os indígenas, estes "povos na infância não há história: há só etnografia" (Varnhagen, 1854:108), cujas origens encontrar-se-iam no mundo antigo! (Cezar, 2013:317-345)

A esses exemplos esparsos poderíamos acrescentar a modalidade da identificação empática com o objeto que se quer historiar, seja um indivíduo, seja um grupo. Se ao primeiro caso relacionam-se, por exemplo, a constituição dos panteões nacionais no século XIX, via reatualização do gênero biográfico, e

[5] Araujo (2019). Ver também: Bellegarde (1831).

a discussão da individualidade na história, ao segundo, podemos associar a emergência do povo como ator histórico. Essa última categoria me interessa particularmente, pois por meio dela podemos relacionar as possibilidades da ação coletiva, tão cara ao fazer histórico. Coincidência ou não, nos mesmos anos, 1845-46, que Marx e Engels estão escrevendo as notas que resultaram n'*A ideologia alemã*, deixada "à crítica roedora dos ratos" (Marx, s.d.:302), Jules Michelet publicava *O povo*, no qual a empatia e a identificação do historiador com os atores da história confundiam-se de modo inevitável. Até hoje não sei, entretanto, se a recíproca é verdadeira...

> Eu, que saí dele, eu que vivi com ele, que trabalhei e sofri com ele, que mais que ninguém adquiri o direito de dizer que o conheço, venho opor a todos a personalidade do povo. Não captei essa personalidade superficialmente, em seus aspectos pitorescos ou dramáticos; não a vi de fora, experimentei-a por dentro. E, graças a essa experiência, muita coisa íntima do povo, que ele tem em si sem compreender, eu compreendi. E por quê? Porque eu podia segui-la em suas origens históricas, vê-la sair do fundo do tempo. [Michelet, 1988:9]

VII

Eu tenho procurado correlacionar ideias como esta de Michelet a um tema, até aqui ausente, mas que subjaz a toda a minha argumentação: o historicismo e as diferentes formas que assume na modernidade, notadamente, a científica, a filosófica, a política e a ideológica. Seria, no entanto, demasiada longa e inoportuna a meu objetivo neste texto uma reconstituição do controverso debate acerca do historicismo.[6] Contento-me com uma definição sintética, porém eficaz para meu argumento: por historicismo entendo a quase incapacidade de o ser humano ser percebido ou perceber-se como não histórico (filosófica e ideológica); dito de outra maneira, a quase impossibilidade lógica de se pensar fora da história (cientifica, política e ideológica).

Darei ênfase, sem descartar as demais, à dimensão política e ideológica do historicismo. Nesse sentido, a análise que Koselleck propõe dos escritos de Lorenz von Stein acerca da constituição prussiana ainda é um bom modo

---

[6] Para uma visão ampla, porém densa, com ênfase no historicismo alemão, ver: Martins (2017:157-191). Varella et al. (2008).

de se pensar a temática, principalmente pela seguinte observação: "progresso e historicismo, dois conceitos aparentemente contraditórios, são como a própria face de Janus, a face do século XIX" (Koselleck, 2006:81). Stein teria tido a capacidade de conjugar sua "estupenda erudição" histórica (basicamente a associação de datas e fatos) às perspectivas do futuro: "se Stein chegou, ao longo de suas análises históricas e diagnósticos sociais, a prognósticos claros e ainda hoje surpreendentes, foi porque ele foi capaz de tirar partido dos ensinamentos históricos também a partir da perspectiva do progressista" (Koselleck, 2006:81-82).

Por intermédio da dupla face de Janus, olhando para o passado e para o futuro desde o presente, reconhecemos a inequívoca conexão entre o historicismo e o progresso. Esse nexo, por um lado, denota a positividade da noção de progresso que marchou triunfante ao longo do século XIX, mas, por outro lado, não é suficiente para dissimular a negatividade de sua carga, posto que a essa marcha esteve implicada uma das facetas mais sombrias da modernidade: o imperialismo. Se o binômio progresso e imperialismo está longe de se constituir em uma novidade explicativa entre os(as) historiadores(as) de ofício, o mesmo, contudo, não parece válido quando se insere o conceito de historicismo entre o par. Por quê? Porque a dificuldade de se entender exatamente o que se quer dizer por historicismo e a complexidade de se pensar fora de suas fronteiras (ressalvadas análises pontuais em contrário) (Nietzsche, 2005) parece criar um refúgio epistemológico, um resguardo teórico que protege a cidadela da história na qual a condição humana vivida como condição histórica se abriga.

Quando relacionamos o progresso ao imperialismo e, finalmente, ao historicismo, uma desestabilização se opera, uma anomalia se instaura, uma insegurança conceitual se insinua, uma forma de pensamento ocidental se rompe. Talvez por isso, uma das mais fortes críticas contemporâneas a esse discurso venha dos Subaltern Studies: "o historicismo — escreve Dipesh Chakrabarty — tornou possível a dominação europeia do mundo no século XIX". Pode-se dizer, continua o autor, que o historicismo foi uma das formas importantes que a "ideologia do progresso" ou do "desenvolvimento" assumiu no Oitocentos. Teria sido o historicismo que, ao originar-se em solo europeu, conferiu à modernidade ou ao capitalismo não apenas um aspecto mundial, mas algo que se tornou mundial ao longo do tempo. Essa estrutura do tempo histórico mundial — "primeiro na Europa, depois em outros lugares" — era historicista (Chakrabarty, 2008:7).

O historicismo, como uma das almas do progresso e espelho invertido do imperialismo, tinha no domínio do tempo histórico uma maneira de medir a suposta distância cultural do Ocidente em relação ao mundo não colonial. Logo, também se pode dizer que o historicismo — e mesmo a ideia moderna e europeia de história — chegou às nações não europeias do século XIX como modo de expressar um "não ainda". Indígenas, africanos e outros povos "rudes" poderiam aguardar na grande sala de espera da história. A recomendação da expectativa gerou uma espécie de consciência histórica, isto é, uma arte da espera (Chakrabarty, 2008:7-8). Por conseguinte, se "a história é importante como uma forma de consciência na modernidade" (Chakrabarty, 2008:86), o historicismo é um modo de realização desse "não ainda"...

> A "modernidade" é, na realidade, outro nome para o projeto europeu de expansão ilimitada que foi implementado durante os últimos anos do século XVIII. [Mbembe, 2018:105]

VIII

"O senhor se lembra quando falou na aula que a noção de que os homens fazem a história é uma ideia nova que surge mais ou menos na virada do século XVIII para o XIX?" Balancei, afirmativamente, a cabeça. Então, Marx está certo, disse ela pegando novamente seu caderninho vermelho com a mão direita. Como se tivesse ensaiado antes, leu pausadamente cada palavra acompanhada por trejeitos ao vento da mão esquerda:

> "Hegel observa *bláblábá* que os fatos e personagens de grande importância na história do mundo ocorrem, por assim dizer, duas vezes. E esqueceu de acrescentar: a primeira vez como tragédia, a segunda como farsa." [Fechou o caderninho.] Não lhe parece que Marx esqueceu de acrescentar que, independentemente da tragédia ou da farsa, homens, importantes ou não, podem optar por não querer fazer a história, ou simplesmente se recusar a participar desta farsa ou desta tragédia? [...] E se o preferir — disse ela — não fazer fosse uma ação além do histórico?[7]

[7] Para a citação de Marx, ver: Marx (1985:329). Para o depoimento da aluna, ver: Cezar (2018a:227-228).

Essas questões me foram colocadas, há alguns anos, no término do período letivo, por uma aluna, Nulisseu, historiadora e poeta, a partir tanto da leitura de *Bartleby*, o copista de Melville que "preferia não fazer", quanto de *O 18 brumário*. Elas me levaram a uma primeira sistematização sobre as relações entre o fazer histórico, suas possibilidades e suas insuficiências. Ela ecoava, de certo modo, as inquietações que se originaram no hoje distante *fato histórico* de 1994. Fazer a história, mais do que um ofício (pesquisar, escrever, ensinar), mais do que uma crença (sentir-se histórico), mais do que uma forma de responsabilidade com a memória (direitos e deveres), mais do que a arte da espera, é um desafio. Para o qual, felizmente, não estou só...: "Gostaria de refletir sobre o desafio contemporâneo de responder à percepção de que todos têm e fazem história" (Araujo, 2017:191).

Referências

ARENDT, Hannah. *Between past and future.* Six exercises in political. Nova York: The Viking Press, 1961.

ARAUJO, Valdei Lopes de. O direito à história: o(a) historiador(a) como curador(a) de uma experiência histórica socialmente distribuída. In: GUIMARÃES, Géssica; BRUNO, Leonardo; PEREZ, Rodrigo. *Conversas sobre o Brasil*: ensaios de crítica histórica. Rio de Janeiro: Autografia, 2017, p. 191-216.

______; NICOLAZZI, Fernando; MOLLO, Helena. *Aprender com a história?* O passado e o futuro de uma questão. Rio de Janeiro: FGV, 2011.

ASSIS, Arthur Alfaix. Bolingbroke, a política, e os usos da história. *História da Historiografia*, v. 11, n. 28, set./dez. 2018, p. 304-318.

BELLEGARDE, Henrique Luís de Niemeyer. *Resumo de história do Brasil até 1828*. Traduzido de Mr. Denis, correto e aumentado por H. L. de Niemeyer Bellegarde. Rio de Janeiro: Typ. Gueffier, 1831.

BAUER, Caroline Silveira. *Como será o passado?* História, historiadores e a Comissão Nacional da Verdade. Jundiaí: Paco, 2017.

BENJAMIN, Walter. *Obras escolhidas*. Magia e técnica, arte e política. São Paulo: Brasiliense, 1994.

BOUTON, Christophe. Learning from history. The transformations of the topos *historia magistra vitae* in modernity. *Journal of the Philosophy of History*, v, 13, n. 2, 2018a, p. 1-33.

BOUTON, Christophe. L'histoire maîtresse de vie? La question de l'expérience du passé chez Marx, Nietzsche et Benjamin. BOUTON, C.; STIEGLER, B. (Dir.) *L'expérience du passé*. Histoire, philosophie, politique. Paris: Éditions de l'Eclat, 2018b p. 124-149.

BOUTON, Christophe; BÉGOUT, Bruce (Dir.). *Penser l'histoire*. De Karl marx aux siècles des catastrophes. Paris: Édtions de l'Éclat, 2011, p. 267-269.

CASTORIADIS, Cornelius. *A instituição imaginária da sociedade*. Rio de Janeiro: Paz e Terra, 1982.

CEZAR, Temístocles. Bartleby & Nulisseu: a arte de contar histórias de vida sem biografia. In: AVELAR, Alexandre; SCHMIDT, Benito Bisso. (Org.). *O que pode a biografia*. São Paulo: Letra e Voz, 2018a, p. 223-239.

______. *Historia magistra vitae*. Ensaio sobre a (in)definição do topos nos projetos de escrita da história do Brasil no século XIX. Un: PROTÁSIO, Daniel Estudante (Org). *Historiografia, cultura e política na época do visconde de Santarém*. Lisboa: Centro de História da Universidade de Lisboa, 2019, p. 21-44.

______. O que fabrica o historiador quando faz história, hoje? Ensaio sobre a crença na história (Brasil séculos XIX-XXI). *Revista de Antropologia*, São Paulo, v. 61, 2018b, p. 78-95.

______. *Ser historiador no século XIX*. O caso Varnhagen. Belo Horizonte: Autêntica, 2018c.

______. Varnhagen entre os antigos, os modernos e os selvagens. Estudo introdutório "A origem turaniana dos tupis e dos antigos egípcios". In: GLEZER, Raquel; GUIMARÃES, Lucia Maria Paschoal (Org.). *Varnhagen no caleidoscópio*. Rio de Janeiro: Fundação Miguel de Cervantes; CNPq, 2013, p. 317-345.

CHAKRABARTY, Dipesh. *Provincializing Europe*. Postcolonial thought and historical difference. Princeton and Oxford: Princeton University Press, 2008.

GUMBRECHT, Hans Ulrich. Depois de "depois de aprender com a história", o que fazer com o passado agora? In: ARAUJO, V. L. de.; MOLLO, H. M.; NICOLAZZI, F. (Org.). *Aprender com a história?* O passado e o futuro de uma questão. Rio de Janeiro: FGV, 2011, p. 25-42.

______. *Em 1926*. Vivendo no limite do tempo. Rio de Janeiro: Record, 1999.

______. *Produção de presença*. O que o sentido não consegue transmitir. Rio de Janeiro: Ed. da PUC-Rio; Contraponto, 2010.

HARTOG, François. *Crer em história*. Belo Horizonte: Autêntica, 2017.

______. De l'histoire universelle à l'histoire globale? Expériences du temps. *Le Débat*, v. 2, n. 154, 2009, p. 53-66.

HEGEL, Georg W. F. *A razão na história*. São Paulo, Moraes, 1990.

HEIDEGGER, Martin. *Ser e tempo*. Petrópolis: Vozes, 2006.

KANT, Emmanuel. Idée d'une histoire universelle au point de vue cosmopolitique (1784). In : ______. *Opuscules sur l'histoire*. Paris: Flammarion, 1990.

KOSELLECK, Reinhart. *Futuro passado*. Contribuição à semântica dos tempos históricos. Rio de Janeiro: Contraponto; Editora PUC-Rio, 2006.

______. *Le futur passé. Contribution à la sémantique des temps historiques*. Paris, Éditions de l'EHESS, 1990.

______ et al. *O conceito de história*. Belo Horizonte: Autêntica, 2013.

MARTINS, Estevão C. de Rezende. *Teoria e filosofia da história*. Contribuições para o ensino de história. Curitiba: W & A. Editores, 2017.

MARX, Karl. O 18 brumário de Luís Bonaparte. In: *Os Pensadores*. São Paulo: Abril Cultural, 1985.

______. Prefácio à "Contribuição à crítica da economia política". In: ______; ENGELS, Friedrich. *Obras escolhidas*. São Paulo: Alfa-Omega, s.d. v. I.

______; ENGELS, Friedrich. *A ideologia alemã*: crítica da mais recente filosofia alemã em seus representantes Feuerbach, B. Bauer e Stirner, e do socialismo alemão em seus diferentes profetas. São Paulo: Boitempo, 2007.

MBEMBE, Achille. *Crítica da razão negra*. São Paulo: n-1 edições, 2018.

MICHELET, Jules. *O povo*. São Paulo: Martins Fontes, 1988.

MOTTA, Rodrigo Patto Sá; REIS, Daniel Aarão; RIDENTI, Marcelo (Org.). *A ditadura que mudou o Brasil*: 50 anos do golpe de 1964. Rio de Janeiro: Zahar, 2014.

NIETZSCHE, Friedrich. Segunda consideração intempestiva. Sobre a utilidade e os inconvenientes da história para a vida. In: ______. *Escritos sobre a história*. Rio de Janeiro: Loyola; PUC-RJ, 2005, p. 67-178.

NOVAES, Adauto. *A invenção das crenças*. São Paulo: Edições SESCSP, 2011.

OLIVEIRA, Maria da Glória de. Biografia e *historia magistra vitae*: sobre a exemplaridade das vidas ilustres no Brasil oitocentista. *Anos 90*, Porto Alegre, v. 22, n. 42, dez. 2015, p. 273-294.

______. Fazer história, escrever a história: sobre as figurações do historiador no Brasil oitocentista. *Revista Brasileira de História*, São Paulo, v. 30, n. 59, p. 37-52, 2010.

VALÉRY, Paul. *Regards sur le monde actuel*. Paris: Gallimard, 1945.

VALÉRY, Paul. *Variedades*. São Paulo: Iluminuras, 1991.

VARELLA, Flávia et al. *A dinâmica do historicismo*: revisitando a historiografia moderna. Belo Horizonte: Argumentvm, 2008.

VARNHAGEN, Francisco Adolfo de. *História geral do Brasil.* Madri: Imprensa da V. de Dominguez, t. I, 1854.

VEYNE, Paul. *Comment on écrit l'histoire*. Paris: Seuil, 1996.

4

O historicismo e a emergência da história no Brasil: Sérgio Buarque de Holanda e a sombra de Marc Bloch

*Guilherme Pereira das Neves**

> O critério da verdade histórica precisa ser, contudo, uma propriedade imanente à própria investigação histórica. [Simmel, 1977:202]

Não faz muito tempo, como os demais integrantes da Sociedade Brasileira de Teoria e História da Historiografia, por meio de mensagem eletrônica de Julia Perkins, editora da lendária *History and Theory*, tive notícia de evento que seria realizado na Holanda, ao final de agosto de 2018, com o tema "Historicismo como um conceito polêmico nas humanidades e ciências sociais, 1890-1980". No entanto, apesar de alguns contatos iniciais e tentativas posteriores, não consegui obter maiores informações a respeito da realização, nem dos resultados desse *workshop*, organizado pelos professores Herman Paul e Adriaan van Veldhuizen, da Universidade de Leiden. Não obstante, a escolha da temática contrariava algo que ouvira o professor Jörn Rüsen afirmar em 2000 sobre o caráter datado dessa discussão (19th International Congress of Historical Sciences, 2000; Jaeger e Rüsen, 1992; Martins, 2008:17). E ocorreu-me, então, que talvez não fossem de todo infundadas certas preocupações que fui desenvolvendo ao longo dos anos de magistério de teoria e metodologia da história e que vou procurar expor nas reflexões a seguir.

---

* Este texto resultou de comunicação ao X Seminário Brasileiro de Teoria e História da Historiografia, Emergências: desafios contemporâneos à historiografia, realizado em Mariana (MG), 2018, enxertado por outra intitulada *Life and scholarship: Marc Bloch's practice of history*, apresentada à II International Network for Theory of History Conference, Ouro Preto (MG), 2016.

Não é aqui, com certeza, o lugar apropriado para lidar com minhas memórias pessoais, mas acredito que convenha estabelecer, inicialmente, algumas balizas. De um lado, cheguei tarde a Sérgio Buarque e, hoje, a bibliografia ao seu respeito tornou-se avassaladora (Barbosa, 1989; 1987; Dias, 1985; Monteiro e Eugênio, 2008). Na realidade, somente fui ler *Raízes do Brasil* já no mestrado, em 1977, e, a despeito do impacto que causou, permaneceu por muito tempo quase tudo de sua autoria que conhecia. Foi o convívio e estímulo de Luiz Fernando Franco, a que se somou, mais tarde, a orientação pró-forma de sua tese (2005), que alargaram esse limitado horizonte. Nos últimos anos, meu crescente interesse pela história da historiografia como objeto de estudo e as polêmicas que surgiram ao redor daquele livro de 1936 reforçaram a tendência, embora esteja longe de me considerar alguma espécie de especialista no assunto (anexos a Holanda, 2016; Feldman, 2016).

Por outro lado, se somente vi Sérgio Buarque uma única vez, ao longe, encapotado e com dificuldade de andar, ao término de uma representação de *Calabar* em São Paulo, por volta de 1981, cheguei a ter aulas com José Honório Rodrigues e conheci de vista ou de alguma palestra avulsa outros de seus contemporâneos, que não tinham sido formados nas faculdades de filosofia, como a maioria de meus professores já eram. Assim, tendo me graduado no IFCS da UFRJ entre 1969 e 1973, ingressado na UFF como docente em 1977 e obtido o doutoramento na USP em 1994, me vejo integrando a geração seguinte à daqueles que inauguraram o magistério da história como uma profissão no país e não deixo de dispor de certa experiência direta do processo de constituição do campo.

Ao pretender combinar esses dois aspectos, não quero proceder a alguma investigação profunda da obra de Sérgio; e nem da história da historiografia no Brasil. Meu objetivo é bem mais modesto. Restringe-se a destacar curiosa recorrência: o lugar que acredito caber, em determinadas conjunturas, geradas pela dinâmica própria do campo historiográfico, ao que estou chamando de historicismo. E, para isso, se me concentro na carreira do autor de *Visão do paraíso* e busco apenas dispor, segundo padrão algo diverso, algumas informações que nada têm de inéditas, não deixo de recorrer à trajetória de Marc Bloch para esclarecer certos aspectos.

* * *

Como sobejamente conhecido, a criação de campos historiográficos nos países centrais da Europa, imbricados ao surgimento do ensino de massas e ao do modelo contemporâneo de universidade ao longo do século XIX, desembocou, ao redor de 1900, em intensas polêmicas, nas quais as práticas então dominantes do historiador se viram confrontadas por críticas e proposições, supostamente de maior rigor científico, avançadas por outros campos em constituição, como a sociologia (Furet, 1982; Revel, 1995; Boer, 1998; Walsh, 1970; Neves, 2011). Nos Estados Unidos, o mesmo processo ocorreu algumas décadas mais tarde (Novick, 1988). Entretanto, no Brasil — ainda que também se possam identificar ecos débeis de tais debates (Lessa, 1900; Gomes, 2017) —, a ausência de faculdades de filosofia em sentido estrito até 1934 e a lenta implantação da ideia de uma universidade de ensino e pesquisa, a partir daí, estabeleceram condições muito peculiares para o surgimento de um campo profissional da história (Ferreira, 2006). Em certo sentido, marcada por muitas e evidentes limitações, a precária consolidação da figura do professor de história profissional parece ocorrer ao longo das duas décadas de regime democrático, que separam o fim do Estado Novo do golpe militar de 1964, embora o processo possivelmente só tenha começado a adquirir a configuração atual com a reforma universitária de 1968 e a criação do sistema de pós-graduação de 1972 em diante (compare-se Capanema, [1940]).

A atuação de Sérgio Buarque como historiador enquadra-se, como é notório, quase integralmente nesse período, desde o retorno a São Paulo e o início da gestão do Museu Paulista em 1946, passando pela segunda edição de *Raízes*, em 1948, o trabalho de coordenação da "História geral da civilização brasileira", de meados da década de 1950 em diante (Furtado, 2016), pelo concurso para cátedra da USP em 1958, até o pedido de aposentadoria em 1969. Dessa maneira, situado em lugar privilegiado, ele viveu os tempos fortes e fracos que marcaram o ritmo da constituição do campo historiográfico brasileiro. Contudo, trazia consigo uma bagagem peculiar. Inserido, a essa altura, há quase 30 anos, na vida intelectual brasileira, chegara a conhecer o ambiente anterior à Semana modernista de 1922; familiarizara-se como poucos — quaisquer que fossem as ideias que o fascinavam — com a cultura alemã durante os quase dois anos em que permanecera em Berlim; e interessara-se por uma prodigiosa variedade de assuntos, em que avultavam, além da história, a literatura e a filosofia (Holanda, 1978 e 1979a; Barbosa, 1988; Cândido, 1989; Mata, 2016; Canguilhem, 1992; Gadamer, 1992). A título de exemplo, um indicador dessa singularidade, sem qualquer preocupação de exaustividade ou de precisão: nessa década de 1950, os seus *Escritos coligidos* por Marcos Costa (Holanda, 2011) ocupam quase 300 páginas, enquanto os estudos de crítica literária, reunidos por Antonio Arnoni Prado (Holanda, 1996), compreendem cerca de 500. Não obstante, apenas um dos 47 artigos dos primeiros — uma curta resenha da biografia de Pedro I por Otávio Tarquínio de Souza — saiu no veículo que, desde sua fundação, em 1950, passara a representar o anseio de profissionalização dos historiadores brasileiros, a *Revista de História* da USP (apesar de Holanda, 1950).

Em livro recente, Thiago Nicodemo, Pedro Afonso dos Santos e Mateus Pereira (2018) apontam com propriedade esse papel da *Revista*. No entanto — indicada por levantamento tão canhestro —, a pequena participação, que Sérgio nela teve de início, e a continuidade de seus escritos para jornais, prolongando, ainda que por motivos financeiros, o tipo de inserção profissional do ensaísta de longa data, sugerem um certo distanciamento do núcleo fundador do periódico e, quem sabe, da própria Faculdade, de cuja criação não participara.

Outro indício — tênue, é verdade — dessa posição excêntrica ocupada por ele naquele momento encontra-se na recepção da obra póstuma de Marc Bloch, a *Apologia*, nessa mesma época. Para Eduardo de Oliveira França, em 1951, sintonizado com a leitura de Lucien Febvre e que, depois, circulou pela América Latina em geral por meio da tradução inapropriadamente intitulada *Introdução à história*, tratava-se de oportunidade desperdiçada, porque incompleta, para formular novo manual dos estudos históricos, capaz de substituir o de Langlois e Seignobos (França, 1951b; Langlois e Seignobos, 1946 e 1992; Aguirre Rojas, 1998). Ao contrário, já no ano anterior, Sérgio chama-a de obra-prima e lembra o episódio ali narrado em que Henri Pirenne, ao chegar a Estocolmo para um congresso, propõe visita ao novo edifício da prefeitura, acrescentando que não era antiquário, mas historiador. E, embora venha em artigo intitulado "Apologia da história", a breve referência complementa outra citação de Bloch, extraída de *A sociedade feudal*, com o objetivo de explicar o paradoxo que parece contido numa frase de Goethe e que já utilizara em coluna anterior: "Escrever história é um modo de desembaraçar-se do passado." Bem à maneira de Sérgio, porém, o objetivo dessas considerações revela-se adiante. Antes de mais nada, insiste que "para o verdadeiro historiador há de importar primeiramente o esforço para a boa inteligência da hora presente"; em seguida, aponta que consiste em "erro de consequências muitas vezes funestas [...] a crença de que a verdade absoluta, válida para todo sempre, pode encarnar-se em alguma expressão histórica isolada". Por isso, uma "reabilitação dos estudos históricos, feita segundo esse critério, torna-se, pois, exigência imperiosa, a que devem atender as novas gerações"; e, para tal, há que prestar atenção aos "problemas da historiografia". Menciona, então, para concluir, a publicação recente da *Teoria da história do Brasil* de José Honório Rodrigues como "passo importante" nessa direção — sejam quais forem, adverte, as divergências que pudesse suscitar —, como ainda o notável repertório contido na *Historiografia e bibliografia do domínio holandês no Brasil*, do mesmo autor, e, no finalzinho, a iniciativa "do grupo de professores paulistas que vem publicando uma nova *Revista de História*". Afinal, "apesar de sua modéstia", o periódico "poderá ter grande papel em nossa cultura", caso mostre "o verdadeiro sentido de uma disciplina, que se vem transformando, cada vez mais, de simples devaneio estético, ou exercício erudito, em questão vital para a época presente" (Holanda, 2011:2, 18-21; Bloch, 1993b:95).

Sem que possa me alongar, o exame, mesmo superficial, da longa e devastadora crítica que Eduardo de Oliveira França faz à *Teoria da história do Brasil*, pouco mais tarde, acentua o desencontro (Carvalho, 2018:310-311; Holanda, 1979b). Trocada em miúdos, a resenha se reduz a mostrar, *ex-cathedra*, o que faltava ao intruso para ingressar no campo profissional que estava sendo criado a partir de São Paulo. Ao mesmo tempo, contudo, surpreende um aspecto. Se França recrimina Rodrigues por deixar de lado autores e correntes, parece identificar o principal defeito da obra com o "historicismo dilteiano", que julga capaz de rastrear ao longo de todo o livro. Logo adiante, cita trecho em que Rodrigues, à maneira de Marc Bloch, perguntava *para que serve a história*? E respondia: "ao lado do valor educativo, seja cívico, seja político, social ou meramente geral, ao lado da função de compreender o presente e da finalidade utilitária nas questões internacionais, a história possui *alta e suprema função catártica*". Comenta França: "Mesmo que perdoemos essa confusão entre valor, função, finalidade, sinceramente, são artificiais essas utilidades da história. Que me perdoem o olímpico Goethe e esse velhote ranzinza que é Croce em quem se fundamentam essas opiniões." No entanto, não passam quatro páginas e sai-se com a seguinte observação: "Em lugar de explicações — determinação de causas fatais —, a história oferece *compreensões*" (França, 1951a:114, 115 e 119, grifos meus). E são inúmeras, a seguir, as vezes em que retorna a esse termo-chave — compreensão — do que aqui estou chamando de *historicismo*; quer dizer, um amplo espectro de correntes historiográficas conscientes: (i) dos problemas assinalados pelo *historismo* de autores alemães do século XIX, inícios do XX; (ii) do papel da narrativa na elaboração da obra de história; (iii) do lugar dos indivíduos concretos nos processos históricos; e (iv) da dificuldade para inserir a disciplina no modelo de uma ciência da natureza, sem mais nem menos (ver Loriga, 2010). Sem dúvida, a caracterização reveste-se daquela imprecisão que Estevão de Rezende Martins (2008) considera tão desagradável na tendência, mas não acredito que haja maneira de ser claro e preciso, como se fosse um cartesiano, em situações dessa natureza. Em curta nota de leitura a um dos clássicos sobre o assunto, Marc Bloch considerou que, no fundo [*foncièrement*], Friedrich Meinecke compreendia por *Historismus* uma "atitude mental" (Bloch, 1939); enquanto Sérgio Buarque, com o apoio de Ernst Robert Curtius, ecoava, mais de 30 anos depois: "o historismo [...] é, de fato, mais propriamente um tipo de mentalidade, não um método ou uma escola" (Holanda, 1974:454).

Ou seja, ao que parece, França, Rodrigues e Holanda, todos situavam-se nesse universo mental do historicismo. Como, aliás, possivelmente, nesse momento — a não ser que rezassem por uma estrita cartilha empirista —, a maioria esmagadora dos autores de obras de história; até mesmo os marxistas — ou não é possível encontrar traços historicistas em Caio Prado? E, se assim for, talvez seja possível levantar a hipótese de que os desencontros que manifestavam os três anteriormente mencionados pouco tinham a ver com diferenças teóricas ou políticas. Na realidade, resultavam de antipatias pessoais, mas refletiam sobretudo — julgo mais provável — disputas no interior do campo historiográfico que se formava. Nessa perspectiva, se a crítica de França buscava preservar do *outsider* Rodrigues o território em que o primeiro adquirira preeminência, até que ponto o discurso do método, que adotava, ao comentar a *Apologia* e as estocadas que dava no "historicismo dilteiano", no "olímpico Goethe" e no "velhote [...] Croce", na resenha à *Teoria*, não pretendiam desqualificar a trajetória em grande parte literária e ensaística de Sérgio até ali, predominantemente conduzida no Rio de Janeiro, mas que, àquela altura, encontrava-se próximo da USP?

De qualquer modo, esse ângulo permite ver com outros olhos um texto até há pouco quase ignorado (Holanda, 2008). Tanto quanto sei, foi Lucia Paschoal Guimarães (2004) quem o tirou do limbo em 2002, para destacar, no centenário de Sérgio Buarque, a filiação à figura e à originalidade de Capistrano de Abreu, que Sérgio estabelecia, no mesmo ano de 1951, para os estudos históricos dos prévios 50 anos. De fato, como observaram, com apropriada ironia, Thiago Nicodemo, Pedro Afonso dos Santos e Mateus Henrique Pereira (2018:74), o longo artigo constitui uma espécie de *necrológio* retardado do autor dos *Capítulos de história colonial*. Nele, porém, não é de se excluir que Sérgio perseguisse igualmente dois outros objetivos. Primeiro, ao longo de todo o texto, recorre à conhecida memória e erudição para arrolar uma quantidade impressionante de autores e obras, a fim de exibir, dessa maneira, sua competência também no domínio da história do Brasil. Segundo, ao final, reconhece as novidades metodológicas que estão surgindo da especialização dos estudos históricos em países de longa tradição nesse campo e observa: "a preocupação de assimilar alguns desses métodos e aplicá-los a problemas brasileiros já é hoje o aspecto dominante e creio que o mais auspicioso do pensamento histórico entre nós". Em seguida, destaca a importância das primeiras faculdades de filosofia e salienta a contribuição dos mestres estrangeiros entre nós, para, no último parágrafo, mencionar os nomes de Jean Gagé e Fernand Braudel, na USP, e os de Henri Hauser e Eugène Albertini, na Universidade do Distrito Federal (UDF), onde ele próprio atuara, como assistente do primeiro. Com isso, passava em silêncio a criação da *Revista de História*, mas colocava em evidência sua própria filiação institucional.

Em seguida a essa ampla revisão historiográfica de 1951, o espírito de Sérgio moveu-se em outras direções. Logo depois, assume por dois anos a cadeira de estudos brasileiros na Universidade de Roma e, no final de 1958, presta concurso para catedrático na USP. Em 1974, porém, já aposentado e desembaraçado desde 1972 da pesada tarefa de coordenar a "História geral da civilização brasileira", Sérgio Buarque tira da cartola, de maneira no mínimo supreendente, o texto mais complexo, denso e erudito que publicou entre o bem limitado número daqueles dedicados a temas teóricos, metodológicos ou historiográficos, sobretudo quando comparado ao extraordinário volume daqueles que tratam de outros domínios. Refiro-me, naturalmente, a "O atual e o inatual na obra de Leopold von Ranke", que apareceu pela primeira vez no segundo volume do número 100 da *Revista de História*.

Não cabe aqui retomar seus argumentos, que já foram objeto de algumas análises — ainda que a recentíssima publicação por Raphael Guilherme de Carvalho (2018:314-336) de uma conferência para alunos da USP, realizada no final da década de 1960, até agora inédita, desperte a curiosidade quase incontrolável de fazer uma comparação. Resisto ao impulso, mas não posso prescindir, em função do argumento deste texto, de salientar que a conferência da segunda metade de 1960 chega a prefigurar em alguns trechos o artigo de 1974: tanto uma quanto o outro giram ao redor de uma discussão, claramente mais bem acabada no segundo, a respeito do conceito amplo de historicismo; de sua utilização na Alemanha, em particular, como *historismo*;

de sua relação com as ciências sociais; e da especificidade do conhecimento histórico. Entre as qualidades do texto de 1974, encontra-se uma certa contenção da tendência tão forte em Sérgio para divagar, focando o início em torno da figura e da obra de Ranke e, em seguida, procurando acompanhar a fortuna crítica dele por meio de uma "resenha sumária das tendências do pensamento histórico alemão dos últimos tempos", ainda que volte sempre ao historiador que privilegiou. Ao final, está discutindo as ideias de Braudel e os conceitos de continuidade e descontinuidade em história, a fim de indagar se seria possível situar Ranke entre os precursores da "história estrutural", que se anunciava no ambiente acadêmico da época, na Alemanha e fora dela, por força dos "modernos estruturalismos dos linguistas, dos economistas ou dos antropólogos". Julga, porém, que essas tendências "levam-nos longe do historismo tradicional, que Ranke representa, ainda que em alguns pontos o ultrapassassem. Contudo, será legítimo perguntar se *as novas ou talvez as futuras gerações de historiadores ganhariam em mostrar-se totalmente refractárias à mentalidade que ele representou*". Em reforço, recorre a Theodor Schieder: "O historismo em sua velha forma entrou no ocaso. No entanto deixou marcas fundas, e sem o saldo das suas ideias não poderiam sobreviver nem a ciência da História, nem a historiografia." Para terminar, lembra ainda a obra de Otto Hintze (1861-1940), que saía em nova edição, e "a singular importância do monumental *Léxico dos Conceitos Fundamentais da História*, já em curso de publicação, sob a direção de Otto Brunner, Werner Conze e Reinhart Koselleck, [...] uma demonstração de como se pode remoçar, sem traí-lo, o espírito da 'escola' histórica alemã" (Holanda, 1974:464, 475, 476, 478 e 480, grifo meu). O arremate vem com a frase "ilustre" de que "só o que não tem história é definível" (Nietzsche, s.d.:70). Compreende-se, assim, de maneira mais complexa, a afirmação que Sérgio faz para Richard Graham um tanto surpreso, numa de suas últimas entrevistas, de que "nós todos fomos influenciados por ele [Ranke]. Pelo seu método de pesquisa. Pelo seu exemplo de pesquisa histórica através dos documentos" (Graham, 1987:104 e 1982:5).

De qualquer modo, a pergunta que me fiz de início e à qual pretendo responder em seguida não dizia respeito ao que Sérgio compreendia por historicismo, e, sim, à motivação que o levou, nesses últimos anos de vida, a escrever este longo artigo de 1974, com 50 páginas, onde, nas 67 notas de rodapé, não se encontra sequer uma referência em português. Ele próprio diz, na mencionada entrevista, que escrevera o artigo a pedido de Florestan Fernandes, como responsável pela série de antologias de "Grandes cientistas sociais" da editora Ática, fundada em 1965, e cujo primeiro volume saíra em 1978 (Graham, 1987:104; Aurélio, 2014:63 ss.). No entanto, a coletânea sobre Ranke somente apareceu em 1979, enquanto o texto de Sérgio já estava escrito e publicado, como visto, em 1974.

Na *Revista do IEB*, ao apresentar a conferência do final da década de 1960, Raphael de Carvalho, por um lado, identifica o entusiasmo de Sérgio com "a recente descoberta da história dos conceitos", a partir da viagem que fizera à Alemanha em 1973, como "uma das mais fortes razões" para a redação do artigo do ano seguinte (Carvalho, 2018:336, n. 28). De outro, lembra um comentário de Maria Odila da Silva Dias sobre as tensões na USP entre Sérgio, França e Eurípides Simões de Paula, o principal responsável pela *Revista* (Carvalho, 2018:310; Dias, 2002:188). E observa que a bem-sucedida publicação em 1968 do volume coletivo *Brasil em perspectiva*, organizado por Carlos Guilherme Mota, então orientando de França no mestrado, reunindo 14 autores — nenhum dos quais ligado a quem escrevera *Monções* e *Caminhos e fronteiras*, catedrático da casa há 10 anos —, contribuiu para aumentar o mal-estar (Carvalho, 2018:310-311). Em seguida, o aparecimento de *1822: dimensões* (Mota, 1972), em meio aos festejos da ditadura militar pelos 150 anos da Independência, trouxe mais lenha para a fogueira. Como assinala igualmente Carvalho, a coletânea provocou, em 1973, uma das resenhas mais duras de Sérgio Buarque, a intitulada "Sobre uma doença infantil da historiografia", que permaneceu adormecida nas páginas do jornal em que veio à luz, salvo engano, até 2004 (Carvalho, 2018:336, n. 28; Holanda, 2004 e 1973). De fato, não obstante os aspectos pessoais, as críticas envolvem "um amplo debate sobre a escrita da história nos anos 1970", em que o professor aposentado invocava os preceitos do historicismo para resistir "à ambição de cientificização da história" por meio de uma abordagem estrutural em que, à "velha superstição do fato puro, [substituíra-se] a nova superstição do vocábulo puro, ou seja, perfeitamente unívoco, petrificado, e válido para todo o sempre" (Carvalho, 2018:336, n. 28; Mota, 1973).

É impossível entrar aqui nos detalhes da discussão, mas o que estava em jogo era a concepção do que constituía a atividade própria do historiador naquele momento em que as reformas dos militares encaminhavam o ensino superior para novas direções (Graham, 1987:108 ou 1982:13). De fato, em capítulo numa coletânea de título sugestivo, organizada por Flávia Varella, Helena Mollo, Sérgio da Mata e Valdei de Araújo, Norma Côrtes (2008), identificou conflitos muito semelhantes, envolvendo outros personagens e outras preocupações na mesma época (ver também Revista Brasileira de História, 2016; Falcon, 1997). Afinal, como no embate veladamente anunciado em torno da criação da *Revista de História*, no início da década de 1950, o que Sérgio Buarque fazia então em 1974? Não era recorrer outra vez ao historicismo — desta vez usando o nome emblemático de Leopold von Ranke — para conter o ímpeto de erigir a prática historiográfica em mais uma especialidade *científica*, que a consolidação das universidades no Brasil parecia tanto oferecer quanto exigir? Tendência que acabava por depreciar a especificidade da história como conhecimento, quando devia ser compreendida como destinada mais a esconjurar os preconceitos do presente do que a deslindar os mistérios do passado? Mais a "desembaraçar-se do passado", como dissera Goethe, do que a consolidar uma carreira universitária?

Na realidade, talvez seja possível aqui estabelecer mais uma curiosa ponte desse Sérgio da última década de vida, consagrado, então, mais pelas opções políticas que fizera e pelas amizades que tecera do que pela obra que construíra, com aquele mais jovem, de 1951, fascinado pelo livro de Marc Bloch, que acabara de ser publicado postumamente. Como já foi dito, compreendida por Lucien Febvre e muitos outros depois como um ensaio metodológico, destinado a substituir o detratado Langlois e Seignobos de 1898, a obra circulou com grande sucesso, por anos a fio, nos países de língua portuguesa e espanhola com o título de *Introdução à história* (Aguirre Rojas, 1998) e até hoje, na tradução inglesa, com o de *The historian's craft*. Contudo, como de hábito, o próprio autor fora mais sutil. Todos os originais datilografados, que se conservaram, mantiveram a ambiguidade — indicada por um "ou" —, que separava a *Apologie pour l'histoire* de *le métier d'historien*, ambiguidade diante da qual o próprio Bloch hesitou muitas vezes, mas pela qual o trabalho somente veio a ser conhecido posteriormente (Mastrogregori, 1998; Bloch, 1993a).

Tendo examinado, em ocasião anterior (Neves, 2011), no âmbito do campo intelectual francês do entreguerras, as tensões que acompanharam o relacionamento entre os dois fundadores dos *Annales*, acabei intrigado por esse pequeno detalhe. Mais tarde, graças aos estudos esclarecedores de M. Mastrogregori (1998), de C. Fink (1991), de O. Dumoulin (2000) e de P. Schöttler (2011), percebi a estreita relação da *Apologie* com *L'étrange défaite* (Bloch, 1990). Como capitão do exército, imediatamente após experimentar a avassaladora invasão nazista da França, obrigando-o a retomar os trajes civis e a refugiar-se, precariamente, na região "livre" sob o governo de Vichy, Bloch redigiu a segunda, de um jato, como um acerto de contas com sua consciência, no verão de 1940. A menção inicial à primeira aparece em dezembro do mesmo ano, embora datasse de muito antes seu interesse por questões metodológicas (Bloch, 1983). Dominado por uma espécie de demônio interior, prosseguiu com a redação, de maneira irregular, nos anos seguintes, em meio a todas as dificuldades, mas deixou-a inacabada, quando partiu para Lyon, em março de 1943, onde logo passou a coordenar atividades da resistência, pouco retocando o texto, se é que o fez, até sua prisão pela Gestapo um ano depois (Mastrogregori, 1998:58-70).

O que Bloch pretendia com a obra? Para C. Fink (1991:296), o surpreendente engajamento do autor de 56 anos na resistência pode explicar-se como a aposta arriscada, caso sobrevivesse, de vir a exercer alguma liderança política na futura república, especialmente no setor educacional. *L'étrange défaite* contém diversas referências ao assunto, além dos vários textos que escreveu a respeito para publicações clandestinas (ver Bloch, 1990:215-268). Na obra propriamente, após discutir os aspectos militares da derrota de 1940, ele observa que havia necessidade, nas sociedades modernas, de educar a população para que atuasse junto aos representantes escolhidos, pois, caso contrário, haveria de tornar-se presa fácil de líderes emocionais como Hitler. Se o regime de governo francês estava fundado sobre a participação das massas, estas não mais obedeciam. Seguiam ou porque postas em transe ou porque sabiam (Bloch, 1990:176-178). E, na seção final — aquela que começa com a frase "[p]ertenço a uma geração que tem a consciência pesada" —, ele se queixava da atitude daqueles que tinham sobrevivido à Grande Guerra e colocado seus interesses pessoais acima dos públicos. Cito o que se segue: "depois daqueles quatro anos ociosos de combate", ele escreve, "tínhamos pressa de manejar novamente os instrumentos tomados pela ferrugem que deixáramos nas bancadas de nossos diversos ofícios; queríamos compensar pelo excesso o trabalho perdido". E, de maneira dramática, pouco adiante, após comentar a inevitabilidade da revanche alemã: "Não ousamos ser, no espaço público, a voz que clama, a princípio no deserto [...]. Preferimos nos recolher à quietude medrosa de nossos gabinetes de trabalho. Possam os mais novos perdoar o sangue que está em nossas mãos!" Na realidade, por menos que apreciassem o espírito de partido, ignorado permanecera o fato de que "tinham uma boca, uma pena, um cérebro". Por quê? "Adeptos das ciências do homem ou cientistas de laboratório, talvez tenhamos sido afastados da ação individual também por uma espécie de fatalismo, inerente à prática de nossas disciplinas. Elas nos haviam habituado a considerar, acima de tudo, na sociedade como na natureza, o jogo de forças massivas." Diante delas, "de uma irresistibilidade quase cósmica, que poder tinham os gestos de um náufrago?". No entanto, tratava-se de "interpretar erradamente a história. Dentre todos os traços que caracterizam nossas civilizações, [a história] não conhece outro mais significativo do que um imenso progresso na tomada de consciência da coletividade" (Bloch, 1990:202-205; ver igualmente Mastrogregori, 1998:38 e 95-100).

Tendo sido atropelado pela história, Bloch, no fundo, partilhava a percepção que outros contemporâneos, aturdidos pelo mesmo fenômeno, como Ph. Ariès (1986), H.-G. Gadamer (2007), R. Koselleck (1999) e W. Benjamin (1985), registraram na época ou pouco depois. Ou não será que, como eles, Bloch se estava dando conta do papel que a história viera a desempenhar no mundo moderno, à medida que passava a ocupar o lugar que coubera à religião (ver Gauchet, 2005)? Que escrever história representava escolher uma atitude diante da vida, assim como viver significava encontrar um lugar na história? Que o passado aparecia como a morada, que os indivíduos se tinham posto a construir nos últimos 200 anos, das maneiras mais diversas, o tempo todo, das mais distantes origens até as notícias no jornal do dia, sem que importassem suas respectivas qualificações profissionais? Se assim fosse, porém, para que serviriam tais edificações caso as pessoas não se dessem o trabalho de avaliar as evidências disponíveis, recorrendo aos instrumentos da profissão, penosamente desenvolvidos ao longo do mesmo período? No caso, embora essa *consciência da coletividade* — ou *consciência histórica*, diriam outros — seja a condição necessária para a sociedade pluralista que Isaiah Berlin (1991), por exemplo, opõe às sociedades totalitárias, seus resultados podem ser igualmente perigosos, motivando a indignação de Paul Valéry (1945) em 1931, de que Bloch voltaria a lembrar, incomodado, sem citar o autor, na obra inacabada de 10 anos mais tarde (Mastrogregori, 1998:15-16; Bloch, 1993b:74).

* * *

Se tais perspectivas estiverem corretas, diretamente no caso de Bloch e de outros, como, de forma um tanto indireta, também no de Sérgio, a experiência da Segunda Guerra e da mentalidade autoritária do período talvez os tenha conduzido a uma nova valorização da história, que passou a exigir uma *apologia*, pois não se esgotava nas dimensões do *ofício*. Tal percepção aproximou-os ainda mais do *historicismo*, cuja discussão não se extinguiu no Brasil com o desaparecimento do último em 1982. Parece mesmo razoável o prognóstico de que o debate tenda a ressurgir toda vez que o campo historiográfico ou a sociedade brasileira sofra algum abalo, capaz de voltar a colocar a *história* em questão.

Será, então, alguma surpresa se novas polêmicas sobre a questão vierem a surgir em breve? À sombra de Marc Bloch e de Sérgio Buarque?

Referências

19th INTERNATIONAL Congress of Historical Sciences, 6-13/8/2000, Oslo, Noruega. Programa disponível em: <www.oslo2000.uio.no/dnload/Program.pdf>. Acesso em: 11 ago. 2019.

AGUIRRE ROJAS, Carlos Antonio. La recepción del *Métier d'historien* de Marc Bloch en América Latina. *Estudios Sociales*, La Plata, v. 8, n. 14, 1. sem. 1998, p. 199-232.

ARIÈS, Philippe. *Le temps de l'histoire* [1954]. Prefácio de R. Chartier. Paris: Seuil, 1986.

AURÉLIO, Daniel Rodrigues. *Bibliografia básica*: a coleção Grandes Cientistas Sociais e a relação entre mercado editorial e a expansão do ensino superior brasileiro nas décadas de 1970 e 1980. Dissertação (mestrado) — Programa de Pós-Graduação em História, Pontifícia Universidade Católica de São Paulo, São Paulo, 2014.

BARBOSA, Francisco de Assis (Org.). *Raízes de Sérgio Buarque de Holanda*. Rio de Janeiro: Rocco, 1989.

______ (Org.). *Revista do Brasil*, Rio de Janeiro, v. 3, n. 6, 1987.

______. Verdes anos de Sérgio Buarque de Holanda: ensaio sobre sua formação intelectual até Raízes do Brasil. In: SÉRGIO Buarque de Holanda: vida e obra. São Paulo: Secretaria de Estado de Cultura; Arquivo do Estado; USP-IEB, 1988, p. 27-54.

BENJAMIN, Walter. Teses sobre o conceito da história [1940]. In: ______. *Obras escolhidas: v. 1, magia e técnica, arte e política*. Ensaios sobre literatura e história da cultura. Prefácio de Jeanne Marie Gagnebin; tradução de Sérgio Paulo Rouanet. São Paulo: Brasiliense, 1985, p. 222-232.

BERLIN, Isaiah. *Limites da utopia*: capítulos da história das ideias. Tradução de V. L. Siqueira. São Paulo: Companhia das Letras, 1991.

BLOCH, Étienne. Avant-propos. In: BLOCH, Marc. *Apologie pour l'histoire ou métier d'historien*. Paris: Armand Colin, 1993a, p. 33-59.

BLOCH, Marc. *Apologie pour l'histoire ou métier d'historien*. Paris: Armand Colin, 1993b.

______. "Historisme" ou travail d'historien? *Annales d'histoire Sociale*, v. 1, n. 4, 1939, p. 429-430.

______. *L'étrange défaite*. Paris: Gallimard, 1990.

______. Réflexions d'un historien sur les fausses nouvelles de la guerre [1921]. In: ______. *Mélanges historiques*. Prefácio de Charles-Edmond Perrin. Paris: Serge Fleury; Ehess, v. 1, 1983, p. 41-57.

BOER, Pim den. Conclusion. In: *History as a profession*: the study of history in France, 1818-1914. Tradução de A. J. Pomerans. Princeton: Princeton UP, 1998, p. 350-365.

CÂNDIDO, Antônio, Introdução [à segunda parte]; Sérgio em Berlim e depois. In: BARBOSA, Francisco de A. (Org.). *Raízes de Sérgio Buarque de Holanda*. Rio de Janeiro: Rocco, 1989, p. 119-129.

CANGUILHEM, Georges. Raymond Aron et la philosophie critique de l'histoire, *Enquête*, Marseille, v. 7, 1992. DOI: 10.4000/enquete.138. Acesso em: 30 set. 2016.

CAPANEMA, Gustavo. *A missão do professor secundário* — educar para a pátria. Rio de Janeiro: Serviço Gráfico do Ministério da Educação e Saúde, [1940]. 11 p. (IHGB — Instituto Histórico e Geográfico Brasileiro, 206, 7, 3 n. 7).

CARVALHO, Raphael Guilherme de. Em torno da concepção de história de Sérgio Buarque de Holanda, *Revista do Instituto de Estudos Brasileiros*, São Paulo, n. 70, ago, 2018, p. 306-340. [Agradeço a indicação a Rafael Cezar Tavares, bolsista de IC.]

CÔRTES, Norma. Debates historiográficos brasileiros: a querela contra o historicismo. In: VARELLA, Flávia et al. (Org.). *A dinâmica do historicismo*. Belo Horizonte: Argumentum, 2008, p. 229-243.

COSTA, Marcos (Org.). *Sérgio Buarque de Holanda*. Escritos coligidos. São Paulo: Ed. Unesp; Fund. Perseu Abramo, v. 2, 2011. p. 18-21. [Agradeço ao estudante, a quem infelizmente deixei de perguntar o nome, que me apontou este texto durante o evento em Ouro Preto.]

DIAS, Maria Odila da Silva. Entrevista. In: MORAES, José Geraldo Vinci; REGO, José Marcio. *Conversas com historiadores brasileiros*. São Paulo: Ed. 34, 2002, p. 185-210.

______ (Org.). *Sérgio Buarque de Holanda*. São Paulo: Ática, 1985.

DUMOULIN, Olivier. *Marc Bloch*. Paris: Presses de Sciences Po, 2000.

FALCON, Francisco Calazans. "Historicismo": a atualidade de uma questão aparentemente inatual, *Tempo*, Niterói, v. 2, n. 4, dez. 1997, p. 5-26.

FELDMAN, Luiz, *Clássico por amadurecimento*. Rio de Janeiro: Topbooks, 2016.

FERREIRA, Marieta de Moraes. Notas sobre a institucionalização dos cursos universitários de história no Rio de Janeiro. In: GUIMARÃES, Manoel Luiz Salgado (Org.). *Estudos sobre a escrita da história*. Rio de Janeiro: 7Letras, 2006 p. 139-161.

FINK, Carole. *Marc Bloch*: a life in history. Cambridge: Cambridge UP, 1991.

FRANÇA, Eduardo de Oliveira. A teoria geral da história: considerações a propósito de um livro recente. *Revista de História*, São Paulo, v. 3, n. 7, 3. trim. 1951a, p. 111-141. [Agradeço à colega Giselle Venâncio ter chamado a atenção para este texto.]

______. O testamento de um historiador: Marc Bloch. *Revista de História*, São Paulo, v. 3, n. 8, 4. trim. 1951b, p. 433-442.

FRANCO, Luiz Fernando. *Defeito Mecânico*: mito e trabalho no paraíso de Sérgio Buarque de Holanda. Tese (doutorado) — Programa de Pós-Graduação em História, Universidade Federal Fluminense, Niterói, 2005.

FURET, François. La naissance de l'histoire. In: ______. *L'atelier de l'histoire*. Paris: Flammarion, 1982, p. 101-127.

FURTADO, André Carlos. *As edições do cânone*: da fase buarqueana na coleção História geral da civilização brasileira (1960-1972). Niterói: EdUff, 2016.

GADAMER, H.-G. Interview: the 1920s, 1930s, and the present: national socialism, German history, and German cuture. In: MISGELD, Dieter; NICHOLSON, Graeme (Ed.). *Hans-Georg Gadamer on education, poetry, and history*: applied hermeneutics. Albany (NY): State University of New York Press, 1992, p. 135-153.

______. Os limites da razão histórica (1949). In: ______. *Hermenêutica em retrospectiva*: a virada hermenêutica. Tradução de M. A. Casanova. Petrópolis: Vozes, 2007, p. 139-144.

GAUCHET, Marcel. *La condition historique*. Entretiens avec François Azouvi et Sylvain Piron. Paris: Gallimard, 2005.

GOMES, Ângela de Castro. Pedro Lessa: reflexões sobre o conceito de história. In: NICOLAZZI, Fernando (Org.). *História e historiadores no Brasil*: do fim do Império ao alvorecer da república: c.1870-1940. Porto Alegre:

EDIPUCRS, 2017, p. 67-77. [Acompanha o texto de Lessa na versão da *RIHGB* em 1908, p. 79-168.]

GRAHAM, Richard. An interview with Sérgio Buarque de Holanda. *Hispanic American Historical Review*, Durham (NC), v. 62, n. 1, fev, 1982, p. 3-17.

______. Uma entrevista. *Revista do Brasil*, Rio de Janeiro, v. 3, n. 6, 1987, p. 102-109.

GUIMARÃES, Lucia Maria Paschoal. Itinerários historiográficos inexplorados: Sérgio Buarque de Holanda na trilha de Capistrano de Abreu. *Maracanan*, Rio de Janeiro, n. 2, 2004, p. 101-113.

HOLANDA, Sérgio Buarque de. *Cobra de vidro*. 2. ed. São Paulo: Perspectiva; Secretaria de Cultura Ciência e Tecnologia do Estado de São Paulo, 1978.

______. *Escritos coligidos (1920-1979)*. Organização de Marcos Costa. São Paulo: Ed. Unesp; Fund. Perseu Abramo, 2 v., 2011.

______. Notas sobre o barroco. In: ______. *Tentativas de mitologia*. São Paulo: Perspectiva, 1979b, p. 141-165.

______. O atual e o inatual na obra de Leopold von Ranke. *Revista de História*, São Paulo, v. 50, n. 100, out./dez. 1974, p. 431-480.

______. *O espírito e a letra*. Organização de Antonio Arnoni Prado. São Paulo: Companhia das Letras, 2 v., 1996.

______. O pensamento histórico no Brasil nos últimos 50 anos [1951]. In: MONTEIRO, Pedro Meira; EUGÊNIO, João Kennedy (Org.). *Sérgio Buarque de Holanda*: perspectivas. Campinas; Rio de Janeiro: Ed. da Unicamp; EdUerj, 2008, p. 601-615.

______. *Raízes do Brasil*. nova ed. São Paulo, Companhia das Letras, 2016.

______. Resenha de *Instituições políticas brasileiras* de Oliveira Viana. *Revista de História*, n. 3, 1950, p. 423-430.

______. Sobre uma doença infantil da historiografia [1973]. In: COSTA, Marcos (Org.). *Para uma nova história*. São Paulo: Perseu Abramo, 2004, p. 113-127.

______. Sobre uma doença infantil da historiografia. *O Estado de S. Paulo*, 17 e 24 jun. de 1973. Suplemento Literário, p. 282 e 240.

______. *Tentativas de mitologia*. São Paulo: Perspectiva, 1979a.

JAEGER, Friedrich; RÜSEN, Jörn. *Geschichte des Historismus*: eine Einführung. Munique: C. H. Beck, 1992.

KOSELLECK, Reinhart. *Crítica e crise*: uma contribuição à patogênese do mundo burguês [1954-59]. Tradução de L. V.-B. Castelo-Branco. Rio de Janeiro: EdUerj; Contraponto, 1999.

LANGLOIS, Ch.-V.; SEIGNOBOS, Ch. *Introdução aos estudos históricos.* Tradução de Laerte de Almeida Morais. São Paulo: Renascença, 1946.

______; ______. *Introduction aux études historiques* [1898]. Prefácio de Madeleine Rebérioux. Paris: Kimé, 1992.

LESSA, Pedro. *É a história uma ciência?* São Paulo: Typ. da Casa Eclectica, 1900.

LORIGA, Sabina. *Le petit x*: de la biographie à l'histoire. Paris: Seuil, 2010.

MARTINS, Estevão de Rezende. Historicismo: o útil e o desgradável. In: VARELLA, Flávia et al. (Org.). *A dinâmica do historicismo.* Belo Horizonte: Argumentum, 2008, p. 15-48.

MASTROGREGORI, Massimo. *El manuscrito interrumpido de Marc Bloch*: *Apología para la historia o el oficio de historiador.* México: Fondo de Cultura Económica, 1998.

MATA, Sérgio da. Tentativas de desmitologia: a revolução conservadora em *Raízes do Brasil. Revista Brasileira de História,* São Paulo, v. 36, n. 73, 1950, p. 423-430.

MONTEIRO, Pedro Meira; EUGÊNIO, João Kennedy (Org.). *Sérgio Buarque de Holanda*: perspectivas. Campinas; Rio de Janeiro: Ed. Unicamp; EdUerj, 2008.

MOTA, Carlos Guilherme (Org.). *Brasil em perspectiva.* Prefácio de João Cruz Costa. São Paulo: Difel, 1968.

______ (Ed.). *1822*: dimensões. São Paulo: Perspectiva, 1972.

______. Os fazendeiros do ar. *O Estado de S. Paulo,* São Paulo, 2 set. 1973. Suplemento Literário, p. 273.

NEVES, Guilherme P. Aquém da história: os *Annales* aos 80 anos. In: ______. *História, teoria e variações.* Rio de Janeiro: Contracapa, 2011, p. 87-101.

NICODEMO, Thiago Lima; SANTOS, Pedro Afonso Cristovão dos; PEREIRA, Mateus Henrique de Faria. Apontamentos sobre a *Revista de História* da USP. In: ______. *Uma introdução à história da historiografia brasileira (1870-1970).* Rio de Janeiro: FGV, 2018, p. 111-123.

NIETZSCHE, Friedrich. Second essay, § 13. In: ______. *The genealogy of morals.* Tradução de H. B. Samuel. Nova York: Boni and Liveright, s.d, p. 69-72.

NOVICK, Peter. The battle joined. In: ______. *That noble dream.* The "objectivity question" and the American historical profession. Cambridge: Cambridge UP, 1988, p. 250-278.

REVEL, Jacques. Ressources narratives et connaissance historique, *Enquête,* Marseille, v. 1, 1995. DOI: 10.4000/enquete.262. Acesso em: 20 abr. 2019.

REVISTA Brasileira de História, n. 73, 2016. [Dossiê: Sérgio Buarque de Holanda: 80 anos de *Raízes do Brasil*.]

SCHÖTTLER, Peter. Marc Bloch et les crises du savoir. In: SCHÖTTLER, Peter; RHEINBERGER, Hans-Jörg (Ed.). *Marc Bloch et les crises du savoir*. Berlim: Max Planck Institute for the History of Science, 2011, p. 5-26. (Preprint 418).

SIMMEL, Georg. *The problems of the philosophy of history*: an epistemological essay. Tradução, edição e introdução de Guy Oakes. Nova York: The Free Press, 1977.

VALÉRY, Paul. De l'histoire [1931]. In: ______. *Regards sur le monde actuel et autres essais*. Paris: Gallimard, 1945, p. 40-44.

VARELLA, Flávia et al. (Org.). *A dinâmica do historicismo*. Belo Horizonte: Argumentum, 2008.

WALSH, W. H. The limits of scientific history. In: ______. *An introduction to philosophy of history*. Londres: Hutchinson, 1970, p. 169-187.

5

Demandas sociais e história do tempo presente: constituição e usos de arquivos orais em regimes autoritários*

Marieta de Moraes Ferreira

Introdução: a construção de fontes orais e o desafio de lidar com os testemunhos

Meu objetivo neste texto é analisar a produção e os usos dos testemunhos orais desenvolvidos em projetos voltados para recuperar a trajetória política de atores que tiveram atuação relevante na oposição à ditadura militar no Brasil. Para cumprir esse objetivo, selecionei como material três projetos de pesquisa em que estive envolvida: Memórias dos militantes do Partido dos Trabalhadores (PT); Lutas políticas na antiga Faculdade Nacional de Filosofia da Universidade do Brasil (FNFi/UB-1939-68), atuais Instituto Nacional de Filosofia e Ciências Sociais (IFCS 1968-) e Instituto de História (IH) da Universidade Federal do Rio de Janeiro; Comissão da Verdade instalada no IFCS/UFRJ no ano de 2012-13.

Embora projetos de naturezas distintas, com objetivos também distintos e realizados em conjunturas diversas, todos possuem como ponto comum entrevistas com indivíduos que lutaram contra a ditadura militar, foram perseguidos, presos, torturados, exilados e tiveram o curso de suas vidas profundamente alterado. Essas experiências colocaram inúmeras questões para minha prática de historiadora e me permitiram fazer algumas reflexões sobre as possibilidades e limites dos usos da história oral, em especial quando se trata de lidar com memórias traumáticas.

---

* Título original: Constitution et usages des archives orales sur les regimes autoritaires: demandes sociales et histoire du temps présent.

Para enfrentar tal desafio é preciso lançar mão do referencial teórico que reflete sobre as relações entre história e demanda social e a problemática da memória, o dever de memória e os usos do passado. Para comentar e problematizar essas experiências, antes de mais nada, é preciso apresentar o contexto de desenvolvimento desses projetos e seus objetivos.

O projeto Memórias dos militantes do PT

No trabalho Memórias dos militantes do PT, um primeiro desafio que se colocou foi o compromisso com a realização de um projeto de perfil acadêmico que deveria obedecer a procedimentos teóricos e metodológicos e ao mesmo tempo atender a um compromisso de dever de memória, destacando o papel daqueles que, correndo riscos, se empenharam na construção de um partido novo comprometido com as lutas dos trabalhadores no Brasil.

Lutas políticas na antiga Faculdade Nacional de Filosofia da Universidade do Brasil (1939-68): os embates políticos e historiográficos

O segundo projeto objeto de nossas reflexões refere-se à produção de um acervo de depoimentos relativos à antiga Faculdade Nacional de Filosofia, em especial ao Curso de História, da Universidade do Brasil, atual UFRJ, fruto de minha iniciativa pessoal. Fundada em 1939, a FNFi, sediada no Rio de Janeiro, funcionou como uma referência para a criação de outras universidades nos demais estados brasileiros e no início dos anos 1960 se constituiu num espaço de grande mobilização política de grupos de esquerda que lutavam por uma revolução socialista no país.

Diferentemente da proposta anterior, esse projeto não possuía como preocupação primeira resgatar as memórias das vítimas da ditadura. Seu objetivo era compreender as lutas políticas e os embates historiográficos travados na faculdade no início dos anos 1960 e tinha uma marca muito clara de pesquisa acadêmica orientada por procedimentos teóricos e metodológicos científicos, onde as fontes orais eram umas entre outras fontes a serem usadas e confrontadas com outras informações. Ainda assim, esses depoimentos acabaram ganhando relevo e não deixaram de oferecer possibilidades de estudos acerca das memórias de eventos traumáticos e da repressão desencadeada na FNFi/IFCS, sendo hoje parte de um acervo que, depositado no CPDOC e publicado na obra *A história como ofício* (Ferreira, 2013), se encontra disponível para consulta de outros pesquisadores com outros objetivos.

A Comissão da Verdade instalada na UFRJ/IFCS e a repressão política na Faculdade Nacional de Filosofia da Universidade do Brasil: 1964-68

O terceiro projeto que mereceu nossa análise tem como foco os depoimentos coletados no âmbito da Comissão da Verdade instalada no Instituto de Filosofia e Ciências Sociais da UFRJ durante os anos de 2012-13.

Com o desdobramento do processo de instalação da Comissão da Verdade em vários estados brasileiros, por meio de suas assembleias legislativas e instituições diversas, tais como universidades — que se tornaram alvo de repressão política durante o regime militar —, foram desenvolvidos projetos testemunhais no intuito de reconhecer as vítimas que sofreram a ação da repressão, tendo sidas presas e torturadas ou que tiveram suas vidas interrompidas. No caso específico da UFRJ, e em particular no IFCS, em 2012 foi instalada uma comissão local que passou a entrevistar ex-alunos e professores para registrar o impacto da repressão sobre suas trajetórias.

A apresentação dessas três experiências de pesquisa nos remete ao tema desse texto, acerca das possibilidades dos usos e limitações dos acervos de testemunhos orais, e nos instiga a refletir sobre eles. Para tal é fundamental retomar as discussões acerca da memória, dos usos políticos do passado, da história do tempo presente e das demandas sociais.

No "reino da memória generalizada"

O debate sobre essas questões e o papel dos historiadores diante delas já se colocou em vários países, tais como França, Alemanha, África do Sul e Argentina, só para citar algumas experiências.

Na avaliação de historiadores de diferentes correntes historiográficas e países, tais como Philiphe Joutard (2007), Henry Rousso (2014) e Paul Ricoeur (2000), nos últimos 30 anos, o mundo mergulhou no "reino da memória generalizada", multiplicando-se as comemorações e invocando-se permanentemente o dever de memória.

Diante desse quadro, esses historiadores procuraram dar respostas que levassem em consideração as demandas de memória pela história e, ao mesmo tempo, produzissem uma historização crítica da memória. Assim, reconhecido o estímulo que a memória dá à história, eles chamam atenção para a função crítica desta última diante da ação inquisitorial da primeira.

Não obstante, a tensão entre vítimas-testemunhas, portadoras de memórias, e historiadores não deve, contudo, levar a uma declaração de "guerra contra a memória e contra as testemunhas" para "disputar com elas o interesse do grande público". Nesse contexto, Ricoeur (2000) propõe ainda sair dessa oposição de um modo que se reconheça à memória uma função mais positiva em relação à história. Isto porque a história efetua realmente um trabalho crítico em relação à memória.

Dever de memória ou produção de fontes?

Essa discussão mais geral sobre os desafios para enfrentar as demandas memoriais e sobre o papel social da história se desdobra também para o historiador na problemática relação entre dever de memória e produção de fontes orais. Nesta virada para o século XXI têm ressurgido de maneira crescente críticas ao uso de testemunhos como fontes históricas. Esse posicionamento é em grande parte uma reação ao comprometimento das sociedades contemporâneas com o chamado "dever de memória".

De acordo com Olivier Lalieu (2001), em seu artigo "L'invention du devoir de mémoire", essa expressão foi criada para designar uma espécie de culto aos mortos, vítimas de atos de repressão e de traumas políticos, culto esse que produz desdobramentos e obrigações nos domínios históricos, jurídicos, financeiros e políticos.

Nesse contexto, o ato de testemunhar ganha um novo significado, e as vítimas ou seus descendentes transformam-se em agentes fundamentais para o exercício do dever de memória, entendido agora não apenas em sua dimensão de culto aos mortos, de dever de lembrança e homenagem, mas também como direito de reclamar justiça e conquistar resultados concretos nos domínios político, judicial e financeiro.

A afirmação dessas práticas políticas tem provocado intensos debates e críticas nas comunidades dos historiadores e tem levado ao questionamento dos instrumentos legais utilizados pelos Estados na gestão de passados e nos processos de sacralização de memórias.

Um primeiro ponto que tem gerado polêmica está relacionado com a definição de conteúdos históricos sancionados por legisladores, que podem estar em desacordo com a produção historiográfica.

O estabelecimento de políticas memoriais vinculadas ao atendimento de reivindicações de reparação por parte das vítimas ao Estado muitas vezes se choca com a interpretação de eventos históricos e põe sob suspeição o saber produzido pelos historiadores, bem como seu papel no espaço público.

Questiona-se a autoridade dos especialistas para discutir temas históricos, atingindo-se a própria profissionalização do historiador. Abre-se assim não só uma disputa entre interpretações historiográficas divergentes, mas uma competição entre diferentes atividades profissionais, como as dos jornalistas, legisladores e profissionais da história, no que diz respeito à legitimidade de seus praticantes para acessar o passado e analisá-lo.

Diante desse quadro, muitos historiadores têm se manifestado, apontando os perigos dos processos de sacralização da memória e argumentando que o estabelecimento de leis definindo como devem ser tratados certos eventos históricos cria sérios riscos. A imposição legal de uma visão da história, segundo eles, transforma uma memória em valor inconteste, eliminando qualquer possibilidade de discussão sobre os temas históricos.

É preciso destacar que as críticas dos historiadores às leis memoriais têm como alvo principal a definição legal de um conteúdo para o passado histórico, e não o fato de as leis estabelecerem a obrigatoriedade de determinados temas para o estudo e o ensino do passado.

A grande preocupação da comunidade dos profissionais da história são as intervenções que as políticas de memória impõem na apreciação de eventos do passado, e as consequências dessas iniciativas na produção do saber histórico. Esse tipo de interferência, além de restringir a liberdade de pesquisa, subordina a história à memória e anula a possibilidade do questionamento das fontes primárias, primeira premissa do ofício do historiador. Esse primeiro aspecto do debate ganha cores mais intensas e desdobramentos ainda mais profundos quando a comunidade dos historiadores se volta para as discussões da subjetividade como elemento de crítica fundamental.

Segundo a pesquisadora argentina Beatriz Sarlo (2007), a partir dessa supervalorização da memória, os historiadores passaram a rever os objetos da pesquisa histórica, requalificando os estudos do cotidiano e dando ênfase especial às biografias dos personagens comuns e aos testemunhos orais. O reconhecimento desse tipo de abordagem teria levado a uma "guinada subjetiva" e assim estaríamos vivendo em uma época de grande subjetividade, com uma supervalorização do "eu", sustentada por interesses políticos e culturais, onde há o temor de uma "perda de memória". Um caminho apontado pela autora para garantir um olhar crítico é colocar o foco nos limites para o uso dos testemunhos na modernidade.

Diante das críticas à "guinada subjetiva" e à "exaltação do testemunho" e dos debates acerca do valor "dever de memória" que têm estado presentes em algumas linhas historiográficas da atualidade, cabe perguntar: qual o significado e a importância de se produzir um acervo de depoimentos orais de atores sociais envolvidos em eventos sejam eles traumáticos ou não? Como enfrentar a ameaça da sacralização da memória das lutas contra a ditadura militar brasileira? Como constituir, a partir da coleta de depoimentos orais, uma fonte histórica passível de uso crítico e de questionamento e confronto pelos historiadores?

Tomando como referência essas observações, nosso objetivo é procurar apontar as possibilidades de uso e as limitações para pesquisa que esses três projetos mencionados podem trazer.

Memórias dos militantes do PT

No caso do Projeto Memórias dos militantes do PT, um desafio a ser enfrentado por este projeto foi o fato de ele ser iniciativa de um partido político que convidou historiadores para participarem da realização e divulgação dos depoimentos de militantes. Trata-se, sem dúvida, de um projeto de memória político-partidária, mas que, ao utilizar a metodologia de história oral, propõe um uso ampliado do acervo, para além de sua utilização como mero instrumento laudatório. Dessa forma, a produção desse conjunto de fontes para o estudo da história do PT contribuirá para a preservação da memória dos movimentos sociais, tornando-se uma referência de fundamental importância para a consolidação das lutas pela cidadania no país.

Se podemos, por um lado, caracterizar o projeto de história oral do PT como uma expressão dessas "políticas de memória", resta avaliar que contribuição ele pode trazer para a pesquisa da história recente e imediata da sociedade brasileira.

Avaliamos que o grande potencial deste projeto, portanto, está na geração de um banco de depoimentos aberto a leituras e interpretações diversas, uma importante contribuição ao desenvolvimento de uma cultura favorável a políticas públicas democráticas de acervos e documentação. A generalização de iniciativas dessa natureza seria fundamental para ampliar o acesso às condições de produção do conhecimento histórico tanto para profissionais quanto para leigos, contribuindo assim para enriquecer o enfrentamento dos desafios e indagações colocados para a sociedade brasileira no presente e no futuro. Nesse sentido, a dimensão subjetiva, longe de constituir um empecilho ou uma "impureza", pode ser encarada como a grande contribuição da história oral.

No entanto, é preciso mencionar que as crises políticas e as denúncias de corrupção como o "Mensalão" e a "Lava Jato" que envolveram membros do partido fizeram com que alguns depoentes, mesmo que suas entrevistas não tivessem relação com esses episódios, não autorizassem a divulgação de seus depoimentos, não efetivando, assim, a publicação dos livros previstos. Desse modo, o contexto do presente impactou os desdobramentos do projeto e acabou por estabelecer limitações para o pleno uso do material.

FNFi

Diferentemente, o projeto de coleta de depoimentos de ex-alunos e ex-professores da FNFi, que não tinha como foco um compromisso com o dever de memória e era de natureza essencialmente acadêmica, voltado para entender o processo de institucionalização dos cursos universitários de história, enfrentou desafios metodológicos de características distintas.

Uma análise dos depoimentos dos alunos e professores coletados para essa pesquisa nos permite destacar alguns pontos importantes. Os relatos obtidos se revestiram de grande relevância como chave e ponto de partida para mapear questões a serem pesquisadas num emaranhado de documentos, dispersos e fragmentados. Além de preencherem muitas lacunas que a documentação escrita não conseguia suprir, os relatos orais foram caminhos seguros e ricos para esclarecer as disputas e conflitos de memórias, e para nos fornecer pistas para compreender as versões construídas sobre a trajetória dos cursos.

O foco central dos depoimentos concentrou-se nas lutas políticas, em especial do final dos anos 1950 até 1968, mais do que no conteúdo dos cursos em si mesmos, considerando que a maioria dos depoentes ingressou na universidade a partir de 1957-58 e, por conseguinte, muito de suas vivências privilegiou os anos de radicalização política no Brasil, a partir do governo de Juscelino Kubitschek (1956-60) até a queda de João Goulart, presidente deposto pelo Golpe Militar de 1964.

O que se pode perceber é que o engajamento dos alunos e professores nos projetos de transformação do Brasil, ainda que de diferentes maneiras e com orientações políticas distintas, condicionou fortemente as memórias sobre o curso de história, lançando no esquecimento fatos positivos para destacar a repressão e os traumas que o Golpe Militar provocou.

É importante destacar ainda que essas entrevistas foram feitas num espaço privado onde estavam presentes apenas o pesquisador ou pesquisadores em alguns casos, e estes eram os condutores das narrativas estabelecendo uma ordem para perguntas, podendo fazer interrupções, questionamentos de informações apresentadas de acordo com os objetivos da pesquisa, bem como a crítica e a discordância do depoente, permitindo um diálogo entre ambos. A participação do pesquisador na condução dos trabalhos fica evidente e é possível em certa medida fazer um confronto entre as versões.

A Comissão da Verdade instalada na UFRJ/IFCS

De natureza muito distinta são os depoimentos resultantes da Comissão da Verdade instalada no Instituto de Filosofia e Ciências Sociais (IFCS) da UFRJ. Ainda que o perfil dos depoentes em ambos os projetos seja semelhante, e trate-se de personagens de uma mesma instituição (FNFi/IFCS), os contextos e as intenções são muito distintos.

Diferentemente da situação anterior, já relatada, os testemunhos coletados aconteceram em espaços abertos ao público com uma plateia muito heterogênea e tinham um caráter de reparação pelos danos sofridos. Tínhamos diante de nós uma vítima que, de diferentes maneiras, havia sido alvo da violência do regime ditatorial brasileiro e estava ali para ser homenageada e não para ser questionada. Um primeiro ponto a destacar era a dificuldade dos entrevistadores em interferir, fazer questionamentos ou correções.

A condução da narrativa ficava essencialmente por conta do depoente que descrevia suas memórias; distorções visíveis eram apresentadas em especial no que diz respeito a confusões cronológicas ou na descrição dos eventos, sem que fosse possível para os entrevistadores fazer qualquer tipo de observação. Além disso, alguns dos entrevistadores não conheciam em detalhe a conjuntura específica dos acontecimentos, nos espaços onde as personagens em questão atuaram. Aí também reside uma outra questão: a qualidade do entrevistador no sentido do seu conhecimento sobre o assunto, que o possibilite intervir para auxiliar o depoente na recuperação das suas lembranças. Nesse sentido, quando a entrevista transcende apenas o dever de memória e está inserida num projeto de pesquisa mais amplo, seu potencial como fonte se amplia de maneira significava.

Os projetos apresentados tiveram origens e objetivos diversos, embora também tenham pontos em comum: os depoentes, de alguma forma, lutaram contra o regime militar e foram alvo da repressão política. Por isso, ouvir o relato das trajetórias dos construtores do PT e antigos alunos e professores da FNFi é uma forma de acesso privilegiado ao conhecimento de como essa memória foi vivenciada por seus protagonistas, especialmente à medida que foram confrontados com novas realidades.

Considerações finais

Para os historiadores, esse evento deverá continuar sendo um objeto de estudo especial, uma chave para compreender melhor o imaginário político brasileiro e os mecanismos de construção da nossa memória e identidade nacional. Ademais, permanecerá como um desafio a ser enfrentado na tarefa de avaliar criticamente o papel e o lugar dos profissionais de história no dilema de garantir os princípios de seu trabalho científico e, ao mesmo tempo, não abrir mão de suas responsabilidades sociais. É preciso estar alerta para os perigos de interferências externas que podem colocar em risco a autonomia da história como disciplina científica e contaminar o julgamento científico pelo juízo memorial.

Nesse quadro, merecem reflexão a instrumentalização da história pela demanda social e o vínculo entre função do conhecimento e função social da história, que pode levar à tentação de recorrer a fórmulas simplistas e incompatíveis com os cânones universitários, abrindo espaço para um maior controle da produção histórica por necessidades determinadas fora das lógicas autônomas de pesquisa.

Os historiadores do tempo presente que lidam com a memória viva dos seus contemporâneos e que sofrem fortemente influências em seu trabalho são pressionados para garantir respeito à legitimidade das demandas de instituições e atores sociais, no sentido de referendar seus pontos de vista. Essa sensibilidade à demanda social, encontrada nos historiadores que lidam com o tempo recente, dá uma singularidade à história do tempo presente e cria limites para seu desejo de fazer uma história tão científica como as outras? Mas até que ponto e como os historiadores devem envolver-se no reconhecimento do papel social de sua disciplina?

A intenção de verdade da história não pode ser subordinada às lógicas judiciárias ou memoriais. Essa questão coloca na ordem do dia a postura a ser adotada pelos historiadores, a necessidade de distinção entre a investigação historiográfica e a judiciária e, consequentemente, a diferença nos usos dos testemunhos para constituição da prova pelo historiador e pelo juiz. Aqui é possível questionar em que medida são exequíveis os desejos do historiador de se aproximar de um verdadeiro juiz, que após averiguar bem os fatos, ouvindo testemunhos, deveria sentenciar perante o tribunal da história. Apesar da convergência preliminar entre um ofício e outro, em função do caráter investigativo e da preocupação com a prova, o traço distintivo da elaboração historiográfica não estaria na natureza essencialmente provisória e contingente da escrita da história, mesmo que nela esteja implícita uma intenção de verdade?

Os historiadores nas últimas décadas têm enfrentado a necessidade recorrente na história da disciplina de defender a autonomia da história e, portanto, de reafirmar sua intenção contra a redução da mesma à ficção, às falsificações negacionistas, às derivas memoriais e às instrumentalizações sociais e políticas. Nesse mar de incertezas e dúvidas, para além de suas especialidades, os historiadores detêm a responsabilidade da introdução do método histórico e do modo de raciocínio histórico no debate político. Nesse aspecto, a crítica das fontes inspirada pela análise dos textos pode ter efeito político quando aplicada aos documentos contemporâneos manipulados pela mídia e por interesses políticos imediatos. O método histórico e comparativo obriga a pensar o pluralismo dos fatores que intervêm em todas as transformações e permite refutar os pensamentos dominantes e mecanicistas derivados de uma visão tecnocrática.

A história oral, que tem sido objeto de reflexão crítica de pesquisadores de diversos países, já demonstrou claramente que pode oferecer recursos e procedimentos metodológicos rigorosos para a produção das fontes orais. Na verdade, boa parte das ressalvas dirigidas à história oral aplica-se igualmente a qualquer outro tipo de evidência relatada, aí incluídas fontes escritas das mais tradicionais (atas, relatórios etc.), que, muitas vezes, são liberadas de um escrutínio mais cauteloso por força do fetiche da palavra escrita. A grande particularidade é que, no caso da história oral, os historiadores participam interativamente tanto da geração do documento quanto da articulação da trama institucional que define o seu contexto de emergência, tanto no mundo acadêmico quanto fora dele. O quanto isso pode ser um problema ou uma vantagem dependerá da combinação de uma série de fatores.

Por tudo isso, a construção de acervos orais relativos aos regimes autoritários oferece inúmeras possibilidades e contribuições não só para a pesquisa histórica acadêmica, mas também para a consolidação da democracia nos países que passaram por essas experiências traumáticas. Assim podemos dizer que, do material produzido a partir dos testemunhos coletados, abrem-se novas possibilidades para os historiadores profissionais, que poderiam lançar mão de um rico material para pesquisas futuras.

Referências

BÉDARIDA, François. Tempo presente e presença da História. In: FERREIRA, Marieta de Moraes; AMADO, Janaína (Org.). *Usos e abusos da história oral*. Rio de Janeiro: Editora FGV, 1996 p. 219-229.

______ (Dir.). *L'histoire et le métier d'historien en France* — 1945-1995. Paris: Ed. Maison des Sciences de l'Homme, 1995.

CHRISTOPHE, Charle. *Homus historicos*. Paris: Armand Colin, 2013.

DUMOULIN, Olivier. *Le rôle social de l'historien*: de la chaire au prétoire. Paris: Éditions Albin Michel, 2003.

FERREIRA, Marieta de Moraes. *A história como ofício*: a constituição de um campo disciplinar. Rio de Janeiro: FGV Editora, 2013.

______. História do tempo presente: desafios. *Cultura Vozes*, Petrópolis, v. 94, n. 3, mai./jun. 2000, p. 111-124.

______; AMADO, Janaína (Org.). *Usos e abusos da história oral*. Rio de Janeiro: Editora FGV, 1996.

______; FORTES, Alexandre (Org.). *Muitos caminhos, uma estrela*: memórias de militantes do Partido dos Trabalhadores. São Paulo: Perseu Abramo, 2008.

GILLIS, John. *Comemorations*: the politics of national identity. Princeton: Princeton University Press, 1994.

GINZBURG, Carlo. *Relações de força*: história, retórica, prova. São Paulo: Companhia das Letras, 2002.

HOBSBAWM, Eric. Não basta a história de identidade. In: ______. *Sobre a história*. São Paulo: Companhia das Letras, 1998.

INSTITUT d'Histoire du Temps Présent. *Ecrire l'histoire du temps présent*. Paris: CNRS Editions, 1993.

JOUTARD, Philipe. Memória e história: ¿como superar el conflicto? *História, Antropologia y Fuentes Orales*. Atravesar el Espejo, Barcelona, n. 38, 2007, p. 115-122.

LALIEU, Olivier. L'invention du devoir de memóire. Vingtième Siècle. *Revue d'Histoire*, Paris, n. 69, 2001, p. 83-94.

MARTIN, Jean-Clement. La démarche historique face à la verité judiciaire. Juges et historien. *Droit et Societé*, Paris, n. 38, 1989, p. 13-20.

MONTENEGRO, Antonio T.; RODEGHERO, Carla S.; ARAÚJO, Maria Paula (Org.). *Marcas da memória*: história oral da anistia no Brasil. Recife: Ed. Universitária da UFPE, 2012.

NORIEL, Gerard. *Qu'est-ce que l'histoire contemporaine?* Paris: Hachette, 1998.

POLLAK, Michael. Memória, esquecimento e silêncio. *Estudos Históricos*, v. 2, n. 3, 1989, p. 3-15.

______. Memória e identidade social. *Estudos Históricos*, n. 10, 1992, p. 200-215.

RICOEUR, Paul. *La mémoire, l'histoire, l'oubli*. Paris: Éd. du Seuil, 2000.

______. *Temps et récit*. Paris: Éd. du Seuil, 1985.

ROUSSO, Henry. *La dernière catástrofe*. Paris: Gallimard, 2014.

SARLO, Beatriz. *Tempo passado*: cultura da memória e guinada subjetiva. São Paulo; Belo Horizonte: Companhia das Letras; UFMG, 2007.

TODOROV, Tzvetan. *Les abus de la mémoire*. Paris: Arléa, 1995.

6

"Eu, você e todos nós." Notas sobre a singularidade, mas não apenas

*Marcia de Almeida Gonçalves**

O título de nossas reflexões lança mão da versão em português do longa *Me and you and everyone we know*, dirigido e protagonizado por Miranda July, exibido a partir de 2006. Na película, histórias de vida se passam e se cruzam e, sem maiores rupturas, são redimensionadas à luz de pontuais encontros (e desencontros) quotidianos. Assim sintetizado o enredo desse filme, o mesmo poderia caber em tantos outros e também em seriados onde "milhões de uns" são enquadrados a partir de "cada um". A alusão a esse filme em particular e não a outros, no mercado prolífico da sétima arte, se justifica pelo enredo, mas em especial pelo título, tomado por nós como indiciador da abordagem que nos interessa propor acerca da emergência do conceito de singularidade, entre as muitas mudanças que afetaram e afetam o conhecimento histórico, em especial as reflexões de ordem teórica e conceitual, nos últimos 40 anos.

Estamos, em certa medida, tratando de uma velha questão — a singularidade — tendo como interrogação suas implicações na teoria da história e na história da historiografia na atualidade. Para realizá-la, dois autores especialmente nos socorrem: Paul Ricoeur e o conceito de identidade narrativa (*O si-mesmo como outro*) e Leonor Arfuch e as narrativas vivenciais (*O espaço biográfico*). A singularidade, como conceito e como questão epistemológica para a escrita da história, redimensionou alguns campos e canteiros dos ofícios do historiador. Debitada tal mudança, para alguns, da conta da "guinada subjetiva", a

* Versão preliminar desse texto foi apresentada no X SNHH — Seminário Brasileiro de Teoria e História da Historiografia. Emergências: desafios contemporâneos à historiografia. UFOP — Mariana — out. de 2018.

mesma pode ser abordada como uma espécie de "ponta de iceberg" de alguns dos dilemas da condição do sujeito e de seus agenciamentos, em sociedades e comunidades afetadas pela mundialização de valores e práticas culturais na contemporaneidade. Sem a pretensão de esgotar reflexões sobre a temática, nossa exposição terá como intenção realizar um breve exercício de análise sobre a singularidade a partir de conexões com: o valor biográfico e o compromisso ético de uma escrita da história dimensionada pela relação com a alteridade; a mobilização de narrativas vivenciais no ensino/aprendizagem da história.

O longa *Me and you and everyone we know*, dirigido, roteirizado e protagonizado por Miranda July, exibido a partir de 2006, se encontra disponível no YouTube.[1] Não é muito simples usar como pretexto um filme, quando o objetivo é elaborar algumas reflexões sobre o conceito de singularidade. Na vã tentativa de evitar alguns devaneios, e de frisar o caráter preliminar e inacabado dessas notas, decidi organizá-las como "tomadas", no uso livre, bastante livre, das unidades de filmagem cinematográfica.

Tomada 1 — Um filme, algumas histórias

Cena 1. Mulher grava áudio e vídeo em que uma declaração de amor é encenada. A mesma personagem é tanto a emissora como a receptora da mensagem, duplicando a si mesma como "outra" por meio da mimetização de sua própria voz.

Cena 2. Um homem e uma mulher dividem pertences em momento de separação, na sala de sua casa. O homem, triste e desnorteado, se dirige ao quarto onde seus dois filhos, um pré-adolescente e uma criança de cerca de quatro/cinco anos, estão entretidos com o computador, pouco dando atenção ao pai. O homem vai para a cozinha, pega um frasco no armário, segue para o jardim, bate, pelo lado de fora, na janela do quarto dos filhos, afasta-se, lança o líquido sobre uma das mãos e ateia fogo. A imagem é vista pelos filhos através da janela.

A partir do momento em que o homem se dirige para a cozinha, o som ao fundo passa a ser o das vozes da gravação (Cena 1), que dizem: "No escuro da noite, [...] quando chamo um nome, será seu nome, qual o seu nome? Esquece. Vamos lá, diga. Em todo lugar. Ainda que estejamos assustados. Porque é a vida, é a vida. E está acontecendo, está realmente acontecendo, agora mesmo."

[1] Disponível em: <www.youtube.com/watch?v=GK5lG9_YeWE>.

As duas cenas, descritas de forma sucinta, abrem o filme *Eu, você e todos nós*. O filme põe em tela histórias de vida de indivíduos simples e comuns: uma mulher que trabalha como motorista para pessoas impossibilitadas de dirigir, em especial idosos, e que produz vídeos de arte e almeja ter um de seus trabalhos apresentados numa exposição local. Um homem, vendedor em loja de departamentos, que se separa e sofre com a mudança. As cenas iniciais do filme trazem os dois protagonistas, cujas vidas irão se cruzar na trama de encontros e desencontros quotidianos.

Esse esboço de sinopse, no entanto, diz muito pouco do filme. Por meio de diálogos curtos e diretos e de abordagem quase documental, enquadra "o que está realmente acontecendo, agora mesmo", intercala vozes e imagens a denotar apreensões da vida, sensibiliza espectadores por meio da singularidade dos personagens e seus desejos, em meio aos dilemas de uma cultura digital que aproxima e isola pessoas, aborda a incomunicabilidade e aposta no valor da escuta. Aspectos que, não por um mero acidente, aparecem todos juntos nos ícones e ações da cena inaugural em que uma das mãos em chamas simboliza o desespero e a dor.

Tomada 2 — A singularidade como questão psicanalítica, mas não apenas

Na língua portuguesa, a palavra singularidade é substantivo que designa uma condição, a do ser singular, na sinonímia, único, particular, específico. Como palavra, desliza conceitualmente entre variadas áreas do conhecimento, não sendo, nesses termos, de uso exclusivo dos historiadores. Na teoria psicanalítica possui usos alargados, com destaque para as abordagens sobre a subjetividade. Em texto publicado na revista *Physis*, em 1991, intitulado "Sujeito, singularidade e interpretação em psicanálise", Joel Birman, a partir de comentário sobre o texto de Piera Aulagnier — "Le Je e ses interpretations" —, apresenta, por meio do diálogo com Aulagnier, sua concepção de interpretação para a teoria e a prática psicanalítica. Interessa-nos reter desse texto a concepção de sujeito que o informa. Nas palavras de Birman:

> [...] o sujeito em psicanálise é supostamente um *intérprete*, que tem como referência a relação com o Outro e o discurso do Outro. [...] O sujeito em psicanálise tem o estatuto de produtor de interpretações sobre o seu presente, num contraponto permanente

> ao seu passado e ao seu futuro. [...] A problemática do sujeito como interpretação se articula a uma outra formulação [...]: a de que o tema do sujeito em psicanálise é de ordem estritamente *intersubjetiva*. [...] Fundado na interpretação e no registro intersubjetivo, o sujeito se insere também na *ordem do tempo*, definindo, então, a sua terceira dimensão constitutiva como sendo da *ordem da história*. [...] A história do sujeito é *aberta para a transformação*, pois é inevitavelmente marcada por um processo de reinterpretação sucessiva. A existência do sujeito é, então, marcada pela *imprevisibilidade*. [...] Além desses atributos destaca-se uma quarta dimensão [...]. O sujeito é marcado pela *singularidade*. O saber e a ética psicanalíticos decorrem dessa dimensão singular, que constitui a especificidade da psicanálise. É o reconhecimento dessa marca singular que deve nortear a escuta do analista nos diferentes momentos da experiência analítica. [...] Finalmente, destacamos um quinto atributo do sujeito, para caracterizar a importância crucial do *investimento libidinal* na sua constituição e reconstituição em psicanálise. Inserida nos registros da interpretação, da intersubjetividade e da história, a singularidade do sujeito é marcada pelo investimento. [...] Portanto, no campo psíquico definido pelas potencialidades do investimento e do desinvestimento, o sujeito pode tanto se manter em movimento, como intérprete de sua história, quanto se imobilizar num sistema interpretativo fechado e ficar, então, impossibilitado de existir. [...] O investimento do sujeito e o limite da dor psíquica delineiam as condições nas quais a singularidade se impõe, para que o sujeito possa não apenas existir como também ser reconhecido por um outro. [Birman, 1991:129-133, recortes]

Tal concepção de sujeito e de constituição de sua condição desloca a perspectiva de valorizar a autorreferencialidade e a absoluta autonomia como marcas do sujeito como aquele que se faz, exclusivamente por si mesmo, a si próprio. Por meio da interpretação, da intersubjetividade, da temporalização, da história, da imprevisibilidade, do investimento na transformação, instituiu-se o que singulariza o sujeito na sua relação com outros sujeitos, na sua relação com o mundo. Institui-se assim uma teoria do sujeito fundante da ética que deve nortear e autorizar a própria escuta psicanalítica, acrescentemos, mas não apenas...

Tomada 3 — A singularidade como questão historiográfica, mas não apenas

Há cerca de 40 anos a singularidade retornou, sob outras ênfases e preocupações epistemológicas, ao debate entre historiadores profissionais. Os diagnósticos sobre tal inflexão são muitos. Para situá-los, nos limites dessa exposição, recorro a texto de Guilherme Pereira das Neves, intitulado "Aquém da história: os Annales aos 80 anos", publicado na versão em que citamos na coletânea, de mesma autoria, *História, teoria, variações* (2011:87-101).

Para realizar balanço das contribuições desses Annales octogenários, Guilherme Pereira da Neves instituiu momento autobiográfico como estudante, professor e historiador para situar alguns dos impactos dos debates sobre a bandeira da história social na sua própria formação intelectual e profissional. Cita tantos outros companheiros e companheiras de percurso, algo tipificador de sua rara erudição, reafirmando exercício interpretativo lastreado pela premissa do diálogo com outros e outras, valorizando o compartilhamento de experiências de aprendizado no âmbito da própria escrita de teor teórico e analítico (Haveria aqui uma ética da escrita?).

Guilherme Pereira das Neves organiza seus argumentos sobre temas consagrados no que se refere às heranças dos Annales valendo-se de abordagem em que autores(as), textos, cartas e falas regem a montagem da cena, são os autores(as)/atores-atrizes em primeiro plano em suas enunciações, situados nas circunstâncias possibilitadoras dessas enunciações. Caberia recuperar algumas delas. Ao fim do artigo, Sérgio Buarque de Holanda é mencionado na alusão de que para ele a "força dos Annales foi a sua fraqueza" (Neves, 2011:101). O paradoxo conclui a análise cuja tônica foi tanto reconhecer as contribuições inestimáveis dos que firmaram identidades para o campo da história social quanto ponderar com lucidez que, à luz de inflexões associadas aos debates referentes ao giro linguístico, à "*history from below*", à pós-modernidade, à micro-história, à nova história política, ao retorno da narrativa, à história cultural, tratava-se de "introduzir novamente o estudo da singularidade dos eventos e das personagens, em oposição à presença exclusiva das vastas forças anônimas e impessoais" (Neves, 2011:100).

Nessa perspectiva, como comenta Guilherme Pereira das Neves:

> Mais importante do que os nomes das escolas ou correntes que surgiram nos últimos trinta anos, e para além de suas diferenças e pretensões, às vezes exorbitantes,

> o que está em jogo é este enraizamento da história no particular, no singular — seja dos acontecimentos, seja dos indivíduos — que só pode ser captado por meio da narrativa, como pressentiu com excepcional sensibilidade Lawrence Stone desde 1979 e que, já em 1935, fora objeto de uma artigo originalíssimo de Bernard Groethuysen, discípulo de Dilthey radicado na França, e pouco apreciado, para dizer o mínimo, por Lucien Febvre. [Neves, 2011:100]

Como reitera Guilherme Pereira das Neves, "torna-se indispensável partir das pessoas" (Neves, 2011:100) e pautar assim a própria escrita da história, que diferentemente da física, no trato com os elétrons, não basta ter visto uma para ter visto todas (Neves, 2011:101).

A reflexão sobre a singularidade de acontecimentos, de personagens, nos termos propostos por Guilherme Pereira das Neves, possibilita, no nosso entendimento, frisar uma dimensão da escrita da história que a singulariza (com o perdão da necessária repetição) ante a outros conhecimentos sobre as ações humanas no mundo, a saber: o lidar com as ordens do tempo. Ao ter como pressuposto uma escrita da história que "parta das pessoas" e que torne suas vidas inteligíveis por meio de uma narrativa, essa, por sua vez, materializa e torna substantivas, as relações entre sujeitos, passado, presente e futuro.

Caberia rapidamente mencionar as contribuições de Reinhart Koselleck, em particular as reflexões reunidas na obra *Estratos do tempo: estudos sobre história* (2014). Ao valer-se de metáfora geológica, a palavra estratos possibilita identificar e relacionar os ritmos variados de acontecimentos e fenômenos no âmbito do que afeta a vida das pessoas e, consequentemente, afeta a própria escrita da história. A abordagem desloca a ênfase de adjetivos como linear e cíclico para qualificar o tempo histórico e apresenta a relação entre singularidade e repetição como chave analítica central. Por fim, enfatiza o caráter fundante das categorias meta-históricas de "espaço de experiências" e "horizonte de expectativas" na qualificação dos sentidos de passado, presente e futuro.

Em interpretação bastante livre, arriscamos afirmar que as ponderações de Koselleck situam a singularidade como categoria a partir da qual a percepção das repetições possa vir a ser analisada e que a mesma viabiliza abrir as relações entre passado e presente e futuro no compasso das muitas maneiras de pôr em conexão experiências e expectativas, de cada um, de todos nós. Há nisso o valor da transformação, do entendimento das tradições, da aposta em tantas outras histórias para viver e contar e ouvir.

Tomada 4 — A singularidade, as histórias de vida e suas dimensões narrativas, mas não apenas[2]

Hoje, em diversas sociedades, não há como não perceber a presença recorrente e multiforme dos textos e abordagens biográficas, e de suas formas correlatas — autobiografias, memórias, diários, entrevistas focadas em histórias de vida, entre outras —, em meios variados — livros e artigos acadêmicos, imprensa periódica, blogs individuais e institucionais, sítios na internet, e outas mídias áudio visuais —, criando tonalidades singularizadoras das culturas históricas (Costa, 2009:267-286) em curso na contemporaneidade.

Na Bienal de Arte de Veneza no ano de 2017 — "Viva Arte Viva" —, no pavilhão central, espaço dedicado à exposição de trabalhos de artistas de diversos países, destaque foi concedido a obras focadas na relação do artista com a construção de seus trabalhos, na premissa de, segundo a curadora Christine Macel, "promover a experiência de si em direção ao outro" (Macel, 2018).

No âmbito acadêmico, nas humanidades, alguns diagnosticam o retorno e a renovação das biografias, diagnóstico informado por, e a informar, um número extenso e diversificado de dissertações, teses e ensaios teóricos e conceituais, artigos, livros, dossiês em produção e em circulação nos últimos 40 anos. Os debates teóricos e conceituais foram igualmente incrementados, interferindo sobremaneira na produção historiográfica, com impactos mais evidentes no âmbito da história política, em particular no que se referiu aos desdobramentos da apropriação, em diversas temáticas, do conceito de agência (ver, entre outros, Berghahn e Lassig, 2008).

Nos espaços museológicos, por meio de temas os mais variados, proliferaram usos dos testemunhos individuais, em falas e objetos, a trazer o vivido pelas percepções e impressões dos que o protagonizaram, construindo abordagens para dramas e enredos históricos coletivos — destaque para o Holocausto e para os movimentos migratórios —, por meio das quais são redimensionadas as conexões entre pares conceituais fortes de nossa modernidade: indivíduo/sociedade, privado/público, pessoal/coletivo.

Nas palavras da historiadora Annette Wieviorka, secundada por François Hartog, vivemos a "era do testemunho" (Wieviorka, 1998; Hartog, 2011).

---

[2] Recuperamos parcialmente nessa "tomada" reflexões mais desenvolvidas no texto "A morte e a morte da biografia", constante da coletânea *Tempos de crise: ensaios de história política*, organizado por Rodrigos Perez Oliveira e Daniel Pinha Silva.

Nessa era, as verdades sobre determinados acontecimentos cada vez mais se estabelecem a partir das falas e lembranças dos que os viveram ou os observaram coetaneamente. Em artigo no qual Annette Wieviorka sintetiza parte de suas fundamentais análises (Wieviorka, 2006:385-397), a autora realiza uma espécie de historicização dos usos jurídicos do testemunho, situando algumas de suas implicações conceituais para a história do Holocausto e outros genocídios contemporâneos.

Wieviorka relembra que, no primeiro aniversário do 11 de setembro de 2001, dia do atentado às torres gêmeas em Nova York, a mídia francesa durante alguns dias divulgou entrevistas com os sobreviventes, nos termos de que estes relatassem, de forma pessoal, o trauma e seus sofrimentos. O que hoje se tornou uma espécie de padrão para as abordagens midiáticas de episódios catastróficos é entendido pela autora como expressão de uma maneira muito particular de construir testemunhos individuais, derivada, segundo a autora, de alguns episódios associados ao processo de fazer do Holocausto um tema referencial e referenciador da história do século XX.

Um divisor de águas no trato com o testemunho de vítimas do Holocausto teria ocorrido a partir do julgamento de Eichmann em Jerusalém, no alvorecer da década de 1960. Annette Wieviorka recupera as considerações do promotor Gideon Hausner para entender a mudança então ocorrida, citando-o:

> [...] a prova da culpa e a imposição da pena, a despeito de suas importâncias, não são os objetivos exclusivos de um procedimento criminal. Todo julgamento também possui aspectos correcionais e educacionais. Isso atrai a atenção das pessoas, lhes conta uma história e promove uma moral. [Wieviorka, 2006:389][3]

A par dessa perspectiva — "contar uma história e promover uma moral" —, o promotor Gideon Hausner decidiu conceder centralidade para os testemunhos pessoais de sobreviventes, ou de amigos e parentes das vítimas fatais, para o julgamento de Adolf Eichmann. Usou então o julgamento de Nuremberg como um "contraexemplo", focado fundamentalmente na leitura de documentos escritos e nos depoimentos dos dirigentes nazistas então acusados, não tendo assim conseguido "tocar o coração dos homens" (Wieviorka,

[3] Tradução livre do original: "*In any criminal proceedings, the proof of guilty and the imposition of a penalty, though all-important, are not the exclusive objects. Every trial also has a correctional and an educational aspect. It attracts people's attention, tells a story and conveys a moral.*"

2006:390). Ao enfatizar o testemunho das vítimas no julgamento de Eichmann, o promotor Hausner promoveu mais do que um veredito, nas suas palavras, construiu "um registro vivo de um gigantesco desastre humano e nacional" (Wieviorka, 2006:390).

Com base nessas considerações, Wieviorka situa as conexões entre esse uso dos testemunhos no julgamento de Eichmann e o que, cerca de 30 anos depois, na década de 1990, foi promovido pelo Yale Testmony Project[4] — arquivo de vídeos e áudios de testemunhos de vítimas do Holocausto. Situa igualmente a proliferação internacional de vídeos-testemunhos, nos quais as falas pessoais passavam a ser lembranças corporificadas, remetendo ao passado, mas também à constante presença do passado no presente. Nos seus usos cada vez mais disseminados, os testemunhos individuais contribuíram também para a democratização dos atores históricos, no sentido de reconhecer e valorizar os muitos excluídos, tornados invisíveis ou sem voz por certas perspectivas de contar uma história.

Variadas formas de produzir, escrever e publicizar o conhecimento histórico foram diretamente afetadas por essa "era do testemunho". A historiografia dos estudos migratórios foi certamente uma delas. Como atestam muitos dos trabalhos e pesquisas recentes, deslocou-se a ênfase quantitativista, forte entre as décadas de 1970 e 1980, para abordagens focadas na premissa de investigar as histórias de vida e, de alguma forma, testemunhos ou relatos congêneres. Há no uso do testemunho individual uma mobilização do biográfico, por meio tanto do registro de vivências individuais quanto da centralidade das mesmas para a compreensão de experiências históricas que afetaram grupos e sociedades.

Cabe então indagar, à luz da teoria da história, sobre esse fenômeno contemporâneo da centralidade do biográfico em formas variadas de situar e significar experiências históricas e acontecimentos sociais e culturais. Estaríamos diante de uma nova forma de conceber a biografia nas suas relações com a história e a memória? Que desafios, apostas, limitações estariam em jogo na centralidade concedida ao conhecer por meio do biográfico, do individual, da singularização e da particularização? Estaríamos, em alguma medida,

---

[4] Ver "About the Fortunoff Video Archives", disponível em: <https://web.library.yale.edu/testimonies/about>. Acesso em: 19 jan. 2018. Iniciado de fato na década de 1980, o projeto hoje colabora com variadas instituições museológicas destinadas ao registro de genocídios, entre eles os relacionados com a Armênia e a Bósnia.

desmerecendo possibilidades de construir inteligibilidade para enfoques de natureza mais estrutural e/ou globalizante sobre as relações sociais?

Sem a pretensão de construir respostas unívocas, dialogamos com as reflexões de Leonor Arfuch, em particular sua obra *O espaço biográfico*.[5] Para Arfuch, a biografia é concebida como narrativa vivencial, sendo o termo vivência (em alemão *Erlebnis*) tomado como "unidade mínima de significado" (Arfuch, 2010:37-38). Se o vivencial aponta para uma "unidade mínima de significado", ao adjetivar a narrativa possibilita identificar o que a narrativa, como ato cognitivo, impõe à sua matéria. Assim, como bem sintetiza Arfuch, "contar a história de uma vida, é dar vida a essa história" (Arfuch, 2010:42).

Nesse aspecto, a construção de sintagmas realizada por Arfuch parece tocar o que para os gregos da Antiguidade Clássica aludia ao sentido primevo da junção entre *bios* — vida — e *grafia* — escrita. Contar/narrar a história de uma vida é produzir registro, ordenação, significação; vencer a mortalidade da condição humana; permitir a alguns a possibilidade de "um ser para sempre", salvo do esquecimento, digno de um ir além de si pelos feitos tomados como glória e como dignidade e assim reconhecidos e conhecidos pelos outros.

Certamente, esse sentido primevo de um registro/escrita de vida que dá vida a uma história, hoje, se encontra no paroxismo de sua potencialização, em especial para o caso das muitas narrativas textuais e audiovisuais onde imagens, gestos e palavras tornam visíveis as vidas de sujeitos variados e plurais. Entre nós e os gregos, antigos e modernos, há muitas diferenças e não caberia, nos limites desse artigo, inventariá-las.[6] Ao pontuarmos tais diferenças, firmamos a premissa da própria historicidade das narrativas vivenciais, associada tanto às mudanças na forma da narrativa como discurso — metaforicamente exemplificadas pela passagem do "texto à tela"[7] — quanto às mudanças na valoração e na eleição das vidas dignas de serem matéria para uma narração.

Nesse ponto, qual seja, o de decidir que narrativas vivenciais merecem ser ouvidas e registradas, a história do século XX, nas guerras e tragédias de

---

[5] Arfuch (2010). A autora elabora tanto uma cuidadosa reflexão teórica quanto a correlação dessa última com a crítica de diversas formas de analisar entrevistas focadas em histórias de vida. No que concerne aos estudos migratórios, destacamos o capítulo 7 (p. 277-337) da obra mencionada, em que descendentes de imigrantes italianos em Buenos Aires, que retornaram para a Itália, são entrevistados.

[6] Para uma reflexão sobre tais diferenças no âmbito da escrita de biografias, ver: Madelénat (1984).

[7] A título de exemplificação sobre tais mudanças nos meios de circulação de narrativas, para o caso particular da história dos livros, ver: Chartier (1998).

dimensões internacionais e massificadas, muito contribuiu para proliferar as vozes dos que se tornaram "vítimas" ou "sobreviventes".[8] Vale então recuperar a chave interpretativa de uma "era do testemunho", anteriormente mencionada, e tecer mais algumas considerações, tendo em vista que testemunhos configuram narrativas vivenciais de natureza autobiográfica.

A narrativa autobiográfica possibilita investigar subjetividades por meio da análise de uma dupla divergência manifesta na própria narração, a saber: a da identidade e a da temporalidade. Ao falar de si, o sujeito da enunciação realiza uma espécie de confronto rememorativo entre o que era e o que veio a ser, materializando o que Paul Ricoeur designou como o "si-mesmo como outro" e que analisou por meio do conceito de "identidade narrativa"[9]. Ao ter como perspectiva a dupla divergência de identidade e de temporalidade manifesta pela e na narrativa autobiográfica, levam-se em conta as disjunções entre o vivido, o lembrado (e o esquecido) e o narrado, nos termos de que, para cada uma dessas instâncias, as identidades e temporalidades que afetam o sujeito individual não são coincidentes.

A aplicação dessa perspectiva possibilita investigar a dimensão de *constructo* das narrativas vivenciais autobiográficas, em destaque, os testemunhos, no que concerne à elaboração das marcas identitárias daqueles(as) que narram por meio daquilo que é matéria para a narração. Possibilita igualmente a apreensão das temporalidades em processo de significação por meio das dissensões entre o presente do ato de narrar e os passados referenciados como experiências pela própria narrativa.

Entende-se assim o quanto a narrativa autobiográfica é forma de outorgar sentido à experiência e, ao fazê-lo, dar forma ao passado, ao presente e ao futuro, por trabalho de memória — o que lembrar, o que esquecer —, por sistematização da história pessoal como conhecimento sobre o vivido. Nos testemunhos há muitas histórias e, por meio delas, passados se fazem presentes pela palavra que recorda.

---

[8] Importante mencionar a emergência dos "Subaltern Studies", na década de 1980, em particular pelas abordagens associadas aos estudos pós-coloniais, especialmente nas análises sobre as condições de vida e o poder de agência de determinados sujeitos e grupos sociais subalternizados. Ver especialmente a coletânea *Mapping subaltern studies and the postcolonial*, editado por Vinayak Chaturvedi (2012).

[9] Ricoeur (2014). Ver especialmente o quinto estudo — "Identidade pessoal e identidade narrativa" (p. 111-144) — e o sexto estudo — "O si e a identidade narrativa" (p. 145-181).

A partir dessas considerações de ordem teórica, duas perguntas, aparentemente simples, podem nortear as perspectivas analíticas até aqui apresentadas: "Quem narra?" e "Que vidas narrar?". Ao indagar sobre "quem narra", nos dispomos a pensar sobre as figurações do narrador, em outras palavras, sobre o sujeito da enunciação. A indagação viabiliza compreender os processos de construção de identidades, identificações e subjetivações a partir das ordenações materializadas na narrativa.

Ao indagar sobre "que vidas narrar", nos dispomos a situar e consequentemente ressituar escolhas, tradições, normas socioculturais que estabelecem notoriedades, famas, merecimentos dos que devem ser vistos, narrados e comemorados e, no avesso, dos que são feitos invisíveis, infames, inexistentes, sem lugar nas batalhas discursivas e narrativas que engendram histórias e memórias partilhadas social e culturalmente. No "horizonte de expectativas"[10] dos caminhos analíticos norteados por essas duas perguntas — "Quem narra?" e "Que vidas narrar?" —, uma linha se perfila: a das orientações para a própria vida, nos seus muitos dilemas éticos e políticos.

Tomada 5 — A singularidade, as histórias de vida, a política e o ensino/aprendizagem de histórias

Nesse ponto dessas notas, cabe caminhar para a conclusão, ou, parodiando Birman, caminhar na direção de um "investimento" como professora/pesquisadora de história. Recupero então de forma breve algumas das análises de Adriana Cavarero, em livro de 2003, edição em português pela UFMG do ano de 2011, intitulado *Vozes plurais. Filosofia da expressão vocal.* Adriana Cavarero enfrenta com erudição e precisão, diria como investimento libidinal, a reflexão sobre as tradições logocêntricas da filosofia ocidental e aposta em uma "fenomenologia vocálica da unicidade" (Cavarero, 2011:22), tendo como índice a voz, "o que vem certamente de uma pessoa única e inimitável", e que diz respeito a "uma ontologia sobre a singularidade encarnada de cada existência enquanto esta se manifesta vocalmente" (Cavarero, 2011:22). "No registro da voz, ecoa a condição humana da unicidade. A voz mostra, além do mais, que tal condição é essencialmente relacional" (Cavarero, 2011:22-23). A par dessa premissa,

---

[10] Koselleck (2006:305-327). Cap. 14: "Espaço de experiência e horizonte de expectativas: duas categorias históricas".

Cavarero questiona "a inclinação filosófica para a universalidade abstrata e sem corpo na qual reina o regime de uma palavra que não sai de nenhuma garganta de carne" (Cavarero, 2011:23). E sem dúvidas quanto ao que criticar, enfatiza:

> essa tradição filosófica não se limita a ignorar a unicidade das vozes, mas ignora a unicidade como tal, de qualquer modo que ela se manifeste. A singularidade inimitável de cada ser humano, a unicidade encarnada que distingue cada um de qualquer outro, é, para os gostos universalistas da filosofia um dado supérfluo, se não desconcertante, além de epistemologicamente impróprio. [Cavarero, 2011:24]

Ao focar suas críticas na surdez de abordagens filosóficas que desprezaram e desprezam a voz, relegando-a a uma insignificância, Cavarero propõe ter em conta um pensar sobre "a relação entre voz e palavra" nos termos de atentar para "um fenômeno tão óbvio quanto essencial: a palavra existe porque existem os falantes" (Cavarero, 2011:29) E acrescentaríamos, falantes que assim se apresentam ao emitir pela voz os sons tomados como palavra por outro falante que escuta e compreende (ou não compreende) o que foi dito.

Segundo Cavarero, "para confrontar os efeitos da desvocalização é necessário adotar outro método [...]. Fiel à fenomenologia vocálica da unicidade, ele consiste em escutar a palavra enquanto soa na pluralidade das vozes daqueles que, a cada vez e dirigindo-se a um outro, falam" (Cavarero, 2011:30). Cavarero impõe-se uma tarefa que investe na "tomada da palavra" como antídoto para a "incapacidade de escuta" e o faz por meio de posicionamento como "falante" que enuncia: "Nada mais do que isso é, de resto, o sentido que a esfera vocálica entrega à palavra na medida em que a palavra é o seu destino essencial. E se trata, obviamente, de um sentido que, por meio da palavra, transita da ontologia à política" (Cavarero, 2011:31).

As reflexões e proposições de Cavarero ao tratar da política retomam Hannah Arendt e vão além. Na alusão ao pensamento da diferença sexual do feminismo italiano, Cavarero se implica e afirma:

> A palavra que é política [...] ressalta o enraizamento corporal da própria prática do falar, ou seja, a colocação em questão da existência encarnada que se comunica na palavra. À economia binária da ordem patriarcal, que encaixa o homem na esfera do pensamento e a mulher na esfera do corpo, o feminismo italiano responde tornando a palavra o comunicar-se de mulheres em carne e osso que se comunicam precisa e contextualmente a partir de si. [Cavarero, 2011:239]

E complementa, "vale mais ainda para mulheres, na medida em que seu sexo é representado tradicionalmente como o signo de um corpo que não acede à palavra a não ser como tagarelice" (Cavarero, 2011:239). E conclui: "Para o repensamento radical da relação clássica entre política e palavra, ainda mais em uma perspectiva feminista, a recuperação do tema da voz (e acrescentaríamos de seu correlato, a escuta) é um gesto estratégico obrigatório" (Cavarero, 2011:240).

Cavarero nos fez não só pensar sobre as relações entre voz e singularidade e política. Como professora e pesquisadora da história, entendo o quanto a reflexão sobre a singularidade informa caminhos outros sobre as decisões de quais vidas e histórias narrar tomando-as como indiciadoras de abordagens comprometidas com uma educação por direitos e pelos direitos.

Decerto, muitas são as iniciativas no campo da educação e do ensino de história guiadas por perspectivas que valorizam as vozes e palavras dos que partilham, em diversas sociedades contemporâneas, a precariedade e a invisibilidade nas suas vidas quotidianas. No entanto, na cena política do Brasil após 2016, proliferaram as reações contra essa diversa e democrática polifonia.

No contexto das eleições para a presidência da república, no segundo semestre de 2018, o valor da escuta foi abafado pelos que gritaram em comícios a morte de seus pretensos inimigos e, em tom maior, no caso das inimigas. A placa rasgada com o nome de Marielle Franco foi apresentada como troféu pelo hoje eleito deputado estadual Rodrigo Amorim, um entre muitos apoiadores de Jair Bolsonaro. Grito masculino a querer calar a voz de mulher que tomou a palavra a partir da escuta de tantos outros e outras, singulares e únicos nos seus investimentos subjetivos, na denúncia quotidiana da força opressora das práticas e valores patriarcais, machistas, misóginos, homofóbicos vigentes e infelizmente vigorosos na sociedade brasileira. Se uma placa foi rasgada, outras 1.700 surgiram, uma delas segurada pela viúva de Marielle, Mônica Benício, em gesto de sobrepor como referência para a história Marielle Franco sobre o nome de Floriano Peixoto, em ato político na praça nomeada em homenagem ao marechal e ex-presidente, no centro da cidade do Rio de Janeiro.

O relato poderia ser a cena de um filme, no entanto é mais do que isso, é o que "está acontecendo, está realmente acontecendo, agora mesmo". Como nos alerta a voz feminina da cena inaugural de *Eu, você e todos nós*, que cito para finalizar essas notas e assim agradecer pela escuta.

Referências

ARFUCH, Leonor. *O espaço biográfico*. Rio de Janeiro: EdUerj, 2010.

BERGHAHN, Volker R.; LASSIG, Simone (Ed.). *Biography between structure and agency*: Central European lives in international historiography. Nova York: Berghahn Books, 2008. Disponível em: <www.jstor.org/stable/j.ctt9qcmvp>.

BIRMAN, Joel. Sujeito, singularidade e interpretação em psicanálise. *Physis*, v. 1, n. 2, 1991, p. 127-142.

CAVARERO, Adriana. *Vozes plurais*. Filosofia da expressão vocal. Belo Horizonte: Editora da UFMG, 2011.

CHATURVEDI, Vinayak (Ed.). *Mapping subaltern studies and the postcolonial*. Londres: Verso Books, 2012.

COSTA, Fernando Sánchez. "La cultura histórica. Una aproximación diferente a la memoria colectiva". *Pasado y Memoria*. Revista de Historia Contemporánea, v. 8, 2009, p. 267-286.

CHARTIER, Roger. *A aventura do livro*. Do leitor ao navegador. São Paulo: Editora da Unesp, 1998.

GONÇALVES, Márcia de Almeida. A morte e a morte da biografia. In: OLIVEIRA, Rodrigo Perez; SILVA, Daniel Pinha (Org.). *Tempos de crise*: ensaios de história política. Rio de Janeiro: Autografia, 2020, p. 63-92.

HARTOG, François. *A evidência da história*. O que os historiadores veem. Belo Horizonte: Autêntica, 2011.

KOSELLECK, Reinhart. Espaço de experiência e horizonte de expectativas: duas categorias históricas. In: ______. *Futuro passado*. Contribuição à semântica dos tempos históricos. Rio de Janeiro: Contraponto/PUC-Rio, 2006, p. 305-327.

______. *Estratos do tempo*: estudos sobre história. Tradução de Markus Hediger. Rio de Janeiro: Contraponto; Puc-Rio, 2014.

MACEL, Christine. *The exhibition*: focus on art and artists. Disponível em: <www.labiennale.org/en/art/2017/introduction-christine-macel>. Acesso em: 19 jan. 2018.

MADELÉNAT, Daniel. *La biographie*. Paris: PUF, 1984.

NEVES, Guilherme Pereira das Neves. Aquém da história: os Annales aos 80 anos. In: *História, teoria, variações*. Rio de Janeiro: Contra Capa, 2011. p. 87-101.

RICOEUR, Paul. *O si-mesmo como outro*. São Paulo: Martins Fontes, 2014.
WIEVIORKA, Annette. *L'ere du témoin*. Paris: Plon, 1998.
______. The witness in history. *Poetics Today*, v. 27, n. 2, 2006, p. 385-397.

7

Outros sujeitos, outras teorias: reflexões para um programa de ensino de teoria feminista decolonial da história

Maria da Glória de Oliveira

> Estávamos eu e tu, cada uma no seu lado da barricada, quando o colonialismo aconteceu. Tu, branca, filha de um colono racista e eu, negra, filha de um colonizado, também racista. Refletindo-nos uma na outra num espelho de preconceitos. [Chiziane, 2018]

Em 10 anos de atuação como professora das disciplinas de teoria da história e história da historiografia na Universidade Federal Rural do Rio de Janeiro, compartilho com muitos colegas de profissão a experiência de testemunhar os efeitos das políticas de democratização do ensino universitário público dos governos Lula (2003-10) e Dilma (2011-16).[1] As evidências tangíveis das transformações na educação superior nos últimos 15 anos, especialmente no que diz respeito às suas marcas históricas de exclusão e elitização, despontam em uma série de dados que merecem destaque. Entre 2003 e 2018, houve aumento substancial tanto no número de estudantes de baixa renda que, hoje, são 70,2% nas universidades públicas, quanto daqueles autodeclarados pretos e pardos, cujos percentuais somados compõem 51,2% do total de graduandos.[2] Índices semelhantes podem ser observados na UFRRJ, em

[1] Entre essas políticas, estão o Programa de Apoio a Planos de Reestruturação e Expansão das Universidades Federais (Reuni), instituído pelo Decreto nº 6.096, de 24 de abril de 2007, que promoveu a expansão e interiorização das universidades federais e as políticas de ação afirmativa, consolidadas pela Lei nº 12.711, de 29 de agosto de 2012, que estabelece cotas para estudantes provenientes de escolas públicas nas universidades federais, priorizando os alunos de baixa renda e o recorte étnico-racial.

[2] Ver dados completos na V Pesquisa do Perfil Socioeconômico e Cultural dos Estudantes de Graduação, realizada pela internet em 63 universidades federais das cinco regiões do país e em

que ingressei como docente em 2009. Em seus quatro *campi*, localizados na Baixada Fluminense, o corpo discente é composto atualmente por 78% dos estudantes com renda familiar mensal de até 1,5 salário mínimo, e 54,7% se autodeclaram não brancos e 63,9% das matrículas são de mulheres, índice superior à média nacional de 54,6%.

Ainda no quadro geral dessas transformações, e de forma distinta ao aumento de representatividade de gênero e de cor no total de estudantes universitários, as alterações foram menos expressivas no que diz respeito aos docentes, sobretudo quando se considera que, no período de 2010 a 2017, o número de portadores de título de doutor autodeclarados negros e pardos cresceu de 11,4% para 17,6%. Tais dados corroboram o que, a olhos vistos, caracteriza o perfil dos professores nas universidades brasileiras: são doutores, do sexo masculino, autodeclarados brancos (Moreno, 2018).

Quais seriam os efeitos da presença hoje majoritária de alunos(as) oriundos(as) de grupos sociais historicamente excluídos e marginalizados do sistema de ensino superior? De que forma os dados percentuais que sinalizam o ingresso ampliado de estudantes das camadas subalternas nas instituições públicas de ensino superior se manifestam na rotina da vida acadêmica e nas dinâmicas da sala de aula em que predominam professores doutores brancos? Em que medida tais transformações substanciais no perfil dos graduandos podem impactar os projetos pedagógicos e as grades curriculares da área das humanidades e, mais especificamente, os programas, conteúdos temáticos e bibliografia das disciplinas que compõem os nossos cursos?

Não sou a primeira nem a única docente do curso de história que, movida por indagações semelhantes, propõe reflexões a partir da experiência pessoal com o ensino de teoria.[3] É necessário lembrar que preocupações com esta matéria específica manifestaram-se, de forma intermitente, ao longo do

---

dois centros federais de Educação Tecnológica; mostra também que a inclusão de estudantes mais pobres aumentou substancialmente de 2003 para 2018, subindo de 42,8% para 70,2% do perfil de baixa renda. Estudantes de escola pública, que compunham 37,5% do total, hoje são 60,4% dos graduandos (Andifes, 2019).

[3] Como aluna do curso de graduação em história da UFRGS, tive a oportunidade de participar como ouvinte de um simpósio que, em 1999, reuniu professores universitários de todo o país para discutirem questões de teoria e metodologia, entre as quais o problema do ensino de teoria nos cursos de história. Para o conjunto de textos apresentados no evento, ver Guazzelli et al. (2000). Entre as reflexões mais recentes, destaco os textos inspiradores dos(as) colegas Rodrigues e Schmidt (2017); Araujo (2018); Pereira (2018) e Rodrigues (2019).

processo de disciplinarização da história e de institucionalização do seu ensino universitário no Brasil. Em meados dos anos 1940, a defesa incisiva da centralidade da teoria na formação profissional e nos currículos dos cursos de história encontra-se na obra de José Honório Rodrigues, figura seminal para a conformação da história da historiografia como campo de pesquisa entre nós (Rodrigues, 1978).[4] Não por acaso, duas décadas depois, esteve a cargo do autor de *História da história do Brasil* a conferência de abertura do I Encontro Brasileiro sobre Introdução ao Estudo da História, evento dedicado ao debate sobre "problemas peculiares ao ensino" da matéria, que reuniu quase uma centena de professores das regiões Sul, Sudeste e Nordeste, em julho de 1968, em Nova Friburgo (RJ).[5] Entre os professores participantes, Kátia de Queirós Matoso (Universidade Federal da Bahia) e Johildo Lopes de Athayde (Universidade Católica de Salvador) expuseram um relato de experiência com turmas de Introdução à História, nas quais identificavam "um nível muito baixo" e a postura de "expectativa passiva" dos alunos(as) ingressantes na universidade, que "pareciam não saber exatamente por que escolheram o curso de História" (Anais, 1970:297-298), impressões que, em linhas gerais, permanecem válidas para descrever as salas de aula nos semestres iniciais da graduação nos dias atuais.

No transcurso de cinco décadas, contudo, há que se reconhecer que, no contexto acadêmico brasileiro, a pesquisa e o ensino de teoria da história e história da historiografia adquiriram robustez, relevância e visibilidade respeitáveis.[6] Embora seja difícil avaliar o seu impacto mais geral na área da história, talvez possamos indagar se ainda é possível evocar o "diagnóstico da falta", predominante na avaliação de José do Amaral Lapa sobre a historiografia dos anos 1970, quando observou que o historiador brasileiro era "quase sempre

[4] Sobre o caráter inaugural da obra de Rodrigues para os estudos de historiografia no Brasil, ver Guimarães (2005).

[5] Cabe destacar que o evento, promovido pela Anpuh e pelo Departamento de História da UFF, aconteceu dois anos após a promulgação da Lei nº 5.540/1968, que introduziu alterações significativas no sistema de ensino superior, como a instituição do vestibular unificado, o regime de créditos e da matrícula por disciplinas, o fim do sistema de cátedras e a instituição do sistema departamental; a reestruturação da carreira docente e a criação do regime de dedicação exclusiva; a ampliação do número de vagas nas universidades públicas e a proliferação de instituições privadas; a expansão e o aumento da oferta dos cursos de pós-graduação. Para uma análise dos problemas e limites dessas reformas no contexto do regime militar, ver Motta (2014:242-287).

[6] Mesmo que ainda faltem estudos específicos sobre o seu ensino, a teoria da história e a história da historiografia representam hoje uma subárea de pesquisa consolidada no Brasil. Araujo (2017).

avesso aos estudos teóricos" (Lapa, 1981:87) ou de Carlos Fico e Ronald Polito acerca da produção historiográfica dos anos 1980, sobre a qual assinalaram a escassa preocupação com a reflexão teórica (Fico e Polito, 1992:157).

De todo modo, não obstante as especificidades do campo historiográfico no Brasil, é importante considerar as condições disciplinares mais amplas que, na atualidade, apontam para a persistência entre os historiadores profissionais de certo realismo epistemológico fundado no fetichismo do método e da empiria, em detrimento da teoria. Pelo menos é este o diagnóstico recente, proveniente do ambiente acadêmico norte-americano, ou seja, o de que a história disciplinada nunca deixou de ser mero "empreendimento empiricista". O argumento encontra-se no centro do texto-manifesto "Theory revolt", publicado em maio de 2018, no qual a historiadora Joan Scott e os historiadores Ethan Kleinberg e Gary Wilder denunciam "a preocupação antiteórica da história com fatos empíricos e argumentos realistas" (Wild on Collective, 2018). Se a difícil relação dos historiadores com aparatos teóricos tem como efeito "a naturalização da história como algo que está lá fora, esperando para ser descoberto" (Wild on Collective, 2018), não seria despropositado acrescentar que a repulsa à teoria, seguramente, se inicia e se perpetua através do ensino.

Nos cursos de graduação em história no Brasil, a cadeira de Introdução aos Estudos Históricos começou a ser oferecida nos anos 1950, abordando as especificidades epistêmicas e metodológicas do conhecimento produzido pelos historiadores por meio de uma bibliografia composta predominantemente por autores franceses, alemães e, em menor escala, italianos e norte-americanos.[7] Ao longo das gerações de profissionais com formação universitária em história, foram historiadores estrangeiros, homens brancos e europeus que nos ensinaram o que é e como se faz história. Usualmente, as aulas de teoria consistem na incorporação de temas, agenda de problemas, esquemas de pensamento e pressuposições referentes ao tempo, ao espaço e à produção do conhecimento, que servem de estruturas epistemológicas mais gerais, fundantes das humanidades e das ciências históricas e sociais europeias. Ainda que essa dinâmica de dependência intelectual nem sempre tenha sido passiva, acrítica ou tampouco unívoca entre metrópoles e periferias, as condições de possibilidade para a construção de uma autonomia acadêmica permanecem reguladas pelas

---

[7] A cadeira de Introdução aos Estudos Históricos era oferecida na primeira série da grade curricular do curso de história da FFCL/USP, conforme o Decreto-Lei nº 25.701, de abril de 1956. Erbereli Junior (2019:113-114).

lógicas geopolíticas de produção e de circulação do conhecimento (Connell, 2012). No entanto, como bem assinala Ana Carolina Barbosa Pereira, se o modo como ensinamos e pesquisamos sobre teoria da história nos coloca em posição de consumidores de referenciais importados, a solução não estaria na recusa ingênua e irrefletida desses autores e obras, mas em uma posição de vigilância crítica acerca de como se construíram, por que e de que modo se perpetuam os cânones, as memórias disciplinares e o conjunto de *a priori* epistêmicos que antecedem, regulam e condicionam o próprio lugar social dos historiadores e historiadoras (Pereira, 2018:90).

Considerando que vivemos o tempo presente como um futuro mal-assombrado daquele passado de violações dos direitos e suspensão das garantias democráticas que marcaram a ditadura civil militar no Brasil há 50 anos, torna-se incontornável o questionamento proposto recentemente por Mara Rodrigues e Benito Schmidt (2017): como podem as nossas grades curriculares e programas de curso permanecerem os mesmos? Talvez seja fundamental acrescentar a esta indagação um problema anterior: se os estudantes são outros, poderão os docentes serem os mesmos? (Arroyo, 2014:26)

Na conjuntura atual, as salas de aula tornaram-se observatórios privilegiados de tensões, conflitos e contradições em que se desvelam os impasses e desafios estruturais das políticas públicas de inclusão.[8] Tomo esse dado geral como ponto de partida para pensar minha atividade docente, na qual comecei a reconhecer na "expectativa passiva" de muitos alunos, especialmente alunas ingressantes do primeiro período da graduação, uma espécie de "ruído" que eu levava para casa. Em que momentos eu percebi com mais intensidade essa forma singular de presença e de ação que pode ser o silêncio em sala de aula? Seria apenas o sintoma do estranhamento usual dos alunos e alunas ante os incômodos e obscuros conteúdos de teoria da história? Não foi difícil observar que, longe de significar mera passividade e impotência, aquele silêncio

[8] Na análise das políticas de democratização do ensino universitário, alguns autores referem-se a uma "inclusão excludente", que se evidencia nas dificuldades materiais e acadêmicas de conclusão do percurso universitário e nos elevados índices de evasão dos estudantes das camadas subalternas. Ou seja, a porta aberta na educação superior para os segmentos socialmente desfavorecidos seria, na verdade, uma porta giratória (Ezcurra, 2011:62). No caso brasileiro, mais do que uma reprodução das desigualdades sociais pela educação superior, os dados mostram que haveria uma hipertrofia dessas desigualdades, pois o ingresso na universidade não garante a permanência na educação superior, sobretudo dos estudantes de baixa renda e das minorias étnicas, que enfrentam dificuldades de ordem econômica, pedagógica e simbólico-subjetiva (Paula, 2017:311).

possuía corpo, gênero, cor de pele e classe social, marcadores refratados no "espelho de preconceitos", a que se refere a escritora moçambicana Paulina Chiziane, citada na epígrafe. Afetada por tais interpelações, busquei aportes mais amplos de reflexão nos debates em torno do pensamento feminista e da teoria decolonial.[9]

Em um esforço de diálogo com as demandas que identifiquei em minhas turmas, a exposição a seguir foi pensada originalmente como exercício reflexivo para um programa de teoria feminista decolonial da história. Destinada a alunos e alunas dos primeiros períodos da graduação, a proposta pressupõe certa desobediência às ementas, conteúdos programáticos e bibliografia que usualmente delimitam o ensino da teoria e metodologia, tendo em vista a formação do historiador. Contudo, por maiores que sejam as minhas pretensões de distanciamento, as proposições que desenvolverei aqui estão inelutavelmente condicionadas pelo horizonte de problemas e repertório de questões do campo da teoria da história, incorporados em minha formação como docente e pesquisadora. Não é irrelevante enfatizar que se trata, portanto, de uma reflexão feita a partir de certo lugar institucional, como gesto inicial de reconhecimento às demandas que emergem em sala de aula e que, de modo mais amplo, estão dirigidas à disciplina. Para tanto, organizei o texto em duas partes principais que correspondem a apontamentos para um programa de teoria. Na primeira, proponho uma incursão pela *Odisseia*, na versão em que a escritora canadense Margaret Atwood, ao dar voz à Penélope e às suas criadas, reescreve a narrativa da epopeia clássica. O objetivo, neste caso, seria problematizar o célebre momento inaugural da história, associado à cena das lágrimas da recordação de Ulisses, para considerar que o trabalho de luto da esposa do herói antigo, imortalizada no imaginário ocidental como símbolo da espera e da resignação "feminina", também pode ser lido como uma forma de memória e de experiência do tempo. No segundo momento, abordo a obra da historiadora Silvia Federici, *Caliban e a bruxa*, que reescreve a história da emergência do capitalismo de uma perspectiva explicitamente feminista, como ponto de partida para abordar o dilema da historiografia moderna em torno do problema da perspectiva, do ponto de vista e da temporalidade do conhecimento histórico. Na leitura desses textos, a crítica feminista decolonial servirá menos como alvo prioritário da reflexão e mais como chave de interpelação possível para desestabilizar algumas certezas epistêmicas da história

[9] Para os resultados iniciais dessa reflexão, ver Oliveira (2018 e 2019).

disciplinada e potencializar novos sentidos para os sujeitos outros que hoje ocupam as aulas de teoria.

As lágrimas de Penélope ou as filiações androcêntricas do pensamento histórico

> Não tínhamos voz
> Não tínhamos nome
> Não tínhamos escolha
> Só tínhamos uma face
> Uma mesma face
> [Margaret Atwood, 2005:154]

Chegou a vez de Penélope contar a história. Na epopeia clássica, ela fora louvada como a esposa fiel, paciente e constante do "ardiloso Odisseu", tecendo durante o dia a mortalha que desfazia à noite, mas essa não era a única versão daquela saga. "A maneira como a história é contada na *Odisseia* não convence, há muitas incoerências"; é com este argumento que Margaret Atwood apresenta o romance *The Penelopiad,* publicado em 2005, no qual, apoiando-se em outras fontes e relatos míticos, confere voz narrativa à esposa de Ulisses e às suas 12 escravas. Ao longo dos 29 capítulos do livro, a voz de Penélope se alterna com as intervenções em contraponto paródico do Coro de suas criadas. "Agora que morri, sei tudo", após quase 3 mil anos no reino de Hades, Penélope não invoca a autoridade das musas, é como se ela se tornasse o próprio aedo para tecer a narrativa de sua vida. No entanto, ela sabe que o seu relato, feito no presente, não possui apelo épico como o canto dos poetas: "contar histórias é uma arte menor, coisa para velhos, andarilhos, rapsodos cegos, criadas, crianças — gente com tempo a perder" (Atwood, 2005:17).

Na morada dos mortos, todos chegam com sacos de palavras relativas às suas vidas pregressas, alguns pequenos e outros muito grandes. "O meu", diz Penélope, "tem tamanho razoável, mas boa parte das palavras se refere ao meu distinto marido" (Atwood, 2005:15-16). E isso porque a Ulisses nunca faltaram astúcia e poder de sedução capazes de fazer muita gente acreditar que a sua versão dos acontecimentos era a verdadeira, "com talvez mais, talvez menos, alguns assassinatos, algumas lindas mulheres seduzidas e vagos monstros de um olho só". "E o que me restou", prossegue Penélope, "quando a versão oficial da história se consolidou? Ser uma lenda edificante. Um chicote para fustigar outras mulheres", que deveriam ser "tão circunspectas, confiáveis e sofredoras", imitando a exemplaridade da esposa de Ulisses. É contra essa Penélope cantada pelos aedos e imortalizada pela tradição que a Penélope de Atwood se insurge: "*Não sigam meu exemplo*", é o que ela sente vontade de gritar do reino dos mortos, em pleno século XXI. Mas quando tenta, sente que, na maior parte do tempo, não possui ouvintes pois, entre os vivos, "quem consegue capturar um murmúrio perdido", facilmente confunde sua fala com sons difusos, "o som da brisa nos juncos, morcegos ao crepúsculo, pesadelos" (Atwood, 2005:17).

Alguns críticos literários destacam em *A odisseia de Penélope* uma subversão formal que vai além da simples estratégia de deslocamento da voz narrativa para a personagem feminina. Nas palavras de Sigrid Renaux, o romance de Atwood

> desconstrói e subverte não apenas o gênero épico, ampliando-o e adaptando-o a sua própria época — a da pós-modernidade, com suas convenções culturais e sociais — ao tornar uma história contada por uma mulher, mesmo sendo rainha, o tema central da epopeia; vinculado não a cometimentos bélicos, mas à vida de Penélope desde seu nascimento até o retorno de Ulisses; e, concomitantemente, ao entremear os episódios da narrativa de Penélope com os de suas servas, que também narram e comentam suas histórias — anônimas, plebeias e, portanto, desprezíveis —, vinculadas aos atos vis cometidos contra elas desde a infância até seu enforcamento. [Renaux, 2009:140-141]

Além disso, o uso de diferentes formas literárias desconstrói o estilo épico ao fragmentá-lo em uma série de gêneros menores da época e também da atualidade, tornando-o híbrido, caracterizando ao mesmo tempo uma voz feminina que se contrapõe à voz patriarcal da épica homérica.

É interessante observar que, além de ser uma narrativa do atribulado retorno do herói da Guerra de Troia ao seu lar no reino de Ítaca, boa parte da *Odisseia* trata dos problemas de Penélope com o jovem filho que, na transição para a maioridade, tenta se afirmar não apenas em relação aos candidatos a ocupar o lugar do pai ausente, mas também contra a própria mãe. Telêmaco só conhece o pai pelo relato dos outros. É, portanto, significativo que os quatro primeiros cantos do poema épico se concentrem na "Telemaquia" ou na história de Telêmaco com explícitos contornos edipianos, que corresponderia à sua saga em busca do pai desaparecido e à trama dos pretendentes a tomarem o seu posto ao lado da mãe.

Recentemente, a historiadora Mary Beard, em seu *Mulheres e poder* (2018), identificou no diálogo em que o filho de Ulisses repreende a mãe a cena paradigmática no início da tradição da literatura ocidental do veto masculino à voz feminina no espaço público. No episódio, quando se manifesta em desagrado ao canto de um dos seus numerosos pretendentes, Penélope é interrompida por Telêmaco que ordena que ela se cale e retorne ao quarto e aos afazeres "do tear e da roca". Beard destaca a relação entre a cena de silenciamento da mulher na epopeia grega e os "modos como vozes femininas não são publicamente ouvidas em nossa própria cultura contemporânea e na política, das cadeiras do Parlamento ao chão das fábricas" (Beard, 2018:18), lançando luz sobre as "estruturas culturais profundas que legitimam a exclusão das mulheres das esferas de poder" (Beard, 2018:90).

Após a cena do silêncio imposto a Penélope, é curioso que, na *Odisseia*, mais precisamente no célebre canto VIII, encontre-se outro momento inaugural, em que Hannah Arendt (2009:74) identificou a cena paradigmática tanto para a história como para a poesia, nas "lágrimas da recordação" de Ulisses na corte do rei dos feácios, quando ouviu do aedo Demódoco a narrativa de seus feitos. O herói escuta as suas façanhas narradas na terceira pessoa, como se estivesse ausente, e, nas palavras de François Hartog (2003), "se vê no lugar ocupado pelo morto na narrativa histórica". No momento em que acredita ter reencontrado seu passado glorioso, Ulisses experimenta, diante das palavras do aedo, a morte. A experiência é mais radical do que a própria descida ao reino de Hades, pois não o faz ultrapassar a fronteira que separa os antepassados dos vivos. Nas lágrimas de Ulisses, estaria uma forma de experiência do tempo que se situa na distância entre identidade e alteridade, seria o "choque da diferença temporal de si consigo mesmo: o encontro com a historicidade" (Hartog, 2003:27). Mas que forma de historicidade seria essa que Homero torna visível nas lágrimas de recordação de Ulisses? Não seria possível atribuir à elaboração do luto na tessitura diária da mortalha de Penélope uma outra modalidade de experiência da passagem do tempo e, portanto, de historicidade?

É notável que, nessa mesma cena, ao final do canto VIII, encontre-se uma passagem, no mínimo, reveladora, em que o rei Alcínoo, ao perceber as lágrimas copiosas na face de seu hóspede, compara-as ao pranto sofrido da mulher que se debruça sobre o corpo do marido, chorando a sua morte (*Odisseia,* 2014: VIII, p. 520-534). Ao chorar, Ulisses agia como uma esposa que, com a morte do marido, não tem e não é mais nada (Hartog, 2003:25-26). E, diante dos "profundos gemidos" de Ulisses, o rei dos feácios ordena que o aedo silencie e "ponha de lado a lira aguda", na tentativa de aliviar "o agonizante choro" do estranho. Neste caso, o silêncio imposto ao aedo, diferente daquele imposto à Penélope, foi a condição para que o hóspede, Ulisses, recuperasse o juízo e o discernimento, capazes de fazê-lo se identificar com seu nome e oferecer a narrativa de sua própria história.

O que ainda pode haver de relevante nesse retorno à epopeia clássica ocidental já tão revisitada, no momento em que se acumulam, na área das humanidades, os debates em torno da crítica ao eurocentrismo e da descolonização do conhecimento? Em que medida as cenas paradigmáticas das lágrimas de Ulisses e do silêncio de Penélope podem ser úteis para refletirmos sobre uma teoria feminista decolonial da história? Não seria essa uma referência da qual devemos manter um distanciamento crítico, por suas marcas patriarcais e eurocêntricas já devidamente denunciadas?

Considerando que o pensamento decolonial pressupõe uma perspectiva epistêmica proveniente do lado subalterno da diferença colonial (Grosfoguel, 2008) e, por conseguinte, uma crítica às cronologias e aos pressupostos epistêmicos modernos (Maldonado-Torres, 2018), haveria algum lugar para os antigos quando se trata de abordar a decolonialidade de uma perspectiva feminista? O engajamento crítico ante esses fundamentos disciplinares eurocentrados e androcêntricos necessariamente destitui a validade de toda a matriz do pensamento histórico ocidental e, portanto, de sua abordagem como matéria de ensino? Qualquer tentativa de resposta a tais indagações nos obriga a lembrar que, em sua conformação historicista moderna, o campo historiográfico se afirma como território acolhedor de uma pluralidade de sujeitos, objetos, temporalidades e, por conseguinte, dotado de uma capacidade de sincronização de fenômenos históricos múltiplos e particulares dentro de uma mesma e unívoca lógica narrativa. Neste sentido, uma reescrita feminista da história pôde emergir a despeito dos fundamentos marcadamente androcêntricos de fundação da disciplina.

Caminhos da escrita feminista decolonial da história

> [...] a reconstrução da história das mulheres, ou o olhar sobre a história por um ponto de vista feminino, implica uma redefinição fundamental das categorias históricas aceitas [...]. [Federici, 2017:29]

No prefácio à edição brasileira de *Calibã e a bruxa*, Silvia Federici apresenta a obra como resultado de sua pesquisa de quase três décadas, originalmente concebida como "uma contribuição para o movimento de libertação das mulheres" (Federici, 2017:11).[10] Seu interesse inicial em abordar o tema clássico da historiografia marxista — a "transição" do feudalismo para o capitalismo — nascera no contexto do feminismo norte-americano dos anos 1970, momento em que os debates em torno das origens da desigualdade e da opressão das mulheres combinavam-se à construção de estratégias políticas para sua emancipação. Em contraponto à ortodoxia marxista dominante, que explicava a subordinação feminina por conta da sua exclusão das relações de trabalho capitalistas, a pesquisa despontava em um momento profícuo na produção acadêmica da história das mulheres que, sobretudo na década seguinte, nos anos 1980, já assumia uma perspectiva mais crítica quanto à visibilização das estruturas de dominação e exploração.

A questão histórica específica do livro inscreve o fenômeno da caça e execução de centenas de milhares de bruxas no começo da era Moderna nos processos mais amplos de surgimento do capitalismo. Federici demonstra como a perseguição de mulheres acusadas de bruxaria, assim como o tráfico de escravos e os cercamentos, foi aspecto crucial da acumulação de capital e da formação do proletariado moderno, tanto na Europa como no Novo mundo (Federici, 2017:30). Como lição política geral, *Caliban e a bruxa* mostra como o sistema capitalista esteve (e está) historicamente fundado no racismo e no sexismo, na medida em que justifica e mistifica as contradições imbricadas nas relações sociais, "difamando a natureza daqueles a quem explora: mulheres, sujeitos coloniais, afrodescendentes e, mais recentemente, imigrantes deslocados pela globalização" (Federici, 2017:37).

A categoria "mulheres", para Federici, além de categoria de análise plenamente legítima, remete não somente a "uma história oculta que necessita se fazer visível", mas significa também "uma forma particular de exploração e, portanto, uma *perspectiva* especial a partir da qual se deve reconsiderar a história das relações capitalistas" (Federici, 2017:27, grifos meus). Portanto, mais do que uma pesquisa situada na sub-área dos estudos de gênero e da "história das mulheres", o projeto se baseia no "desejo de repensar o desenvolvimento do capitalismo" e, portanto, da própria história da luta de classes, "a

---

[10] A tradução da obra para o português foi realizada pelo Coletivo Sycorax, a partir da edição original em inglês, publicada nos Estados Unidos em 2004.

partir de um ponto de vista feminista" (Federici, 2017:23). Dessa perspectiva, Federici demonstra como a transição para o capitalismo marcou o momento de redefinição da divisão do trabalho produtivo e reprodutivo e, por conseguinte, dos papéis sexuais de homens e mulheres, realizada com a máxima violência e intervenção estatal.

Longe de se apoiar na dicotomia entre gênero e classe, usual nas análises de história social, a historiadora italiana mobiliza dois personagens shakespearianos como alegorias centrais da sua análise: por um lado, Caliban, o nativo selvagem escravizado por Próspero, ressignificado pelo pensamento pós-colonial caribenho e latino-americano como "rebelde anticolonial" e mobilizado por Federici como metáfora da resistência à lógica do capitalismo. De outro, mais importante ainda, a figura da bruxa, que é também "a herege, a curandeira, a esposa desobediente, a mulher que ousa viver só, a mulher *obeah* que envenena a comida do senhor", originalmente a personagem Sycorax, secundária em *A tempestade* (e que, diferentemente de Caliban, permaneceu invisível no imaginário revolucionário latino-americano), assinala, nas palavras de Federici, a "encarnação de um mundo de sujeitos femininos que o capitalismo precisou destruir" (Federici, 2017:23-24).

É possível estabelecer um diálogo entre a reescrita feminista da história do capitalismo de Federici e a perspectiva do feminismo decolonial da filósofa argentina Maria Lugones. A expressão "feminismo decolonial" dá título a um artigo influente, originalmente publicado na revista *Hypatia*, em 2010, e foi cunhada por Lugones para designar o sistema moderno/colonial de gênero.

A partir do conceito de colonialidade do poder, formulado pelo sociólogo peruano Aníbal Quijano como a forma específica que a dominação e a exploração colonial adquirem na constituição do sistema de poder mundial capitalista, Lugones sustenta que o colonialismo moderno não se refere apenas ao domínio sobre uma suposta classificação racial, mas permeia todo o controle imposto sobre o sexo, as subjetividades, a autoridade e o conhecimento. Além de ampliar a noção de Quijano, Lugones alinha-se à posição da teórica africana Oyeronke Oyewùmí (1997), sustentando que o colonialismo moderno constrói e impõe, de modo sistêmico, tanto a categoria de raça quanto a de gênero, estabelecendo uma clara interdependência entre ambos. Ou seja, "a binaridade dos gêneros, nos termos da oposição varão/mulher hierarquizados, constitui uma imposição colonial tanto como o sistema hierárquico de raças". Na visão de Lugones, a separação entre as categorias de raça, gênero, classe e sexualidade provocaria não apenas uma espécie de "cegueira epistemológica", mas estaria na base da "preocupante indiferença" em relação à violência de gênero, especialmente às formas de violência infringidas às mulheres negras, indiferença que se manifesta tanto em nível da vida cotidiana quanto na teorização mais ampla da opressão (Lugones, 2008:76).

Mantidas as diferenças e o alcance dos seus projetos específicos, penso que, nos trabalhos dessas duas autoras, a teoria feminista, menos do que uma moldura teórica, poderia ter como efeito promover uma refundação da teoria da história e, por conseguinte, renovar o potencial de insurgência das temporalidades e narrativas históricas. Inspirada pela leitura cruzada de *Caliban e a bruxa* e do feminismo decolonial de Lugones, as questões que me parecem significativas para o ensino de teoria são as seguintes: o que significa pensar e escrever a história de uma perspectiva feminista em um contexto pós-colonial, marcado pelos efeitos persistentes da força homogeneizadora dos regimes modernos de historicidade ante a diferença e o descompasso temporal das experiências periféricas localizadas? Seria, simplesmente, pluralizar os sujeitos, multiplicar objetos e sincronizá-los em uma temporalidade histórica uniforme, segundo os protocolos da narrativa historiográfica, para atender demandas coletivas específicas de representação do passado e do presente, seguindo o adágio "a cada um a sua história ou a sua memória" (Hartog, 2017:217)? Quando se acrescenta à história ou à historiografia os qualificativos de "feminista" e "decolonial", isso significa um ponto de vista particular, uma perspectiva parcial, entre outras possíveis e disponíveis, de narrar e ensinar a história? Qual seria o lugar e o alcance dessa forma de escrita, usualmente marcada pelo estigma da alteridade e, por conseguinte, por uma persistente condição suplementar dentro do território vasto e múltiplo da história social? O quão insurgentes podem ser as narrativas históricas (e a teoria da história nelas inscrita), de uma perspectiva feminista decolonial?

O contato com a historiografia moderna e disciplinada nos habituou a um território suficientemente vasto e múltiplo, capaz de abrigar os mais variados objetos a partir de uma operação narrativa na qual todos os eventos, por mais extraordinários ou inéditos que possam parecer, somente adquirem inteligibilidade histórica plena quando sincronizados em uma sucessão contínua, desdobrada sobre um plano temporal vazio e homogêneo (Jordheim, 2014:511). No célebre ensaio intitulado "Ponto de vista, perspectiva e temporalidade", de 1977, Koselleck observa que, na modernidade, a narração da história começou a ser percebida como condicionada pelo tempo/lugar da sua elaboração e pelos pontos de vista das testemunhas dos acontecimentos e, por conseguinte, igualmente "fraturada pelas perspectivas" dos historiadores (Koselleck, 2006:169). No processo de "temporalização da perspectiva histórica", "passou a ser necessário refletir sobre o próprio ponto de observação a partir do qual se narravam as histórias, uma vez que este ponto de observação se alterava com o próprio movimento histórico" (Koselleck, 2006:177). A par disso, a disciplina histórica moderna permanecerá submetida a duas exigências aparentemente inconciliáveis: a de produzir conhecimento "verdadeiro" e dotado de proposições objetivas e, ao mesmo tempo, considerar a relatividade e as circunstâncias variáveis de sua elaboração (Koselleck, 2006:161).

Por conta das suas implicações epistemológicas mais amplas, será no domínio filosófico que se encontrará a discussão mais fecunda em torno dos impasses entre a narração dos fatos do passado e os juízos de valor que se formam sobre eles, o que se traduziu na clássica dicotomia metodológica entre "objetividade *versus* parcialidade". No rol de citações de Koselleck, destaca-se a célebre prescrição de Friedrich Schlegel, que pode ser lida como uma espécie de adágio teórico, para que o historiador apresentasse explicitamente "os seus pontos de vista e julgamentos, sem os quais seria impossível escrever qualquer história em forma de representação" (apud Koselleck, 2006:179). Em 1810, refletindo no contexto do idealismo alemão que sucedeu as revoluções políticas do século XVIII, o filósofo considerava falaciosa a crença na possibilidade de encontrar "a verdade histórica, em estado puro, apenas nos assim chamados autores apartidários e neutros" (Koselleck, 2006:179). A absolvição da parcialidade e das posições políticas sobre a prática da investigação histórica se sustentava, no argumento de Schlegel, pela separação estrita entre o conhecimento dos fatos e o necessário julgamento crítico sobre eles.

Desde que uma tomada de posição deixa de implicar necessariamente o sacrifício do ambicionado estatuto de veracidade do saber histórico, resta indagar se haveria qualquer determinação implícita sobre qual ou quais perspectivas despontariam como mais ou menos "privilegiadas" epistemicamente para a escrita e para o ensino da história. Em outras palavras, a questão emerge em torno dos critérios possíveis para avaliar as perspectivas de narração mais efetivamente conciliáveis do que outras com o incontornável "compromisso com a verdade" que se renovou sob o princípio metodológico da "objetividade" no paradigma da historiografia disciplinada europeia.

Assim como os argumentos de Koselleck ecoam, em grande parte, o horizonte de problemas que despontaram nos debates em torno do "cientificismo" e da "objetividade" das ciências humanas que marcaram os 1970, a questão do lugar epistêmico do sujeito que produz conhecimento foi central para Michel de Certeau, outra referência canônica da teoria da história. Com a conhecida noção de operação historiográfica, Certeau (2000) enfatiza precisamente que toda pesquisa histórica está "enraizada em uma particularidade", porque submetida às marcas indeléveis e a "leis silenciosas" que organizam o trabalho dos historiadores. Quem é o sujeito que opera nos lugares, que efetua as práticas e a escrita nos processos de fabricação da historiografia? Com a metáfora do veículo saído da linha de montagem, Certeau quer enfatizar que a historiografia resulta do "complexo de uma fabricação específica e coletiva", não podendo ser tomada como obra de um indivíduo. A figura do historiador como aquele que escreve a história designa sempre um "sujeito plural", um "nós" subentendido neste lugar "deixado em branco" ou "não dito" que sustenta seu discurso. E é precisamente *porque* e *na medida em que* a historiografia dissimula os lugares/tempos da sua práxis e, podemos acrescentar, torna imperceptíveis os sujeitos que a organizam, que ela adquire sua legitimidade "científica" como forma de representação da "realidade" do passado.

Diferentemente de Koselleck, Certeau sugeriu a conexão entre modernidade e colonialidade quando assinalou que a historiografia moderna se constituiu como "escrita conquistadora", apropriando-se do Novo Mundo "como uma página em branco para nela inscrever o querer ocidental" (Certeau, 2000:9-10). Nessa mesma chave epistemológica, explica-se que a raça, o gênero e o sexo, fundamentos do chamado sistema moderno/colonial, tornem-se irrelevantes como marcadores do lugar daquele "sujeito plural" e universal dissimulado na operação historiográfica por meio da qual se produziram seus "outros" e os silêncios acerca da diferença colonial.

Em "A história, ciência e ficção", de 1983, quando discorre sobre o historiador como sujeito do saber e as suas relações com os outros sujeitos, Certeau chega a formular a questão "[...] em decorrência da diferenciação entre os sexos, deve-se concluir que uma mulher produz uma outra historiografia que aquela do homem?", para, em seguida, se evadir de uma possível resposta, limitando-se a observar que "a indagação envolve o lugar do sujeito e obriga a abordá-lo" na contramão da epistemologia que postula a "verdade" do conhecimento a partir da irrelevância do lugar de enunciação de seu autor (Certeau, 2011:66). A história, em sua constituição disciplinar moderna, funda-se em uma epistemologia que dissimula não apenas o sujeito da operação historiográfica, mas as relações do lugar desse sujeito com outros lugares, ou, ainda, o impacto das relações entre sujeitos (mulheres e homens; negros e brancos) mediante o uso de procedimentos pretensamente "neutros", a que também poderíamos chamar de "não situados". Desde então, as relações que o lugar mantém com os seus outros remetem a experiências e a temporalidades heterogêneas (Certeau, 2011:66). Interrogar o sujeito do saber, conclui Certeau, "é igualmente ter de pensar o tempo, se é verdade que o sujeito se organiza como uma estratificação de tempos heterogêneos e que, sendo mulher, negro ou basco, é estruturado por sua relação com o outro" (Certeau, 2011:67).

Uma perspectiva feminista decolonial de escrita da história parece ser um caso exemplar desse jogo da diferença que se estabelece dentro dos saberes sobre um "outro" a que se refere Certeau, assim como dos dilemas, assinalados por Koselleck, para a superação dos impasses abertos na modernidade em torno do problema da temporalização das perspectivas de apreensão historiográfica da experiência. Isso nos permitiria pensar, por exemplo, que não obstante a proficuidade e a consistência da produção de uma história social das mulheres que, ao longo do século passado, manteve-se ciosa em dar visibilidade e voz aos sujeitos ausentes e agentes esquecidos, seria importante investigar as razões pelas quais a historiografia de viés explicitamente feminista manteve-se (e ainda se mantém) submetida às suspeitas de militância e de parcialidade, o que explicaria o "reconhecimento acadêmico frágil" e seu limitado impacto institucional.

Como bem advertiu Ann-Louise Saphiro, na apresentação daquele que talvez seja o único dossiê de "história e teoria feminista", da revista *History and Theory* (número de dezembro de 1992), para os historiadores, a teoria feminista é, ao mesmo tempo, uma poderosa ferramenta de (re)visão e reescrita e também um problema que continua a desestabilizar seus modos usuais de explicação. Em uma disciplina com forte apelo empírico, fundamentada em fontes e documentos de arquivo e legitimada por sua pretensão de contar a verdade sobre o passado, toda e qualquer teoria sempre foi frequentemente considerada suspeita e até mesmo dispensável.

Outro agravante dessa difícil relação: parte considerável do debate sobre a teoria dentro do feminismo foi estimulada pelo foco nos problemas da linguagem e da representação, no contexto da virada para o pós-estruturalismo, representada, por exemplo, no trabalho de Joan Scott (historiadora com forte recepção entre nós) e nas reflexões de Denise Riley (filósofa inglesa, autora de *Am I that name?* (1988), ainda não traduzida no Brasil, que é uma referência importante para a teorização sobre gênero da própria Scott e também para Judith Butler desconstruir os pressupostos essencialistas do conceito de gênero para defini-lo como "uma temporalidade social constituída historicamente"). Em suma, as controvérsias no debate pós-estruturalista envolvem preocupações sobre os efeitos na escrita da história de uma teoria que tenta desestabilizar as categorias de causalidade, de agência e de experiência, que são chaves explicativas fundamentais da história social (Saphiro, 1992:13).

Por outro lado, há que se considerar também qual concepção de história e de temporalidade histórica prevalece na própria historiografia dos feminismos, ou seja, nos modos como as feministas narram a história do movimento. Isso porque uma historiografia feminista (ou que tome por objeto outros sujeitos silenciados na história) necessariamente não subverte nem se distancia dos enquadramentos totalizadores historicistas que reforçam os pressupostos de uma temporalidade homogênea, linear e progressiva. Neste sentido, não obstante seu apelo didático e figurativo, o modelo hegemônico da historiografia feminista que ordena o movimento em "ondas" ou "fases" sucessivas e ascendentes tornou-se problemático para algumas teóricas.

Não obstante o crescente número de trabalhos que tematizam o tempo e a história dentro das teorias feministas e da teoria *queer* desde o início dos anos 2000, em *Feminism, time e a no-linear history*, a filósofa inglesa Victoria Browne argumenta que o conceito específico de "tempo histórico" permanece vago e inalterado dentro do discurso historiográfico feminista, promovendo o apagamento das "disputas em torno das experiências do tempo" dentro do próprio movimento. Para escapar das armadilhas de uma ordem temporal totalizadora, a proposta de Browne consiste no que ela chama de "politemporalidade", que pode ser compreendida como a aceitação de que muitos passados possíveis se ocultam em nossos presentes, seja como espectros do que já foi, seja como imaginação do que poderia ter sido. "Não podemos presumir", afirma,

> que uma determinada linha do tempo ou data seja necessariamente significativa para todos, que um certo tipo de estrutura narrativa seja mutuamente inteligível ou universalmente apropriado, que todas as gerações vivam sob as mesmas lógicas ou padrões temporais ou que todos sejam orientados e afetados pelos rastros do passado feminista da mesma maneira. [Browne, 2014:144]

Em suma, o que está em questão é a lógica da linearidade e do progresso e, sobretudo, o princípio da temporalidade idêntica e homogênea, subjacente às práticas de sincronização (Jordheim, 2014).

E, sobre este último ponto, abre-se a questão: ainda podemos chamar de história/historiografia as formas "outras" de elaboração da experiência do tempo e do passado? Do mesmo modo que a crítica ao eurocentrismo, uma crítica feminista às premissas androcêntricas do conhecimento histórico não termina por invalidar toda a matriz de fundação da própria disciplina? Por outro lado, se adotamos uma postura condescendente e cética quanto às possibilidades de uma desobediência epistêmica radical, não corremos o risco de enfraquecermos a potência da crítica, um pouco nos moldes do "espírito anticolonial de gratidão" ao pensamento europeu e à razão ocidental, com que o indiano Dipesh Chakrabarty conclui o seu *Provincializando a Europa*?

Penso que menos do que uma fácil resolução para o impasse, este debate pode ser central para pensar uma escrita da história que não se contente em sincronizar temporalmente sujeitos e objetos múltiplos ou que, pelo menos, esteja mais ciente dos seus artifícios epistêmicos e das implicações políticas dessa operação. Talvez seja necessário tornar minimamente problemática essa premissa para "reivindicar outra imaginação de experiência temporal", como propõem Valeria Añon e Mario Rufer (2018:117), ou seja, "uma imaginação histórica do feminismo" — sobretudo dos feminismos periféricos não brancos — exige, em vez disso, o repensar das sequências analíticas da história, da temporalidade homogênea da política e do Estado (nos moldes da reflexão crítica de Lugones) e da própria evolução do capitalismo (a exemplo do que faz Silvia Federici).

Como parte do dilema já bem assinalado dentro dos estudos pós-coloniais, a tensão entre a "história" e as histórias "outras", que despontam em uma chave "multicultural", marca a heterogeneidade estrutural constitutiva e, portanto, intrínseca ao regime historiográfico moderno, como espécie de território que acolhe, delimita e hierarquiza os seus "outros" (Mezzadra, 2008:20). E essa capacidade própria da historiografia moderna em multiplicar seus objetos e sincronizá-los em um plano temporal único sempre se manteve sem que seus pilares teóricos e fundacionais fossem ameaçados. Entre esses marcos fundacionais da história disciplinada, mantêm-se intactas

> a defesa da especificidade científica da história, a centralidade do método e da empiria para o labor historiográfico, a defesa, ainda que matizada, da objetividade como ordenadora do "olhar" dos e das historiadoras, a ênfase na necessidade de distância como uma política do tempo e, finalmente, a separação entre "fato" e "ficção" como elemento indispensável à historiografia. [Ávila, 2019:9]

No entanto, na conjuntura historiográfica atual, as categorias de raça, gênero e sexualidade, mais do que ferramentas conceituais a serem adicionadas como conteúdos empíricos "outros", de modo a não ameaçarem as bases de fundação da história disciplinada, têm demandado um enfrentamento efetivo em suas implicações propriamente epistêmicas, éticas e políticas. Desde os debates inaugurados com os estudos subalternos e pós-coloniais, no campo da teoria da história permanece aberta a questão acerca das possibilidades de se ultrapassar o *a priori* epistêmico europeu moderno que constituiu a historiografia como código e prática de representação por excelência de passados ocidentais, a partir de racionalidades "outras" que sejam capazes de desvelar lógicas, tensões e pontos de contradição da diferença colonial, para dar visibilidade a formas pluralizadas de elaboração da experiência do tempo do que Sanjay Seth (2013) chamou de "tradições de raciocínio". Por conseguinte, as críticas ao eurocentrismo epistemológico levam à reflexão mais radical que implica uma distinção entre razão e racionalidade, o que, como observou Lewis Gordon (2017), nos obriga a questionar se o conhecimento colonizado foi "livre" em algum momento. Não menos imperativa que o desafio de dar visibilidade e garantir espaços de escuta aos "outros" silenciados da disciplina histórica, é a tarefa que, de certa forma, o antecede, de ultrapassar a usual e enganosa pressuposição de que é possível "deixar os subalternos falarem" por meio de um acesso direto a representações genuínas e transparentes das experiências dessas alteridades.

A partir dessas questões, uma descolonização do conhecimento e de seu ensino precisa ser projetada, antes de tudo, como uma teoria crítica das políticas do tempo e, por conseguinte, da própria noção de ação e agência históricas. Se "pensar o colonial é um trabalho de leitura sobre a temporalidade", como definem Valéria Añon e Mario Rufer, é porque a condição e a diferença colonial que se fazem presentes (como anacronia, como permanência ou repetição) desafiam radicalmente a imaginação historicista em seus três pilares: a linearidade da história, a vacuidade do tempo e a exterioridade da relação tempo/história (Añon e Rufer, 2018:117).

Uma mera diversificação empírica de objetos de análise e a pluralização de sujeitos da narrativa histórica que se verifica, por exemplo, na profusão de pesquisas em história das mulheres/gênero e estudos africanos não implicam necessariamente o uso das diferenças como ponto de inflexão crítica dos artifícios epistêmicos que estabelecem e mantêm um "mesmo" como referência universal, regulatória, normativa e excludente de seus "outros", múltiplos e particulares. Quando pensamos na dimensão do ensino, as interpelações abertas pelos debates em torno da descolonização do conhecimento, da colonialidade de gênero e dos feminismos decoloniais não podem ser respondidas, de modo efetivo, com uma abertura meramente "inclusiva" de conteúdos ou abordagens enganosamente "pluralísticas" da teoria da história e da historiografia.

Uma tarefa política, intelectual e pedagógica a ser enfrentada como caminho possível ante esses desafios talvez esteja na construção de programas de ensino com pretensões menos prescritivas e universalizantes quanto a "como se faz história" e mais abertos às ressonâncias e aos "ruídos" produzidos nos espaços da universidade.[11] Assim, a proposta demandaria o gesto anterior que consiste em reconhecer, na presença desses outros sujeitos que ocupam as salas de aula, outras formas de disponibilidade da história e de temporalização política da vida cotidiana. Outras e mais potentes teorias da história, enfim.

Referências

ANAIS DO 1º Encontro Brasileiro sobre Introdução ao Estudo da História. Niterói: Universidade Federal Fluminense, 1970.

ANDIFES. V Pesquisa do perfil socioeconômico dos estudantes de graduação das universidades federais 2018. Disponível em: <www.andifes.org.br/wp-content/uploads/2019/05/V-Pesquisa-do-Perfil-Socioeconômico-dos-Estudantes-de-Graduação-das-Universidades-Federais-2.pdf>. Acesso em: set. 2019.

AÑON, Valeria; RUFER, Mario. Lo colonial como silencio, la conquista como tabú: reflexiones en tiempo presente. *Tabula Rasa*, n. 29, 2018, p. 107-131.

ARAUJO, Valdei. *Apontamentos acerca de um programa para o ensino de teoria da história de uma perspectiva subalterna*. 2018. Disponível em: <https://ufop.academia.edu/ValdeiAraujo>. Acesso em: set. 2019.

______. O direito à história: o(a) historiador(a) como curador(a) de uma experiência histórica socialmente distribuída. In: GUIMARÃES, Géssica;

[11] Inspiro-me aqui nas oportunas proposições de Rodrigo Turin acerca das políticas do tempo para as universidades, que implicariam a abertura de condições de possibilidade para a temporalização cotidiana como antídoto à "(des)temporalização alienante e patológica", à despolitização do tempo e à indisponibilidade da história, próprios do *éthos* neoliberal. Turin (2019:49).

BRUNO; PEREZ, Rodrigo. *Conversas sobre o Brasil*: ensaios de crítica histórica. Rio de Janeiro: Autografia, 2017, p. 191-216.

ARENDT, Hannah. O conceito de história antigo e moderno. In: ______. Entre o passado e o futuro. Tradução de Mauro W. Barbosa. 6. ed. São Paulo: Perspectiva, 2009, p. 69-126.

ARROYO, Miguel G. *Outros sujeitos, outras pedagogias*. 2. ed. Petrópolis: Vozes, 2014.

ÁVILA, Arthur Lima de. O que significa indisciplinar a história? In: ÁVILA, Arthur de L.; NICOLAZZI, Fernando; TURIN, Rodrigo (Org.). *A história (in)disciplinada*: teoria, ensino e difusão do conhecimento histórico. Serra: Milfontes, 2019, p. 5-26.

ATWOOD, Margaret. *A odisseia de Penélope*. Tradução de Celso Nogueira. São Paulo: Companhia da Letras, 2005.

BEARD, Mary. *Mulheres e poder*: um manifesto. Tradução de Celina Portocarrero. São Paulo: Planeta do Brasil, 2018.

BROWNE, Victoria. *Feminism, time, and nonlinear history*. Londres: Palgrave Macmillan, 2014.

CERTEAU, Michel de. *A escrita da história*. Tradução de Maria de Lourdes Menezes. 2. ed. Rio de Janeiro: Forense Universitária, 2000.

CERTEAU, Michel de. *História e psicanálise*: entre ciência e ficção. Tradução de Guilherme João de Freitas Teixeira. Belo Horizonte: Autêntica, 2011.

CHAKRABARTY, Dipesh. *Provincializing Europe*: postcolonial thought and historical difference. Princeton: Princeton University Press, 2000.

CHIZIANE, Paulina. Sobre *Caderno de memórias coloniais*. In: FIGUEIREDO, Isabela. *Caderno de memórias coloniais*. São Paulo: Todavia, 2018, p. 13-19.

CONNEL, Raewyn. A iminente revolução na teoria social. Tradução de João Maia. *RBCS*, v. 27, n. 80, out. 2012, p. 9-20.

ERBERELI JÚNIOR, Otávio. *A trajetória intelectual de Alice P. Canabrava*: um ofício como sacerdócio (1935-1997). Tese (doutorado) — Programa de Pós-graduação em História Econômica, Faculdade de Filosofia, Letras e Ciências Humanas, Universidade de São Paulo, São Paulo, 2019.

EZCURRA, Ana María. Masificación y enseñanza superior: una inclusión excluyente. Algunas hipótesis y conceptos clave. In: FERNÁNDEZ LAMARRA, Norberto; PAULA, Maria de Fátima Costa de (Org.). *La democratización de la educación superior en América Latina*. Límites y posibilidades. Saenz Peña: Eduntref, 2011, p. 60-72.

FEDERICI, Silvia. *Calibã e a bruxa*: mulheres, corpo e acumulação primitiva. Tradução de Coletivo Sycorax. São Paulo: Elefante, 2017.

FICO, Carlos; POLITO, Ronald. *A história do Brasil (1980-1989)*: elementos para uma avaliação historiográfica. Ouro Preto: UFOP, 1992.

GORDON, Lewis. Decadência disciplinar e a de(s)colonização do conhecimento. *Epistemologias do Sul*, v. 1, n. 1, 2017, p. 110-126.

GROSFOGUEL, Ramón. Para descolonizar os estudos de economia política e os estudos pós-coloniais: transmodernidade, pensamento de fronteira e colonialidade global. *Revista Crítica de Ciências Sociais*, n. 80, mar. 2008, p. 115-147.

GUAZZELLI, Cesar A. Barcellos et al. (Org.). *Questões de teoria e metodologia da história*. Porto Alegre: Editora da Universidade/UFRGS, 2000.

GUIMARÃES, Manoel L. S. Historiografia e cultura histórica: notas para um debate. *Ágora*, Santa Cruz do Sul, v. 11, n. 1, jan./jun. 2005, p. 31-47.

HARTOG, François. *Os antigos, o passado e o presente*. Tradução de Sônia Lacerda et al. Brasília: Editora UnB, 2003.

HARTOG, François. *Crer em história*. Tradução de Camila Dias. Belo Horizonte: Autêntica, 2017.

JORDHEIM, Helge. Multiple times and the work of synchronization. *History and Theory*, v. 53, dez. 2014, p. 498-518.

KOSELLECK, Reinhart. Ponto de vista, perspectiva e temporalidade. Contribuição à apreensão historiográfica da história. In: ______. *Futuro passado.* Contribuição à semântica dos tempos históricos. Tradução de Wilma Patrícia Maas e Carlos Almeida Pereira; revisão da tradução de César Benjamin. Rio de Janeiro: Contraponto; Ed. PUC-Rio, 2006, p.161-188.

LAPA, José R. do Amaral. *Historiografia brasileira contemporânea*: a história em questão. Petrópolis: Vozes, 1981.

LUGONES, M. Colonialidad y género. *Tabula Rasa*, n. 9, 2008, p. 73-101.

______. Towards a decolonial feminism. *Hypatia*, v. 25, n. 4, 2010, p. 742-759.

MALDONADO-TORRES, Nelson. Analítica da colonialidade e da decolonialidade: algumas dimensões básicas. In: BERNARDINO-COSTA, J.; MALDONADO-TORRES, N.; GROSFOGUEL, R. (Org.). *Decolonialidade e pensamento afrodiaspórico.* Belo Horizonte: Autêntica, 2018, p. 27-53.

MEZZADRA, Sandro. Introducción. In: ______ (Org.). *Estudios postcoloniales*: ensayos fundamentales. Madri: Traficantes de Sueños, 2008, p. 15-31.

MORENO, Ana Carolina. Negros representam apenas 16% dos professores universitários. *Portal de notícias G1*, 20 nov. 2018.

MOTTA, Rodrigo Patto Sá. *As universidades e o regime militar*. Rio de Janeiro: Zahar, 2014.

ODISSEIA. Tradução de Christian Werner. São Paulo: Cosac Naify, 2014.

OLIVEIRA, Maria da Glória de. Os sons do silêncio: interpelações feministas decoloniais à história da historiografia. *História da Historiografia*, v. 11, n. 28, 2018, p. 104-140.

OLIVEIRA, Maria da Glória de. A história disciplinada e seus outros: reflexões sobre as (in)utilidades de uma categoria. In: AVILA, Arthur de L.; NICOLAZZI, Fernando; TURIN, Rodrigo (Org.). *A história (in)disciplinada*: teoria, ensino e difusão do conhecimento histórico. Serra: Milfontes, 2019, p. 27-39 [no prelo].

OYEWÙMÍ, Oyeronke. *The invention of women*: making an African sense of western gender discourses. Londres; Minneapolis: University of Minnesota Press, 1997.

PAULA, Maria de Fátima Costa de. Políticas de democratização da educação superior brasileira: limites e desafios para a próxima década. *Avaliação*, v. 22, n. 2, jul. 2017, p. 301-315.

PEREIRA, Ana Carolina Barbosa. Precisamos falar sobre lugar epistêmico na teoria da história. *Tempo e Argumento*, v. 10, n. 24, abr./jun. 2018, p. 88-114.

RENAUX, Sigrid P. M. L. S. Da Odisseia à Odisseia de Penélope: o coro de escravas como porta-voz da alteridade, violência e redenção. *Revista Letras*, Curitiba, n. 77, abr./jun. 2018, p. 88-114.

RISTOFF, Dilvo. Vinte e um anos de educação superior: expansão e democratização. *Cadernos do GEA*, Rio de Janeiro, n. 3, jan./jun. 2013, p. 3-50 Disponível em: <www.flacso.org.br/gea/documentos/Cadernos_GEA/Caderno_GEA_N3.pdf>. Acesso em: set. 2019.

RODRIGUES, José Honório. *Teoria da história do Brasil* (introdução metodológica). 5. ed. São Paulo: Companhia Ed. Nacional, 1978 [1949].

RODRIGUES, Mara. Ensino de teorias e metodologias nos cursos de graduação em história: sobre silêncio, poder e presença. In: ÁVILA, Arthur de L.; NICOLAZZI, Fernando; TURIN, Rodrigo (Org.). A história (in)disciplinada: teoria, ensino e difusão do conhecimento histórico. Serra: Editora Milfontes, 2019, p. 92-106 [no prelo].

______; SCHMIDT, Benito. O professor universitário de história é um professor? Reflexões sobre a docência de teoria e metodologia da história e historiografia no ensino superior. *História Unisinos*, v. 21, n. 2, 2017, p. 169-178.

SHAPIRO, Ann-Louise. Introduction. History and Theory, v. 31, n. 4, Beiheft 31: History and feminist theory, dez. 1992, p. 1-14.

SETH, Sanjay. Razão ou raciocínio? Clio ou Shiva? *História da Historiografia*, n. 11, 2013, p. 173-189.

TURIN, Rodrigo. *Tempos precários*: aceleração, historicidade e semântica neoliberal. Zazie Edições, 2019. Disponível em: <www.zazie.com.br>. Acesso em: set. 2019.

WILD ON COLLECTIVE. *Theses on theory and history*. Disponível em <www.theoryrevolt.com/, 2018>. Acesso em: set. 2019.

8

A "aposta biográfica" na articulação entre teoria e didática da história

Carmen Teresa Gabriel

Este texto tem por objetivo explorar a articulação entre teoria e didática da história tendo como recorte a escrita biográfica. Como tenho defendido em trabalhos anteriores (Gabriel, 2011, 2012, 2015a, 2015b, 2019; Gabriel e Monteiro, 2014), o diálogo entre essas duas esferas de problematização do conhecimento ocupa um lugar estruturante no processo de produção do saber histórico legitimado como objeto de ensino na educação básica. Inscrita na contramão das percepções dicotômicas e hierarquizadas entre teoria e didática da história, a reflexão aqui proposta pretende explicitar outras possibilidades de reconhecimento das singularidades de cada uma dessas esferas e simultaneamente a potência política e epistemológica de sua articulação.

Como indica o título atribuído a este texto, interessa-me explorar nesse processo menos um conteúdo histórico particular ou uma vertente historiográfica específica do que uma postura epistêmica para pensar um diálogo possível entre a história acadêmica e a história ensinada na educação básica. Refiro-me mais precisamente às contribuições das perspectivas pós-estruturalistas/pós-fundacionais (Marchart, 2009) para o enfrentamento de tensões que atravessam os debates do campo sobre a própria natureza epistemológica do conhecimento histórico e o lugar atribuído à agência no processo de compreensão e de produção do passado. A literatura específica da área de história[1] aponta que a incorporação da dimensão biográfica no fazer história tem sido uma estratégia para se posicionar em ambas as tensões mencionadas.

[1] Levi (1996); Loriga (1998, 2010); Rüsen (1998); Hartog (1995); Dosse (2011); White (1994); Schmidt (1996, 2014); Stone (1991); Guimarães (2008).

A reabilitação da dimensão individual no âmbito da teorização da história tem sido uma porta de entrada importante para a incorporação das contribuições pós-estruturalistas nessa área de conhecimento, permitindo mostrar sua potência heurística para pensar as questões que nos interessa explorar neste texto. A aposta biográfica aqui defendida consiste, pois, em explorar o diálogo entre biografia e história e seus efeitos na historiografia didática a partir de outro lugar epistêmico.

Importa sublinhar, todavia, que em tempos de recrudescimento do obscurantismo, de negação da ciência como conhecimento poderoso e libertador, de apagamento do contraditório, de questionamentos radicais sobre a própria possibilidade de objetivação do real, de emergência de individualismos, assumir, em nossas análises no campo das ciências sociais, a postura epistêmica pós-estruturalista/pós-fundacional (Laclau e Mouffe, 2004; Marchart, 2009) exige um esforço intelectual e uma vigilância teórica redobrada. Ao reconhecermos as contribuições de teorizações sociais que problematizam perspectivas de análise essencialistas e/ou deterministas, levando à desestabilização de discursos fixados hegemonicamente ao longo da modernidade definidores de "ciência", "objetividade", "verdade", "sujeito racional moderno" e ao redimensionamento do lugar da linguagem e da contingência na produção do social, não corremos o risco de reforçar discursos neoconservadores e/ou neoliberais que circulam e ganham fôlego em nosso presente?

Essa preocupação passa a ser ainda mais pertinente e assumir contornos específicos quando orientada para o campo da história, em função da singularidade epistemológica do processo de produção do conhecimento histórico. Entendido como território de disputas de memórias e produtor de identidades, esse campo do conhecimento se apresenta mais vulnerável às vicissitudes políticas. Não é por acaso que a disciplina história tem sido um dos objetos mais visados e disputados nas propostas curriculares atuais. Revisitar o passado tornou-se uma estratégia interpretativa das mais acionadas nas lutas políticas e identitárias contemporâneas, deslocando sentidos de "verdade histórica", de "ciência histórica" e de "conteúdo histórico escolar". A querela em torno dos "revisionismos históricos" é um exemplo dessa natureza maleável do passado cujos usos podem se tornar armas de lutas potentes pela hegemonização de projetos de sociedade em nosso presente.

O reconhecimento do papel crucial da linguagem e da contingência na leitura política do social, tal como defendido na abordagem pós-fundacional, amplia o campo de possibilidades de compreensão e de significação, explicitando a vulnerabilidade e precariedade de toda interpretação de mundo passado e presente. O desafio consiste, portanto, em fazer trabalhar a aporia da impossibilidade e da inevitabilidade de fechamento dos processos de significação, condição incontornável para a objetivação do social, trazendo para o centro do debate a potência da função discursiva de termos como "articulação" e "fronteira" (Laclau e Mouffe, 2004).

Nessa perspectiva, a radicalização da crítica às concepções essencialistas e deterministas não pressupõe, portanto, uma postura antifundacionista. Se a ideia de fundamento absoluto, metafísico que ocupa o lugar de um centro fixo e imutável — Razão, Deus, essência — nos processos de definição é fortemente questionada, a produção de fundamentos contingentes é, por sua vez, considerada inevitável. É justamente esse enfraquecimento do status ontológico do fundamento que redimensiona a importância da linguagem na instituição do mundo.

Os efeitos da incorporação das abordagens pós-estruturalistas na área de história têm sido objeto de debates densos e intensos no campo da historiografia. Longe de pretender aprofundar essas discussões, interessa-me destacar algumas dimensões que as atravessam e que remetem diretamente à temática aqui privilegiada. Entre essas dimensões, questões que envolvem o entendimento de "totalidade/universalidade", de "objetividade" e "subjetividade" histórica serão tomadas como fios condutores para as reflexões e posicionamentos que se seguem ao longo deste texto. Não se trata de destituir o passado de toda e qualquer possibilidade de fundamento, mas, sim, de significá-lo sobre outras bases. Partimos, assim, da premissa de que nessa abordagem é possível afirmar que outras histórias são possíveis, mas não toda e qualquer história. Essa pontuação inicial torna-se importante, principalmente quando o que está em foco — tal como apontado no título atribuído a este texto — é a articulação entre produção, distribuição e socialização do conhecimento histórico.

Organizei meus argumentos em três momentos. O primeiro apresenta uma narrativa possível dos diálogos mais recentes entre história e biografia. No segundo momento, destaco os efeitos político-epistemológicos desses diálogos para a fixação de sentidos de categorias como "sujeito histórico" e "narrativa histórica" mobilizadas no campo da historiografia. O terceiro e último momento é dedicado às possibilidades abertas no campo da didática da história pela incorporação desses efeitos nas reconfigurações das narrativas escolares.

História e biografia: arranjos discursivos em face das demandas do tempo presente

Apesar de ocupar um lugar de destaque nos debates da área nessas últimas três décadas, o diálogo entre história e biografia está inscrito em uma longa e conflituosa trajetória (Loriga, 1998, 2010; Schmidt, 2014). Marcado por oscilações, o debate historiográfico tende a sublinhar ora o distanciamento necessário entre essas duas formas de escrita como condição para a afirmação da primeira no campo científico, ora a potência analítica da aproximação entre as duas para a compreensão da singularidade da natureza epistemológica e da escrita histórica.

Para algumas linhas de interpretação, a defesa da cientificidade implica um afastamento do gênero biográfico que deve permanecer confinado no domínio da literatura. Nessas vertentes a "ciência histórica" ocuparia o lugar antagônico no processo de significação de termos como "biografia" e "narrativa", ambos confinados aos limites de um gênero — narrativa biográfica — considerado durante longo tempo subalterno no campo da teoria literária. Associado ao campo da literatura, o gênero biográfico, para os críticos dessa aproximação, não deveria ser confundido com a escrita histórica científica. Como afirma Schmidt (2014):

> Esta fronteira entre história e literatura foi ostensivamente patrulhada até alguns anos atrás. Como um "muro de Berlim" invisível, delimitava territórios e criava identidades. Quando se olhava um livro sobre o "passado", a pergunta era inevitável: isto é história ou ficção? [Schmidt, 2014:194]

Outras interpretações, igualmente disponíveis, operam com esses termos de forma diferenciada, fazendo valer a lógica da equivalência entre história e biografia, com o intuito de desestabilizar binarismos como "verdade e ficção"; "objetividade e subjetividade", "indivíduo e sociedade". O desafio consiste, nessa perspectiva, em explorar a capacidade heurística do entendimento da biografia como "um gênero de fronteira entre a história e a literatura" (Schmidt, 2014:191).

Esse diálogo é revigorado a partir dos anos 1980 em meio a movimentos teóricos e políticos mais amplos. A redescoberta do valor da abordagem biográfica na compreensão do passado passa a ganhar novos contornos ao introduzir como objeto de investigação questões envolvendo o reconhecimento de subjetividades outras, dos excluídos da memória nacional hegemonizada. As populações subalternas, até então tratadas empiricamente como massa, diluída no anonimato, passam a ter rosto humano, desafiando as interpretações nas quais prevaleciam o determinismo econômico e/ou social. Nessas interpretações, até então hegemônicas, o peso das estruturas na explicação do passado tendia a ser enfatizado em detrimento do papel dos indivíduos, contribuindo para o que Loriga (2010) nomeia de uma verdadeira "desertificação do passado" (Loriga, 2010:11). Como denuncia essa historiadora:

> Os dois últimos séculos viram nossos livros de história abundar em relatos sem sujeito: eles tratam de potências, de nações, de povos, de alianças, de grupos de interesses, mas bem raramente de seres humanos. [...] a história é exibida sem sujeito, as pessoas de que ela é a história aparecem somente como tela de fundo, enquanto figuras acessórias, massa obscura relegada ao segundo plano do quadro: "os desempregados", "os empresários", diz-se [...]. [Loriga, 2010:12 e 13]

Para os fins da reflexão aqui proposta, interessa-me destacar menos a pertinência desses posicionamentos no debate do que os argumentos mobilizados por ambos os lados dessa fronteira instável, para justificar suas respectivas tomadas de posição. Basta sobrevoar de forma não sistematizada a literatura especializada da área anteriormente mencionada para reconhecermos pelos menos dois argumentos que são trazidos nesses debates e que embora sejam diferentes estão profundamente articulados nos discursos produzidos.

O primeiro diz respeito ao papel do sujeito da ação na configuração do conhecimento histórico. O que estaria em jogo aqui é tanto a escolha da própria escala espaço-temporal (Revel, 1998) utilizada pelos historiadores e os efeitos desse uso no tratamento empírico dos sujeitos que participam das tramas narradas quanto a própria definição da categoria sujeito privilegiada nas argumentações sustentadas.

A emergência de vertentes como a micro-história se inscreve nesse movimento. Essa reorientação de escala permitiu trazer de volta à cena o indivíduo e sua atuação como sujeito ativo de seu tempo, desestabilizando fronteiras hegemonizadas até então entre particular e comum, individual e coletivo. Como aponta Loriga em seu texto "A biografia como problema" publicado em 1998:

> A fronteira que separa a biografia da história sempre foi muito imprecisa. Em relação a esse ponto, assistimos recentemente a uma reviravolta radical. Após um longo

> período de desgraça, durante o qual os historiadores se interessaram pelos destinos coletivos, o indivíduo voltou hoje a ocupar um lugar central em suas preocupações. [Loriga, 1998:225]

A questão orientadora, nesse caso, pode ser assim formulada: Como articular o caso individual singular e o movimento geral da história? Durante o século XIX essa questão atravessou os debates de forma irregular e latente, caindo em seguida no esquecimento. Segundo Loriga (1998), esse esquecimento se explica em parte pelo fato de ele mobilizar termos obsoletos como "herói" ou "grande homem"; em parte pela convicção de que o presente historiográfico é mais científico do que o passado. O que está em jogo em nossa contemporaneidade é justamente retomar o enfrentamento dessa questão a partir de outras bases epistêmicas. Isso significa colocar na roda a discussão sobre o próprio entendimento de sujeito.

No que diz respeito a essa última afirmação, trata-se de problematizar tanto os processos de subjetivação hegemonizados ao longo da modernidade que investiram na ideia de um sujeito universal, único, absoluto, autônomo quanto aqueles que emergem nas análises mais radicais do estruturalismo nas quais o sujeito é compreendido como uma fabricação, um produto das estruturas, esvaziado de toda e qualquer possibilidade de ação. Esse entendimento metafísico dificulta os processos de identificação singulares dos sujeitos pautados nas suas múltiplas e diferentes experiências cotidianas. Entre uma concepção de sujeito como um ser consciente e coerente, "expressões de pura vontade", e como um ser passivo e previsível, um "peão no tabuleiro do xadrez da necessidade" (Loriga, 1998:245-246), não haveria outras alternativas de definição?

A aproximação do campo da história com as contribuições pós-estruturalistas oferece justamente a possibilidade de pensarmos em outras definições para essa categoria a partir da complexa relação entre o sujeito do conhecimento, o sujeito do desejo e o sujeito de demandas. Nessa perspectiva, a articulação entre subjetividade e narrativa se mostra um caminho potente, como aponta Ricoeur ao afirmar que:

> [...] nossa própria existência não pode ser separada do modo pelo qual podemos nos dar conta de nós mesmos. É contando nossas próprias histórias que damos a nós mesmos uma identidade. Reconhecemo-nos nas histórias que contamos sobre nós mesmos. E é pequena a diferença se essas histórias são verdadeiras ou falsas, tanto a ficção como a história verificável nos provêm de uma identidade. [Ricoeur, 1997:426]

O segundo argumento, intrinsecamente articulado ao primeiro, mobiliza a ideia de cientificidade, ou melhor, da possibilidade de manutenção desse status para o conhecimento histórico com o retorno do indivíduo nas paisagens do passado. Como mencionado, a relação entre história e biografia foi marcada ao longo do tempo por períodos de afastamentos e dicotomias. Nessas percepções, a questão da verdade histórica ocupava o lugar da linha divisória entre essas duas formas de visitar o passado. A presença da dimensão individual nos relatos biográficos era ora um sinal da negação da verdade científica, ora era percebida como estratégia para construir uma memória exemplar para a prosperidade pautada no feito e nos valores dos grandes homens. É em meio a esses argumentos que emergem as discussões acirradas acerca da (im)possibilidade de objetivação do passado ou do estabelecimento da verdade histórica. O que está em jogo é a qualidade científica da verdade (Loriga, 2010:36-38).

O argumento a favor da cientificidade do conhecimento histórico se alimentou, pois, até época recente, de uma crítica radical à presença do indivíduo nas análises do passado. Quando muito, a dimensão individual era acionada nas explicações históricas, em linhas gerais, "para provar hipóteses concernentes às leis e regras sociais que coagiam qual o tipo de ação a ser adotada pelos indivíduos" (Roiz, 2012:144).

O interesse teórico-metodológico pelo indivíduo na atualidade não é, no entanto, exclusividade da área de história. Ele atravessa os diferentes campos disciplinares das ciências sociais e está diretamente relacionado com as mudanças da ideia de sujeito que caracterizam nossa contemporaneidade. O modelo universal de um homem abstrato, de um Sujeito — com S maiúsculo — racional que esteve hegemonicamente subjacente às análises do social ao longo da modernidade tem mostrado seus limites e sido objeto de questionamento recorrentes, contribuindo para reafirmar o que tem sido chamado de uma verdadeira virada ou guinada ontológica nessas áreas do conhecimento. Como afirma Anne Levallois:

> Constata-se que a preocupação de fazer emergir esse homem racionalmente pensado é substituída pelo interesse pelos homens concretos, pelos indivíduos singulares. Não se trata mais de pensar o homem em sua generalidade, mas de se abrir à diversidade humana, a partir da explicitação da forma como os destinos se determinam tentando capturar a parte de liberdade que cada um pode dispor. Não racionamos mais sobre um sujeito humano abstrato mas sobre as condições e os modos de elaboração desta complexidade que nomeamos um indivíduo. [Levallois, 2002:131, tradução livre]

Como continuar investindo no diálogo entre o campo da história e os estudos biográficos de forma a garantir um entendimento de indivíduo sem, no entanto, cair nas armadilhas do individualismo e na reativação do sujeito todo-poderoso, a ponto de ignorar a imposição dos limites do campo de possibilidades de sua ação nas tramas históricas?

A compreensão do sujeito contemporâneo em toda a sua complexidade pressupõe situá-lo nos "ares de nosso tempo". Nossa "condição biográfica", como afirma Delory-Momberger (2012), não é apenas uma possibilidade de o sujeito singular "tonar-se presença", mas também uma condição de o sujeito assujeitar-se às novas formas de regulação social em nossa contemporaneidade. É a partir do reconhecimento dessa condição que podemos pensar as narrativas do *eu* e do *nós* como subversão e/ou controle de uma lógica cultural hegemônica.

Esse tipo de reflexão é crucial para não perdermos de vista as injunções políticas de nosso presente e simultaneamente não confundir o retorno do "indivíduo", entendido como sujeito único e singular, com a maneira como responde ao outro, com o retorno do individualismo normativo ou de uma celebração dos particularismos identitários. A potencialidade heurística de expressões como "sujeito biográfico" ou um "ser social singular" (Delory-Momberger, 2012:97) pode ser explorada em sua ambivalência pelos usos possíveis de serem feitos por parte de diferentes projetos políticos e matrizes paradigmáticas disponíveis no cenário contemporâneo das ciências sociais.

Defendo que o enfretamento dos questionamentos que atravessam esses debates depende diretamente da postura epistêmica assumida. Como vimos explorando em nossas pesquisas,[2] a abordagem discursiva pós-estruturalista/pós-fundacional tem se apresentado como um caminho promissor para sustentar teoricamente argumentos que contribuem para redimensionar essas discussões para além de posições dicotômicas.

Ao radicalizar as críticas às leituras essencialistas do mundo, por meio da incorporação da dimensão ontológica, nos debates epistemológicos do campo das ciências sociais, essa abordagem evidencia o lugar instituinte da linguagem na leitura política do social, inscrevendo a categoria "discurso" na ordem do material. Cada significante mobilizado e hegemonizado pelos

[2] Refiro-me a pesquisas atualmente em curso no âmbito do Grupo de Estudos Currículo, Conhecimento e Ensino de História articulado ao Laboratório do Núcleo de Estudos Curriculares da UFRJ (Gecceh/Lanec/UFRJ) sob minha coordenação.

diferentes discursos historiográficos é resultante das articulações privilegiadas em torno das duas lógicas — a da equivalência e a da diferença (Laclau e Mouffe, 2004) — por meio das quais se manifesta e se materializa a aporia entre impossibilidade e necessidade de todo e qualquer processo de significação.

Os sentidos fixados para termos como "história", "biografia", "ciência", "literatura", "indivíduo", "sujeito" variam em função dos contextos discursivos onde são mobilizados e das perspectivas teóricas que participam das disputas pela sua significação, produzindo efeitos na articulação entre eles.

Na próxima seção, focalizo os efeitos da incorporação da postura pós-fundacional no entendimento de dois conceitos-chaves, "narrativa histórica" e "sujeito histórico", que além de serem mobilizados nos debates entre história e biografia na sustentação dos argumentos anteriormente mencionados, representam igualmente elementos estruturantes de um entendimento possível do conhecimento histórico em suas diferentes versões — acadêmica e escolar — no qual vimos investindo em nossas pesquisas no campo da educação na pauta pós-fundacional.

"Narrativa histórica" e "sujeito histórico": outras possibilidades de significação e de articulação

A escolha dessas duas categorias não foi aleatória. Elas estão intrinsicamente articuladas nos debates historiográficos sobre essa temática, sendo mobilizadas para a sustentação dos dois argumentos anteriormente mencionados e que se resumem na questão da introdução da dimensão individual e seus efeitos no status de cientificidade desse conhecimento. Não é por acaso que, nos debates historiográficos cujo objeto é a caracterização da trajetória do diálogo entre história e biografia, é muito comum a mobilização de expressões como "a passagem da história-narrativa" para a "história-problema", nas primeiras décadas do século XX, ou da "história-problema" para uma volta a (uma "nova") "história-narrativa". De forma semelhante, a partir dos anos 1980 o "retorno do indivíduo" é associado de forma recorrente, quando não confundido, ao "retorno da narrativa", no campo da produção historiográfica.

Além disso, esses dois termos — narrativa e sujeito — têm sido mobilizados em nossos estudos curriculares como caminhos teórico-metodológicos para o enfrentamento de tensões e aporias que atravessam os debates sobre os processos de objetivação e de subjetivação dos currículos escolares nessa área. Nomear, em nossas pesquisas mais recentes,[3] o currículo de história como espaço biográfico (Gabriel, 2016) tem sido a estratégia discursiva privilegiada para, não somente, nos posicionarmos nas disputas internas ao campo educacional, especificamente as relacionadas mais diretamente com o campo do currículo, mas, também, nos debates que abarcam o diálogo do campo da história com os estudos biográficos. Afinal, como afirma Airfuch:

> É por isso que ao falar de espaço biográfico — um singular habitado pela pluralidade — situamo-nos precisamente nesse umbral de visibilidade indecidível entre público e privado que já mostrara seu caráter paradoxal nos alvores da modernidade: um espaço *entre* que clausura a antinomia, revelando a imbricação profunda entre indivíduo e sociedade. [Airfuch, 2010:340]

Ao escolher o uso da expressão "espaço biográfico" para qualificar o currículo, meu propósito foi o de simultaneamente nomear essa condição ambivalente do sujeito contemporâneo, desestabilizar alguns binarismos engessados — público × privado; coletivo × individual, indivíduo × sociedade — e abrir terreno para trazer para a cena de meus estudos curriculares atuais o indivíduo que "caminha na paisagem", parafraseando Delory-Momberger (2012:73). O currículo de história se apresentaria, assim, como um espaço de entrecruzamento de biografias coletivas e singulares.

A compreensão da interface currículo-história-biografia remete ao papel crucial atribuído à narrativa no processo de construção do conhecimento histórico. Desse modo, temos explorado as contribuições das teorizações da história que reconhecem o potencial analítico das abordagens narrativistas para pensar os processos de reconfiguração narrativa do conhecimento histórico em contextos de formação.

O estreitamento do diálogo com Paul Ricoeur por parte dos historiadores, em particular com sua obra *Tempo e narrativa*, publicada nos anos 1950 — mas só reconhecida como uma interlocução teórica relevante no campo da historiografia a partir dos anos de1980 —, pode ser visto como um divisor de águas importante no debate sobre as possibilidades de diálogo entre história

---

[3] *Currículo como espaço biográfico: subjetivação e profissionalização docente em múltiplos tempos e espaços* e *Currículo como espaço biográfico: conhecimento, sujeitos e demandas* em *diferentes contextos de formação*, financiados, respectivamente, pelo Conselho Nacional de Desenvolvimento Científico e Tecnológico (CNPq) e pela Fundação de Amparo à Pesquisa do Estado do Rio de Janeiro (Faperj), no âmbito do programa Cientista do Nosso Estado.

e biografia. Nessa obra,[4] Ricoeur (1997) afirma que a narrativa histórica é estruturante do pensamento histórico a despeito das perspectivas epistemológicas privilegiadas nas análises. Para sustentar essa tese, esse filósofo defende aproximações entre a narrativa histórica e a narrativa literária, e simultaneamente a particularidade da primeira que, segundo esse autor, se inscreve na pauta de uma "epistemologia mista" (Ricoeur, 1997) capaz de absorver a tensão que lhe é própria, entre a construção de sentido e a busca da verdade, entre compreensão e explicação.

Associada intrinsicamente à questão da temporalidade, a categoria narrativa passa a ocupar o lugar-chave da possibilidade da síntese do heterogêneo entre as diferentes unidades de tempo (passado, presente e futuro), atribuindo tanto visibilidade e significado às intrigas, aos personagens e aos acontecimentos que participam do enredo a ser narrado quanto oferecendo ferramentas de análise que tornam possível a compreensão do uso do biográfico para além do registro do relato individual sem nenhuma adesão ao campo da ciência.

O diálogo com Paul Ricoeur tem nos ajudado a avançar em nossas análises. Para esse filósofo, a narrativa cria conexões que reinscrevem o tempo vivido no tempo cósmico, por meio da emergência de um "terceiro tempo" — o tempo histórico — que estabelece um laço dinâmico entre passado, presente e futuro. Ao oferecer ferramentas teóricas para explorar a articulação entre os significantes "tempo" e "narrativa" para além da ideia de totalidades engessadas, Ricoeur abre a possibilidade de pensar mudanças, permanências, continuidades, subversões, durações, nos convidando a pensar o passado de forma que ele possa ser mais imprevisível e nossas expectativas mais determinadas ante as demandas de nosso presente.

O que me interessa aqui sublinhar é a potência da mobilização dessa categoria no enfrentamento epistemológico sobre totalidade, unicidade, objetivismo, objetivação e subjetivismo no campo da historiografia a partir da incorporação das contribuições da perspectiva pós-fundacional. Temos apostado na ideia de que o uso do significante "narrativa" na perspectiva defendida por Ricoeur favorece o distanciamento com o entendimento de

---

[4] Tendo como base o estudo aprofundado e comparativo de domínios diferenciados, como o da crítica literária, o da fenomenologia hermenêutica do tempo e o da teoria da história, Paul Ricoeur conclui que a história, apesar de não poder ser classificada como um gênero literário, não pode "romper completamente com a narrativa sem abandonar o seu caráter histórico" (Ricoeur, 1997:250).

> [...] uma história que teria por função recolher em uma totalidade bem fechada sobre si mesma a diversidade, enfim reduzida, do tempo; uma história que nos permitiria nos reconhecermos em toda parte e dar a todos os deslocamentos passados a forma da reconciliação; uma história que lançaria sobre o que está atrás dela um olhar de fim de mundo. Essa história dos historiadores constrói um ponto de apoio fora do tempo; ela pretende tudo julgar segundo uma objetividade apocalíptica; mas é que ela supôs uma verdade eterna, uma alma que não morre, uma consciência sempre idêntica a si mesma. [Foucault, 2005:26]

Em síntese, caberia perguntar-nos: em que medida o sentido de narrativa histórica no quadro de inteligibilidade proposto por Ricoeur (1997) abre novas possibilidades de se relacionar com o passado e futuro? Se concordarmos com esse autor para quem as narrativas históricas podem ser escritas tornando possível reviver o passado não mais do ponto de vista do acabado, do imutável, do irrevocável, podemos afirmar que novos fluxos de sentido de passado estão disponíveis, abrindo, assim, o caminho para que se possam reviver potencialidades não realizadas.

Ao possibilitar o entendimento de narrativa como uma "articulação temporal da ação", Ricoeur (1997) oferece uma alternativa teórica para pensar a totalidade temporal para além de um historicismo transcendental essencialista, aproximando-se, desse modo, das perspectivas pós-fundacionais. Narrar, nessa perspectiva, é significar experiências singulares e coletivas no tempo, é dar um sentido provisório, inacabado, a uma vida. O conceito de *narrativa* carrega, desse modo, a noção de totalidade discursiva fissurada voltada agora para pensar especificamente o *ser* do/no tempo. Essa totalidade temporal/narrativa opera simultaneamente com a ideia de necessidade e impossibilidade, de necessidade e contingência de fechamento dos processos de significação. A aproximação das teses de Ricoeur com a radicalização das críticas pós-fundacionais às perspectivas essencialistas tem sido a trilha explorada em nossos estudos recentes, e que embora já tenham permitido alguns alinhavos, ainda se encontram à espera de costuras mais consistentes.

Em relação à categoria "sujeito histórico", a aproximação com os estudos biográficos a partir da pauta pós-fundacional permite problematizar essa expressão, trazendo para o debate as questões de subjetividade tal como discutido anteriormente. Trata-se de questionar de forma simultânea os processos de subjetivação/de identificação e o entendimento de agência que são mobilizados e hegemonizados nas narrativas históricas nos processos de significação em torno do significante "sujeito histórico". Afinal, quem são os sujeitos mobilizados nos discursos historiográficos? Quem é esse sujeito adjetivado de "histórico"? Qual a relação estabelecida entre sujeito histórico e agência nas configurações narrativas? O que significa ser um sujeito histórico? Quem tem legitimidade para ocupar esse lugar?

Nesse movimento emergem expressões como "identidade narrativa"[5] (Ricoeur, 1990) ou "biografização" (Delory-Monberger, 2011) como ferramentas de análise potentes para a compreensão do sentido dos processos de subjetivação/identificação que essa categoria encerra. Quais são os processos de subjetivação que a mobilização dessas expressões tenciona nomear? O uso dessas expressões aponta o reconhecimento da virada ontológica na definição do significante sujeito, deixando entrever a presença de um sujeito biográfico. Um sujeito que não existe *a priori* e cuja história estaria à espera para ser narrada. Um sujeito que emerge, assim, da hegemonização de narrativas particulares que mobilizam processos de subjetivação, entendidos como processos inacabados, simultaneamente simbólicos, políticos e contingenciais. Nessa perspectiva, a narrativa (auto)biográfica se institui como uma hermenêutica da experiência (Delory-Momberger, 2011), outorgando aos sujeitos "o lugar de protagonistas de suas vidas, transformando acontecimentos, indivíduos e atitudes em episódios, intrigas e personagens" (Delory-Momberger, 2011:341). Neste sentido, a narrativa se apresenta não apenas como a forma por meio do qual os sujeitos expressam o sentimento de suas existências, mas o espaço em que o ser humano elabora e experimenta sua história de vida. A biografia é, portanto, para Delory-Momberger:

> [...] uma dimensão do agir humano que permite aos indivíduos, dentro das condições de suas inserções sócio-históricas, integrar, estruturar, interpretar as situações e os acontecimentos vividos. Tal atividade de biografização apresenta-se como uma hermenêutica prática, um marco de estruturação e de significação da experiência que permite ao indivíduo criar uma história e uma forma própria — uma identidade ou individualidade — para si mesmo. [Delory-Momberger, 2011:342]

---

5 A noção de *identidade narrativa* foi introduzida no terceiro volume da obra *Tempo e narrativa*. Paul Ricoeur retomará esse conceito mais tarde em seu livro *Soi-même comme un autre* (1990), no qual desenvolve sua abordagem sobre a constituição de si.

De forma semelhante, a expressão "identidade narrativa" evidencia as noções de instabilidade, fluidez e incompletude presentes na abordagem discursiva pós-fundacional e potentes para enfrentar teoricamente a chamada "crise de identidades" e/ou a "crise do sujeito moderno". Os fios com os quais são traçadas as tramas históricas são seletivos e, ao serem tecidos, eles se posicionam em relação a outras tramas, a outras identidades narrativas já existentes e muitas vezes concorrenciais. Na perspectiva da *identidade narrativa*, o reconhecimento da importância do passado nos processos de identificação, isto é, da nossa condição de ser afetado pelo passado opera com a ideia de um passado que não é nem estático, único, homogêneo, tampouco totalmente imaginado.

Os deslocamentos conceituais em relação à categoria "sujeito" têm produzido efeitos nos debates internos do campo das ciências sociais em torno da noção de "agência". Como pensar a produção de "subjetividades políticas" quando os contornos das fronteiras entre singular e coletivo, individual e social não são mais nítidos? Ou ainda, como temos nos interrogados:

> Como abordar em nossas interpretações sobre as ações sociais a tensão entre o peso da estrutura e a capacidade de agir dos sujeitos posicionados como atores sociais em contextos específicos quando não apostamos em um modelo de transformação de sentido unívoco no qual se opera com a ideia de "um mundo melhor"? [Gabriel e Mendes, 2019:723]

A aposta na interface narrativa histórica-biografia na historiografia didática

Nesta última seção, interessa-me explorar os efeitos da reflexão teórica entre biografia e história no processo de reelaboração didática do conhecimento histórico na educação básica. Como as questões anteriormente discutidas podem contribuir para pensar o processo de construção desse conhecimento disciplinarizado, objeto de ensino-aprendizagem no contexto escolar? Como as respostas teóricas discutidas sobre as possibilidades de significar a interface dimensão individual/cientificidade e as categorias "narrativa histórica" e "sujeito histórico" permitem avançar no enfrentamento dos desafios que se colocam para o ensino da história na educação básica?

Esses questionamentos assumem maior importância quando sabemos que algumas das demandas que interpelam a escola pública, na atualidade, fragilizam sua função social e política, quando não colocam em risco a própria pertinência e o sentido de sua existência. Refiro-me, por exemplo, aos ataques, formulados no seio do movimento que ficou conhecido por Escola Sem Partido, aos currículos praticados e vivenciados nas escolas em nome da defesa de uma pseudoneutralidade ideológica. Ou ainda, às querelas em torno da produção da Base Nacional Comum Curricular (BNCC) nessa área que não deixam de ser indícios das tensões que atravessam os processos de produção e circulação desse conhecimento na esfera escolar.

O combate a determinadas leituras e o posicionamento em meio a essas disputas pressupõem a explicitação de argumentos teórico-políticos que sustentem tanto o entendimento de escola pública quanto o de conhecimento histórico escolar. As narrativas históricas reconfiguradas como objeto de ensino estão na mira dos holofotes dessas celeumas e com frequência questionadas sobre sua pertinência. Entendo que mais do que nunca urgem em nosso tempo presente explicações consistentes do ponto de vista teórico que justifiquem e fortaleçam nossas escolhas e seleção desse conhecimento fixado e legitimado nos currículos escolares nessa área. É justamente nesse aspecto que temos apostado na aproximação entre biografia-história na pauta pós-fundacional como um dos caminhos possíveis desse enfrentamento.

Entendido como espaço discursivo no qual são disputados e fixados hegemonicamente múltiplos fluxos de significação, o currículo de história passa a ser visto como um lugar de articulação e de demarcação de fronteiras narrativas autorizadas e narrativas silenciadas. Estudos curriculares há muito vêm contribuindo para a compreensão dos mecanismos que determinam *o que é* e *o que não é* autorizado e/ou silenciado para configurar como conhecimento legitimado a ser ensinado. Esses mecanismos envolvem, no caso do currículo de história, as disputas entre processos de significação/subjetivação relacionados com pertencimentos identitários a comunidades nacionais, locais, supranacionais, étnicas, religiosas, de classe social, de gênero, entre outras, evidenciando com força as demandas que pressionam as instituições escolares em nosso tempo presente.

Na perspectiva teórica aqui privilegiada, o que está em jogo, afinal, é a trama a ser narrada no contexto escolar. Mais especificamente, a justificativa do ponto de vista teórico-político de sua escolha. São muitos os fios a serem puxados para a tessitura de uma trama histórica reconfigurada em narrativa histórica escolar. Diante da conjuntura política atual e do recorte deste texto, interessa-me, no entanto, destacar apenas dois. O primeiro diz respeito à veracidade da história narrada nas salas de aula, nos livros didáticos, remetendo ao debate da cientificidade da história. Como lidar com a questão da verdade histórica no ensino desta disciplina, em tempos de desestabilização de paradigmas a partir dos quais ela foi até período recente hegemonicamente estabelecida? Que verdade histórica podemos selecionar como passível de herança para as futuras gerações?

O segundo fio se inscreve no domínio do axiológico e diz respeito aos processos de subjetivação e de identificação nos quais investimos no enredo escolhido como objeto de ensino/aprendizagem. Essa dimensão envolve debates caros nessa área de conhecimento que se referem à contribuição da história na produção de identidades cujo leque das marcas de lealdade tem se ampliado e diversificado, extrapolando os limites da identidade nacional. Ainda sobre a justificativa da escolha desse segundo fio que participa igualmente da costura da trama, caberia perguntar: Em quais processos de subjetivação interessa investir por meio do ensino desta disciplina? Que sentido de cidadania explorar nas aulas de história? Que subjetividades políticas acionar nesses contextos de formação? Quando sabemos que um dos objetivos, verdadeiros "mantras" (Velasco, 2013:158) mais mobilizados pelos professores de história que atuam na educação básica, é justamente a formação de cidadãos críticos ou a preocupação com que os(as) seus(suas) alunos(as) compreendam que eles podem ser o agente da própria história, fica evidente a importância de refletirmos sobre este aspecto na formulação dos argumentos que sustentam nossas apostas no âmbito da historiografia didática.

O reconhecimento da potência heurística do entendimento de narrativa como elemento estruturante do pensamento histórico abre outras possibilidades de enfrentamento. Compreendida como a forma de atribuir sentido/significado a uma experiência — individual e/ou coletiva — no e com o tempo, a narrativa histórica opera tanto com os elementos específicos dessa forma discursiva quanto leva em consideração as singularidades da produção da ciência histórica.

Desse modo, é tão importante saber operar com a escolha dos personagens, da intriga, das coordenadas espaço-temporais quanto com a preocupação com o estabelecimento do corte, da fronteira entre história e memória, ciência e ficção. Não se trata de reatualizar binarismos criticados pela postura pós-fundacional, mas sim de disputar o lugar de demarcação dessas fronteiras. Dito de outra maneira, o fato de a postura epistêmica aqui defendida autorizar a trabalhar com fechamentos contingentes e provisórios, não significa um niilismo epistemológico, um tudo vale. O deslocamento do sentido de passado fechado, atrelado à crença "daquilo que realmente aconteceu" para a ideia de "passadidade", como defendida por Ricoeur (1997), não significa que qualquer passado possa ser inventado. A familiaridade com os regimes de verdade pactuados pela comunidade epistêmica de historiadores é uma das condições de produção também do conhecimento escolar. A forma de visitar o passado por meio da disciplina história tem suas regulações metodológicas que precisam ser contempladas quando se trata de construir uma trama a ser narrada nas escolas da educação básica. Entre as regras do jogo, o trabalho crítico com as fontes, um dos conectores do tempo de que nos fala Ricoeur (1997), tem um lugar de destaque. A narrativa histórica resulta, assim, de processos de hibridização entre jogos da linguagem e jogos do tempo (Gabriel e Costa, 2011) sem, no entanto, perder o compromisso com o rigor científico que caracteriza sua produção.

Nessa perspectiva, um primeiro movimento incontornável na escolha da trama a ser narrada é a preocupação em mobilizar o fluxo de cientificidade no processo de reconfiguração narrativa. A escolha e a seleção dos "conteúdos históricos escolares" podem ser vistas como uma forma de garantir a presença desse fluxo na produção do conhecimento/narrativa escolar. Esse posicionamento implica, todavia, problematizar o sentido particular do significante conteúdo nos debates educacionais a partir das contribuições tanto da historiografia inscritas na abordagem narrativista quanto das perspectivas pós-estruturalistas/pós-fundacionais. Como tenho argumentado em outras oportunidades (Gabriel, 2017), não se trata de investir em discursos conteudistas, mas de não abrir mão de disputar os processos de significação desse termo.

Parece-me promissor investir na articulação entre "conteúdo" e "fato histórico" na abordagem narrativista. De uma maneira geral, selecionar conteúdos na área do ensino de história significa selecionar fatos históricos legitimados como importantes a serem percebidos como herança a ser perpetuada entre as diferentes gerações. Como vem sendo debatido há décadas no campo da historiografia, o fato histórico não é dado, é construído, fabricado, e opera com diferentes durações. É sempre bom lembrar que termos como "acontecimento", "conjuntura" ou "estrutura", bastante utilizados no campo da história, são significados no domínio da temporalidade. Do mesmo modo, um fato histórico, seja ele qual for, não carrega em si o próprio significado, sua significação e compreensão só se tornam possíveis quando ele é inserido em uma trama, ou, se preferimos, em tramas com escalas temporais diferenciadas.

Operar com a ideia de conteúdo/fato histórico como um ingrediente incontornável na produção da narrativa histórica pode oferecer elementos para nos distanciarmos de visões conteúdistas e conteudofóbicas e simultaneamente valorizarmos uma forma de conceber a escola como espaço fecundo para se relacionar de forma singular com o conhecimento científico.

O segundo fio que corresponde aos processos de subjetivação/identificação remete a dois planos que participam da construção da trama e que, embora diferentes, se mesclam no momento da produção da narrativa histórica escolar. O primeiro diz mais respeito à justificativa da trama escolhida do que a sua configuração propriamente dita. Ele se refere à dimensão educativa, ética que atravessa o contexto escolar. Que sujeitos/cidadãos/identidades pretendemos formar/investir ao escolhermos esta ou aquela história a ser narrada (Gabriel e Martins, 2016)? O que está em jogo aqui é a disputa por projetos societários que extrapolam, embora estejam relacionados, os objetivos do processo de ensino-aprendizagem nessa área disciplinar. Trata-se igualmente do entendimento sujeito/subjetividade política e da forma como equacionamos a articulação estrutura e sujeito na explicação sobre os processos de estruturação de uma ordem social.

Afinal, o que queremos afirmar quando pretendemos, como professores de história, formar cidadãos críticos? Ou quando insistimos com os(as) nossos(as) alunos(as) que eles(as) precisam tomar as rédeas da própria história? Com qual entendimento de sujeito, de agência estamos operando em nossas tão bem-intencionadas aulas de história? Em que medida que por trás dessas boas intenções não estaríamos reatualizando discursos opressores? Que efeitos produzimos quando mobilizamos esses significantes — cidadania, agência histórica — de forma essencializada sem recolocá-los nas lutas pela sua significação? Essas questões não são apenas retóricas quando vivemos tempos de negação da alteridade, da diferença. Tempos de reforço pelos poderes públicos de normatividades retrógadas e obscurantistas, de apagamento do outro, do antagônico.

O segundo plano tem a ver mais diretamente com a escolha dos personagens da trama reconfigurada para ser narrada. Que critérios utilizar para a escolha dos sujeitos históricos que dela participam? Percebe-se aqui uma forte relação deste segundo plano com o primeiro. A questão da escolha dos valores éticos aludida no primeiro plano produz efeitos na forma de problematizar e incorporar na narrativa construída, por meio da escolha dos personagens, a relação entre indivíduo e sociedade. Abrir espaço nos currículos de história para que as vozes dos excluídos, dos subalternizados sejam ouvidas pressupõe ir além da produção de narrativas *sobre* esses grupos. Em termos de história nacional ou da narrativa da nação, isto significa que não se trata mais de apenas se perguntar o que esta história nos conta, mas também quem conta essa história. No caso específico da identidade nacional, as questões podem ser colocadas da seguinte forma: Quem conta a história da nação? Quem nacionaliza quem? Abre-se, assim, a possibilidade de pensar esta ação como transitiva ou reflexiva (nacionalizar-se). De forma semelhante, que deslocamentos realizamos quando mudamos o personagem que ocupa o lugar do herói sem questionarmos a função discursiva do uso deste termo para a compreensão da participação política dos sujeitos na estabilização e/ou desestabilização das ordens sociais nas quais eles se movimentam? Ou ainda, em qual sentido de agência investimos quando mobilizamos a crítica às posições de subalternidade resultantes de ordens sociais desigualmente estruturadas e simultaneamente negamos a capacidade de agência desses sujeitos subalternizados?

Essas breves reflexões têm orientado os estudos e as pesquisas desenvolvidas em nosso grupo. Não temos a pretensão do monopólio da verdade sobre a forma de articulação entre teoria e didática da história. Temos apostas teóricas, sendo o diálogo com os estudos biográficos na pauta pós-fundacional aquele no qual temos investido de forma mais sistematizada, em particular no que diz respeito o seu tratamento empírico. Entre a defesa de uma história única e a possibilidade indiscriminada de qualquer narrativa, nos posicionamos a favor de entrarmos na disputa pela significação de sentidos da narrativa histórica escolar na qual, entendemos, vale a pena investir. Afinal, a posição assumida neste texto pode ser entendida como "uma forma de nomear e narrar o real em nosso tempo que simultaneamente se assume descrevendo-o e intervindo sobre ele, reconfigurando-o ou buscando fazê-lo, frente a outras formas de representar o real" (Burity, 2010:8).

Referências

AIRFUCH, L. *O espaço biográfico*. Dilemas da subjetividade contemporânea. Rio de Janeiro: EdUerj, 2010.

BURITY, J. Teoria do discurso e educação: reconstruindo vínculo entre cultura e política. *Revista Teias* [on-line], n. 22, 2010, p. 1-23.

DELORY-MOMBERGER, Christine. *A condição biográfica*. Ensaios sobre a narrativa de si na modernidade avançada. Natal: EDUFRN, 2012 (Coleção Pesquisa (Auto)Pesquisa autobiográfica e Educação).

______. Fundamentos epistemológicos da pesquisa: biográfica em educação. Educ. rev., Belo Horizonte , v. 27, n. 1, 2011, p. 333-346.

DOSSE, François. *Le pari biographique*. Écrire une vie. Paris: Éditions La Découverte, 2011.

FOUCAULT, Michel. *Microfísica do poder*. Tradução de Roberto Machado. Rio de Janeiro: Graal, 2005.

GABRIEL, Carmen Teresa. Conteúdo-rastro: um lance no jogo da linguagem do campo curricular. *Currículo sem Fronteiras*, v. 17, n. 3, set./dez. 2017, p. 515-538.

______. Cultura histórica nas tramas da didatização da cultura escolar: (ou para uma outra definição de didática da história). In: ROCHA, H.; MAGALHAES, M.; CONTIJO, R. (Org.) *O ensino de história em questão*. Cultura histórica, usos do passado. Rio de Janeiro: Editora FGV, 2015a, p. 161-182.

______. Currículo de história como espaço autobiográfico. In: BRAGANÇA, Inês Ferreira de Souza; ABRAHÃO, Maria Helena Mena Barreto; FERREIRA, Maria Santos (Org.). *Perspectivas epistêmico-metodológicas da pesquisa (auto)biográfica*. Curtiba: CRV, 2016. v. 1, p. 235-254.

______. Discurso historiográfico e pesquisa biográfica: diálogos possíveis em contexto escolar do tempo presente. In: SOUZA, E. C. de. *(Auto)biografias e documentação narrativa*: redes de pesquisa e formação. Salvador: EDUFBA, 2015b, p. 215-242.

______. Pesquisa *em* ensino de história: desafios contemporâneos de um campo de investigação. In: MONTEIRO, Ana Maria; RALEJO, Adriana (Org.). *Cartografias da pesquisa em ensino de história*. Rio de Janeiro: Mauad X, 2019, p. 143-161.

______. Que passados e futuros circulam nas escolas de nosso presente? In: GONÇALVES, Marcia de Almeida et al. (Org.). *Qual o valor da história hoje?* Rio de Janeiro: FGV Editora, 2011, p. 215-240.

______. Teoria da história, didática da história e narrativa: diálogos com Paul Ricoeur. *Revista Brasileira de História*, São Paulo, v. 32, n. 64, dez. 2012, p. 187-210.

______; COSTA, Warley. Currículo de história, política da diferença e hegemonia: diálogos possíveis. *Educação e Realidade*, v. 36, 2011, p. 127-146.

______; MARTINS, Marcus Leonardo Bonfim. Narrativas escolares do Rio de Janeiro: quem são os sujeitos dessas histórias? In: GABRIEL C. T.; MONTEIRO, A. M.; MARTINS, M. L. B. (Org.). *Narrativas do Rio de Janeiro nas aulas de história*. Rio de Janeiro: Mauad X, 2016, p. 205-231.

______; MENDES, Natália Rodrigues. A interface sujeito-agência no campo curricular: que contribuições das pesquisas (auto)biográficas? *Revista Brasileira de Pesquisa (Auto)Biográfica*, Salvador, v. 4, n. 11, mai./ago. 2019, p. 714-728.

______; MONTEIRO, Ana Maria. Currículo de história e narrativa: desafios epistemológicos e apostas políticas. In: MONTEIRO A. M. et al. (Org.). *Pesquisa em ensino de história*: entre desafios epistemológicos e apostas políticas. Rio de Janeiro: Mauad X; Faperj, v. 1, 2014, p. 23-40.

GUIMARÃES, Manoel Salgado. A biografia como escrita da história. Prefácio. In: SOUZA, Adriana Barreto de. *Duque de Caxias*: o homem por trás do monumento. Rio de Janeiro: Civilização Brasileira, 2008, p. 19-26.

HARTOG, François. L'art du récit historique. In: ______. *Passés recomposés*. Champs et chantiers de l'histoire. Paris: Editions Autrement, 1995, p. 184-193 (Série Mutations, n. 150/151).

LEVALLOIS Anne. Le retour de la biographie historique. L'histoire et la psychanalyse s'y rejoindraient-elles? *L'Homme et la Société*, v. 4, n. 146, 2002, p. 127-140. Disponível em: <www.cairn.info/revue-l-homme-et-la--societe-2002-4-page-127.htm>.

LACLAU, E.; MOUFFE, C. *Hegemonía y estratégia socialista*. Hacia una radicalización de la democracia. Buenos Aires: Fondo de Cultura Económica de Argentina, 2004.

LORIGA, Sabina. A biografia como problema. In: RAVEL, Jacques (Org.). *Jogos de escala*: a experiência de microanálises. Rio de Janeiro: Ed. FGV, 1998, p. 225-249.

______. *Le petit x de la biographie à l'histoire*. Paris: Seuil, 2010.

LEVI, Giovanni. Usos da biografia. In: FERREIRA, Marieta de M.; AMADO, Janaína (Org.). *Usos e abusos da história oral*. Rio de Janeiro: FGV, 1996, p. 167-182.

MARCHART, Olivier. *El pensamento político pós-fundacional*. La diferencia política en Nancy, Lefort, Badiou Y Laclau. Buenos Aires: Fondo de cultura Económica, 2009.

REVEL, Jacques (Org.). *Jogos de escala*: a experiência da microanálise. Tradução de Dora Rocha. Rio de Janeiro: Editora Fundação Getulio Vargas, 1998.

RICOEUR, Paul. *Soi-même comme un autre*. Paris: Seuil, 1990.

______. *Tempo e narrativa*. Campinas: Papirus, v. 3, 1997.

ROIZ, Diogo da Silva. A biografia na história, a história na biografia. Resenha de: DOSSE, François. *O desafio biográfico*: escrever uma vida. Tradução de Gilson César Cardoso de Souza. São Paulo: Edusp, 2009. *Revista História da Educação*, v. 16, n. 36, jan./abr. 2012, p. 139-146.

RÜSEN, J. Narratividade e objectividade na ciência histórica. *Estudos Ibero-Americanos*, Porto Alegre, v. 24, n. 2, dez. 1998, p. 311-335.

SCHMIDT, Benito Bisso. Biografia: um gênero de fronteira entre a história e a literatura. In: RAGO, Margareth; GIMENES, Renato Aloizio de Oliveira (Org.). *Narrar o passado, repensar a história*. 2. ed. Instituto de Filosofia e Ciências Humanas Universidade Estadual de Campinas Campinas, 2014, p. 191-201 (Série Ideias, 2).

______. O gênero biográfico no campo do conhecimento histórico. *Anos 90*, Porto Alegre, v. 6, 1996, p. 165-192.

STONE, Lawrence. O ressurgimento da narrativa: reflexões sobre uma velha história. Tradução de Denise Bottmann. *Revista de História*, Campinas, n. 2, 1991, p. 12-27.

VELASCO, Diego Bruno. *"Realidade do aluno", "cidadão crítico", "conhecimento escolar"*: que articulações possíveis no currículo de história? Dissertação (Mestrado) — Programa de Pós-Graduação em Educação, Universidade Federal do Rio de Janeiro, Rio de Janeiro, 2013.

WHITE, Hayden. Teoria literária e escrita da história. *Estudos Históricos*, v. 7, n. 13, 1994, p. 21-48.

PARTE II: EXPERIÊNCIAS

9

Etnografando e construindo modos de olhar: o ensino de teoria da história

Durval Muniz de Albuquerque Júnior

É sempre difícil discutir o que significa ensinar algo a alguém. A difícil arte do ensino, como toda arte, não está presa a fórmulas, a modelos, a tecnologias pedagógicas, embora não deixem de estar aí presentes e serem de grande utilidade. O ensinar passa, necessariamente, por um conjunto de relações entre humanos e não humanos. O gesto do ensino é relacional e situacional. Ele é sempre da ordem do acontecimento. Ele se dá em um dado momento preciso, numa dada situação espacial, institucional, social e cultural, bastante singulares. Todos nós que temos a experiência do ensinar sabemos que nenhuma aula, por mais planejada que seja, será exatamente igual a outra. Cada aula é um evento singular, pois depende das relações que se estabelecem entre o professor e cada aluno, naquele intervalo de tempo preciso; das relações que o professor e os alunos estabelecem com a temática a ser tratada, com o tipo de conteúdo a ser abordado; com os recursos e materiais didáticos que são utilizados; com o espaço da sala de aula; com todos os artefatos técnicos e tecnológicos que possa possuir; das relações com o tempo histórico, com o momento social e político, em que aquela aula está sendo realizada. Dado o número de variáveis que configuram uma atividade de ensino, nenhum agente desse processo, inclusive o professor, detém o controle total sobre ele. A aula é sempre uma experiência singular e, em grande medida, pessoal, pois cada agente do processo ensino-aprendizagem, ali envolvido, a realiza e a recepciona de formas diversas, a partir da relação entre seus desejos e expectativas, de seus conhecimentos e informações prévias, de seu envolvimento intelectual, mas também afetivo e emocional com o que ali está se passando. Um dos grandes mitos que atravessam o processo de ensino-aprendizagem é o da possibilidade da homogeneidade da recepção ao que é ensinado, que nasce do faz de conta de que todos os alunos que um professor tem à sua frente são uma espécie de papel em branco onde ele vai escrever o que quiser ou de que todos chegam ali em pé de igualdade em termos cognitivos, memorativos, imaginativos, emocionais, de que todos possuem as mesmas possibilidades e disposição para o conhecimento. A massificação do ensino, inclusive do ensino superior, despersonalizou as relações entre professor e aluno, que deve fazer um esforço para, minimamente, perceber as múltiplas diferenças que habitam aqueles corpos (a começar por eles) que tem à sua frente.

As dificuldades que se colocam, então, para o ensino de uma área de conhecimento como a teoria da história são inúmeras. Exclusivamente ministradas no ensino superior, comumente para os alunos formandos nos cursos de história (tanto na modalidade licenciatura quanto na modalidade bacharelado), as disciplinas que configuram a área de ensino de teoria da história (Introdução aos Estudos Históricos, Teoria da História, Metodologia da Pesquisa Histórica, Historiografia e Historiografia Brasileira, as disciplinas ligadas ao campo do ensino de história) não contam, praticamente, com alguma formação anterior, que venha do ensino fundamental e médio, que possa lhes servir de ponto de partida. A tímida presença do ensino de filosofia na formação básica e secundária, a pouca prática em lidar com o pensamento, com o ato de pensar, a pouca familiaridade com a leitura de textos de caráter mais conceitual, as poucas referências que possuem acerca da produção acadêmica em torno dessa área tornam o desafio de ensinar as disciplinas de teoria da história ainda maior. A partir de minha experiência, de algumas décadas, de ensino nessa área, vou tentar fazer, nesse texto, uma espécie de etnografia das aulas e dos nativos que frequentam os bancos escolares dessas disciplinas, tentando descrever muitas das dificuldades e possibilidades que se fazem presentes no contexto de uma atividade de ensino nesse campo.

Quando os neófitos chegam à primeira aula de uma disciplina como Introdução aos Estudos Históricos, não fazem ideia do que nela será ministrada. Embora possam ter tido contato com os capítulos, quase sempre introdutórios, que oferecem alguma iniciação a essas discussões, nos livros didáticos voltados para o ensino médio, e tenham, com certeza, tido que responder a alguma questão relacionada com essa área na prova do Exame Nacional do Ensino Médio (Enem), a maioria se surpreende diante de uma disciplina que se volta, exclusivamente, para a discussão de conceitos com que terão que lidar, em sua vida profissional, seja no campo do ensino da história, seja no campo da pesquisa histórica e no trabalho em instituições e profissões que demandam o conhecimento especializado em história. Para a maioria, que chega ao curso portando uma visão da história e da historiografia que não sabem que possuem, que nunca chegaram a refletir sobre ela, uma visão de senso comum, mas que orientou a sua escolha profissional e orienta a sua expectativa diante da profissão que escolheu, os primeiros dias de aula podem ser tão distintos do que esperava, tão traumáticos, que pode ocorrer o abandono das aulas e da opção feita.

Em sua maioria, a clientela que demanda os cursos de história tem a expectativa de que as disciplinas lhe vão ensinar o que chamam de conteúdo, entendido aí como a narrativa factual dos eventos históricos. As disciplinas da área de teoria da história logo lhes parecem uma coisa alienígena à medida que não teriam conteúdo, à medida que lidariam com uma dimensão conceitual e abstrata da realidade, com a qual não estão habituados a lidar e que não relacionam com o ensino e aprendizado em história. Muitos esperariam que tais discussões fossem feitas num curso de filosofia, não em um curso de história. A primeira tarefa, portanto, que se coloca para um professor dessa área, é a do convencimento da pertinência das discussões que promove para a formação do historiador e do professor de história. Trata-se de, em diálogo com eles, explorando em escritos e discussões em sala de aula, as pré-noções, os conceitos prévios que eles possuem de cada categoria conceitual que está afeita à nossa área de ensino e pesquisa, fazê-los enxergar que eles não estão lidando com categorias meramente livrescas e deslocadas dos acontecimentos históricos. É preciso que se explicite que todos já trazem em seu repertório conceitual noções do que seja história, do que seja a finalidade de se ensinar e escrever história, todos trazem uma ideia de que objetos trata o saber histórico, de quem são os sujeitos dos acontecimentos históricos e da escrita da história, todos manejam noções de memória, de tempo, de espaço, da relação entre passado, presente e futuro.

Eles começarão a descobrir, assim, que os conceitos não são entidades abstratas, apartadas da vida, que moram exclusivamente no interior de livros, escritos por autores com nomes difíceis. Eles começarão a perceber que os conceitos não são meras abstrações, mas que eles estão ligados à vida real e cotidiana de cada um, que os conceitos vão para as ruas, inclusive para os banheiros e quartos de dormir. Eles perceberão que o conceito não tem que ser, necessariamente, a palavra estranha, difícil, pouco usual, que se vai recolher no interior de um livro acadêmico. Eles compreenderão que sua vida cotidiana, doméstica, pública ou privada está toda organizada por conceitos, que sem conceitos não conseguiríamos nada dizer, nos fazer compreender, não conseguiríamos agir como humanos. É importante que compreendam que o homem, por ser um ser cultural e simbólico, por ser um ser situado e constituído no interior da linguagem, é um sujeito, é uma subjetividade, é um modo de pensar, sentir, ver, dizer, que passa, necessariamente pelo aprendizado dos conceitos. O processo de humanização, do animalzinho parido após nove meses de gestação, é o processo que os antropólogos nomeiam de endoculturação, ou seja, de introjeção da cultura do grupo, da sociedade, da classe social, por parte da criança. No chamado processo de socialização se dá o aprendizado dos conceitos e também dos preconceitos que irão nortear as relações que manteremos com as outras pessoas e com a sociedade em que vivemos. Não são apenas os filósofos que elaboram e vivem os conceitos, todos nós vivemos conforme manejamos e elaboramos conceitos, no dia a dia de nossas vidas. Os alunos devem aprender, nesse processo, a suspeitar das palavras, começar a não as ver como coisas, romper com sua naturalização e com a reificação de que são objeto, pensar em seu caráter conceitual, portanto, significativo, elaborado em dados contextos históricos, por dados homens e mulheres, portadores de interesses e valores diversos, nos campos econômico, político, jurídico, moral, estético etc. Palavras que parecem tão banais e de sentido óbvio, como alto e baixo, direita e esquerda, margem e centro, branco e preto, certo e errado, normal e anormal, verdade e mentira, feminino e masculino, passado e presente, podem dar início a muitas discussões, pois são ponto de partida para o estabelecimento, no interior de uma dada sociedade e cultura, de hierarquias, de valorações negativas ou positivas, de distinções, de marginalizações, de abjeções. A primeira contribuição que um professor de teoria da história pode dar a seus alunos é a de levá-los a se perceberem como seres que vivem, agem, falam, pensam e veem a partir de um dado universo conceitual, que foi aprendido social e culturalmente e que é fruto de acontecimentos históricos. Sim, para aquele aluno que chegou na universidade achando que as disciplinas da área de teoria da história não tinham conteúdo, pois não tratavam de acontecimentos, é importante ele ter contato com o fato de que os conceitos, sua elaboração, emergência, discussão e uso também são da ordem do acontecimento, também são eventos históricos. Não se faz história só quando se aborda os eventos ocorridos no Egito Antigo ou na Grécia Antiga (que merecidamente fascinam os calouros dos cursos superiores de história), mas se faz história ao se fazer história dos conceitos, das noções e categorias com as quais os homens e mulheres nomeiam as coisas do mundo, as relacionam, as hierarquizam, as dividem, com as quais agem sobre elas, fazem escolhas entre ela, as aceitam ou rejeitam.

É importante, para que o professor de teoria da história tenha suas disciplinas bem recepcionadas pelos alunos, que ele explicite que elas não possuem um caráter artificial, abstrato, longe da vida e da profissão que os alunos dos cursos de história vivem e resolveram abraçar. É preciso que fique clara para eles a ligação intrínseca entre a história, como conjunto de eventos ocorridos ao longo dos tempos, e os conceitos que os estruturaram, que os nomearam, os legitimaram, os explicaram, deram a eles sentido e significado. Por que estudar conceitos em história? Porque se a historiografia é a narrativa feita sobre a vida dos homens, em suas várias temporalidades, ela é, obrigatoriamente, a narrativa sobre eventos, personagens, acontecimentos que foram narrados e figurados conceitualmente. É fundamental que os alunos entendam que, se a história fala da vida humana, fala, necessariamente, da vida dos próprios conceitos, porque eles são encarnados e vividos pelas pessoas. Os conceitos, as palavras, não habitam um mundo etéreo das ideias, como os ainda partidários da indefensável separação entre materialismo e idealismo defendem, mas ao contrário, elas são levadas à prática, elas se materializam em ações e gestos, elas se encarnam e constituem o próprio corpo dos humanos e, portanto, fazem parte do que há de mais material em nós: as nossas carnes que, sem eles, não passariam disso, jamais chegariam a ser um corpo que já é uma elaboração conceitual, imaginária e simbólica, a partir da matéria-prima das carnes. Os conceitos não estão apenas nos livros de história, escritos por historiadores de renome, pelos teóricos, que são assim alojados numa espécie de redoma para pessoas excepcionais, os conccitos cstão no dia a dia, são produzidos e reproduzidos, elaborados e reelaborados pelo mais comum dos mortais. O aluno de história deve aprender, antes de tudo, a prestar atenção aos conceitos que estruturam seu próprio presente, a sua cultura, aprender a historicidade desses conceitos, aprender a relativizá-los, ao conhecer e comparar conceitos distintos que possam ter recoberto eventos, instituições, práticas, relações assemelhadas, no passado. É uma grande descoberta para o aluno de história que o nome, a palavra, o conceito que ele usa para nomear certa coisa nem sempre foi aquele usado para nomeá-la, que nem sempre esse conceito existiu ou possuiu os mesmos sentidos que damos a ele, que aos homens já foi possível viver sem esse conceito, portanto, sem pensar naquilo ou ter aquilo como preocupação e realidade.

Ao professor da área de teoria da história cabe problematizar os conceitos que seus alunos usam para nomear certas coisas, relações, pessoas, instituições. É muito importante que, em situação de aula, ele ponha em questão dados conceitos e preconceitos que um aluno vier a usar em relação a um colega, a um evento, a um personagem, do passado ou do presente. Isso implica que o próprio professor da área de teoria da história tenha uma atenção redobrada ao tipo de vocabulário, ao tipo de conceitos que utiliza em sala de aula. Ele, mais do que ninguém, deve fazer o uso refletido do universo conceitual que a cultura e a sociedade em que vive lhe disponibilizam. O uso da ironia é um bom recurso para fazer aparecer, para denotar o caráter ambíguo e polivalente dos conceitos que estruturam os discursos do senso comum. O professor da área de teoria da história deve ter como ponto de ataque a reprodução do sentido comum, do estereótipo, da pré-noção, do preconceito, do lugar comum, hoje, tão generalizados no uso das redes sociais. É preciso estar atento e, por seu turno, fazer os alunos quedarem atentos para o universo conceitual que circula na fala cotidiana, para que possa ser tomada como material para reflexão em sala de aula. É um momento inspirador para um professor de teoria da história quando um aluno traz para a situação de aula uma questão conceitual que lhe assaltou ao ouvir uma conversa no ônibus, no bar, no restaurante, no campo de futebol, na escola em que já ensina, no bate-papo com os amigos, nas reuniões familiares ou do partido político a que pertence. Isso materializa o enraizamento histórico dos conceitos, sua circulação social, a maneira como eles estão presentes nas situações mais corriqueiras de nossas vidas.

O passo seguinte é, justamente, chamar atenção para o fato de que, se os conceitos organizam a vida humana, eles também se fazem presentes nos documentos que são comumente utilizados pelo historiador. É interessante trazer alguns documentos para a sala de aula e fazer um exercício de identificação dos conceitos que os estruturam, pedir que cada aluno vá, à medida que lê o texto, anotando quais as palavras que, para ele, adquirem ali conotação conceitual. Pode-se, inclusive, pedir que os alunos tragam os textos que costumam escrever, suas cartas, e-mails, twites, redações de diários, ou mesmo os textos acadêmicos, que escreveram para outras disciplinas, para que identifiquem que palavras, que expressões possuem, neles, funções conceituais. Assim se dão dois passos importantes no aprendizado da teoria da história: a) o aluno aprende que um historiador ou professor, quando for preparar uma aula ou fazer uma pesquisa no campo da história, não deve buscar os conceitos apenas na bibliografia de apoio teórico e metodológico que escolheu ou lhe foi indicada; aprende que o conceito não tem uma existência apenas livresca e não depende apenas da elaboração de outros especialistas (o filósofo, o cientista social, o economista, o psicólogo, o crítico literário etc.); ele aprende que deve procurar os conceitos, que vai estruturar a sua aula ou escrito nos próprios documentos do passado que estuda, pois são eles as noções e categorias da época, o que lhe poupará de projetar conceitos inadequados do presente para o passado e cometer anacronismos de toda ordem;

b) Nesse passo, poderemos discutir com os alunos e eles poderão se dar conta da especificidade da questão conceitual em história: eles aprenderão que a historiografia não lidará, sempre e necessariamente, com conceituações exotéricas, como aquelas que costumam estar na base do discurso científico e que lhe conferem legitimidade científica; o historiador lida, quase sempre, com conceitos que, por serem vividos, são menos exotéricos, são conceitos dos quais os personagens do passado tinham certa compreensão e domínio e que nós, também, podemos ter deles dadas noções; por lidar com conceitos que articulam a vida social, como os conceitos de economia, política, cultura, relações sociais, poder, verdade, saber, conhecimento, evento, personagem, tempo, espaço, período, cronologia, processo, ruptura, mudança etc., os historiadores e professores de história tendem a desconhecer seu caráter conceitual e a não se darem conta de que, ao fazer uso dessas palavras, já estão fazendo uso de conceitos; ao trabalhar com documentos e textos do passado e da própria lavra dos estudantes, vai se conseguindo educar o olhar dos alunos para perceberem a dimensão conceitual dessas palavras tão utilizadas.

Eles poderão aprender aquilo que, de maneira mais abstrata, o historiador Paul Veyne nos apresenta como sendo um conceito e uma teoria em história, ou seja, o conceito como um articulador narrativo, como um conector de enunciados, como sendo palavras que proporcionam o sair da mera descrição das particularidades do empírico, dando a ele certo nível de generalização e de compreensão mais abstrata e complexa. Já a teoria da história seria uma narrativa, uma trama pronta, no interior da qual situamos os dados singulares e discretos que colecionamos na pesquisa, para que eles venham a fazer sentido, ou mesmo, quando delas fazemos uso, em sala de aula, não nos limitarmos a apenas descrever uma cena ou um evento histórico, mas procurando compreendê-la, dar sentido a ela, um sentido para além do mero relato de seus detalhes. Toda teoria da história é composta por uma rede de conceitos e de imagens que se articulam por meio de uma dada forma e de uma dada lógica, rede conceitual que nos ajuda a ver, pensar e dizer os eventos históricos, seus personagens, suas motivações, as condições de seu ocorrer. Os conceitos, como a teoria, em história servem para que passemos do estado do episódico, do anedótico, do singular, para uma compreensão de conjunto, para a inserção da poalha dos eventos em uma narrativa de síntese que dê inteligibilidade ao fragmentário (Veyne, 1987:139-163).

Os alunos devem entender, pois, que os conceitos são criações humanas que visam facilitar a convivência e o entendimento entre os humanos. Eles entenderão o que é um conceito se trabalhamos com eles a dimensão conceitual que pode haver numa palavra tão comum como cachorro ou gato. Por que os humanos inventaram essas palavras, esses conceitos? Para não ter que descrever, a cada vez, para uma outra pessoa o cachorro ou o gato singular que viu e quer sobre ele algo contar ou dizer. O conceito cachorro remete não a cada cachorro em sua particularidade de cor, tamanho, raça, peso, pelugem, formato do corpo, orelhas, olhos, patas etc. Ele remete a um esquema geral do que seja um cachorro. O que confere a dimensão conceitual a essa palavra é que ela nem sempre se refere a um cachorro concreto, que temos em nossa frente, ela tem a capacidade de fazer-nos evocar a imagem geral que temos dessa espécie de animal. Podemos fazer um relato sobre peripécias caninas sem que precisemos descrever, a cada vez e com precisão, a que cachorro singular estamos nos referindo. Podemos contar histórias de cachorros sem que necessitemos descrever, todas as vezes, a que animal essa palavra se refere. Conceitos, portanto, são sempre abstrações, são sempre esquemas mentais, são sempre sínteses de uma realidade material bem mais complexa. Esquemas que possuem uma dimensão gráfica, imagética e uma dimensão significativa e lógica. Os conceitos são simplificações lógico-formais que nos ajudam a dizer coisas e realidades bem mais complexas, eles reduzem a diversidade a traços e a ideias significativas. O cachorro se vê reduzido a um ser de quatro patas, com um focinho cumprido, que late, enquanto o gato se vê reduzido a um ser de quatro patas, de cara redonda, que mia. A esse esquema geral e descarnado vamos acrescentando detalhes à medida que nos aproximamos de um dado cachorro ou gato específico. Não há conceito, portanto, que abarque a complexidade e a diversidade da empiria e não há empiria que caiba em sua inteireza no conceito.

Nesse processo, os alunos irão desmistificando a relação com os próprios conceitos e com a própria teoria, vão aprendendo que eles são desse mundo e não de um mundo à parte, chamado ciência e academia. Eles vão aprendendo que todo historiador, inclusive ele, é capaz de inventar conceitos, de produzir a própria teoria. O fastio conceitual dos historiadores, a aversão a fazer tudo que pudesse se assemelhar a uma filosofia da história, que é produto do próprio desenvolvimento do campo historiográfico, no Ocidente, a equivocada ideia de que história não precisa ou pode ser feita sem conceitos ficam questionados à medida que o aluno percebe que a própria convivência entre os homens, que qualquer evento, que qualquer relato sobre o passado, que qualquer documento ou testemunho do passado que veiculam, foram pensados, produzidos, guardados, escritos a partir de uma dimensão conceitual. Esse exercício também levará os alunos a romperem com uma relação e uma visão meramente instrumental com a teoria e com o conceito, para percebê-la como existencial e histórica. Eles deixarão de nos dizer, felizes e eufóricos, que já encontraram uma teoria, um conceito, um autor para neles encaixar a sua pesquisa. Nessas oportunidades é pedagógico se referir ao fato de que conceitos não são caixas ou gavetas. A teoria ou o conceito não são receptáculos onde se irá depositar uma dada empiria, um dado tema, um conjunto de eventos e de personagens, encontrados nos arquivos. A teoria ou vai junto com o pesquisador para o arquivo, ou é formulada no próprio arquivo, em todo o percurso da pesquisa, ou ela será sempre um mero invólucro, uma espécie de corpo estranho, de cobertura artificial e superficial, para aquilo que se pesquisou.

Tento sempre, nos primeiros dias de aula, fazer com que os alunos percebam que a teoria e o conceito são algo intrínseco à sua prática de pesquisa ou de ensino, porque o conceito e a teoria são portados no dia a dia, estão presentes na maneira de olhar para as coisas e para as relações entre os homens, na maneira de se visualizar o tempo, o espaço, o que seja a verdade, o que seja o passado e o presente, de cada um de nós. Para mim, o ensino de teoria da história tem como objetivo primeiro a produção de uma dada maneira de olhar para as coisas do mundo. Aprender teoria é aprender dada maneira de ver e também, a partir dela, dada maneira de questionar, de problematizar outras visões de mundo, outras maneiras de olhar e pensar sobre a história. Desde Bergson, aprendemos que o conhecimento, que a cognição, que a racionalização, que a inteligibilidade do mundo são funções secundárias em relação à percepção (BERGSON, 1999:209). Primeiro percebemos algo para depois atirarmos sobre ele um sentido, primeiro o vemos para depois dizermos o que ele é. Evidentemente, na vida cotidiana, os homens, que já dispõem de conceitos para a maioria das coisas à sua volta, vão, imediatamente, ao perceber algo, ter certeza, entender o que ele é, por isso o ver, o entender e o dizer parecem concomitantes e justapostos. Só quando nos deparamos com algo totalmente estranho, algo que, ao ser percebido, não dispomos de categorias, de conceitos, de um repertório prévio de informações para poder dizer o que ele é, identificar o que seria seu ser, é que nos damos conta dessa separação entre o ato perceptivo e cognitivo. A formação em teoria da história é, antes de tudo, dirigida à educação de uma dada percepção e não, como se costuma defender, um ensino no campo estrito do pensamento. A ênfase que se dá no ensino sobre as chamadas escolas históricas ou historiográficas, ao momento da pesquisa, ao momento metódico, à metodologia a ser adotada, nasce dessa particularidade do fazer historiográfico, que é o fato de que a operação historiográfica se inicia por operações materiais, pela rearrumação e o recorte do arquivo, como nos disseram, com propriedade, Michel de Certeau (2011) e Michel Foucault (1986). Nesse momento da pesquisa, a percepção, a capacidade de olhar, de ver de dados modos e não de outro fazem uma enorme diferença. A escolha e recorte da fonte, que constituem as etapas da própria produção das evidências por parte do historiador, recorrem a uma sensibilidade e a uma estrutura perceptiva formadas por meio da experiência, mas também da análise e da reflexão. O fazer história é, em grande medida, um artesanato, pois deve contar com um aprendizado prático de como se fazem as coisas, de como se realizam e se articulam as etapas da operação historiográfica, e nessa experiência prática intervêm todos os sentidos e, principalmente, uma forma de ver as coisas que depende da formação conceitual e teórica de que disponha.

Discutir essas questões com os alunos é ensiná-los a desnaturalizar, a historicizar os próprios sentidos. Quando discutimos, por exemplo, um conceito tão utilizado pelos historiadores, mas pouco refletido por eles, como é o conceito de evidência, podemos levá-los a perceber que, ao contrário do que o senso comum nos ensina, não são as coisas, a realidade, o passado que se impõem ao nosso olhar, que se colocam diante de nossos olhos, sem mistérios e sem disfarces (ver Hartog, 2017). As coisas do mundo, os eventos do passado não são odaliscas que se desvelam ou se desnudam diante de nossos olhos. Eles interpelam nosso olhar, eles agem como signos que nos convocam a lhes dar nomes, sentidos, significações, mas quem tem o domínio dessa relação de dotação de sentido é o olhar humano, olhar que não está desligado dos conceitos de que dispõe. O conceito não é uma mera realidade fantasmagórica, abstrata, localizada em algum interior misterioso da mente, são eles que se encarnam nos e orientam nossos órgãos do sentido. Os alunos devem aprender que não vemos as coisas com nosso olho físico, biológico, a visão é uma faculdade que nos leva à percepção de que alguma coisa existe fora e para além de nós, mas quem diz o que essas coisas são não é o olho. Olhar é um conceito distinto do conceito de visão, porque podemos ser dotados de visão e não sabermos o que estamos vendo, pois o que nos informa sobre o que estamos vendo é o conceito, aprendido no processo de socialização. Por isso, ao chegar ao arquivo, o historiador pode ver algo e não conseguir enxergar porque lhe falta a preparação conceitual para tanto. Quantas vezes não nos surpreendemos ao voltar a ler um documento, que exploramos em um momento inicial de nossa carreira, ao percebermos, ao vermos, nele, coisas que antes não havíamos visto. Como pode ser que aquilo estando ali, tão óbvio, tão na cara, tenha nos escapado? O olhar é uma aquisição social, cultural e histórica, ele nasce da educação conceitual da visão. Portanto, não são as evidências que se evidenciam, que saltam aos nossos olhos, é o nosso olhar, teoricamente orientado, que produz as evidências, vendo o que procura, vendo o que busca, vendo o que quer ver e vendo até o que não gostaria de ver. Daí a centralidade da elaboração do problema, das perguntas que se faz ao passado, daquilo que Paul Veyne nomeou de tópica do historiador (Veyne, 1987:139-163), na elaboração de uma aula ou numa pesquisa em história. As perguntas, os problemas orientam o nosso olhar, o dirigem para determinadas regiões da empiria, dos documentos, dos testemunhos, da matéria histórica a ser ensinada ou pesquisada, assim como dirigirão a fala e a escrita que resultarão dessas atividades de levantamento e pesquisa.

Costumo dizer que cada escola historiográfica, cada obra de história, cada historiador nos ensina maneiras de olhar para a matéria histórica, nos ensina a construir, a partir desse olhar, dadas problematizações, dados questionamentos, dadas perguntas, que implicam, por sua vez, o uso do aparato conceitual que proporcionou a elaboração e a educação daquela maneira de olhar. Não há nenhum sentido, portanto, que se faça, do ensino no campo da teoria da história, o lugar para a apresentação de uma pretensa teoria da história única, adequada, perfeita, verdadeira, que seria aquela a olhar, interpretar e dizer a história corretamente. O ensino de teoria da história não deve se tornar doutrinação, formação de quadros, não pode ser lugar para dogmatismos e apriorismos acríticos. O papel do professor de teoria da história é proporcionar a seus alunos o contato com formas diversas de ver, inteligir e escrever a história. É inescapável que seu ponto de vista, que sua forma de ver a história apareça nas discussões, mas deve chamar a atenção para o valor que todas as maneiras de encarar o histórico possuem, já que constituem diversas maneiras de enxergá-lo. O materialismo histórico, por exemplo, direciona o olhar para dadas dimensões, para dadas relações, para dados temas e personagens, para dados tempos e espaços, para dados eventos históricos. Quando o historiador inglês Edward Palmer Thompson cunhou a expressão "a história vista de baixo", ele estava explicitando o que estou defendendo nesse texto, ou seja, a teoria da história é uma dada forma, uma dada maneira, uma dada modalidade de olhar para o histórico e, inclusive, para o historiográfico, para o teórico e metodológico e para o ensino de história, quando as pesquisas dos historiadores incidem sobre esses campos (Thompson, 1966:279-280). Quando um grupo de historiadores italianos se propôs a fazer uma micro-história, estavam indicando uma mudança de foco no olhar do historiador, que deveria abandonar as pretensões ao olhar totalizador braudeliano, um olhar estendido sobre longas durações temporais, sobre um conjunto maciço de eventos históricos, para se debruçar sobre um recorte temporal menor, sobre um evento em específico, sobre um dado personagem, sobre um dado conjunto documental (Rojas, 2003). Eles partiam do pressuposto, em grande medida trazido do campo etnográfico, de que para se ter uma visão mais aprofundada sobre um evento, para não sobrevoar a sua superfície, se deveria concentrar o olhar num dado foco, num dado recorte, num dado aspecto específico. De um olhar generalizador, estrutural, partiríamos para um olhar indiciário, anedótico, atento a signos, emblemas e sinais, a traços e gestos. Para a enunciação dessa própria maneira de olhar distinta, aquilo que seria um novo paradigma, um novo ponto de vista, um novo ponto de partida para a pesquisa histórica, outros conceitos são convocados: olhar de baixo, indício, traços, sinais, emblemas, o que explicita a inseparabilidade entre dada maneira de olhar, ou seja, dada teoria da história e dado universo conceitual. Os conceitos constituem e dirigem maneiras distintas de olhar, de pesquisar, de investigar. Investigar é um conceito que etimologicamente remete, justamente, para o ato de seguir pistas, de ir atrás do vestígio, do que sobrou, do que restou, da marca que ficou de um dado acontecimento, de um dado fenômeno. A palavra investigação remete, como será discutido pelo próprio historiador Carlo Ginzburg, em seu texto *Sinais: raízes de um paradigma indiciário*, ao gesto do caçador ao seguir pegadas deixadas no chão por sua provável presa (Ginzburg, 2001:143-275). Seguimento que se faz, evidentemente, com um olhar treinado e especializado, educado por conceitos, tanto elaborados a partir da experiência como adquiridos de caçadores mais experimentados. Ao contrário do que esse texto tenta nos convencer, são os conceitos que dirigem e orientam o olhar do caçador e não as pegadas que a ele se impõem e o obrigam a ler nelas tal ou qual coisa. As pegadas são visualizadas, elas estão ali, são presenças empíricas indiscutíveis, mas como o caçador as decodifica, como as lê, como se orienta através delas, que decisões e gestos realizam, aparentemente sob seu comando, depende do aparato conceitual, dos códigos de leitura que ele domina, acerca daquela empiricidade específica. As pegadas podem orientá-lo ou desorientá-lo, a depender de como as decodifica, de como as lê, de que sentidos delas extrai.

O ensino de teoria da história, digo sempre para meus alunos, não é o ensino de um conjunto de conceitos exotéricos retirados de autores estrangeiros, de livros especializados; o mero ensino de um conjunto de informações sobre as escolas históricas, suas metodologias e pressupostos, suas obras modelares e os autores canônicos de cada uma, para serem memorizados e servirem de repertório para citações de cunho conceitual. Ensinar teoria da história é, sobretudo, ensinar a olhar para o mundo de uma dada maneira, para a história, para o passado, para os tempos, e, a partir daí, refletir, pensar sobre eles. Creio que o professor das disciplinas da área de teoria da história tem como tarefa hercúlea ensinar os alunos a pensar. Não é que eles possam ter chegado à universidade sem nunca terem exercitado essa capacidade, mas trata-se de ensiná-los a refletir sobre aquilo que, de tão próximo e recorrente, não lhes parece ser matéria de dúvida, incerteza, problematização, estranhamento, ou seja, tudo aquilo que nos leva ao gesto de pensar. Fazer os alunos estranhar o que está neles entranhado é a tarefa precípua de um professor da área de teoria da história. Fazê-los tomar distância daquilo mesmo que os constitui, olharem de fora aquilo mesmo em que estão imersos, requer a formação desse olhar de suspeita, desse olhar irônico, desse olhar crítico, capaz de se deslocar e provocar crises nos sentidos estabelecidos. As palavras crítica e crise possuem a mesma raiz etimológica, já que a crítica remete ao gesto de pôr em crise os sentidos comuns e estabelecidos. Quando utilizamos, nas aulas de teoria da história, noções como perspectiva e abordagem, estamos, consciente ou inconscientemente, afirmando que cada escola historiográfica, que cada historiador, que cada obra significam uma dada maneira de perspectivar, de abordar o conhecimento histórico. Sabemos que a técnica da perspectiva, desenvolvida no âmbito do Renascimento italiano, diz respeito a uma dada forma de construir a cena, de pintar personagens e cenários, possibilitada por uma dada construção e educação do olhar, do foco para ser mirado. Abordar algo significa tomar contato com ele por meio de um dado ponto definido, significa se aproximar dele, tocá-lo, vê-lo a partir de um dado ângulo, de uma dada parte específica, de um recorte específico, de um fragmento específico de suas bordas. Tanto a perspectiva como a abordagem indicam que nunca acessamos algo do mundo em sua totalidade, sempre entramos em contato com as coisas do mundo, com os eventos a partir de um dado ângulo, de uma superfície específica.

O ensino de teoria da história, ao contrário do que muitas vezes é a expectativa dos alunos, não deve objetivar fornecer um conjunto de conceitos para serem, de modo postiço, citados nos textos. Muitas vezes, o uso que se faz da teoria, sua relação com a dimensão empírica da pesquisa histórica, mais parece a relação entre água e óleo. Os conceitos e as citações de caráter teórico aparecem boiando, destacados, sem nenhuma relação intrínseca com o relato feito a partir dos dados empíricos. Só há aprendizado verdadeiro da teoria quando ela passa a fazer parte do modo de ver e pensar o mundo do professor de história e do historiador. O ensino de teoria da história se destina à produção de subjetividades, de sujeitos do conhecimento histórico, com dadas maneiras de sentir, de pensar, de imaginar a realidade histórica. Quando Paul Veyne define a teoria da história como uma trama pronta, ele está afirmando que a teoria é da ordem do relato, um relato prévio, aprendido, que permite e colabora na narrativa dos eventos históricos. A teoria nos fornece *a prioris* que nos ajudam a localizar as coisas, a pensá-las e significá-las. A teoria da história, nesse sentido, é um elemento e alimento da imaginação histórica. Como lidamos, quase sempre, com tempos, acontecimentos, personagens, sociedades que estão distantes temporalmente de nós, as quais não podemos frequentar, é fundamental para o professor e pesquisador em história que disponha da imaginação. O ato de recriação do passado é um ato poético, artístico, representacional, pois se trata, sempre, da construção de imagens que permitam às pessoas, situadas no presente, construírem uma dada maneira de enxergar esse passado. É impossível se escrever e se ensinar história sem lançar mão da nossa imaginação, da nossa capacidade de transformar em imagens, seja por meio do recurso à escrita ou à fala em prosa, seja utilizando recursos audiovisuais, os eventos passados. Uma dada teoria da história, como uma trama pronta, auxilia, como relato poético e retórico já elaborado, a que possamos dotar de sentido o fragmento de passado que colhemos no arquivo. A teoria nos auxilia a pensar, tanto quanto a imaginar, a transformar em imagens, acessíveis aos homens do nosso tempo, os estranhos eventos passados. Quando digo que a teoria da história implica uma dada educação do olhar, visa a formação de um modo de ver, estou também afirmando que ela é uma maneira de imaginar, de produzir imagens, já que são elas que o nosso olho físico ou intelectual, subjetivo, acessa e visualiza. Toda teoria da história participa e promove um dado imaginário, faz parte de uma dada ordem das imagens. Elas nos ajudam a imaginar como foi o passado, nos ajuda a traduzi-lo em imagens, que possam ser compreendidas e acessadas por aqueles que habitam o nosso tempo.

Os conceitos, ao contrário do que muitos pensam, não são o oposto das imagens, tidas como inerentes a um discurso artístico e representacional. Tal como os definiram Gilles Deleuze e Félix Guattari (Deleuze e Guattari, 1992:29-42), os conceitos são agregados sensíveis, convocam, necessariamente, um conjunto de imagens, que nos permitem visualizar, enxergar, em nossa consciência, aquilo ao qual estamos nos referindo ao utilizarmos um dado conceito. Quando utilizamos a noção de luta de classes, ela convoca, imediatamente, imagens que aprendemos, que arquivamos em nossa memória, a partir de experiências ou de informações, do que seja uma classe e do que seja uma luta. O conceito faz sentido porque dele sabemos uma definição, racional e cientificamente elaborada, mas também porque dispomos da imaginação e da memória, que vêm em auxílio da cognição, oferecendo imagens, lembranças, experiências do que seria o referente ou a referência para esse conceito.

Portanto, por serem uma trama pronta, por nos oferecerem imagens e conceitos para conseguirmos apreender e compreender algo do passado, por nos levarem a um repertório de experiências, inclusive de pesquisas anteriores, as teorias da história, todas elas, são produto de nossa capacidade de reflexão, de raciocínio, de inteligibilidade, de cognição, mas são também produto de nossa capacidade de imaginação, de intuição, de elaboração poética, retórica e discursiva do mundo, nos permitindo conectar experiências passadas com as experiências do presente. Toda teoria da história nos oferece não apenas um conjunto de conceitos, mas também um conjunto de metáforas, de imagens boas para pensar e traduzir uma coisa que não conhecemos pela aproximação com algo que conhecemos. Os conceitos são uma das formas do procedimento metafórico, que rege toda a relação da linguagem com as empiricidades do mundo. A metáfora se caracteriza pela permutação de um termo desconhecido por outro conhecido, ou seja, na metáfora utilizamos a imagem de algo que conhecemos para aproximar e fusionar com algo que não conhecemos e assim apagar sua estranheza. Quando os portugueses deram de cara, na América, com um bicho que não conheciam, trataram de descrevê-lo, inicialmente, metaforicamente, aproximando-o de um bicho conhecido: ele lhes pareceu semelhante a um cachorro, em seguida, após observarem suas reações e movimentos, suas atitudes e comportamentos, sua forma lenta e pausada de subir nas árvores, aproximaram-no, metaforicamente, de um comportamento humano, a preguiça, e assim encontraram um nome, um conceito para dizer e fazer ver o bicho desconhecido. Os conceitos são um tipo especial de metáfora, à medida que dizem algo reduzindo-a a alguns traços, abstraindo muito detalhes, que parecem acessórios, e se fixando no que seriam os traços gerais, os elementos fundamentais de uma dada coisa ou realidade.

Portanto, se a metáfora é boa para pensar, se o conceito é uma espécie de metáfora, se a metáfora é, também, o procedimento que rege a obra de arte, que é também um resumo ou um acréscimo a uma dada realidade material e humana, as teorias da história, qualquer uma delas, possuem dimensões científicas e artísticas, porque todas elas se compõem de conceitos e imagens. Quando o historiador Fernand Braudel quis tornar visível como pensava a relação entre evento e estrutura, quando ele quis nos fazer ver que imagens estavam implicadas nesses dois conceitos, ele apelou para imagens como a do brilho fugaz dos vaga-lumes colocado em contraste com a profundidade e espessura da escura noite dos céus da Bahia, que permitia que pequenos e fracos pontos de luz se tornassem visíveis e encantadores, ou para a imagem antitética do movimento pouco visível das correntes marítimas profundas responsáveis pelo caráter cinético dos oceanos e os movimentos superficiais, brilhantes e espetaculares, facilmente visíveis das espumas das ondas, quebrando na areia da praia (Braudel, 2009:219-234, 235-288). Para nos fazer visualizar o que seria o que chama de paradigma indiciário, o historiador Carlo Ginzburg lançou mão de imagens como a do caçador acompanhando os rastros de sua presa, como a do praticante de artes venatórias tentando decifrar como seria o futuro mediante a observação de marcas nas vísceras de animais, dos traços nas mãos das pessoas, da disposição dos astros no céu, ou como a imagem do detetive Sherlock Holmes a decifrar o enigma de um crime pela observação e intuição a partir de um detalhe, de uma pista, aparentemente secundária (Ginzburg, 2001:143-275).

É fundamental que o ensino de teoria da história aposte não apenas no desenvolvimento da habilidade de pensar, no desenvolvimento, por meio da leitura e da discussão de textos mais conceituais, a competência para o pensamento abstrato, para a elaboração discursiva amparada em conceitos, que devem ser subjetivados, a ponto de constituírem a própria maneira de pensar do estudante, mas que também aposte no desenvolvimento da percepção e da sensibilidade, diante da própria materialidade do arquivo, que se alimente a capacidade de intuir e imaginar cenas, cenários, personagens, a partir da leitura de distintos tipos de documentos e testemunhos, que se alimente, nas aulas das disciplinas da área de teoria da história, o desenvolvimento da capacidade de imaginação, memorização e elaboração narrativa e imagética do passado. Quando digo que a formação em teoria da história implica a construção de uma dada maneira de olhar, isso implica que a teoria estudada e aprendida pelo estudante não permaneça como algo externo à sua subjetividade e ao seu pensamento. Apreender, verdadeiramente, o pensamento de um autor não é sabê-lo citar de memória, não é estar, a todo instante, citando-o literalmente em um texto, não é atravancar sua narrativa com a repetição recorrente dos conceitos que utiliza, mas sim é misturar-se de tal forma com o que ele pensa, é apreender de tal forma seus conceitos que eles passem a integrar seu próprio pensamento, é fazer dos conceitos, das ideias, das imagens, das metáforas, que utiliza, algo de seu. Como a música, que também é conceitual e artística, toda forma de pensar propõe um certo movimento para o pensamento. Apreender esse movimento, seu ritmo, sua tonalidade, seu diapasão é o verdadeiro aprendizado do pensamento. Há pensamentos mais lentos e mais rápidos, mais arrastados e mais ritmados, há pensamentos melódicos, harmoniosos, e há pensamentos que apostam na desarmonia e no desacordo, há pensamentos barulhentos e outros monocórdios e tranquilos. Aprender teoria da história é, também, aprender a dançar conforme a música que dados autores propõem em seu pensamento, acerca de como deve ser visto, entendido e escrito o passado.

Assim como propunham os gregos antigos, uma forma de pensamento deve ser também um estilo de vida, uma estética da existência, tal como a propôs Michel Foucault (1984). Adquirir uma maneira de pensar a história deveria ser, também, a aquisição de uma forma de viver e de praticar seu ofício de professor e pesquisador da história. Sabemos da esquizofrenia que costuma separar aquilo que escreve um historiador, do que ele diz, em seus livros, em seus artigos, daquilo que ele faz na vida. Se o ensino de teoria da história é dirigido à formação de subjetividades, à formação de sujeitos, esse aprendizado deveria incluir a própria transformação da vida de quem se dedica à pesquisa e ao ensino da história. Fazer da teoria da história não apenas um aprendizado epistemológico, paradigmático ou pragmático, mas fazer um aprendizado político, estético e ético, implicando não apenas um dado modo de escrever a historiografia e de pensar a história, mas um modo de viver a sua própria história, uma estilística da existência que levasse em conta o desenvolvimento de um modo de vida e a prática de uma ética no exercício do ofício. Esses aspectos também devem ser abordados por um professor das disciplinas da área de teoria da história: que posturas se quer ter diante de sua própria história, de sua própria vida, de sua profissão? Como o profissional de história vai se colocar no mundo? Que relação ele terá com a sociedade, a cultura, a realidade social e humana em que vive? Como, uma vez em seu lugar de trabalho, vai tentar levar as discussões e o aprendizado que fez nas disciplinas de teoria da história para seu exercício profissional e para as relações humanas em que está implicado?

A prática profissional do ensino de disciplinas na área de teoria da história implica o treinamento não apenas do pensamento, mas da sensibilidade, para que o professor de história e historiador possam etnografar, para que eles possam perceber e lidar com as distintas formas de olhar, com os diferentes olhares sobre o mundo, que serão trazidos até a sala de aula, por seus alunos. Educar um olhar, formar uma maneira de ver, tarefa precípua do professor de teoria da história, requer lidar com olhares já formados, muitas vezes constituídos por conceitos e preconceitos do senso comum. A tarefa do professor de teoria da história é, ao mesmo tempo, construtiva e desconstrutiva. O ensino de teoria da história se destina a construir e a descontruir modos de ver o mundo, a sociedade, as relações humanas, os tempos e as relações entre eles, os espaços, as verdades, a memória, a história, o documento, o monumento, o arquivo, os objetos e sujeitos da história, o patrimônio histórico, a cultura histórica, a escrita e o ensino da história, os usos do passado, as maneiras de nos relacionarmos com a teoria e o método, ao pesquisar e ao ensinar história, os conceitos, as imagens, a linguagem, a empiria, aquilo que chamamos de realidade. Fazer um curso de teoria da história deve ser um convite a fazer um percurso por distintas formas de ver as coisas, por distintos pontos de vista sobre a história, sobre os eventos e personagens do passado, por distintas formas de visualizar como se deve organizar, em relato, a matéria histórica, pelas distintas miradas teóricas e metodológicas e pelos tipos de imagens do passado que elas nos ajudam a configurar. Adquirir um novo olhar é tudo que se espera do aprendizado e do ensino de teoria da história.

Referências

BERGSON, Henri. *Matéria e memória*: ensaio sobre a relação do corpo com o espírito. 2. ed. São Paulo: Martins Fontes, 1999.

BRAUDEL, Fernand. *Escritos sobre a história*. São Paulo: Perspectiva, 2009.

CERTEAU, Michel de. *História e psicanálise*: entre ciência e ficção. Belo Horizonte: Autêntica, 2011.

DELEUZE, Gilles; GUATTARI, Félix. *O que é a filosofia?* São Paulo: Editora 34, 1992.

FOUCAULT, Michel. *A arqueologia do saber*. Rio de Janeiro: Forense Universitária, 1986.

______. *História da sexualidade II*: o uso dos prazeres. Rio de Janeiro: Graal, 1984.

GINZURG, Carlo. *Mitos, emblemas e sinais*. São Paulo: Companhia das Letras, 2001.

HARTOG, François. *Evidência da história*: o que os historiadores veem. Belo Horizonte: Autêntica, 2017.

ROJAS, Carlos António Aguirre. *Contribuición a la história de la microhistória italiana*. Rosário: Prohistória, 2003.

THOMPSON, Edward Palmer. History from Below. *The Times Literary Supplement*, 7 abr. 1966, p. 279-280.

VEYNE, Paul. *Como se escreve história*. Lisboa: Edições 70, 1987.

10

Currículo e docência: uma trajetória de pesquisas em ensino de história*

Ana Maria Monteiro

Entre os muitos problemas educacionais preocupantes nos tempos atuais no Brasil, podemos mencionar alguns que põem em questão o lugar dos professores(as). Profissionais que por décadas foram considerados estratégicos(as) nos processos envolvidos na educação escolar, têm sido alvo de críticas por sua "desqualificação", "despreparo", "incompetência", comportamento "perigoso", "doutrinador", entre outras acusações.

Ao buscar compreender o que está em jogo nessa retórica desqualificadora, entendemos que é necessário problematizar o papel desse(a) profissional na contemporaneidade e, principalmente, em um país como o Brasil, cuja sociedade apresenta um quadro de profunda desigualdade social e econômica e grande diversidade étnico-racial e cultural.

Nesse sentido, cabe indagar novamente: O que é ser professor? O que é ser um "bom" professor? Professores são necessários para que a educação se realize? Professores são profissionais ou são pessoas especiais que desenvolvem um dom natural? Pessoas que atendem a um chamado, uma vocação? Nascem sabendo ensinar e fazer aprender? Ou são formados em processos longos e de alta complexidade? Como formar professores? O que priorizar em sua formação? Saberes? Competência técnica? Domínio dos conteúdos a ensinar? Disciplina e boa conduta moral? Equilíbrio emocional? Professores ainda são necessários na contemporaneidade? Ou podem ser substituídos por aparatos tecnológicos e/ou tutores bem treinados?

---

* Este texto corresponde à conferência proferida em 29 de junho de 2019, por ocasião da promoção para professora titular da Faculdade de Educação da UFRJ.

Perguntas aparentemente simples e já muito discutidas emergem e merecem se tornar objeto de novas reflexões e questionamentos em contexto no qual o anti-intelectualismo, anticientificismo e o negacionismo histórico nos surpreendem ao serem enunciados concomitantemente à defesa de cultura baseada no individualismo e na desqualificação do trabalho coletivo socialmente perspectivado.

Assim, entendemos que é urgente a tarefa de buscar compreender a emergência desses ataques aos professores no contexto dessa onda conservadora e retrógrada, na busca da afirmação de valores e conquistas de uma sociedade democrática e voltada para a busca da justiça social.

Além do processo de desautorização e esvaziamento da ação docente e, por conseguinte, da profissão docente, outros questionamentos têm se voltado para a instituição escolar, notadamente a escola pública, acusada de não mais ser capaz de garantir condições de efetivação dos processos educativos demandados pela sociedade atual.

Acrescente-se a isso os impactos das novas tecnologias sobre a instituição escolar e seus agentes primordiais, os professores, as professoras e alunos. A escola está superada por ter mantido uma estabilidade e conservadorismo em suas práticas e cultura que a condenam (?) a uma extinção lenta e gradual, a ser substituída por outros sistemas e/ou metodologias mais ágeis e produtivos no uso das novas tecnologias da informação e comunicação? Esse modelo está definitivamente esgotado?

Novos modelos de escolas e de salas de aula buscam incorporar usos de dispositivos, aplicativos, sistemas, de modo a possibilitar a manutenção da lógica que tem sustentado a instituição escolar e que se baseia na relação entre alunos, docentes e saberes. Acesso livre e irrestrito à informação? Perspectivas emancipatórias desta instituição são ampliadas e aprofundadas? Ou a tornam espaço para *fake news*, repercussão descontrolada de distorções e deturpações de trajetórias e carreiras, desmoralização de currículos e atuações em ações deliberadas para influenciar processos políticos, principalmente em momentos estratégicos de eleições e redefinição de posições de poder?

E os professores estão definitivamente despreparados, até mesmo anacrônicos, para lidar com as novas gerações de nativos digitais? Que ainda mesmo nos anos iniciais da infância já operam com aplicativos, vídeos, jogos?

Sintoma do agravamento desta crise que a instituição escolar vivencia, somos testemunhas no Brasil de um quadro em que dominam instalações precárias por falta de manutenção, mobiliário adequado, acesso às redes de dados, condições de trabalho inadequadas e extenuantes, submetidos que são a duas ou três jornadas diárias chegando alguns a trabalhar 50 a 60 horas semanais. Somam-se a isso situações de exposição à violência e salários defasados e indignos, quando não atrasam ou são retidos devido a crises financeiras e falência de governos municipais e estaduais.

Em meio a isso tudo, os discursos políticos mantêm a centralidade de seu foco de abordagem nos professores. Daqueles que denunciam a crise da educação brasileira, acusações recaem sobre sua formação incipiente, inadequada, desatualizada, excessivamente politizada!!! Daqueles que anunciam propostas e novas políticas, o foco mantém-se sobre os docentes que receberão formação realizada em novas bases, com acento na prática e sem teorizações excessivas e vazias, garantindo-se, assim, os avanços que se fazem necessários.

E, diante de todo este quadro, encontramos muitos professores que, mesmo exauridos, mantêm o horizonte da emancipação, da concepção fundante da escola democrática, na contracorrente de um sistema que se afirma com base em perspectivas econômicas, no individualismo e na competitividade, buscando atualizações, formações e a efetivação de trabalho digno e comprometido com a justiça social.

Em um contexto de tal dramaticidade, no qual parece que não temos mais possibilidades de ter esperanças, afirmo aqui a defesa da importância estratégica da ação docente, da profissão docente, de sua importância política, social e cultural. Afirmo, em acordo com Nóvoa (2017), que os professores são profissionais mais do que nunca necessários se buscamos trabalhar e avançar na construção de uma educação democrática, entendendo que a escola não está falida e condenada a desaparecer, está "sob suspeita" (Gabriel, 2008; Gabriel e Ferreira, 2012), instituição estratégica que é para a construção de uma sociedade democrática.

Diante da emergência de discursos desqualificadores, da negação da escola por meio do "*homeschooling*", da ampliação das políticas de avaliação que reforçam o controle sobre os professores, a sua posição de subalternidade, e que reafirmam de alguma maneira a centralidade da função docente na educação, cabe indagar: que alternativas podem ser oferecidas para a superação deste quadro? Melhores condições de trabalho, melhores salários, valorização pública do papel dos professores e restabelecimento da confiança necessária na relação professor/aluno que é fundamental para que o ato educativo seja implementado? Estas são questões pertinentes às políticas educacionais públicas mais amplas que precisam ser enfrentadas e reconhecidas como estratégicas para possibilitar a afirmação cidadã responsável.

Mas, considerando um olhar autocrítico em relação ao papel das instituições formadoras de docentes, focalizaremos uma questão que consideramos necessário ser discutida e que tem merecido pouca atenção, ou tem sido ignorada, quando não desqualificada, nas atividades de formação inicial e continuada e sobre a qual tenho desenvolvido minhas pesquisas em ensino de história, área de minha atuação na universidade.

Trata-se da relação com os saberes, ou seja, a consideração dos professores como sujeitos que, na educação escolar, fazem parte do chamado "triângulo pedagógico" no qual docentes, alunos e saberes estão envolvidos na realização do ato educativo escolar. Ao comentar esta categoria de análise enunciada por Houssaye (apud Nóvoa, 1995), Nóvoa desenvolve, a partir do triângulo pedagógico, três possibilidades nas quais demonstra o "lugar do morto" ocupado pelos professores,[1] ou seja, que ilustram uma situação de exclusão: no triângulo pedagógico, a valorização da relação alunos/saber privilegiando a aprendizagem; no triângulo político, a valorização da relação pais/comunidades e o Estado; no triângulo do conhecimento, a valorização do saber da pedagogia e das disciplinas com a consequente desvalorização do saber da experiência. Neste último triângulo, Nóvoa chama a atenção para pedagogias que valorizam os saberes a serem ensinados/aprendidos, em detrimento de aspectos relacionados com as subjetividades de estudantes e docentes. Ele chama a atenção, também, para o fato de que

> nos períodos de inovação educacional, ocorre uma certa tendência para valorizar a ligação dos professores aos especialistas pedagógicos. Nos momentos mais conservadores, procura-se juntar o saber da experiência ao saber das disciplinas. Atualmente (em 1999) o saber dos professores tende a ser desvalorizado em favor de um saber científico (da pedagogia ou das outras disciplinas). [Nóvoa, 1995:9]

Essas afirmações apresentadas na década de 1990 hoje soam insuficientes para abordar essa questão, cada vez mais complexa, envolvida na relação entre currículo e docência, ou seja, a relação entre os professores e os saberes no ato de ensinar que não se limitaria a uma transmissão baseada em saberes da experiência entendidos como saberes práticos.

---

[1] Nóvoa utiliza uma imagem do *bridge* (jogo de cartas) em parte já empregada por Houssaye.

Estudos e pesquisas mais recentes, realizados ao longo dos anos 1990 e 2000, têm tentado avançar na busca da compreensão dessa relação e, nesse sentido, nos alertam para a importância de se considerar a ação dos docentes no ensino. Teorizações que buscam investigar possibilidades de superação da racionalidade técnica instrumental dominante, ainda presentes em muitas propostas, e renovadas atualmente na perspectiva de um neotecnicismo, têm contribuído para avanços do ponto de vista de uma didática fundamental (Candau, 1983, 1988), intercultural (Candau, 2006, 2016; Moreira e Candau, 2014), como um trabalho de tradução (Araujo, 2014).

No campo do currículo, teorizações contribuem para a sua compreensão como arena de disputas e de produção de identidades (Silva, 1999), como espaço-tempo de fronteira cultural (Macedo, 2006), de produção de conhecimentos escolares decorrente da dinâmica criativa do fazer curricular que articula vários e distintos saberes, entre eles os curriculares, dos alunos, da cultura escolar, dos professores, das práticas sociais de referência, das disciplinas acadêmicas (Monteiro, 2007).

Reconhecemos como muito potentes, nesses movimentos, perspectivas que significam o currículo como lugar no qual se estabelecem relações, interações em contexto complexo de articulação de saberes e, assumindo contribuições de teorias do discurso, o entendimento de que o currículo se produz em diferentes contingências na busca de atribuição de sentidos sobre fenômenos, acontecimentos, identidades. Essas perspectivas passam a demandar a criação/utilização de ferramentas teóricas que possam contribuir para a compreensão da ação docente no ensino, no currículo.

Desenvolvidos ao longo dos anos 2000, esses posicionamentos têm possibilitado avançar/superar aqueles que defendem que a docência é um dom ou vocação, ou seja, naturalizam o exercício desta atividade que, em consequência, é apresentada de forma simplista e desvalorizada.[2] Implica afirmar a docência como profissão, processo que se desenvolve em meio a múltiplas e complexas interações humanas, sociais, políticas e culturais, constituintes de subjetividades, e que têm na relação com os saberes uma dimensão estratégica e estruturante e que necessariamente envolve a relação com os estudantes implicados neste processo.

---

[2] Afirmações nesse sentido continuam a ser proferidas em discursos governamentais que propõem limitar o ensino à instrução, negando características das ações docentes que envolvem aspectos ligados à socialização e subjetivação. Ver Biesta (2012); Penna (2017).

Tendo por base estas considerações, apresentamos contribuições de pesquisas que temos realizado[3] e que focalizam a relação dos professores de história com os saberes que ensinam. Operando com o conceito de saberes docentes de forma ampliada, ressignificada e, mais recentemente, reconhecendo o potencial heurístico do conceito de "conhecimento profissional docente" (Nóvoa, 2017), temos utilizado como metodologia de pesquisa a investigação dos saberes de "professores marcantes", o que tem possibilitado a produção de contribuições para uma formação de professores "construída por dentro da profissão" (Nóvoa, 2017).

Em um primeiro momento, apresentamos uma discussão sobre o conceito de "relação com os saberes" conforme o temos mobilizado em nossas pesquisas em diálogo com pesquisadores estrangeiros e brasileiros, e sua potencialidade para a formação e afirmação da docência.

Posteriormente, discutimos deslocamentos que realizamos ao longo de nossa trajetória como pesquisadora em ensino de história, em diálogo com autores do campo do currículo e da teoria da história e, atualmente na pesquisa em andamento, utilizando contribuições teórico-metodológicas de autores que operam em perspectiva pós-estrutural para a problematização das regularidades discursivas que podem ser identificadas em enunciados de discursos de docentes e de narrativas históricas escolares, indícios de estabilidades e resistência a mudanças e, também, de descontinuidades, dispersões, em práticas discursivas produtoras de sentidos e sensibilidades.

Por fim, focalizamos as relações entre currículo e docência no ensino de história considerando-as como espaço-tempo "de invenção de novos mundos possíveis, inclusive da arte de inventar o passado"(Albuquerque Junior, 2007:65), nos quais os conceitos de "lugar de docência" e "espaço de docência" e de "tradução" (Santos, 2006; Araujo, 2014) são discutidos como ferramentas teóricas para pensar a relação entre currículo e docência e, também, a criação de inteligibilidades recíprocas entre as experiências disponíveis e possíveis no mundo, que anunciem a potencialidade da articulação de nossas pesquisas com uma perspectiva decolonial no ensino de história.

---

[3] As pesquisas serão comentadas na parte 2 deste texto.

1. A relação com os saberes: os professores em questão

Em pesquisa sobre a relação dos docentes com os saberes que ensinam realizada para o doutoramento (Monteiro, 2002, 2007), meu objetivo voltava-se para a análise das explicações de professores(as) utilizando contribuições de autores do campo do currículo e da didática, articuladas a contribuições da teoria da história sobre narrativa histórica, na investigação de sua potencialidade para a compreensão dos processos de produção de conhecimento escolar em aulas de história na educação básica e, paralelamente, dos saberes dos professores sobre os saberes que mobilizavam ao ensinar, ou seja, sobre esta produção. Para o primeiro esforço, foram importantes as contribuições de Chevallard (1991), Develay, (1995) Moniot (1993), Forquin (1993, 1992), Lopes (1999), Hartog (1998), Koselleck (2006) e Ricoeur (1997); para a compreensão dos saberes dos docentes sobre a mobilização dos saberes sobre a disciplina ensinada, foram muito relevantes as contribuições de Tardif e colaboradores (1991), Gauthier, (1998) e Lee Shulman (1986, 1987).

Essa proposição resultava da aposta política por mim desenvolvida sobre a importância da ação e trabalho docentes para a construção de uma educação democrática em uma sociedade com transformações muito impactantes das formas de acesso e relação com o saber.

Para a realização desta pesquisa, em diálogo com autores do campo do currículo, nos apoiamos, inicialmente, na perspectiva crítica do currículo, buscando rever e superar o lugar de subalternidade ocupado pelos docentes da educação básica decorrente das mudanças da sociedade contemporânea. Baseava-se na busca da testagem e afirmação da potencialidade do conceito de saberes docentes, ou seja, investigar os saberes próprios da docência, característicos dessa atuação profissional, ou os saberes da ação pedagógica[4] no ensino da história. E encontramos na obra de Lee Shulman uma ferramenta teórica que tem se mostrado muito potente para a investigação de saberes relacionados com o conhecimento ensinado e que constituem, em nossa avaliação, uma dimensão estratégica do que Tardif e seu grupo, e também Gauthier, denominam os "saberes da experiência".[5]

---

[4] De acordo com Gauthier (1998:29), esses saberes constituem o repertório de conhecimentos do ensino ou a jurisprudência pública validada.

[5] Gauthier (1998:33) afirma que esses saberes constituem uma "jurisprudência particular", julgamentos privados e que não são testados cientificamente, muitas vezes tornando-se como que "âncoras" de práticas conservadoras. Tardif (2002:39) os conceitua como aqueles que brotam da

Tardif destaca que os saberes docentes, estratégicos na sociedade contemporânea por serem necessários à transmissão e divulgação das contribuições científicas, cada vez mais têm sido definidos e reconhecidos como exteriores (saberes disciplinares, curriculares e pedagógicos) aos docentes, vistos e esperados como bons executores técnicos de processos de transmissão de saberes, de instrução. Com exceção dos saberes experienciais, aqueles

> atualizados, adquiridos e necessários no âmbito da prática da profissão docente, e que não provêm das instituições de formação nem dos currículos [...] formam um conjunto de representações a partir das quais os professores interpretam, compreendem e orientam sua profissão e sua prática cotidiana em todas as suas dimensões. Eles constituem a cultura docente em ação. [Tardif,2002:48-49]

Resgatamos aqui considerações e análises realizadas por Tardif nos anos 1990 e que despertaram muitas expectativas sobre as possibilidades de avanços na formação docente com explicitação da heterogeneidade dos saberes docentes e das relações de exterioridade mantidas pelos professores em relação a eles. Tardif, naquele momento, conclamava os docentes a transformar suas

> relações de exterioridade com os saberes em relações de interioridade com sua própria prática [...] de forma a levá-los a serem reconhecidos por outros grupos produtores de saberes e impor-se desse modo, enquanto grupo produtor de um saber oriundo de sua prática e sobre o qual poderiam reivindicar um controle socialmente legítimo. [Tardif, 2002:54]

Reconhecendo neste autor uma dimensão política que também defendíamos, optamos por radicalizar e aprofundar sua proposta buscando investigar neste processo de interiorização da relação com os saberes a forma como em sua prática os professores, no caso professores de história, reelaboram os saberes disciplinares e curriculares em saberes possíveis de serem compreendidos e aprendidos pelos alunos. Este processo se desenvolve em contextos de múltiplas interações que representam condicionantes diversos para a atuação do professor e que lhe permitem desenvolver um *habitus*, que "pode se

---

experiência e são por ela validados, incorporando-se à experiência individual e coletiva sob a forma de *habitus* e de habilidades de saber fazer e saber ser, configurando uma distinção em relação ao entendimento de Gauthier.

transformar em estilos de ensino que se manifestam através de um saber-ser e saber-fazer validados pelo trabalho cotidiano" (Tardif, 2002:49).

Esse autor, ao apontar essas possibilidades, abriu perspectivas para a problematização sobre como esse processo se efetiva na relação com os saberes disciplinares/curriculares ensinados. Baseada em pesquisas que reconhecem a relação identitária que os professores estabelecem com a disciplina ensinada, principalmente aqueles que trabalham nos anos finais do ensino fundamental e ensino médio, apostamos na investigação dessa relação no âmbito do ensino de história.[6]

No desenvolvimento da pesquisa, verificamos que a teorização de Tardif, baseada em perspectiva de análise sociológica, não oferecia instrumental para a investigação do processo de produção de saberes no currículo. Encontramos, então, em Shulman (1986, 1987), que havia lançado o desafio aos pesquisadores para que voltassem sua atenção sobre o que ele intitulou *missing paradigm* (paradigma ausente, em falta), ou seja, investigações que focalizassem "a relação dos professores com os saberes ensinados", uma teorização potente.

Operando na pauta da *knowledge base*,[7] Shulman, em seu artigo de 1986, apresenta e discute os diferentes tipos e modalidades de conhecimento que os professores desenvolvem e mobilizam ao ensinar. Ele afirma que a separação entre conteúdos de ensino e conteúdos pedagógicos era um desenvolvimento recente na área da educação, e que teria levado docentes e pesquisadores a valorizar em seus trabalhos muito mais os aspectos de ordem psicológica e/ou metodológica, deixando de lado a relação orgânica com o conhecimento de referência e que, em sua perspectiva, é a fonte de exemplos, explicações e

---

[6] Esta relação tem sido pesquisada por pesquisadores e destacamos, mais recentemente, a obra de Clare Brooks, *Teacher subject identity in professional practice. Teaching with a professional compass*, publicada em Londres, Routledge, em 2016, e ainda sem tradução no Brasil. Voltada para o ensino da geografia e utilizando como metodologia a produção de entrevistas narrativas de professores que comentam e avaliam sua prática como docentes desta disciplina, o trabalho oferece contribuição relevante e se distingue de nossas investigações por focalizar a produção de identidade e não propriamente a produção de saberes no currículo.

[7] Expressão em inglês que engloba todos os saberes dos docentes: conhecimento do conteúdo, saber experiencial, conhecimento das crianças, conhecimento do programa, conhecimento relativo ao gerenciamento de classe, conhecimento de si mesmo, de cultura geral etc. As categorias mais citadas são as de Shulman (1987). Gauthier propõe traduzir esta expressão como "reservatório de conhecimentos" e usar "repertório de conhecimentos" para designar o que ele chama de "saberes da ação pedagógica" e que remetem ao resultado das pesquisas sobre gerenciamento de classe e gerenciamento de conteúdo (Gauthier, 1998:18).

formas de lidar com os erros e mal-entendidos dos alunos. Identificando essa questão como o *missing paradigm*, ele discute, no texto de 1986, pesquisa por ele realizada sobre o que sabem os professores sobre os conteúdos de ensino, onde e quando adquiriram os conteúdos, como e por que se transformam no período de formação e como são utilizados na sala de aula.[8]

No artigo em pauta, o autor distingue três categorias de conhecimento que se desenvolvem nas mentes dos professores: conhecimento do conteúdo da matéria ensinada, conhecimento pedagógico dos conteúdos e conhecimento curricular (Shulman, 1986).

Ao propor a categoria "conhecimento pedagógico do conteúdo" (CPC)[9] como aquela que se refere a

> um segundo tipo de conhecimento de conteúdo que vai além do conhecimento da matéria do assunto por si mesma, para a dimensão do conhecimento da matéria do assunto para ensinar. [...] Inclui as formas mais úteis de representação das ideias, as analogias mais poderosas, as ilustrações, os exemplos, explicações e demonstrações, ou seja, os modos de representar e formular o assunto de forma a torná-lo compreensível para os outros. Inclui também uma compreensão daquilo que faz a aprendizagem de um assunto específico fácil ou difícil [...]. [Shulman, 1986:9, tradução nossa]

este autor nos ofereceu ferramenta teórica que tem nos auxiliado na busca da compreensão da "racionalização pedagógica"[10] que os professores desenvolvem no ato de produção de conhecimento escolar, em nosso caso, no ensino da disciplina história.

Para a análise das narrativas escolares produzidas nas aulas de história no âmbito das primeiras pesquisas, nos apoiamos em contribuições da teoria da

---

[8] Em sua pesquisa, ele acompanha professores recém-formados para conhecer como se transformam os conhecimentos de uma pessoa que passa da condição de aluno para a de professor (Shulman, 1986).

[9] Esta é a tradução que tem sido comumente utilizada para a categoria "*pedagogical content knowledge*" ou, PCK em sua abreviação.

[10] Em artigo de 1987, Shulman aprofunda a análise da ação do professor no ensino considerando-a um processo de racionalização pedagógica: citando Fenstermacher (apud Shulman, 1987:13), ele defende que o objetivo da formação de professores "não é doutrinar ou treinar, mas formá-los para serem capazes de pensar racionalmente e de forma consistente sobre o que fazem ao ensinar e agir com habilidade" (Shulman, 1987:13). Para a análise deste processo de racionalização pedagógica que inclui a relação com o conhecimento da matéria, ele apresenta os seguintes momentos: *compreensão, transformação, instrução, avaliação, reflexão e nova compreensão* (Shulman, 1987:15-19).

argumentação conforme proposta por Perelman e Olbrechts-Tyteca (1996). Seguindo as orientações de Shulman sobre as possibilidades de criação do conhecimento pedagógico do conteúdo, investigamos as ilustrações, exemplos, comparações, analogias, metáforas utilizadas pelos docentes em suas aulas, o que abriu perspectivas inovadoras e muito ricas para explorar o processo de "didatização" realizado por professores de história. Os primeiros *insights* em relação à articulação da problemática da narrativa histórica com as questões do currículo e da didática nos possibilitaram afirmar a potencialidade do reconhecimento dos professores e professoras como narradores produzindo narrativas da história escolar, entendendo o currículo como prática de significação na qual professores buscam induzir sentidos sobre o social e humano a partir de perspectiva crítica que, ao desnaturalizar o social, abre possibilidades de libertação de contingências opressoras e de experimentar outros passados, presentes e futuros.[11]

Na pesquisa "A história ensinada: saber escolar e saberes docentes em narrativas da história escolar", realizada entre 2005 e 2010, aprofundamos e desenvolvemos a análise sobre a relação dos professores com os saberes nas aulas de história criando a categoria "professores marcantes", ou seja, aqueles reconhecidos pelos alunos como tendo marcado suas trajetórias escolares por desenvolverem aulas significativas, tendo representado influência preponderante para a escolha do curso de história para realizar a graduação.[12]

No desenvolvimento dessa pesquisa, questões relacionadas com a temporalidade emergiram e nos levaram a realizar a pesquisa intitulada "Tempo presente e ensino de história: historiografia, currículo e didática em diferentes contextos curriculares"[13] que deu continuidade e possibilitou o aprofundamento de questões orientadoras de pesquisas anteriores. A pesquisa em tela teve como objetivo analisar as mediações didático-culturais desenvolvidas por professores em aulas de história nos anos iniciais do ensino fundamental e médio, e por autores de livros didáticos de história em sua produção,

[11] Em capítulo de livro publicado em 2016, Albuquerque Junior, ao discutir os regimes de historicidade nas aulas de história na educação básica, desenvolve e reafirma a constituição narrativa histórica escolar e o papel dos professores como narradores (Albuquerque Junior, 2016:30 e 31).

[12] Os resultados foram apresentados em congressos, capítulos de livros e em artigos, alguns produzidos com doutorandos (Monteiro, 2009; Massena e Monteiro, 2011; Azevedo, 2011; Monteiro e Penna, 2011; Penna, 2013).

[13] Com esse projeto concorri ao Edital de Bolsas de Produtividade em Pesquisa do CNPq, em 2013, tendo sido contemplada com bolsa nível 2 para o período de 2014 a 2016.

mediações estas estruturantes de explicações que articulam conhecimentos historiográficos, referências culturais, saberes escolares, docentes e dos alunos. Para esta análise tornou-se necessário, também, analisar como a questão do tempo dos acontecimentos e processos em estudo é articulada nas narrativas produzidas, narrativas estas que configuram contextos situados no tempo presente do fazer curricular. Para isso, tivemos como pressuposto a especificidade epistemológica do saber escolar resultado da necessária articulação entre historiografia, didática e contexto cultural de docentes e alunos. Outro objetivo, refere-se à análise do "código disciplinar", ou seja, das regulações, conhecimentos, ideias, valores, rotinas, tipos de exercícios, encaminhamentos metodológicos conforme expressos nos textos na obra didática, e nas aulas objeto de análise, para identificar permanências e mudanças, continuidades e descontinuidades nos processos de "didatização" propostos.

Estudos sobre a questão do tempo presente (Bedarida, 1996; Ferreira, 2012; Dosse, 2005, 2012) foram articulados, entre outros, com as contribuições da área pedagógica, principalmente de Paulo Freire sobre a consideração e articulação com as demandas do tempo presente.[14]

Utilizando a mesma metodologia de identificação de professores "marcantes" por estudantes do primeiro período do curso de história das universidades públicas do Rio de Janeiro e PUC-Rio, foi possível explorar questões relacionadas com a temporalidade e a produção de sentidos nas aulas em entrevistas realizadas com os docentes que concordaram em participar da pesquisa.

Nas duas pesquisas, realizamos entrevistas narrativas com os docentes em dois momentos: um inicial, para conhecimento mútuo de pesquisadores e professores, e um pós-observação de aulas de professores indicados por ex-alunos como "marcantes",[15] ou seja, reconhecidos por eles como aqueles que os afetaram e deixaram marcas em suas memórias na relação com o saber aprendido. Nos registros das aulas observadas, temos podido analisar cons-

[14] Como resultado desse trabalho, publicamos o capítulo de livro "Tempo presente no ensino de história: o anacronismo em questão" (Monteiro, 2012) em livro organizado por Gonçalves e colaboradores (2012) com textos apresentados e discutidos no Seminário *O valor da história hoje* realizado na Uerj em 2010 com financiamento da Faperj.

[15] Esta categorização tem sido utilizada para identificar professores que, por serem citados por ex-alunos como marcantes e terem influenciado a opção pelo curso de graduação na disciplina história, são convidados a participar da pesquisa tendo suas aulas observadas e justificadas por eles para a investigação do conhecimento do conteúdo pedagogizado. Para melhor compreensão da metodologia utilizada, ver Monteiro (2015).

truções do conhecimento escolar em história, em perspectiva que possibilita perceber as várias referências constituídas/articuladas no fazer curricular. Nas entrevistas, especialmente na segunda, o diálogo busca a compreensão dos saberes mobilizados e reconhecidos pelos professores(as) como aqueles utilizados para compor a sua explicação.

> [...] as "histórias" que contamos sobre nós mesmos e que, segundo alguns, nós dirigimos a outros, longe de nos jogar numa intimidade inacessível, têm por efeito articular nosso espaço-tempo individual ao espaço-tempo social. Efeito que pode ser obtido só porque a sequência narrativa que construímos, em suas formas e seus conteúdos, implica em um conhecimento dos contextos, das instituições, das práticas, pois ela põe em cena uma racionalidade social na qual nós estamos envolvidos. [...] De alguma maneira, não podemos impedir que as histórias que contamos a nosso respeito e a nós mesmos sejam ao mesmo tempo história de sociedade. [Delory-Momberger, 2012:75]

Na pesquisa em pauta, a questão da análise das narrativas dos docentes, seja nas aulas ou nas entrevistas, nos desafiava cada vez mais para o enfrentamento da questão dos discursos. Continuamos operando com a categoria narrativa histórica com as contribuições de Hartog (2013), Ricoeur (1997) e Koselleck (2006), que ofereciam instrumental potente para a compreensão da questão da temporalidade. E, nesse sentido, a leitura dos trabalhos de Delory-Momberger nos auxiliou para a efetivação dessas análises.

De acordo com o posicionamento desta autora, é a narrativa que dá uma história à nossa vida: "nós não fazemos a narrativa de nossa vida porque temos uma história; temos uma história porque fazemos a narrativa de nossas vidas" (Delory-Momberger, 2008:97). A autora desenvolve o conceito de "biografização", ação permanente de "figuração de si" concomitante à ação do sujeito ao narrar sua história. Nesse sentido, não há uma história prévia (com sentidos definidos) que deva e mereça ser contada. A história só é possível por meio da narrativa, que a cria e a atualiza no momento da ação de narrar.

O conceito de "narrativas de si", conforme formulado por essa autora, compreende a história como uma configuração narrativa e esta como operação de configuração sempre em devir. O conceito de "narrativa de si" também é constituído por uma concepção de sujeito sempre em ato, um processo, um devir (Delory-Momberger, 2008:99).

As contribuições de Delory-Momberger (2008, 2012) nos auxiliaram a reconceitualizar a metodologia. Por um lado, ao compreender que na primeira entrevista o professor não nos relatava uma história já vivida e que ele, ao narrar, nos permitia a aproximação e uma valorização profissional, mas que, ao ativar memórias sobre sua história e sobre o trabalho docente, (re)inventa essas atividades, atribui sentido ao vivido e, ao mesmo tempo, ativa a constituição de sua subjetividade como docente. Na perspectiva das narrativas sobre o fazer docente, nas quais são demandados a explicar os constructos por nós registrados sobre suas aulas, foi possível reconhecer que, além de explicitar os saberes sobre o que fazem — às vezes incipiente —, a situação fazia emergir saberes vários: sobre o contexto da aula e da escola, sobre os alunos e sua relação com eles — truques, estratégias de sedução e encaminhamentos para conseguir transportá-los para outros tempos, para desnaturalizar o social. Esse processo de produção ativa de sentidos sobre as aulas revelou-se muito potente para tornar mais complexa a análise realizada e para possibilitar descobertas e *insights* pelos professores.

Outro "achado" que o diálogo com esta autora possibilitou foi o reconhecimento de que, em muitas situações de aula, os professores utilizam "narrativas de si" como ilustrações, referências do/ao cotidiano para propiciar a compreensão de acontecimentos, fatos ou conceitos que estão sendo objeto de estudo.

Essa percepção vem ao encontro do que Albuquerque Junior (2016) propõe sobre a importância de que a aula de história instigue o aluno à reflexão crítica, à consciência, mas também provoque emoções, sentimentos, afeição, comova e, além disso, provoque deslocamentos de seu regime de historicidade para frequentar outros, para vivenciar novas/diferentes maneiras de pensar, de sentir, de figurar, de imaginar o tempo (Albuquerque Junior, 2016:35) e, nesse sentido, lembra o autor, "O professor de História tem em sua aula a matéria-prima de trabalho, tudo à sua volta: inclusive ele mesmo tem a qualidade que define a historicidade: ser temporal" (Albuquerque Junior, 2016:38).[16]

As "narrativas de si" mobilizadas pelo professor da pesquisa ilustram a forma como este envolvia, comovia, emocionava os alunos, ao mesmo tempo que explicava processos de transformação e características da história do Rio

[16] Essas observações têm possibilitado reflexões a partir das entrevistas com os professores que muitas vezes fazem isso de modo tácito, mas que, ao fazê-lo, conforme nosso entendimento, referem-se ao "conhecimento pedagógico do conteúdo" ou "conhecimento do conteúdo pedagogizado" como temos designado (Monteiro, 2019), que foi produzido no fazer curricular e que, em nosso entender, sintetiza os três tipos de conhecimentos citados por Shulman. Os resultados das análises sobre o uso das "narrativas de si" nas aulas por um professor marcante são apresentados em Monteiro, Ralejo e Amorim (2016).

de Janeiro, mesmo que este conteúdo não fosse explicitamente citado nas definições curriculares estabelecidas. Os resultados dessa pesquisa foram muito instigantes, e ainda temos questões para serem abordadas em artigos. Uma delas refere-se aos deslocamentos temporais observados durante as aulas e que configuram o trabalho de "estimular o aluno a uma aventura fora dos conhecimentos que possui e que, ao mesmo tempo, o constitui e delimita" (Albuquerque Junior, 2016:37). Deslocamento de seu regime de historicidade para descobertas e conexões com outros tempos trazidos pelas fontes, livros, imagens por meio do professor, que assim se transforma em construtor de temporalidades. Questões emergem: nas aulas de história prevalece a lógica do tempo linear? Da história eurocêntrica? Continuidades? Mudanças? Ou acontecem deslocamentos temporais? Presentes, passados projetados, futuros esperados ou temidos, temporalidades nas aulas de história. Tudo ao mesmo tempo, no tempo da aula?

Com base nas reflexões e resultados dessa pesquisa concluída em 2016, elaboramos o projeto intitulado "Currículo, docência e formação de professores de história: entre tradições e inovações (1985-2015)",[17] por meio do qual realizamos deslocamento para uma abordagem que focaliza o currículo de história em perspectiva histórica. O objetivo era investigar padrões de estabilidade e mudança curricular na docência desta disciplina escolar na educação básica entre 1985 a 2015, contexto do período de reconstrução do "código disciplinar" (Cuesta Fernandez, apud Schmidt, 2012) e de redemocratização em nosso país.[18] Como objeto, focalizamos o currículo dos anos finais do Ensino Fundamental e do Ensino Médio da educação básica em narrativas de documentos curriculares elaborados na época, e de docentes, produzidas no contexto do Rio de Janeiro, cujas experiências de mudança curricular foram pouco estudadas embora tenham sido espaço estratégico de formulação e implementação de políticas desde a década de 1970. A pesquisa envolveu articulações entre currículo, docência e formação de professores pois as propostas analisadas como fontes históricas, apresentam discursos que produzem sentidos diferenciados nos contextos nos quais circulam: "contexto

[17] Com este projeto também concorri ao edital de bolsas de produtividade em pesquisa para o período de 2017-20, tendo sido contemplada novamente em nível 2.

[18] Ao longo das pesquisas, tem sido evidenciado que os docentes defendem mudanças na forma de abordagem dos conteúdos, mas permanecem "presos" a certas regras que orientam suas afirmações e narrativas, como aquela que expressa o entendimento da necessidade da ordenação cronológica nas explicações.

de influência, de definição dos textos políticos e da prática" (Ball, 2001). Temos como pressuposto a compreensão do "contexto da prática", espaço-tempo de realização da docência, como espaço de formação de professores no qual são mobilizados subsídios oriundos dos textos curriculares e demais materiais didáticos disponíveis, articulados àqueles acionados pelo saber da experiência constituído ao longo do tempo vivido como estudante e nas trocas com os pares no espaço de trabalho. Nesta pesquisa, focalizamos narrativas de professores que trabalharam no período em pauta para analisar características dos saberes docentes sobre o ensino da disciplina história, investigando rastros, indícios de um código disciplinar de história para verificar continuidades e/ou descontinuidades, apropriações de proposições curriculares que anunciavam mudanças e renovação pedagógica e, também, do ponto de vista do conhecimento histórico que passava por mudanças paradigmáticas no período. A metodologia utilizada para a pesquisa documental se baseia, por um lado, na busca e localização dos documentos curriculares produzidos para o ensino de história no Rio de Janeiro de 1985 a 2015.[19]

Por outro lado, realizamos a leitura e a análise, em perspectiva orientada pelas teorizações de Michel Foucault sobre a "arqueologia do saber" e utilizando o conceito de "arquivo" para a investigação de regularidades discursivas presentes em discursos que constituem esses documentos curriculares produzidos nas décadas em pauta no Rio de Janeiro (cidade e estado). Que saberes, que poderes, que sujeitos esses enunciados desejam constituir? Quais conceitos anunciam inovações curriculares por meio de sentidos induzidos nos enunciados fixados? Que estratégias discursivas são utilizadas para justificar as inovações? Estabilidades curriculares no ensino dessa disciplina escolar são perceptíveis? Como foram lidos e interpretados esses discursos pelos professores a quem se dirigiam? Quais rastros podem ser evidenciados em narrativas produzidas no tempo presente independentemente do perfil geracional? Narrativas de professores marcantes identificados em 2019 por ex-alunos apresentam marcas dos enunciados presentes nas propostas curriculares? Para a investigação dos rastros desse código disciplinar presente nas narrativas docentes sobre a produção do conhecimento escolar, a análise é baseada nas contribuições de Foucault sobre o "arquivo", "a lei do que pode ser dito, o sistema que rege o aparecimento dos enunciados como

[19] Esses documentos, após digitalização, serão disponibilizados em site do Laboratório de Estudos e Pesquisas em Ensino de História (Lepeh) da UFRJ, para amplo acesso por pesquisadores interessados.

acontecimentos singulares [...] o sistema de sua enunciabilidade" (Foucault, 2000:149). Nesse sentido, testamos contribuições deste autor para analisar a formação discursiva em sua dispersão. O acesso aos docentes é realizado por meio de questionários preenchidos por estudantes do primeiro período de cursos de história no Rio de Janeiro para identificação e localização dos docentes e, posteriormente, por questionários respondidos pelos professores identificados, e por outros que tenham trabalhado nos anos 1990 e 2000, nos quais são registradas narrativas sobre suas práticas e concepções sobre a história ensinada. As narrativas produzidas são objeto de análise para caracterizar estratégias e regras de enunciação, o arquivo que "define o modo de atualidade do enunciado". O que ainda continua válido? O que se esvaiu, se perdeu? Quais enunciados indicam continuidades? Descontinuidades?

Em tempos de políticas de exacerbação do controle sobre os professores e de responsabilização docente pelos resultados dos alunos em avaliações sistêmicas, de produção de Base Nacional Comum Curricular, reconhecidamente portadora de versão que mantém continuidade em relação à perspectiva eurocêntrica, monocultural, entendemos que essa pesquisa pode contribuir para a formação inicial e continuada de professores. Ao fornecer subsídios para a melhor compreensão das regularidades discursivas das versões "canônicas" da história ensinada presentes em livros didáticos, avaliações, exames, aulas, que expressam uma "ordem do discurso" docente sobre o que pode ser dito e afirmado no regime de verdade hegemônico em nossa área, será possível contribuir para avançar na perspectiva da profissionalização e superação de obstáculos invisíveis presentes na formação docente, em especial aquela que se realiza em serviço, no cotidiano docente, e que muitas vezes induz à permanência de práticas anacrônicas, já superadas do ponto de vista teórico e que tendem a reproduzir versões que naturalizam a desigualdade e a discriminação de grupos sociais em nossa sociedade.[20]

Com base nas reflexões e resultados de nossas pesquisas, apresentamos algumas questões que emergem em relação aos conceitos de currículo e docência, centrais nas investigações que temos realizado. Desde o início de nossa trajetória como pesquisadora em ensino de história no campo do currículo, focalizamos a questão do *ensinar* como uma problemática que pre-

[20] Essa pesquisa, desenvolvida entre 2017 e 2019 com apoio de bolsa de produtividade de pesquisa do CNPq, foi ampliada e aprofundada com a pesquisa "Currículo e docência: sujeitos, saberes e práticas: entre tradições e inovações", também com apoio do CNPq, desenvolvida entre 2020 e 2022.

cisava ser enfrentada em contextos de valorização das questões relacionadas com o aprender, necessárias de serem consideradas mas que contribuíam para o esvaziamento da função e profissão docente, ao negar implicitamente os saberes envolvidos no ensino, na docência. Mas essa retomada implicava a ressignificação desse conceito, incorporando contribuições de autores do campo do currículo que afirmavam a necessidade de se investigar dimensões políticas e culturais envolvidas, e que problematizavam as relações entre o fazer curricular e a produção de sentidos, memórias, subjetividades, poderes. Esses desafios e apostas políticas e epistemológicas demandaram novas interlocuções teóricas.

Inicialmente, operando com contribuição de um historiador das disciplinas escolares, Andre Chervel (1990), que lembrava que ensinar queria dizer "fazer conhecer pelos sinais", produzir significados, avançamos com contribuições de autores que nos alertavam que o currículo se constitui em arena de disputas do poder de significar o mundo e produzir identidades, prática de significação (Silva, 1995), "espaço tempo de fronteira cultural", de "negociação cultural", espaço liminar de produção de diferença (Macedo, 2006a, 2006b). Por outro lado, enfrentamos o desafio de estabelecer e aprofundar o diálogo com colegas da área de história que ainda viam com muita suspeita e discriminação as possibilidades da pesquisa em ensino, entendido que era como lugar da prática para aplicação de técnicas.

> Ensino remete à propriedade que a linguagem tem de indiciar as coisas, de apontá-las, de mostrá-las, de indicá-las, torná-las legíveis através das marcas particulares de designação que atribuem a cada ente que compõe o mundo humano. O ensino seria, portanto, essa atividade quase fundadora do mundo, na medida em que indiciaria as entidades componentes da realidade sublunar e humana, as nomearia, dotando-as de um sentido e de um significado, permitindo que sejam ditas e lidas. [Albuquerque Junior, 2016:36]

Essa conceituação, enunciada por um autor, historiador, pesquisador de teoria da história, sintetiza em meu entender avanços na compreensão da complexidade da docência e que foram possíveis graças ao desenvolvimento de estudos sobre o fazer pesquisa em ensino de história, o ensino, a docência. Mas essa afirmação apresenta um desafio. Que sentidos, que leituras promover? De onde emergem? Como emergem? Da formação de professores? Do estudo dessa disciplina? Das fronteiras disciplinares que muitas vezes fecham possibilidades de diálogo com os próprios alunos e colegas da área? De uma cultura docente em ação? De contingências do contexto da instituição escolar e da educação brasileira mais ampla? Das demandas do tempo presente? De forças políticas em disputa? De diálogos estabelecidos entre pesquisadores da área da educação e da história? De tudo isso ao mesmo tempo?

Ao longo de nossa trajetória, cunhamos e temos utilizado o conceito de "lugar de fronteira" (Monteiro, 2007; Monteiro e Penna, 2011), para possibilitar pensar inicialmente a área de ensino como este lugar. Fronteira não no sentido norte-americano de *frontier*, terra além da qual se estende um vazio, uma terra de ninguém... (Como, por exemplo, era a concepção vigente sobre o *far west* norte-americano no século XIX no qual os inúmeros e diferentes grupos indígenas que ali viviam eram ignorados ou excluídos, num lugar considerado terra de ninguém.) Fronteira no sentido de *border*, lugar de marcação de diferenças, mas que também permite o encontro, as trocas; zona híbrida onde os contatos se pulverizam e se ordenam segundo micro-hierarquias, zona de imensas possibilidades de criação cultural.[21] "A articulação da história com um lugar é a condição de análise da sociedade." (Certeau, 2003:77).

Naquele momento, as reflexões sobre o currículo, o fazer curricular eram apresentadas rompendo com perspectivas ainda fixadas na marcação das diferenças entre prescrito, formal e em ação. Currículo, "prática de significação"? (Silva, 1995) Currículo, espaço-tempo de fronteira cultural? (Macedo, 2006a) Currículo, espaço de enunciação de sentidos? (Macedo, 2006b) Currículo, lugar de fronteira? (Monteiro, 2007b) Currículo, espaço autobiográfico? (Gabriel, 2018) Essas nomeações evidenciam, de forma clara, o aprofundamento da compreensão sobre o currículo, que se produz, se faz, contexto/contingência produtiva de saberes, poderes e subjetividades.

Radicalizando, e baseando-me em Albuquerque Junior, penso que, considerando o currículo como espaço-tempo de fronteira cultural, de produção de sentidos, caberia considerá-lo como espaço-tempo de invenção, de invenção de sentidos sobre o mundo, de invenção de mundos? "Nenhum ser humano suporta o real se não trabalhá-lo simbolicamente, se não aplacar sua estranheza através da dotação de sentido e de significado, se não tornar a coisa, a natureza, em algo Cultural" (Albuquerque Junior, 2007:27).

---

[21] Utilizei o conceito de fronteira com base em Boaventura de Sousa Santos que emprega o conceito de "cultura de fronteira" para compreender a cultura portuguesa que, em sua perspectiva, assume a forma cultural de cultura de fronteiras. Ver Santos (1994:134).

O entendimento do fazer curricular como invenção tem potencialidade para ser radicalizado no ensino de história quando trazemos para as aulas, operamos com as possibilidades de conhecimento de experiências do "outro", de produção de sentidos a partir de questões de nosso presente. Mas é preciso lembrar que, de acordo com Foucault (2000), este espaço-tempo de invenção não é um espaço de criação original e autoral, de criação a partir de uma essência natural humana na perspectiva do sujeito moderno. Os saberes que são enunciados são compostos de muitos outros, são fundados em uma sociedade, por culturas, formações discursivas, relações de poder e linguagem, onde regras de diferentes arquivos se mesclam. Por outro lado, e ao mesmo tempo, ao exercer o ofício docente de acordo com regras, não somos meros autômatos por elas controlados e orientados, mas, porque inventamos, temos participação ativa nesse jogo (Albuquerque Junior, 2007:35).

Nesse sentido, temos discutido a potencialidade do conceito de "lugar de docência" referenciado em Certeau, que nos diz que "lugar é a ordem segundo a qual se distribuem elementos nas relações de coexistência" (Certeau, 2003:201).

Orientado por regras que definem posições, relações, "implica uma indicação de estabilidade" (Certeau, 2003:201). Por outro lado, "existe espaço sempre que se tomam em conta vetores de direção, quantidades de velocidades e a variável tempo. [...] O espaço é um lugar praticado" (Certeau, 2003:202). "Lugar de docência" ou "espaço de docência"? Nossa experiência recente nas políticas educacionais nos diz mais sobre "lugar de docência", no qual professores têm seus posicionamentos e regras definidos, discursos controlados de formas cada vez mais rígidas e tecnicamente sofisticadas, vigiadas.

"Espaço de docência", se defendemos as possibilidades de produção/modificação de sentidos em enunciados que articulam fatos, sujeitos, tempos e espaços, poderes, em intrigas que muitas vezes são articuladas de forma tácita em narrativas que induzem sentidos sobre o mundo. Como fazer isso? É possível? Com professores de formação precária ou sem formação específica?[22] Com o retorno da valorização do neotecnicismo e da perspectiva instrumental?

Acreditamos que as pesquisas *com* os professores(as) têm contribuído para sua compreensão (deles, nossas, dos demais pesquisadores) sobre esses fazeres, processos nos quais saberes são constituídos em fluxos de sentidos oriundos de diferentes fontes: dos docentes, dos alunos, das disciplinas acadêmicas, das

[22] Pesquisas revelam que 48% dos professores brasileiros não têm formação para a disciplina que ensinam.

práticas sociais de referência, das diferentes mídias, dos discursos religiosos etc. Em diferentes contingências, sentidos são produzidos, currículo é produzido como híbrido cultural, é uma produção de cultura, não é uma parte legitimada da cultura transposta para a escola.

As pesquisas, ao investigar essas experiências, produzem subsídios para a formação de professores, que articulam contribuições da área do currículo, da didática e da formação de professores com aquelas oriundas da teoria da história, necessárias para a "mobilização" de saberes no âmbito do que Shulman denomina "conhecimento do conteúdo da matéria ensinada" e que vai além dos conteúdos curriculares definidos para o ensino.[23]

A proposta de Shulman, baseada, como ele mesmo afirma, nas contribuições de Joseph Schwab, que defendia que o conhecimento escolar deveria ser um derivado a partir das disciplinas acadêmicas em sua estrutura substantiva e sintática, pode ser situada no contexto das "perspectivas acadêmicas" (Lopes e Macedo, 2011:72-73) que orientavam o entendimento sobre o conhecimento a ser ensinado por meio do currículo escolar. Ao operar com as contribuições deste autor, ficamos presos a uma teoria curricular que não reconhece as contribuições das teorias críticas e pós-críticas sobre as questões políticas e culturais envolvidas no fazer curricular, ainda pautada por uma filosofia do sujeito autônomo?

Refletindo sobre o desenvolvimento de nossas pesquisas, é inegável reconhecer as contribuições da teorização de Shulman para a criação de ferramentas teóricas que possibilitaram análise dos processos de "mobilização" de saberes pelos docentes na produção de suas explicações, análises sobre eventos, processos históricos, sujeitos em narrativas da história escolar. E a orientação para buscar investigar os exemplos, ilustrações, metáforas, analogias utilizadas abriu perspectivas muito férteis para a compreensão dos processos envolvidos no ensino.

---

[23] Shulman defende que "para bem conhecer os conteúdos é preciso ir além do conhecimento dos fatos e conceitos de um determinado domínio, sendo necessário compreender a estrutura da matéria utilizando, por exemplo, as categorias estrutura substantiva e estrutura sintática. A estrutura substantiva é aquela na qual os conceitos básicos e princípios da disciplina estão organizados para incorporar os fatos. A estrutura sintática de uma disciplina é o conjunto de modos pelos quais verdade ou falsificabilidade, validade ou invalidade são estabelecidas. A sintaxe é um conjunto de regras para determinar o que é legítimo num domínio disciplinar e o que quebra as regras" (Shulman, 1986:9).

Nesse sentido, a articulação com a teoria e a metodologia da história tem sido estratégica para a compreensão desta construção que, como defendemos, articula, necessariamente, fluxos de saberes oriundos do conhecimento disciplinar de referência para sua produção. Ação de grande complexidade e que envolve muitos desafios teóricos.

Essas referências não estão prefixadas e, sim, em constante dinamismo, próprio das relações que se estabelecem nas diferentes comunidades disciplinares. Regimes de verdade são constituídos, disputados em lutas por afirmação de hegemonia.[24] Defendemos que estas referências são importantes por suas contribuições que atendem a demandas sociais e políticas do presente e para que não fiquemos reféns, presos às nossas contingências. O que nossas pesquisas têm demonstrado é que os professores que se dispõem a ensinar e fazer aprender mobilizam saberes vários nesta produção original, neste "lugar de docência" com suas regras, constrangimentos, imposições. De diferentes formas, com diferentes encaminhamentos, muitos o fazem de forma tácita, com base em referências de sua formação escolar como alunos na educação básica, ou na universidade com seus professores, ou com seus colegas no cotidiano das práticas docentes, contribuindo para a fixação do sentido de um "lugar" subalternizado, do não saber, "da prática" vazia de teoria, na perspectiva da dicotomia teoria/prática.

Com nossas pesquisas, juntamente com Gabriel (2018), apostamos na contribuição dos estudos e pesquisas sobre os "saberes docentes" para que o "lugar de docência" passe a ser visto "como um lugar potente de produção de subjetividades políticas rebeldes".[25]

Nesse contexto, o que defendemos[26] é que os saberes docentes se constituem como um híbrido cultural na busca da produção de sentidos sobre o mundo, articulando saberes vários e, entre eles, aqueles presentes em fluxos dos

---

[24] Não existe a hegemonia. Segundo Laclau e Mouffe, todo discurso hegemônico é um particular que se hegemoniza e se torna universal por meio de uma ação contingente, precária e construída diante das negociações possíveis (apud Gabriel, 2018:10).

[25] Carmen Gabriel (2018) revisita a noção de "saber docente" a partir de teorizações sociais e políticas pós-fundacionais. O ensaio aponta desafios teóricos e pistas de investigação que contribuem para reafirmar a categoria "saber docente" como uma chave de leitura potente para a compreensão dos processos em foco.

[26] Os resultados dessas pesquisas por nós realizadas foram apresentados em livros (Monteiro, 2007a), artigos (Monteiro, 2001, 2005, 2011, 2015, 2017), capítulos de livros (Monteiro, 2007, 2009, 2010, 2012, 2014, 2016), e têm possibilitado afirmar que os professores produzem saberes no âmbito do que tem sido denominado uma "epistemologia social escolar" (Gabriel, 2008:229).

conhecimentos disciplinares acadêmicos e/ou científicos (Gabriel e Moraes, 2014). Na produção cultural que se constitui como currículo, espaço-tempo de "invenção de passados" possíveis, outros, na disciplina escolar história, na dispersão constituída no/pelo encontro de saberes de professores, alunos, da historiografia escolar, acadêmica, das práticas sociais de referência, dos discursos midiáticos, religiosos, memórias, o ensino constitui um momento de racionalização, ordenamento, de articulações prováveis, possíveis, mas nunca naturais, indiscutíveis, evidentes feitas pelo professor com base nos limites do "arquivo" que, no caso do ensino de história, produz e articula referências historiográficas e pedagógicas para que a produção curricular se constitua como prática de significação referenciada no pensamento crítico. Que possibilitem a compreensão das diferentes dimensões do social e do político, e que afetem, emocionem, envolvam os alunos nas experiências do mundo, permitam se sensibilizar com as dores, sofrimentos, angústias e alegrias vividos e, com isso, possam efetivamente compreender o sentido de uma educação democrática, de uma sociedade democrática com justiça social.

Quais regras orientam estas produções discursivas? Que saberes, que sujeitos se deseja constituir, se constituem? Saberes docentes, conceito que precisa ser reconceitualizado porque não são próprios, originais em termos de substância ou essência, típicos dos docentes, mas que podem ser constituídos no currículo, "lugar de docência"/"espaço de docência" no qual professores atuam, se tornam presença ao responder, produzir demandas de conhecimento e articular-se a outras "praticantes" que, com suas táticas, têm a possibilidade de "inventar novos mundos possíveis" (Albuquerque Junior, 2007:65) com base em rastros deixados pelos homens e mulheres em sua (re) produção de existência.

Estas são questões atualmente em foco em nossa pesquisa em andamento[27] na qual a constituição do "saber da experiência", núcleo vital do saber docente" (Tardif et al., 1991), é objeto de investigação utilizando o conceito de "arquivo" para a investigação de regularidades discursivas presentes em discursos que constituem documentos curriculares produzidos entre 1985 e 2015 no Rio de Janeiro (cidade e estado) e em narrativas de professores marcantes identificados por seus alunos. Produzidos na relação com os saberes na qual docentes

[27] "Currículo, docência e formação de professores de história: entre tradições e inovações 1985-2015." Pesquisa realizada com apoio do Conselho Nacional de Desenvolvimento Científico e Tecnológico (CNPq) (Bolsa de Produtividade). Iniciada em 2017, em andamento.

afetam e são afetados (Bondía, 2002), têm suas subjetividades (re)constituídas. Produção de um conhecimento profissional docente, constituinte de formação realizada com os professores, por dentro da profissão (Nóvoa, 2017).

Currículo e docência, espaços-tempos de produção de sentidos, sujeitos, de possibilidade de diálogos interculturais nos quais o conceito de tradução (Santos, 2006; Araujo, 2014) venha a ser experimentado para pensar a criação de inteligibilidades recíprocas entre as experiências disponíveis e possíveis no mundo, anunciando a potencialidade da articulação de nossas pesquisas com uma perspectiva decolonial no ensino de história.

Referências

ALBUQUERQUE JUNIOR, D. M. *História.* A arte de inventar o passado. Florianópolis: Edusc, 2007.

______. De lagarta a borboleta: possíveis contribuições do pensamento de Michel Foucault para a pesquisa no campo do ensino da história. In: MONTEIRO, A. M.; RALEJO, A. S. *Cartografias das pesquisas em ensino de história.* Rio de Janeiro: Mauad X, 2019, p. 43-60.

______. Regimes de historicidade: como se alimentar de narrativas temporais através do ensino de História. In: GABRIEL, C. T.; MONTEIRO, A. M.; BOMFIM, M. *Narrativas do Rio de Janeiro nas aulas de história.* Rio de Janeiro: Mauad X, 2016, p. 83-106.

ARAUJO, C. O trabalho de tradução no saber histórico escolar: diálogos interculturais possíveis. In: MOREIRA, A.F. B.; CANDAU, V. (Org.), *Currículos, disciplinas escolares e culturas.* Petrópolis: Editora Vozes, 2014, p. 126-159.

AZEVEDO, P. B. *História ensinada*: produção de sentido em práticas de letramento. Tese (doutorado) — Programa de Pós-graduação em Educação, Faculdade de Educação, Universidade Federal do Rio de Janeiro, Rio de Janeiro, 2011.

BEDARIDA, F. Tempo presente e presença da história. In: FERREIRA, M. de M.; AMADO, J. (Org.). *Usos e abusos da história oral.* Rio de Janeiro: FGV Editora, 1996, p. 219-229.

BALL, S. Diretrizes políticas globais e relações políticas locais em educação. *Currículo sem Fronteiras*, v. 1, n. 2, 2001, p. 99-116.

BIESTA, Biesta, G. Boa educação na era da mensuração. *Caderno de Pesquisa*, São Paulo, v. 42, n. 147, set./dez. 2012, p. 808-825.

______. *Para além da aprendizagem*. Educação democrática para um futuro humano. Belo Horizonte: Autêntica, 2013.

BONDÍA, J. L. Notas sobre a experiência e o saber de experiência. Tradução de João Wanderley Geraldi. *Revista Brasileira de Educação*, n. 19, jan./fev./mar./abr. 2002, p. 20-28.

BROOKS, C. *Teacher subject identity in professional practice*. Teaching with a professional compass. Londres: Routledge, 2016.

BURKE, P. A história dos acontecimentos e o renascimento da narrativa. In: ______ (Org.). *A escrita da história*. Novas perspectivas. Tradução de Magda Lopes. São Paulo: Editora da Unesp, 1992, p. 327-348.

CANDAU, V. M. (Org.) *A didática em questão*. Petrópolis: Vozes, 1983.

______ (Org.). *Educação intercultural e cotidiano escolar*. Petrópolis: Vozes, 2006.

______ (Org.). *Interculturalizar, descolonizar, democratizar*. Uma educação "outra"? Rio de Janeiro: 7 Letras, 2016.

______ (Org.). *Rumo a uma nova didática*. 6. ed. Petrópolis: Vozes,1988.

CERTEAU, M. de. *A invenção do cotidiano*. Artes de fazer. 9. ed. Petrópolis: Vozes, 2003.

CHERVEL, A. História das disciplinas escolares: reflexões sobre um campo de pesquisa. *Teoria & Educação*, Porto Alegre, n. 2, 1990, p. 177-229.

CHEVALLARD, Y. *La transposición didáctica*. Del saber sabio al saber enseñado. Buenos Aires: Aique Grupo Editor, 1991.

DELORY-MOMBERGER, C. Abordagens metodológicas na pesquisa biográfica. *Revista Brasileira de Educação*. v. 17, n. 51, set./dez. 2012, p. 523-536.

______. *Biografia e educação*: figuras do indivíduo-projeto. Tradução de Maria da Conceição Passeggi, João Gomes da Silva Neto e Luis Passeggi. Natal, RN: EDUFRN; São Paulo: Paulus, 2008.

______. Experiencia y formación biografización, biograficidad e heterobiografia. *Revista Mexicana de Investigación Educativa*, v. 19, n. 62, 2014, p. 695-710.

DEVELAY, M. *Savoirs scolaires et didactique des disciplines*: une encyclopédie pour aujourd'hui. Paris: ESF Editeur, 1995.

DOSSE, F. De l'úsage raisoné de l'ánachronisme. *EspacesTemps*, Paris, n. 87-88, 2005, p. 156-171. Disponível em: <www.ihtp.cnrs.fr/historiographie/sites/ historiographie /IMG/pdf>.

______. História do tempo presente e historiografia. *Tempo e Argumento*. Revista de história do tempo presente, v. 4, n. 1, 2012, p. 5-22.

FENSTERMACHER, G. Philosophy of research on teaching: three aspects. In: WITTROCK, M. C. *Handbook of research on teaching*. 3. ed. Nova York: Macmillan, 1986, p. 37-49.

FERREIRA, M. de M. Demandas sociais e história do tempo presente. In: VARELLA, F. et al. (Org.). *Tempo presente & usos do passado*. Rio de Janeiro: Editora FGV, 2012, p. 101-124.

FERREIRA, M. de M.; AMADO, J. (Org.). *Usos e abusos da história oral*. Rio de Janeiro: Editora FGV, 2002.

FERREIRA, M. S. História do currículo e das disciplinas. Apontamentos de pesquisa. In: FAVACHO, A. M. P. et al. (Org.). *Currículo, conhecimento e avaliação*. Divergências e tensões. Curitiba: Editora CRV, 2013, p. 75-88.

______. *A história da disciplina escolar ciências no Colégio Pedro II (1960-1980)*. Tese (doutorado) — Programa de Pós-graduação em Educação, Faculdade de Educação, Universidade Federal do Rio de Janeiro, Rio de Janeiro, 2005.

______; GABRIEL, C. T.; MONTEIRO, A. M. F. C. Sentidos de currículo e "ensino de" biologia e história: deslocando fronteiras. In: GABRIEL, C.T.; MORAES, L. M. S. de (Org.). *Currículo e conhecimento*. Diferentes perspectivas teóricas e abordagens metodológicas. Rio de Janeiro: DP; Faperj, 2014, p. 81-98.

FORQUIN, J-C. *Escola e cultura*. As bases sociais e epistemológicas do conhecimento escolar. Tradução de Guacira Lopes Louro. Porto Alegre: Artes Médicas, 1993.

______. Saberes escolares, imperativos didáticos e dinâmicas sociais. *Teoria & Educação*, Porto Alegre, n. 5, 1992, p. 28-49.

FOUCAULT, M. de. *A arqueologia do saber*. Tradução de Luiz Felipe Baeta Neves. 6. ed. Rio de Janeiro: Forense Universitária, 2000.

______. *A ordem do discurso*. Aula inaugural no Collège de France, pronunciada em 2 de dezembro de 1970. 2. ed. São Paulo: Loyola, 1996.

______. *As palavras e as coisas*. Uma arqueologia das ciências humanas. Tradução de Sara Tannus Muchail. 2. ed. São Paulo: Martins Fontes, 1981.

GABRIEL, Carmen Teresa. Conhecimento escolar, cultura e poder: desafios para o campo do currículo em "tempos pós". In: CANDAU, Vera Maria; MOREIRA, Antônio Flávio (Org.). *Multiculturalismo*. Diferenças culturais e práticas pedagógicas. Petrópolis: Vozes, 2008, p. 212-245.

______. Docência, demanda e conhecimento escolar: articulações em tempos de crise. *Currículo sem Fronteiras*, v. 15, n. 2, mai./ago. 2015, p. 425-444.

______. Objetivação e subjetivação nos currículos de licenciaturas: revisitando a categoria saber docente. *Revista Brasileira de Educação*, v. 23, 2018, p. 1-22.

______; FERREIRA, M. S. Disciplina escolar e conhecimento escolar: conceitos "sob rasura" no debate curricular contemporâneo. In: LIBÂNEO, José Carlos; ALVES, Nilda (Org.). *Temas de pedagogia*: diálogos entre didática e currículo. São Paulo: Cortez, 2012, p. 227-241.

______; MONTEIRO, A. M. F. C. Currículo de história e narrativa. Desafios epistemológicos e apostas políticas. In: ______ et al. (Org.). *Pesquisa em ensino de história.* Entre desafios epistemológicos e apostas políticas. Rio de Janeiro: Mauad X; Faperj, 2014, p. 23-40.

______; MONTEIRO, A.M. F. C.; MARTINS, M. L. B. (Org.). *Narrativas do Rio de Janeiro nas aulas de história.* Rio de Janeiro: Mauad X, 2016.

______; MORAES, L. M. S. de. Conhecimento escolar e conteúdo: possibilidades de articulação nas tramas da didatização. In: ______; ______ (Org.). *Currículo e conhecimento*: diferentes perspectivas teóricas e abordagens metodológicas. Petrópolis: De Petrus; Faperj, 2014, p. 23-42.

GAUTHIER, C. *Por uma teoria da pedagogia.* Pesquisas contemporâneas sobre o saber docente. Ijuí: Unijuí, 1998.

GERALDI, C. M. G. et al. (Org.). *Cartografias do trabalho docente.* Professor(a)-pesquisador(a). Campinas: Mercado das Letras: Associação de Leitura do Brasil-ALB, 1998.

HARTOG, F. A arte da narrativa histórica. In: BOUTIER, Jean; JULIA, Dominique. *Passados recompostos.* Campos e canteiros da história. Rio de Janeiro: Editora da FGV; Editora da UFRJ, 1998, p. 193-204.

______. *Regimes de historicidade, presentismo e experiências do tempo.* Belo Horizonte: Autêntica, 2013.

KOSELLECK, R. *Futuro passado.* Contribuição à semântica dos tempos históricos. Rio de Janeiro: Contraponto; Editora da PUC-Rio, 2006.

LACLAU, E. *Emancipación y diferencia.* Buenos Aires: Difel, 1996.

LOPES, A. R. C. *Conhecimento escolar*: ciência e cotidiano. Rio de Janeiro: Ed. Uerj, 1999.

______. Discursos nas políticas de currículo. *Currículo sem Fronteiras*, v. 6, n. 2, jul./dez. 2006, p. 33-52.

______; MACEDO, E. O pensamento curricular no Brasil. In: ______; ______. *Currículo*: debates contemporâneos. São Paulo: Cortez, 2002, p. 13-54.

______; ______. *Teorias de currículo.* São Paulo: Cortez, 2011.

MACEDO, E. Currículo como espaço-tempo de fronteira cultural. *Revista Brasileira de Educação*, v. 11, n. 32, mai./ago. 2006a, p. 285-296.

______. Currículo: política, cultura e poder. *Currículo sem Fronteiras*, v. 6, n. 2, jul./dez. 2006b, p. 98-113.

MASSENA, E. P. *A história do currículo da licenciatura em química da UFRJ*: tensões, contradições e desafios dos formadores de professores (1993-2005) Tese (doutorado) — Programa de Pós-graduação, Faculdade de Educação, Universidade Federal do Rio de Janeiro, Rio de Janeiro, 2010.

______; MONTEIRO, A. M. F. C. Concepções sobre currículo de formadores de professores: o curso de licenciatura em química do Instituto de Química da Universidade Federal do Rio de Janeiro. *Química Nova na Escola*, v. 34, s. 8, 2011, p. 1.476-1.484.

MEYER, M. *A retórica*. São Paulo: Ética, 2007.

______. *Questões de retórica*: linguagem, razão e sedução. Lisboa: Edições 70, 1998.

MONIOT, H. *La didactique de l'histoire*. Paris: Nathan, 1993.

MONTEIRO, A. M. F. C. *A história ensinada*: saber escolar e saberes docentes em narrativas da história escolar. Projeto de pesquisa. Programa de Pós--graduação em Educação da UFRJ, 2006-10.

______. Aulas de história: questões do/no tempo presente. *Educar em Revista*, Curitiba, n. 58, out./dez. 2015, p. 165-182.

______. "Conhecimento poderoso": um conceito em discussão. In: FAVACHO, A. M. P. et al. *Currículo, conhecimento e avaliação*. Divergências e tensões. Curitiba: Editora CRV, 2013, p. 57-74.

______. Didática da história e teoria da história: produção de conhecimento na formação de professores. In: DALBEN, A. et al. *Convergências e tensões no campo da formação e do trabalho docente*. Belo Horizonte: Autêntica, 2010, p. 479-499.

______. *Ensino de história*: entre saberes e práticas. Tese (doutorado) — Programa de Pós-graduação em Educação, Pontifícia Universidade Católica, Rio de Janeiro, 2002.

______. Ensino de história: lugar de fronteira. In: ARIAS NETO, M. (Org.). *História*: guerra e paz. XXIII Simpósio Nacional de História. Londrina: Anpuh, Mídia, 2007b, p. 71-97.

______. Entre o estranho e o familiar: o uso de analogias no ensino de história. *Caderno CEDES*. Ensino de história: novos horizontes, Campinas, v. 25, n. 67, set./dez. 2005, p. 333-347.

______. Os saberes dos professores sobre os conhecimentos que ensinam: trajetórias de pesquisa em ensino de história. In: ______; RALEJO, A. S. *Cartografias da pesquisa em ensino de história*. Rio de Janeiro: Mauad X, 2019, p. 271-300.

______. Professores: entre saberes e práticas. *Revista Educação & Sociedade*. Dossiê Os saberes docentes e sua formação, Campinas, v. XXV, a. XXII, n. 74, abr. 2001, p. 121-142.

______. *Professores de história*: entre saberes e práticas. Rio de Janeiro: Mauad, 2007a.

______. Professores e livros didáticos. Narrativas e leituras no ensino de história. In: ROCHA, H. A. B.; REZNIK, L.; MAGALHÃES, M. de S. *A História na escola*. Autores, livros e leituras. Rio de Janeiro: FGV Editora; Faperj, 2009, p. 175-200.

______. *Tempo presente e ensino de história*: historiografia, cultura e didática em diferentes contextos curriculares. Projeto de pesquisa. Programa de Pós-graduação em Educação da UFRJ, 2011-16.

______. Tempo presente no ensino de história: o anacronismo em questão. In: GONÇALVES, M. de A. et al. *Qual o valor da história hoje?* Rio de Janeiro: FGV Editora, 2012, p. 191-214.

______; PENNA, F. de A. Ensino de história: saberes em lugar de fronteira. *Revista Educação & Sociedade*, Porto Alegre, v. 36, n. 1, 2011, p. 191-211.

______; RALEJO, A. S. Professores marcantes e a questão do sujeito: saberes e autoria no fazer curricular. In: ANAIS do XI Encontro Nacional de Pesquisadores do Ensino de História. Faculdade de Educação (UFRJ); Associação Brasileira de Ensino de História (Abeh), 2018. Disponível em: <https://xienpeh.ufrj.br/Anais>.

______; RALEJO, Adriana Soares; AMORIM, Mariana. Entre o vivido e o narrado: sentidos de Rio de Janeiro em aulas de história. In: GABRIEL, C. T.; MONTEIRO, A. M. F. C.; MARTINS, M. L. B. (Org.). *Narrativas do Rio de Janeiro nas aulas de história*. Rio de Janeiro: Mauad X, 2016, p. 83-106.

MOREIRA, A. F. B. Didática e currículo: questionando fronteiras. *Revista Educação & Realidade*, v. 23, n. 2, ago./dez. 1998, p. 11-26.

______; CANDAU, V. (Org.) *Currículos, disciplinas escolares e culturas*. Petrópolis: Vozes, 2014.

______; MACEDO, E. Faz sentido ainda o conceito de transferência educacional? In: ______. *Currículo*: políticas e práticas. São Paulo: Papirus, 1999, p. 11-28.

NÓVOA, António. Firmar a posição como professor. Afirmar a profissão docente. *Cadernos de Pesquisa*, Campinas,v. 47, n. 166, out./dez. 2017, p. 1.106-1.133.

______. *Profissão professor*. 2. ed. Porto: Porto, 1995.

PENNA, F. de A. *Ensino de história*: operação historiográfica escolar. Tese (doutorado) — Programa de Pós-graduação em Educação, Faculdade de Educação, Universidade Federal do Rio de Janeiro, Rio de Janeiro, 2013.

______. O Escola sem Partido como chave de leitura do fenômeno educacional. In: FRIGOTTO, G. (Org.) *Escola "sem" partido*: esfinge que ameaça a educação e a sociedade brasileira. Rio de Janeiro: Uerj/LPP, 2017, p. 35-48.

PERELMAN, C. *Retóricas*. São Paulo: Martins Fontes, 2004.

______; OLBRECHTS-TYTECA, L. *Tratado da argumentação*: a nova retórica. São Paulo: Martins Fontes, 1996.

POPKEWITZ, T. S. História do currículo, regulação social e poder. In: SILVA, T. T. da (Org.). *O sujeito da educação*: estudos foucaultianos. Petrópolis: Vozes, 1994, p. 173-210.

______. *Lutando em defesa da alma*: a política do ensino e a construção do professor. Porto Alegre: Artmed Editora, 2001.

RICOEUR, P. *Tempo e narrativa*. Campinas: Papirus, v. 3, 1997.

SANTOS, B. de S. *A gramática do tempo*. Por uma nova cultura política. São Paulo: Cortez, 2006.

______. *Pela mão de Alice*. O social e o político na pós-modernidade. Porto: Afrontamento, 1994.

SCHMIDT, M. A. M. dos S. História do ensino de história no Brasil: uma proposta de periodização. *Revista História da Educação*, v. 16, n. 37, mai./ago. 2012, p. 73-91.

SCHWAB, J. J. *Science, curriculum and liberal education*. Chicago: University of Chicago Press, 1978.

SHULMAN, L. S. Knowledge and teaching: foundations of the new reform. *Harvard Educational Review*, v. 57, n. 1, fev. 1987, p. 1-21.

______. *The wisdom of practice*. Essays on teaching, learning and learning to teach. San Francisco: Jossey-Bass, 2004.

______. Those who understand: knowledge growth in teaching. *Educational Researcher*, v. 15, n. 2, 1986, p. 4-14.

SILVA, T. T. da. Currículo e identidade social: territórios contestados. In: ______. (Org.). *Alienígenas na sala de aula*. Uma introdução aos estudos culturais em educação. Petrópolis: Vozes, 1995, p. 190-207.

TARDIF M.; LESSARD C.; LAHAYE L. Os professores face ao saber. Esboço de uma problemática do saber docente. *Teoria e Educação*, Porto Alegre, n. 4, p. 215-233, 1991.

TARDIF, M. *Saberes docentes e formação profissional*. Petrópolis: Vozes, 2002

______. Saberes profissionais e conhecimentos universitários: elementos para uma epistemologia da prática profissional dos professores e suas consequências em relação à formação docente. In: ______. *Saberes docentes e formação profissional*. Petrópolis: Vozes, 2002, p. 245-276.

VEIGA NETTO, A. *Foucault & a educação*. 3. ed. 2. reimp. Belo Horizonte: Autêntica, 2016.

YOUNG, M. A superação da crise em estudos curriculares. Uma abordagem baseada no conhecimento. In: FAVACHO, A. M. P.; PACHECO, J. A.; SALES, S. R. (Org.). *Currículo, conhecimento e avaliação*. Divergências e tensões. Curitiba: Editora CRV, 2013, p. 11-32.

11

"A última aula do resto das nossas vidas": inquietações de docentes de teoria e metodologia da história

Benito Schmidt
Mara Cristina Rodrigues
Natalia Pietra Méndez

Este texto, escrito a seis mãos, é o resultado da vontade de diálogo entre duas professoras e um professor que ministram disciplinas da área de teoria e metodologia da história para estudantes dos cursos de licenciatura e bacharelado em história da Universidade Federal do Rio Grande do Sul (UFRGS). Na condição de docentes de uma universidade pública federal localizada no "sul do sul", temos acompanhado as transformações desta instituição, principalmente como resultado de políticas afirmativas que proporcionaram a ampliação do acesso a estudantes oriundos de escolas públicas. As cotas sociais e raciais vieram modificar nossas salas de aula. Antes, espaço quase monótono em termos de composição social e étnico-racial, a sala de aula de hoje representa uma comunidade bem mais diversificada em termos de classe, raça, orientação sexual e identidade de gênero. Como resultado, temos turmas polifônicas, com um potencial enorme para pensar coletivamente as relações entre conhecimento e poder, tema que circunda todas as disciplinas do curso de história e, principalmente, aquelas que têm nos debates teórico-metodológicos seu eixo principal. De modo mais amplo, pode-se dizer que esse espectro ronda a ciência como um todo, ora de forma mais silenciosa, ora, como no momento atual, com muito estardalhaço. Não é de hoje que a ideia de uma ciência neutra, sem sujeito, é questionada. Em seu lugar, diversas autoras têm proposto uma ciência fundada sobre conhecimentos situados que abra caminho para uma definição de objetividade e de universalidade, que inclua "a paixão, a crítica, a contestação, a solidariedade e a responsabilidade" (Löwy, 2000:38).[1]

[1] Sobre este tema, ver, entre outras: Haraway (1995); Harding (1987); Ribeiro (2017).

Esta época de incertezas políticas e epistemológicas, causadas não por uma suposta "crise da história" ou pelo debate "modernidade × pós-modernidade" travado nos círculos eruditos, mas pelas mudanças concretas ocorridas na sociedade e na universidade a partir das lutas dos movimentos sociais e das políticas públicas inclusivas, nos traz o desafio de pensar o modo como organizamos nossas disciplinas e nossos programas, bem como rever nossas posturas docentes, sob o risco de ficarmos falando apenas com nós mesmos.

Conversamos muito no bar da universidade, por WhatsApp e em alguns rápidos encontros nas nossas salas de permanência, em geral expondo angústias e aulas mal-sucedidas, mas agora, tendo em vista a oportunidade desta publicação, pensamos que seria o momento de refletirmos de maneira mais sistemática sobre os desafios que temos enfrentado neste contexto. Para falar destes temas, escolhemos uma forma de escrita ainda pouco convencional em textos acadêmicos, a qual explicitaremos logo a seguir. Entre nós, temos em comum a partilha de duas disciplinas da área de teoria e metodologia da história do Departamento de História da UFRGS: História e Relações de Gênero e Metodologias da Pesquisa Histórica. Estas disciplinas, com sua conformação atual, são bastante recentes, resultado de um longo e tenso processo de mudança curricular, iniciado em 2014 e finalizado apenas em 2018. Portanto, são novas, embora a última substitua uma disciplina que já existia no currículo antigo: Técnicas de Pesquisa Histórica. De qualquer modo, se constituem em ótimos laboratórios para exercitarmos experiências de ensino e aprendizagem.

Fazendo um breve histórico destas duas disciplinas, Metodologias é de caráter obrigatório, cursada geralmente entre o 7º e o 9º semestres, e tem por objetivo final a elaboração de um projeto de pesquisa em história, com vistas à realização do futuro trabalho de conclusão de curso (TCC). Essa disciplina possui, atualmente, seis créditos, divididos entre aulas presenciais e atividades autônomas que envolvem a busca de fontes, revisão bibliográfica e a escrita do projeto de pesquisa. Já História e Relações de Gênero é uma disciplina oferecida no 2º semestre. Está organizada em quatro créditos, com caráter obrigatório, e se propõe a realizar uma introdução aos debates teóricos, éticos e políticos sobre gênero e seu impacto no conhecimento histórico e na educação. Trata-se de uma disciplina não convencional nos cursos de graduação em história no Brasil, apesar do crescimento do campo dos estudos de gênero na historiografia brasileira,[2]

---

[2] A respeito dos estudos de gênero na historiografia, consultar, entre outras: Oliveira (2018); e Pedro e Soihet (2007).

pelo menos no que diz respeito ao seu caráter obrigatório na formação inicial de historiadores e historiadoras. Resulta do entendimento de parte dos professores e professoras do Departamento de que é preciso questionar o cânone que balizou a construção do conhecimento histórico desde sua disciplinarização no século XIX, cânone esse construído a partir de uma perspectiva branca, eurocêntrica, masculina, elitista, nacionalista e cis-heteronormativa. Temos consciência de que desconstruir pilares tão arraigados, naturalizados como "a" forma correta de se produzir e de se ensinar história, não é tarefa fácil e, sobretudo, não depende apenas de mudanças curriculares. Mas compreendemos também a importância do currículo para se tensionar certezas arraigadas. Afinal, todo currículo é uma forma de atribuir e distribuir poderes e saberes (quem ensina o quê e para quem?), um conhecimento particular, historicamente configurado, uma forma de regulação social produzida por meio de estilos privilegiados de raciocínio, ou seja, trata-se de parte constitutiva das práticas escolares e, como tal, produz distinções (Popkewitz, 1994:190-194). Por isso, pensamos que a inclusão de disciplinas obrigatórias como História e Relações de Gênero e História e Relações Étnico-raciais, que, com tanto vigor e refinamento, insistem no questionamento da pretensa neutralidade científica, logo nos primeiros semestres do curso, tem potencial para auxiliar os e as estudantes de história a questionarem as formas consagradas de fazer história. Coerentemente com tal preocupação, temos também, nós autoras, que nos situarmos: somos três docentes com experiências de compartilhar estas duas disciplinas. Mara e Natalia dividindo, já há alguns semestres, as turmas de Metodologias da Pesquisa (antes, como dissemos, Técnicas de Pesquisa). Natalia e Benito partilharam, em 2019, as primeiras turmas da disciplina de História e Relações de Gênero. Nossa conversa nasceu deste triângulo de trocas intelectuais e afetivas.

Bem, e quem somos nós? Compartilhamos da proposta de Donna Haraway (1995) sobre a necessidade de situar o conhecimento em relação aos sujeitos que o produzem. Somos, Mara e Natália, duas professoras, mulheres brancas, heterossexuais e cis, oriundas da classe trabalhadora. Benito sou um homem branco, professor, de classe média alta, gay e cis. Temos trajetórias acadêmicas diferentes, bem como experiências de engajamentos militantes que circulam entre o movimento feminista, o movimento sindical e o movimento LGBTQI+. Estas descrições não pretendem dar conta da totalidade dos nossos "eus", aliás, algo que seria inviável. Mas compreendemos que esses corpos marcados por situações de gênero, sexualidade, raça/cor, classe social, entre outros condicionamentos, também "falam" por nós quando estamos em sala de aula. Portanto, a escrita coletiva que aqui apresentamos sobre nossas experiências como docentes da área de teoria e metodologia da história parte desses lugares marcados social e culturalmente.

Além desta introdução, o texto está organizado em duas conversas: uma dedicada a pensar nossas experiências na disciplina de Metodologia da Pesquisa, e outra voltada à reflexão sobre os desafios de ministrar História e Relações de Gênero. Nossos diálogos, nos dois casos, passam por alguns temas que têm sido objeto de nossa preocupação, tais como: as relações de poder que configuram a sala de aula como uma comunidade; a questão dos conhecimentos situados, do lugar da experiência na produção do conhecimento histórico; a temporalidade histórica e, nesse âmbito, a preocupação em relacionar pesquisa e ação; por fim, relacionando todos estes temas, o ensino de questões sensíveis e a reflexão a respeito de como articular tais questões ao contexto político em que vivemos.

Concordamos com a reflexão de Benoit Falaize, quando este autor afirma, ao se referir ao contexto francês, que toda a história se transformou em um tema sensível. No Brasil, as disputas de narrativas sobre a história têm estado no centro dos debates políticos, tornando difícil a tarefa dos professores e professoras que atuam tanto na educação básica quanto nas universidades. Diz Falaize:

> A história inteira tornou-se um desses temas delicados, uma dessas questões vivas do ensino que Alain Legardez e Laurence Simonneaux evocam em seus trabalhos sobre a didática das disciplinas ensinadas (Legardez, Simonneaux, 2006). Para eles, um tema de ensino é vivo quando reúne diversos fatores. O primeiro tem a ver com a vivacidade da questão em toda a sociedade, especialmente se o tema abordado em sala de aula está presente intensamente nas mídias e são objeto de controvérsia. O segundo está relacionado aos debates interiores à disciplina. Claramente a Revolução Francesa foi por muito tempo um campo de debates historiográficos que fizeram desta questão de história uma questão viva. E, finalmente, para caracterizar a "vivacidade" de uma questão de ensino, é preciso também, de acordo com esses autores, que ela seja delicada em sala de aula, quando o próprio professor pode ser colocado em dificuldade no que diz respeito aos conhecimentos necessários para ensinar como em função das reações dos alunos. [Falaize, 2014:228]

Partindo da nossa preocupação em como o ensino de teoria e metodologia tem trabalhado com tantas questões delicadas que chegam à sala de aula, nos propusemos a elaborar este texto "a seis mãos" tendo como fio condutor "a última aula do semestre".

A seção "Tempo presente, temporalidades e ensino de teoria e metodologia da história" resulta do processo de reflexão elaborado por Mara Rodrigues sobre a disciplina Metodologias da Pesquisa Histórica. Após a elaboração da primeira versão do texto, eu, Natalia, que também ministrei a disciplina, enviei uma série de comentários a partir dos registros feitos com minha turma. Do mesmo modo, a seção intitulada "Sobre a (des)importância de ser professor de teoria e metodologia da história no contexto atual" foi elaborada por Benito Schmidt com base em seus registros da disciplina História e Relações de Gênero. Do mesmo modo, eu fui uma espécie de "comentadora" deste texto. Foi o modo que encontramos de trazer para o papel um pouco das nossas muitas conversas sobre fatos que nos inquietaram ao longo do último semestre.[3]

Vale salientar que os diálogos travados nesse texto foram inspirados em iniciativas intelectuais como o livro recentemente organizado por Heloísa Buarque de Hollanda (2018) e o artigo "A construção de uma comunidade pedagógica", diálogo entre Bell Hooks[4] e Ron Scapp (2017). Estes trabalhos nos encorajaram a tentar romper a tendência ao isolamento da "função autor" tradicional (Foucault, 2006), individualizada e dotada de forte autoridade, e a ensaiar esta reflexão coletiva tendo por mote narrativo as anotações e lembranças referentes às duas últimas aulas de dois semestres letivos. O livro organizado por Heloísa conta com a participação de diversas intelectuais e ativistas que, ao longo dos capítulos, aportam comentários sobre suas experiências profissionais, bem como avaliam temas debatidos na publicação. Trata-se, portanto, de uma autoria coletiva, na qual diversas vozes constroem cada um dos capítulos. Já o capítulo que bell hooks publicou em seu "Ensinando a transgredir" é uma conversa sua com o filósofo e professor Ron Scapp.

Em geral, pensamos nas nossas últimas aulas como momentos de avaliação das disciplinas. De alguma maneira, são espaços de condensação de angústias, críticas e incentivos que não puderam se exprimir ao longo do semestre, marcados, é claro, por especificidades, como o conhecimento da avaliação final, a expectativa para as férias e a forte possibilidade de a comunidade construída

[3] Ao longo do texto, os comentários de Natalia aparecem sinalizados em itálico. Ela também deu o pontapé inicial da introdução e das considerações finais do artigo que, evidentemente, assim como o resto do texto, são resultados de nossa escrita coletiva.

[4] bell hooks é o pseudônimo de Gloria Jean Watkins, escritora, professora e intelectual negra estadunidense. Ela adotou esse pseudônimo — com letras minúsculas — como "sua voz de escritora" (hooks, 2017:65). Portanto, manteremos no texto a escrita proposta pela autora.

ao longo das aulas não mais se reconstituir. Por isso, as "etnografias" desses momentos nos pareceram "boas para pensar" nossa atuação docente e as tentativas de construir, em nossas salas de aula, comunidades de aprendizagem. De acordo com bell hooks, pensar a sala de aula como uma comunidade parte do pressuposto de que "é preciso alterar a estrutura pedagógica existente e ensinar os alunos a escutar, a ouvir uns aos outros" (hooks, 2017:200). Ainda segundo a autora, é importante que todos e todas na classe percebam sua corresponsabilidade para criar um ambiente de aprendizado. Ou seja, trata-se de uma aula horizontal, onde o conhecimento é fruto de elaborações coletivas.

Por fim, a quarta e última parte do texto procura apresentar breves considerações que apontem para os desafios de ensinar teoria e metodologia da história na atualidade uma vez que, em tempos de tentativa de cerceamento do pensamento, é quando mais precisamos investir na sala de aula como um espaço de construções coletivas, de (re)existências.

O problema das temporalidades no ensino de metodologias de pesquisa histórica: uma análise entre etnografia e hermenêutica[5]

Às seis horas o relógio despertou. Meu marido pediu que eu ficasse um pouco mais na cama; "10 minutinhos", disse ele. Não posso, vou me atrasar. Levantei rápido para não sentir tanto o frio de 10 graus e me surpreendi com a pergunta que ele fez: "Hoje é o último dia de aula?" Sim, ele também está cansado deste semestre. Depois, enquanto dirigia em direção ao campus, me perguntava mais uma vez: "Por que eu resolvi morar tão longe?" Pelo menos o tempo do trânsito acaba ajudando a organizar a aula. E também a rever mentalmente a agenda. Tenho que fazer a comunicação para a Anpuh.[6] Só tenho o fim de

[5] Este subtítulo se refere à metodologia de análise empregada, que se situa entre uma escrita autobiográfica, também efetivada enquanto "etnografia da prática escolar", conforme a expressão usada por Marli André (2013), e uma abordagem hermenêutica dos textos produzidos por estudantes nos seus projetos de pesquisa para a disciplina. Ainda não consegui pensar um título que contemplasse com justiça toda a contribuição que a experiência pessoal com a psicanálise aporta para esta e outras reflexões anteriores. De toda a forma, este registro é feito aqui e fica patente ao longo texto.

[6] Uma primeira versão desta seção do texto foi apresentada na forma de comunicação, no Simpósio Temático 154 — "Teoria da História e História da Historiografia II", coordenado por Durval Muniz Albuquerque Júnior e Temístocles Cezar, no 30º Encontro Nacional de História em Recife, 2019. Agradeço a todos(as) os(as) colegas deste simpósio a gentil acolhida e contribuições a este trabalho, especialmente a Karina Anhezine.

semana para isso... como farei? Bem, se penso que a etnografia das aulas pode ajudar a construir e compreender sentidos do ensino de teoria e metodologia da história, então posso fazer uma espécie de "descrição densa" do último dia de aula do semestre. Beleza. Parece original. Espero que dê certo. Melhor ainda, posso fazer como o João Pedro, que foi meu aluno em uma disciplina eletiva sobre teoria da história e ensino de história: eu pedi para eles fazerem um plano de aula baseando-se em uma das discussões da disciplina e ele me pede para fazer um texto criativo.[7] Acho que ele aprendeu isso em uma disciplina do Temístocles que também já praticou este "gênero" em um texto sobre "a arte de contar histórias sem biografia" (Cezar, 2018). Olhei bem para ele e pensei: "Por que esses alunos supereruditos não gostam de se pensar como professores? Lá vem ele querendo escapar da tarefa com invencionices." Mas deixei. Vamos ver no que dá, pensei. E no fim das contas ele começa seu texto narrando uma aula desde que o professor pega o ônibus, com anotações em um papel que vai em seu bolso, até sua execução. Genial! Ainda bem que não resolvi manter a minha ideia, menos criativa que a dele... Agora, vou fazer parecido para falar de minha pesquisa, mas não deixarei de complementar essa narrativa com a análise dos projetos que eles e elas me entregaram, afinal é neste texto que pensam e amadurecem ao longo do semestre (e cuja versão final provavelmente escrevem em uma semana, desesperadamente) que muitos elementos interessantes vão aparecer.

Pois bem, chego em aula e começo a dispor as cadeiras em círculo, colocando-os(as) uns de frente aos(às) outros(as) e trazendo para o foco dos seus olhares os(as) colegas que participaram de uma prática intelectual e de uma experiência em comum: construir os projetos das pesquisas que, juntamente com os estágios docentes, encerram esta fase de sua formação, a "inicial". Estão quase prontos(as) para iniciar outra jornada e seguir sua formação. Os(as) alunos(as) chegam aos poucos. Dificilmente consigo começar a aula no horário. Decido começar de uma vez, pois já chegou ao menos metade dos(as)35 alunos(as) que persistiram até o final do semestre (eram 48 no início). São 10 minutos para cada um(a) falar. Eles(as) vão apresentando aos e às colegas os trabalhos já bem conhecidos por mim, pois li a primeira e a segunda versão, e também já os(as) atendi individualmente. Alguns(mas),

[7] Apesar de ter recebido autorização dos(das) alunos/as citados(as) para mencionar e citar seus projetos de pesquisa e minhas reflexões e análises sobre eles, optei por usar nomes fictícios, mantendo, na medida do possível, suas identidades de sexualidade, gênero, raça e classe.

mais de uma vez. Reservei mais tempo para quem não teve Bolsa de Iniciação Científica ou apresentava maiores dificuldades por outros motivos. (Gosto muito das conversas individualizadas. Ali aparecem várias falas e situações que nas aulas coletivas não é possível conhecer. Eu fico fascinada com essa possibilidade não apenas de lidar individualmente e de forma mais aprofundada com suas dificuldades, mas também de escutar histórias de vida. Já pensei que deveria ter sido psicanalista. Mas resolvi aproveitar minha longa experiência de analisanda nestas disciplinas em que se pode ter um contato mais individualizado. Mas as relações interpessoais em uma sala de aula estão muito longe daquela que acontece entre o divã e a cadeira do analista. Na verdade, da analista...)

As cadeiras em círculo, pelo menos, permitem uma situação mais "olho no olho", principalmente entre os(as) estudantes.[8] Esta configuração espacial acaba se tornando pouco viável nas edificações das universidades e outras instituições de ensino, que perpetuam insistentemente o modelo da plateia de alunos(as) frequentemente passiva, focada no palco onde professores(as) resplandecem ou simplesmente murmuram suas verdades. Mas não convém exagerarmos ou reiterarmos o papel das relações entre docentes e estudantes neste *acontecimento* da sala de aula, pois assim podemos esquecer de atentar para sua dimensão comunitária, nos termos de bell hooks (2003), em que os vínculos dos(as) alunos(as) entre si também podem desempenhar um papel significativo (Benito falará disso em sua reflexão!). Naquela roda circulavam algumas manifestações mais espontâneas, sorrisos, preocupações, afetividades. A similaridade das posições políticas dos estudantes sentados naquele círculo permitiu inclusive compartilharem, além de conhecimentos, preocupações, dificuldades e incertezas com o futuro. Mas, por outro lado, em que comunidade não há, igualmente, *dissenso*? Naquele dia, contudo, estávamos mais próximos do *consenso*.

Partilhamos experiências semelhantes em nossas turmas de metodologia. Esta última aula também é reservada para a formação do círculo, um espaço que proporciona, além de um contato visual, uma escuta qualificada da palavra. Como nós, professoras, já temos um acompanhamento prévio de todos os projetos, penso que, naquele momento, os(as) alunos(as) percebem que estão — de fato — apresentando suas propostas para colegas. É um momento diferenciado

[8] Sobre a potencialidade da formação em círculo para a sala de aula, ver Warshauer (2017:60 e ss.).

em relação à maioria das disciplinas nas quais os trabalhos em grupo são apresentados para a professora com o objetivo de obter uma nota. Ao longo do semestre, procurei promover outros momentos de conversas coletivas sobre os projetos. Foram reuniões com parte da turma, onde cada um(a) falava das principais dificuldades encontradas.

O círculo desta aula final de metodologias é também um momento de formação que, de alguma forma, reproduz algo bonito e necessário na cultura acadêmica: a necessidade de submeter nossos trabalhos e pesquisas aos pares.

Começamos a aula e já passo, imediatamente, a palavra ao primeiro estudante, utilizando um cartaz improvisado no qual se lê "1 minuto", para avisar que o tempo de apresentação está acabando. Quase nunca preciso utilizá-lo, pois os(as) estudantes usam em torno de cinco a sete, dos 10 minutos reservados para sua apresentação. Aproveito para fazer perguntas e comentários e acabei vendo o quanto isso podia ser proveitoso. Na verdade, ao agir de tal forma uma ou duas vezes, "de improviso", percebi que mantinha suas atenções e resolvi fazer sempre. Ao final de cada apresentação, contava alguma história da trajetória de pesquisa do(a) apresentador(a), pontuava alguma questão que tinha aparecido na orientação daquele projeto. Não se trata de um improviso aleatório ou arbitrário e, sim, de um comentário atento, que levou em consideração o tempo que "sobrava" das apresentações, em que parecia não haver mais nada a dizer, quando a professora busca os elementos para fomentar o diálogo, para mediar as trocas e aprendizados entre os(as) estudantes(as). São aquelas coisas não planejadas, mas fundamentais para que a aula se sustente, tenha uma história. Ações que só se tornam possíveis se aceitarmos o imponderável do olho no olho. Considero que serão, em sua grande maioria, professores(as), então comentar com eles(as) sobre os desafios, decisões, impasses do processo de ensino que os(as) envolve pode ajudá-los(as) na carreira futura. Sim, eu sei que o ensino superior é bem diferente da educação básica, na qual boa parte deles(as) vai atuar. Mas também sei, basicamente por conversas com meus colegas da área de ensino de história, que supervisionam os estágios, que eles(as) tendem a mimetizar nas suas aulas o que viveram na universidade. Então, na medida em que comento com eles(as) sobre o processo de aprendizagem na disciplina, também procuro marcar essas diferenças com a educação básica. "Vocês não vão fazer isso com os alunos de vocês, né? Por favor! Coitados!", costumo brincar, pontuando a necessidade de eles(as) criarem formas alternativas e apropriadas de ensinar crianças e jovens.

As apresentações se sucediam. É obvio que não poderei falar de todas. Vou pontuar algumas preocupações dos(as) alunos(as) e finalizar enfocando a questão mencionada no título dessa parte do texto: a relação entre tempo/temporalidade e suas propostas de pesquisa.

A Carla, uma moça branca, estava superinteressada em pesquisar temáticas da história negra nos Estados Unidos. Ao apresentar sua proposta, revelou dúvida a respeito de poder ou não tomar este tema para sua pesquisa, se não seria inadequado, em um sentido ético. Sua preocupação não é muito diferente da minha neste assunto. A resposta parece óbvia, embora não seja nada fácil praticá-la: podemos pesquisar, sim, mas essa preocupação com o respeito aos sujeitos pesquisados precisa ser permanente; tudo depende de *como* o trabalho será feito. É importante que as temáticas e problemáticas das histórias de negros e negras tenham maior espaço na universidade que contribuiu para silenciá-las — não somente o curso de história, mas a universidade em geral. Se todos(as) quisermos pesquisar as histórias de negros(as) e indígenas, será isto um problema? E quando éramos quase todos obcecados(as) pelos conflitos de classe, ou pela história cultural, ou, ainda, pela epistemologia da história, mais recentemente? Terá sido este um empecilho para que a historiografia avançasse na abordagem desses assuntos? Mesmo assim, não se trata apenas de contribuir para maior visibilidade de grupos excluídos da memória nacional. Reconhecer as lacunas, a especificidade e mesmo a violência do olhar branco, com toda a tradição de um racismo epistemológico que nos precede, é fundamental. Essas considerações, portanto, se enredam em um nó mais complicado de desatar, pois as histórias de negras(os) e indígenas não são somente *novos temas* ou *especialidades* a serem *acrescentadas* ao currículo, recortadas como objetos dos quais *nos distanciamos* para produzir nossas narrativas mediadas por conceitos. O sentido das prescrições legais que tornaram obrigatório o ensino das histórias e culturas africana, afro-brasileira e indígena nos nossos currículos, bem como o das reivindicações dos movimentos sociais que as precederam e impulsionaram, é que esse "tema" seja tratado em uma chave antirracista.[9]

[9] Sobre a Educação das Relações Étnico-Raciais, consultar o artigo 26-A da LDB nº 9.394/1996 e as Diretrizes Curriculares Nacionais para a Educação das Relações Étnico-Raciais e para o Ensino de História e Cultura Afro-Brasileira e Africana (Brasil, 2004). Ver também os artigos de Petronilha Silva (2007), relatora do parecer que instituiu as diretrizes curriculares.

Quando este tema é levantado por Carla, já mais segura ao problematizá-lo, as atenções se aguçam. O único aluno negro desta turma diurna, juntamente com outros(as) brancos(as), havia desistido da disciplina neste semestre. Dessa maneira, a vergonha e o constrangimento que os(as) estudantes brancos(as) sentiam ao tratar do assunto na frente de seus colegas negros(as) parecia ter diminuído e havia alguma expectativa de que a questão pudesse ser abordada de modo mais direto. Neste ponto, embora a etnografia pareça muito potente, ou até indispensável, sinto necessidade de complementá-la com a análise dos trabalhos finais dos(as) estudantes. Em seu texto, Augusto manifesta explicitamente preocupação com este problema ao definir sua posição socialmente marcada, na minha avaliação, de forma muito pertinente:

> Considerando que o objeto principal do projeto consiste na análise de um movimento social formado por organizações indígenas, negras e de trabalhadores sem-terra, o qual reivindicou o direito de contestar a maneira como a história nacional estava sendo significada e narrada em um determinado contexto, o meu lugar de branquitude deve ser expresso. [...] Nesse sentido, penso ser necessário reconhecer que minha identidade racial branca é compartilhada com a elite nacional e com a historiografia que escreveu o "cânone interpretativo" que embasou as comemorações nacionais.

Esta manifestação é indicativa dos questionamentos que rondam as práticas intelectuais de estudantes dos nossos cursos. Por isso a fala de Carla gerou alguma inquietação na turma e despertou vontade de conversarem mais sobre o assunto. Mas tal questão, cada vez mais espinhosa, difícil e também atraente, não será resolvida em um semestre.

Em minha turma este debate também surgiu. Uma aluna trouxe um questionamento relevante: por que quando se trata de pensar as relações raciais brancos tomam sempre "o negro" como objeto? Não seria o caso de refletir mais sobre a branquitude ou sobre as relações raciais? Essa pergunta nos fez discutir que não se trata de interditar determinados temas a pesquisadores e pesquisadoras, mas em incorporar, cada vez mais, o caráter relacional destas categorias de análise. Ou seja, deixar de pensar em "os negros" como objeto e enfocar as relações raciais. Será que pesquisadores(as) brancos(as) estão dispostos(as) a refazer seus olhares sobre os temas, problemas e objetos de pesquisa? Por outro lado, fico pensando se, há alguns anos, em uma universidade onde a presença negra era muito menor do que atualmente, estas reflexões seriam possíveis. Se os temas e problemas de pesquisa são resultados do presente (que nos provoca, nos interpela), é possível que estas questões se tornem mais latentes dada a presença potente de mais estudantes e pesquisadores negros e negras. Na turma do diurno, alguns temas de pesquisa muito interessantes e inovadores foram propostos por estudantes negros. Destaco, por exemplo, um projeto sobre a história de uma das primeiras ocupações urbanas, realizada no município de Alvorada (RS), no ano de 1987. Este aluno é morador do município e já realizou trabalhos de pesquisa e extensão nessa comunidade. Mais uma vez temos aqui essa vinculação entre a identidade do pesquisador e o tema de pesquisa escolhido.

Passo a prestar mais atenção e consultar meus registros no que tange a como eles(as) representaram a temporalidade nos seus projetos de pesquisa ou, em outras palavras, perscrutar e interpretar como o tempo histórico é articulado nas suas propostas. Há alguns anos cresceu o interesse pelo problema acerca das mudanças nas "experiências do tempo" e as formas pelas quais elas são representadas na historiografia. Entre nós, a atenção a esta questão vem se intensificando desde que Hartog (2013) falou em "presentismo".[10] Comunicações em eventos, artigos em periódicos, conversas de corredores e de bar dão conta de que os pesquisadores/as e estudantes de história parecem refugar as durações mais longas, o afastamento temporal.[11]

Achei que seria interessante fazer alguns gráficos com esses dados, pois eles têm essa "aura de confiabilidade" dada pelos números. Pedi para o Paulo (meu marido) me ajudar com o Excel, para não "explorar" novamente o Leandro (marido da Natália), que sempre nos ajuda com cartazes belíssimos para divulgação de eventos. Tentei classificar e quantificar de forma genérica

[10] Hartog (2013) designa por "presentismo" o regime de historicidade no qual o presente prepondera sobre o futuro no campo da experiência do tempo. Ver, em especial, o prefácio escrito para a versão em português (p. 9-16) e a p. 42.

[11] A emergência do presente como tema da teoria da história e história da historiografia pode ser assinalada pela sua presença em títulos de eventos da área como o Seminário Brasileiro de História da Historiografia de 2010, intitulado "Tempo Presente e Usos do Passado", e em dossiês de revistas como a *História Hoje*, intitulado "O ensino de história e o tempo presente", de 2013, além de dois dossiês da revista *Tempo e Argumento*, de 2017 e 2019, periódico vinculado ao PPGH da Udesc cuja área de concentração é justamente História do Tempo Presente.

a delimitação temporal dos temas de pesquisa dos(as) estudantes da turma diurna de Metodologias da Pesquisa Histórica de 2019. Considerando o que eu disse antes e pensando nas manifestações de alunos(as) nas aulas que tenho dado, confesso que esperava um número até maior de propostas de pesquisa sobre o tempo presente.

Recorte temporal dos projetos de pesquisa para os TCCs em História UFRGS (licenciatura e bacharelado) 35 alunos — turma A — 2019-1

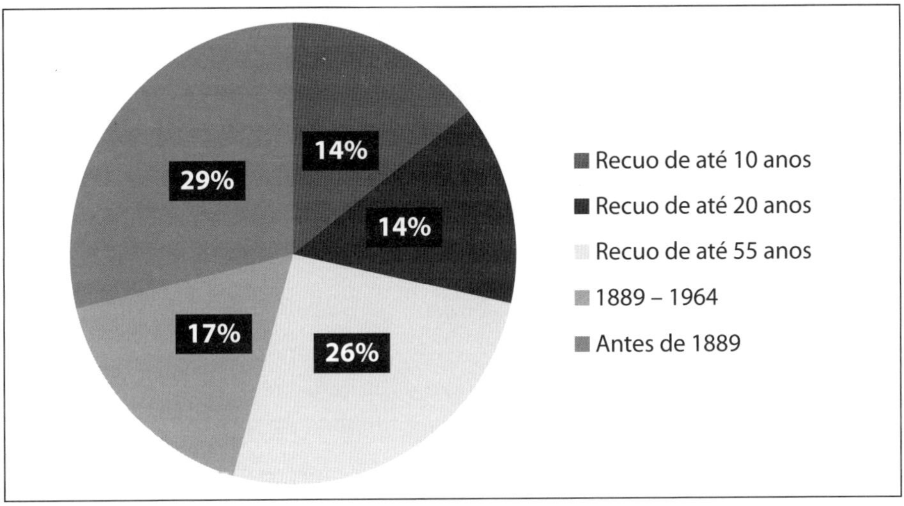

Dos 35 trabalhos entregues no final do semestre, mais da metade tratava de temas e situações históricas localizadas entre o período da Ditadura Civil--Militar e o tempo presente, semelhantemente ao que aconteceu na turma B, do turno da noite.

Na turma B, 12 propostas de pesquisa se concentraram em uma temporalidade anterior a 1889. A título de exemplo, houve três projetos que focaram em história medieval e um em história antiga. Todavia, 24 projetos de pesquisa apresentaram um recuo temporal de até 55 anos. E, ainda, quatro tinham temas de pesquisa concentrados no período de 1889 a 1964.

Recorte temporal dos projetos de pesquisa para os TCCs em História UFRGS (licenciatura e bacharelado) 40 alunos — turma B — 2019-1

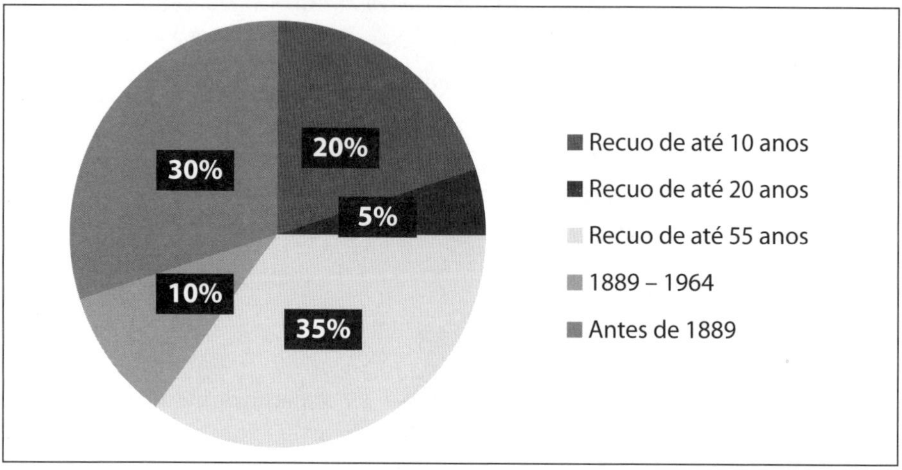

Analisando os temas de pesquisa dos projetos que se concentram no que podemos entender como uma história mais recente, nos deparamos com trabalhos que enfocam a história de movimentos sociais (especialmente movimento negro, estudantil e de mulheres). Igualmente, há muito interesse no período da ditadura civil-militar, com assuntos que vão desde pensar a experiência de pessoas comuns diante da repressão estatal até as práticas de censura nas universidades. Temos, portanto, uma conexão evidente com assuntos que estão na ordem do dia e que possuem, em muitos dos casos, relações com as experiências de militância dos e das estudantes. Em algumas situações, não foi fácil, para eles(as), formular perguntas em conexão com o passado, o que evidencia a dificuldade de perceber as diferentes temporalidades que perpassam os próprios temas de pesquisa. Só para trazer um exemplo, é curioso ver tentativas de transposição de debates feministas do século XXI para a segunda onda feminista do século XX.

Do que apresentamos e falamos anteriormente, será possível afirmar que interessa às(aos) estudantes principalmente pensar e entender os períodos temporais mais recentes, como se neles se concentrasse tudo o que realmente importa a historiadores(as) compreender e interpretar? Ou, quem sabe, interessa sobretudo pensar no tanto de passado que sobrevive no presente? Seria essa uma postura *presentista*, indicativa de uma forma de pensar e representar a experiência do tempo imersa ou acorrentada a um presente cada vez mais amplo? É possível. No entanto, tal preocupação com as possibilidades de enclausuramento das pesquisas históricas no presente não passou incólume ao longo do semestre e foi sendo questionada e problematizada pelos(as) docentes em sala de aula. Os trabalhos finais deles(as) nesta disciplina de final de curso têm muito a ver com esses modelos e prescrições colocados a partir das salas de aula da graduação, incluindo as da disciplina aqui em foco. Ou seja, nós, docentes, os(as) instigamos a pensar o tempo presente na sua relação sobretudo com passado e, muito raramente, com o futuro, destacando que a abordagem dos temas e problemas que nos interessam, vinculada à temporalidade, é uma, se não a principal, marca distintiva da pesquisa histórica ante outras áreas do conhecimento nas ciências humanas.

Ao refletir sobre isto, outras vozes me vêm à memória. As dos nossos colegas que falam provocativamente em história "(in)disciplinada".[12] Apesar de nossa crítica teórica e prática, o termo *disciplinarização* não deixa de ser neste momento uma boa definição para alguns dos efeitos desejados em metodologias da pesquisa histórica. Não digo isso para rejeitar suas reflexões, mas penso na qualidade metafórica que esse termo carrega no sentido de definir a construção de uma forma específica de produção de conhecimento.

Então, não é despropositado perguntar: qual é o resultado deste encontro entre uma vontade das(os) estudantes de se manterem próximos(as) do presente e o processo de disciplinarização que acontece ao longo de sua formação inicial, particularmente na disciplina de "metodologias"? Retorno aos escritos e testemunhos orais das(os) estudantes e penso que algo de (in)disciplinado e rico persiste nos seus interesses e práticas de pesquisa: a recusa ao distanciamento como forma de produzir conhecimento histórico. Poucos são os projetos de pesquisa que se pensam apartados do passado. Mesmo os que tratam de objetos ligados a temporalidades muito distantes, como Grécia antiga, como o dilúvio mesopotâmico no livro do Gênesis, ou o sítio arqueológico Toca do Boqueirão do sítio da Pedra Furada no Piauí, apresentam justificativas para suas pesquisas nitidamente vinculadas a questões do tempo presente.

[12] Já foram organizadas por Arthur Ávila e Fernando Nicolazzi, colegas do Departamento de História da UFRGS, jornadas de teoria da história e história da historiografia intituladas justamente "A história (in)disciplinada", entre os anos de 2015 e 2018. Eu e Benito (Schmidt e Rodrigues, 2017) apresentamos um texto "em jogral", em 2016, publicando posteriormente uma versão ampliada e aprofundada a partir dos debates no evento, na revista *História Unisinos*. Outro resultado destes encontros foi o livro intitulado *A história (in)disciplinada*, recentemente publicado (Ávila, Nicolazzi e Turin, 2019).

Mencionam, por exemplo, certo desprestígio ao lugar da história antiga e da arqueologia nos currículos de formação de professores(as) e historiadores(as). Tal é o posicionamento de Lúcia:

> Há, infelizmente, muitos colegas da área que acreditam que o campo da História Antiga seja "inútil", superficial e distanciado de nossa realidade material. [...] Acredito, então, que por estes e outros motivos, não é correto afirmar que o estudo da antiguidade está inteiramente divorciado de nossa realidade. O legado destas civilizações se faz presente em alguns dos aspectos mais íntimos do pensamento como a espiritualidade baseada em princípios diferentes daqueles que nos utilizamos na produção do conhecimento histórico.

Essas considerações dos estudantes demonstram uma relação muito forte com os temas debatidos no âmbito da historiografia e do ensino de história no Brasil, como aqueles motivados pela discussão da BNCC entre 2015 e 2017.[13] Mas talvez estejam se remetendo de forma ainda mais direta a questões semelhantes, recentemente levantadas no debate e implementação de uma reforma curricular dos cursos de licenciatura e bacharelado em história da UFRGS.

Portanto, para além da quantidade de trabalhos que podem ser explicitamente vinculados ao tempo presente pelos títulos e temáticas, estas e outras manifestações são indicativas de uma atitude que parece rejeitar sobretudo a postura historicista que prefere olhar para o passado separado e divorciado do presente.[14] Lembro também do projeto de pesquisa do Luciano, que pretende estudar formas de produção agrícola comunais existentes no século XIX, as quais tenderam a ser desarticuladas no longo processo de privatização e mercantilização da terra no Rio Grande do Sul. Achei muito significativa a forma como ele justifica a pertinência de seu recorte e abordagem:

> Em toda América houve diferentes formas de uso coletivo da terra, sendo que muitas deixaram de existir com a desamortização das terras e a criação de um mercado de terra. Hoje em dia há outras formas vigentes de uso coletivo da terra como em

[13] Sobre as ásperas discussões entre historiadores(as) e pesquisadores(as) do ensino de história a respeito das diferentes versões da BNCC, ver aula pública ministrada em conjunto com a colega Caroline Pacievitch, "A BNCC e o golpe". Pacievitch e Rodrigues (2017).

[14] Para uma discussão a respeito da distância histórica como objeto de uma postura historicista e suas transformações no século XX, ver Bevir (2015).

> ecovilas, comunidades intencionais, alguns tipos de assentamentos de reforma agrária e retomadas de terras indígenas, por exemplo. [...] Estudar as diferentes formas de se apossar do território pode servir para desconstruir discursos sem fundamentação histórica, valorizar a tradição popular no nosso estado e repensar o modelo vigente que valoriza a produção de *commodities* em latifúndios.

Na sua perspectiva, em que pese a distância temporal do século XIX do qual trata sua pesquisa, é no sentido de contribuir para a constituição de outras identidades e práticas sociais no presente que ela pode ter relevância. E esta justificativa seguramente não foi alguma injunção da sala de aula, mas resultado de reflexões autônomas do estudante, conforme pude verificar igualmente nos encontros individualizados. Cristina vai ainda mais adiante nesta vontade de associar sua pesquisa a um objetivo muito definido de intervenção no tempo presente:

> A história da ditadura é, à primeira vista, uma história masculina. Os grandes nomes, seja dos ditadores, dos agentes repressores ou dos militantes e opositores, nos indicam que a ação política era tarefa destinada aos homens e por eles executada. [...] Observa-se uma onda misógina tomando conta dos sítios virtuais, como o Youtube, em que uma rápida busca a vídeos de relatos de militantes nos exibe comentários extremamente machistas, que em muito refletem o senso comum sobre a ação política dessas mulheres. A nossa pesquisa é uma ferramenta de combate ao negacionismo e relativismos sobre a ditadura civil-militar brasileira, especialmente no que tange às violações sofridas pelas mulheres, que não se trata de "vitimismo" nem "merecimento".

Há nesta forma de pensar a inserção de sua pesquisa no meio acadêmico uma expectativa de vinculação direta e criticamente orientada para o presente e o futuro. A aproximação do sujeito que pesquisa com as opressões e traumas do passado que sobrevivem no presente não aparece como impedimento, mas, ao contrário, como condição para a construção de conhecimento. Luciano, Cristina e tantos outros parecem ressoar as palavras de Spivak, (2014:58) ao apontar a impossibilidade — que prefiro qualificar como profunda dificuldade — de intelectuais franceses como Deleuze e Foucault superarem a representação do pensamento ocidental que constituiu o Outro da Europa. Segundo a autora, nesta construção, cuidadosamente, foram obliterados "os ingredientes textuais com os quais tal sujeito pudesse se envolver emocionalmente e pudesse ocupar (investir?) seu itinerário". Acho que a Natália vai querer comentar este trecho, já que é uma historiadora feminista e dialoga com Spivak e outras autoras que propõem um conhecimento situado. Aliás, foi com esta colega que discuti pela primeira vez essas questões e que nos faz conversar neste texto.

Vale destacar que este esforço de apagar o itinerário do autor só é possível, de acordo com Haraway (1995), para os corpos masculinos e brancos, os únicos que seriam capazes de não ser vistos como corpos socialmente marcados. Ao longo dos últimos semestres, a questão da relação entre sujeito e objeto tem proporcionado debates acalorados em sala de aula. É possível pensar o estudo da história através de um distanciamento? Os temas de pesquisa nos interpelam e, de certo modo, se colocam, também, na posição de sujeitos do conhecimento histórico.

Para compreender a temporalização tramada nas pesquisas dos(as) estudantes, portanto, não basta considerar somente seu posicionamento cronológico. É possível pensar esta questão a partir das reflexões de Guadalupe Garcia (2007:62), que representa o tempo como Jano, o deus grego de duas faces: uma seria a de *cronos*, esse tempo mensurável e fictício, do relógio e do calendário; a outra face seria a de *kairós*, tempo da introspecção, recordação, emancipado de *cronos*. Ainda que vivamos como se o tempo contivesse nossas existências, vivemos também o tempo como experiência. É o que pensam outros teóricos da história, mas a metáfora de Garcia é potente. Será adequada para entender o que se passa com as pesquisas e as vidas dos meus alunos e alunas?

Volto à cena da última aula do semestre. Após rodadas de falas e apresentações, olho para eles e elas, e os(as) vejo finalizando não somente o processo avaliativo da disciplina, mas também um percurso de duração mais longa, no qual sintetizam suas expectativas de inserção neste mundo. O tempo em que vivem, portanto, é *cronos*, que devora suas horas e meses e não se detém no rumo que os leva ao TCC, aos estágios docentes, à formatura. Mas é também, e principalmente, *kairós*, um tempo vivido, "interno" tanto à sociedade de que participam quanto a eles(as) individualmente. A externalidade uniforme da cronologia não os(as) impediu, pelo menos àqueles e àquelas que aqui estão, que detivessem o presente para se lançar na introspecção de seus projetos de pesquisa. Neles, expandem e adensam o tempo da resistência social, individual, que reclama espaço em busca de outros futuros. Estão a nos demandar, seus(suas) professores(as), que tratemos em aula dos temas socialmente vivos (ou sensíveis), para darmos vida a um passado pretensamente abolido e morto na historiografia e no ensino de história.[15] Seu conhecimento quer ser *situado*, configurando a temporalidade de suas investigações em referência a um tempo social, individual e subjetivo (no sentido de que *inclui* o sujeito do conhecimento como parte de sua problematização) e que tem sua lógica própria, incluindo e contemplando acasos e repetições.[16] O posicionamento cronológico das pesquisas, neste sentido, importa muito menos que o desejo de conhecer pela aproximação, identificação e intensidade.

Contudo, junto com eles(as), e para terminar essas considerações de forma um pouco dramática, faço uma pergunta retórica: alguém me explique, por favor, como tratar de temas sensíveis hoje em sala de aula. Acho que nossa última aula do semestre, ao contrário do tom angustiado da minha pergunta, foi agraciada (pelo acaso?) com uma suspensão do tempo, um momento de intensidade e generosidade no qual se pode constituir, ao menos de forma provisória, uma comunidade em que é possível aprendermos uns(umas) com os(as) outros(as).

Sobre a (des)importância de ser professor de teoria e metodologia da história no contexto atual

A disciplina História e Relações de Gênero passou a existir com caráter obrigatório no primeiro semestre de 2019. Antes, algumas professoras já haviam proposto disciplinas eletivas com essa perspectiva, como História do Feminismo (da professora Céli Pinto, aliás, pioneira nesse tipo de discussão em nosso Departamento) e História das Mulheres (da professora Natalia Pietra Méndez). Eu mesmo tinha oferecido, alguns semestres antes, uma disciplina optativa sobre teoria *queer* e história LGBTQI+. Mas há uma grande diferença em posicionar uma disciplina como eletiva ou obrigatória. Aquelas com caráter eletivo são feitas, obviamente, por eleição, ou seja, por aqueles e aquelas que têm interesse, ou, ao menos, alguma curiosidade sobre o tema (sem contar os(as) que as cursam apenas porque "encaixam melhor no horário"). Quando ministrei a disciplina sobre sexualidades desviantes da heteronormatividade, quase

[15] Sobre temas socialmente vivos ou sensíveis no ensino de história, ver, além o texto já mencionado de Falaize (2014), Alberti (2014) e a revisão bibliográfica de Gil e Eugênio (2018).

[16] A referência ao tempo lógico e às repetições se relaciona com o pensamento de Lacan e sua forma de compreender o tempo na clínica psicanalítica, privilegiando fatores subjetivos aos estritamente cronológico. Araújo (2014).

toda a turma era composta por alunos e alunas que se identificavam como gays, lésbicas, bissexuais e pessoas trans, profundamente interessados(as) no assunto que também dialogava com as suas (e as minhas) questões existenciais e políticas. Lembro que, um dia, um aluno, em tom de brincadeira, me disse: "Aqui só tem veado e sapatão, professor!" Tínhamos muita liberdade para nos expor, para dialogarmos francamente sobre os textos. Minha marcação como homem gay facilitava minha interação com eles e elas.

Mas com uma obrigatória é diferente. Ao conferirmos esse *status* a uma disciplina, passamos a considerá-la fundamental na formação de um(a) historiador(a), independentemente de seu interesse, curiosidade ou situação social. Se, no que tange a disciplinas como História Antiga ou História da América, por exemplo, parece que não há discordâncias sobre sua importância como obrigatórias em um currículo de licenciatura ou bacharelado em história, quando se fala em História e Relações de Gênero, é preciso convencer os(as) estudantes (e também alguns(mas) colegas) que ela merece ser obrigatória, e não se trata apenas de um modismo. E não basta, parece-me, tratar *apenas* de sua importância social, alertando para o machismo estrutural que molda nossa sociedade, para os altos índices de feminicídio e de crimes com motivação homotransfóbica ocorridos no Brasil. É preciso também tentar deixar claro que gênero é uma categoria fundamental de análise histórica (sim, temos que voltar a Joan Scott!), uma forma imprescindível de compreender o passado e a construção do conhecimento sobre esse passado, de desestabilizar as hierarquias, periodizações e conceitos que adotamos sem maiores questionamentos em nossos cursos. Sempre digo para os meus alunos e alunas, para alertá-los(as) sobre o caráter arbitrário de nossas divisões temporais, que todos(as) que fazem um curso de história devem conhecer profundamente a Revolução Francesa, suas motivações, processos e personagens. Afinal, tais conteúdos serão cobrados deles(as), por exemplo, em concursos e na própria atividade docente. E pergunto a eles(as): quem conhece o processo de invenção da pílula anticoncepcional, suas etapas, protagonistas, grupos atingidos etc.? Por que esse acontecimento, apesar da alteração profunda e massiva que causou na sociedade, é silenciado nas nossas aulas de história contemporânea e nos nossos livros didáticos? Ou por que a emergência da epidemia da AIDS nos anos de 1980 não é tratada no mesmo patamar de trauma coletivo que o Holocausto, o totalitarismo soviético, o Apartheid e as ditaduras de segurança nacional na América Latina? Enfim, sabemos que visibilidades e invisibilidades são inerentes a qualquer narrativa histórica e, por via de consequência, a qualquer currículo. Não se pode ensinar sobre tudo, mas, parece-me, é importante ressaltar o caráter político das escolhas feitas e que aquilo que é omitido também fala muito do nosso presente e da nossa sociedade.

Foi imbuído dessas convicções que Natalia e eu montamos o programa da nova obrigatória de História e Relações de Gênero com o seguinte conteúdo programático: a trajetória do conceito de gênero no âmbito do conhecimento acadêmico; o conceito de gênero e o conhecimento histórico; história das mulheres; história das masculinidades; história, gênero e interseccionalidades; história LGBT e teoria *queer*; e história, gênero e decolonialidade, sempre relacionando discussões sobre pesquisa e ensino. Nas leituras, procuramos alternar reflexões teóricas com estudos de caso, abrangendo autoras clássicas e outras recentes.

Fiquei apreensiva sobre como a disciplina seria recebida, considerando que se trata de uma novidade em termos de curso de graduação em história e, ainda, diante de toda a polêmica que tem cercado o uso do termo "gênero" no cenário político. Contudo, para minha surpresa, não houve com minha turma nenhuma situação mais complicada em termos de compreender a relevância da proposição da disciplina. Costumo, já nas primeiras aulas, fazer algumas perguntas: quantas autoras mulheres fazem parte das leituras obrigatórias das disciplinas cursadas ao longo de uma graduação? Quantas destas autoras são negras? E quantos homens não brancos, não ocidentais estão relacionados entre os "cânones" de cada disciplina? E, se pensarmos nas disciplinas da área de teoria e metodologia, quantas mulheres são referências bibliográficas? Com estas perguntas iniciais, procuro evidenciar o quanto as relações de gênero (e classe, raça/etnia) são parte fundamental do modo como a história, como disciplina e conhecimento disciplinador, foi fundada.

Foi um semestre difícil, conturbado tanto pela conjuntura política quanto pelos embates travados na própria sala de aula. Do lado de fora, mas batendo a nossa porta, o avanço de forças reacionárias que têm como um de seus alvos a tal "ideologia de gênero", expressão não científica, pouco explicada, mas com grande capacidade de mobilização de grupos avessos às conquistas dos movimentos feministas e LGBTQI+.[17] Não faltaram nas aulas exemplos de

[17] Para uma contextualização e exemplos dos embates contra a denominada "ideologia de gênero", ver o dossiê "Conservadorismo, direitos, moralidade e violência", da revista *Cadernos Pagu* (2017).

absurdos ditos no âmbito público sobre gênero, o que, de algum modo, contribuiu para legitimar a disciplina. Felizmente, ao contrário de meus temores iniciais, não havia na aula nenhum defensor do obscurantismo. Todos e todas estávamos sintonizados na tarefa de entender a catástrofe civilizacional vivida no Brasil ao menos desde o golpe de 2016 e de criar formas de resistência a ela.

Da mesma forma, em minha turma, houve uma sintonia quanto à importância da disciplina, mas me chamou a atenção o fato de que poucas eram as pessoas que costumavam falar em sala de aula. Estava acostumada a trabalhar estes temas em disciplinas eletivas, quando, como já mencionado, há uma presença de pessoas muito interessadas e com alguma bagagem de leituras prévias. Nesta primeira turma, notei que boa parte dos debates ali apresentados constituía uma novidade. O silêncio que, por vezes, tomou conta da sala de aula pode ser sintomático ou de um desinteresse ou de um modo de pensar sobre o tema que estávamos discutindo. Algumas estratégias utilizadas, como discussões em pequenos grupos, contribuíram para quebrar este silêncio. Porém, ressalto que, de modo geral, foi possível perceber uma turma comprometida e sintonizada sobre a relevância dos temas que integram o programa da disciplina.

Contudo, essa sintonia não bastou para formatar uma comunidade razoavelmente harmônica. O desenrolar da disciplina foi, como acabei de dizer, bastante conturbado. E a última aula expressou tal situação. Estávamos em círculo, como estivemos ao longo de boa parte do semestre. Essa formação, acionada de modo a romper espacialmente com a hierarquia tradicional do professor-transmissor e aluno-receptor, simplesmente não funcionou, ao contrário das aulas da Mara. Os alunos(as) e alunas mais falantes eram negros(as). Os(as) estudantes brancos(as) ficavam mais quietos(as). Por vezes, vinham me perguntar algo no final da aula, do estilo: "Professor, veja se isso que estou pensando está correto." Eu perguntava: "Mas por que você não disse isso em aula? Ia gerar um debate muito bom." Eu simplesmente não entendia que a turma não se conformava com um modelo liberal de interação do tipo: "Cada estudante tem a sua contribuição e pode exprimi-la livremente." Formas de agregação outras transpassavam a "comunidade de sala de aula", gerando tensões, aproximações e afastamentos.

Nesse último dia, pedi para os(as) alunos(as) trazerem alguma coisa que simbolizasse o que, no seu entendimento, havia significado a disciplina: um texto, um livro, uma imagem, um objeto... Acreditei que tal estratégia poderia fomentar um interessante debate sobre os acertos e problemas do curso, o qual, como afirmei desde o início do semestre, tinha um caráter experimental, pois estava sendo oferecido pela primeira vez como obrigatório. Um aluno branco trouxe uma *selfie* que fizemos no final de uma das aulas, quando tivemos como convidadas professoras do ensino básico e de cursinhos populares,[18] falando sobre gênero e ensino de história (aliás, muitos(as) estudantes salientaram que essa havia sido a melhor aula do semestre, pois permitiu concretizar muitas das ideias e conceitos vistos ao longo da disciplina). Seguindo as convenções desse tipo de fotografia, posamos bem juntinhos(as) e sorridentes. Depois de sua exibição aos(às) colegas, uma aluna negra exclamou: "Ah, mas nessa foto parece que somos muito unidos! E não é bem assim, né?" Em sua fala, ficou insinuado que conflitos perpassavam a turma antes e durante a disciplina, os quais, por um lado, independiam da minha presença, mas que, por outro, eram potencializados por ela.

Na turma do diurno as aulas que contaram com a participação de convidadas(os) também foram destacadas como pontos altos do semestre. Talvez um indicativo de que há um interesse por escutar como pessoas que estão atuando no ensino básico têm enfrentado os debates sobre gênero e sexualidade. Se, por um lado, há um ambiente de verdadeira "caça às bruxas" contra o que segmentos ultra-conservadores denominaram de "ideologia de gênero", há, por outro lado, um ambiente de grande interesse por parte dos(as) estudantes da educação básica sobre o tema.

Em outro momento, quando discutimos um texto organizado por Heloísa Buarque de Hollanda (2018) sobre novos feminismos nas universidades, um trecho que falava a respeito de coletivos de mulheres chamou a atenção do grupo. A mesma aluna que questionou a união da turma disse que ela e seus e suas colegas negras também se organizavam em coletivos, e arrematou: "É a única forma de sobrevivermos aqui [na universidade]." Certamente não consigo ter a noção exata da potência dessa frase e de tudo o que ela denota a respeito de a universidade continuar sendo, apesar das políticas afirmativas, um espaço extremamente excludente para estudantes que não se encaixam

[18] Agradecemos aos(às) queridos(as) colegas que participaram das aulas em nossas turmas: Caio Tedesco, Carlos Eduardo Barzotto, Gabriela Schneider, Greice Adriana Neves Macedo, Lauri Miranda, Muriel Freitas e Paula Azevedo.

em um determinado modelo de classe, raça e gênero. Ao longo do semestre, coisas semelhantes foram ditas, expressões e gestos foram manifestados. Procurei exercitar, como disse Mara, a arte da escuta e da observação, em busca de conteúdos e atitudes pedagógicas que realmente dialogassem com a turma. Mas tenho que reconhecer os limites estruturais que dificultam a minha visão e a minha audição.

Por exemplo, em uma ocasião, para debatermos sobre o campo da história das mulheres e das relações de gênero no Brasil, indiquei um artigo de Joana Maria Pedro e Raquel Soihet de 2007 que revisava a historiografia sobre o tema. A primeira constatação (e reclamação) feita pelos(as) estudantes negros(as) foi de que praticamente nenhuma historiadora negra era mencionada pelas autoras. Senti isso como um soco no estômago, sinal de que toda a minha boa vontade não me impedia de naturalizar hierarquizações do campo historiográfico. Tentando remediar a situação, mudei o programa para incluir uma aula sobre a historiadora negra Beatriz Nascimento (2018) que, nas décadas de 1970 e 1980, produziu textos muito densos e originais sobre, entre outros temas, os quilombos, mas que acabou "esquecida" pela produção acadêmica (aula essa que foi ministrada pela mestranda Alessandra Santos, pesquisadora negra que vem estudando, em sua dissertação de mestrado, a produção da referida autora, a quem agradeço), e ainda a discussão de um texto da historiadora negra Giovanna Xavier (2013), sobre feminilidade e respeitabilidade nos escritos de mulheres negras nos EUA na virada do século XIX para o XX. Creio que foi uma excelente medida ter modificado o programa, sinalizando para(as) os(as) alunos(as) que eu estava realmente aberto a construir a disciplina com eles(as). Mas, refletindo agora, para mim fica evidente que não basta incluir autoras negras (o que, de resto, Natalia e eu fizemos em várias outras unidades da disciplina), como uma espécie de suplemento, mas efetivamente pensarmos, ao estruturarmos os programas de nossos cursos, nas lógicas generificadas, racializadas e eurocêntricas que balizam nossas escolhas temáticas, teóricas, metodológicas e historiográficas.

Outro exemplo: para mim, que realizei a graduação no final dos anos de 1980, contexto marcado, em termos políticos, pela redemocratização do país e, em âmbito historiográfico, pela ênfase na história dos(as) "de baixo", a coletânea organizada por Maria Stella Bresciani, e publicada no Brasil em 1988, com textos da historiadora francesa Michelle Perrot sobre os excluídos da história, operários, mulheres e prisioneiros, foi efetivamente um marco. Lembro de, na primeira leitura, me deliciar com a narrativa quase literária de Perrot e com sua habilidade de manejar as fontes para fazer com que os(as) silenciados(as) "falassem". Um dos textos mais famosos do livro é "A mulher popular rebelde" e com ele iniciei o semestre. Perrot, no contexto da publicação desse trabalho (em 1979), queria provar que uma história das mulheres era possível, o que hoje pode nos parecer quase ingênuo diante da produção avassaladora e qualificada a respeito de mulheres em diversos tempos e lugares. Mas, naquele momento, tratava-se de um gesto ousado e de uma atitude pioneira, sobretudo no contexto historiográfico francês, notoriamente misógino. Contudo, não consegui transmitir minha animação com a autora e a obra para uma parte da turma, que logo questionou o que consideraram uma ideia universalista de "mulheres" por parte da pesquisadora francesa, a qual também não atentava para a sua condição privilegiada de branca, integrante da elite e europeia. Contra-argumentei dizendo que essas não eram preocupações presentes no período em que o texto foi escrito. Mas não adiantou: eles/as não gostaram do texto, de Perrot e nem da minha escolha, evidenciando uma pouca afeição por aquilo que eu, desde o meu lugar social, considerava um cânone incontornável da área. A partir dessa e de outras experiências semelhantes, perguntei-me (e creio que essa é uma questão que diz respeito ao ensino de ensino de teoria e metodologia da história como um todo): que papel os autores e (poucas) autoras construídas como canônicos devem ocupar nas disciplinas da área? E como devem ser apresentados(as)? Não tenho dúvida de que não podemos deixar os(as) nossos(as) alunos(as) sem conhecerem Ranke, Michelet, Marx, Benjamin, Bloch, Le Goff, Foucault (todos homens!), mas, se fomos abordá-los todos com alguma atenção, que lugar abriremos para refletir a respeito dos marcadores de classe, raça e gênero que constituem tal panteão? E para incluir autores(as) que ficaram de fora da narrativa canônica, mas cujas obras têm uma potência incrível para questioná-la?

Os textos de Michelle Perrot, por exemplo, foram também objeto de crítica na minha turma por se tratar, de acordo com algumas interpretações, de leituras excessivamente centradas na história da França. Procurei fazer uma mediação apontando que se trata de uma autora importante para conhecer a produção sobre história das mulheres. E que, mesmo que seus estudos sejam centrados em uma história europeia, as reflexões que ela aborda podem ser relevantes para compreender o quanto a categoria mulher apresenta limites. Perrot faz isso ao, por exemplo, demonstrar como as chamadas mulheres das classes populares não se enquadravam na ideologia da domesticidade do século XIX. Por vezes, notei alguma resistência a autoras já consagradas dentro dos estudos de gênero e um maior interesse da turma em ler e debater autoras que abordem perspectivas do feminismo negro e/ou decolonial.

Um último caso que marcou a minha memória da disciplina: quando discutimos a respeito de masculinidades, sugeri um texto que também considero canônico sobre o tema, por ter como um de seus autores o criador do conceito de masculinidade hegemônica, Robert Connell, australiano, branco, que hoje se identifica como Raewyn Connell (Connell e Messerschmidt, 2013). Um dos alunos mais participativos da turma, negro, disse-me que tinha dificuldade de ler um texto com o qual não se identificava. Dessa vez, creio, consegui responder de uma forma mais eficiente: "Eu, como homem gay, também não me identifico com os textos de Angela Davis que se pautam por uma visão binária dos gêneros, homens e mulheres, mas mesmo assim considero importantíssimo lê-los, eu aprendo muito com eles." Creio que essa observação tocou o estudante, que acabou concordando comigo.

Nesta e em outras ocasiões minha marcação como homem gay me permitiu ultrapassar as barreiras que, em várias situações, dificultaram a minha comunicação com a comunidade de sala de aula. Para além desse caso particular, me parece evidente que, cada vez mais, é preciso reconhecermos, ao tratarmos de teoria e metodologia da história, e do conhecimento histórico de modo geral, que nossos corpos dizem muito aos estudantes, que ele não pode ser eliminado quando falamos de autores, "escolas" e conceitos, e que o melhor é reconhecermos e exprimirmos o quanto de privilégios e opressões trazemos conosco.

No fatídico último dia de aula, a última aluna que participou da rodada avaliativa do semestre disse que não havia trazido nada que simbolizasse o semestre, pois não havia aprendido nada comigo, e arrematou: "Ainda bem que tenho os meus colegas para me ensinar." Tentei interrompê-la para me "defender", ao que ela disse: "Estou falando, me respeite!" Claro que fiquei chateado e chocado com a situação, mas foram esses sentimentos que me conduziram à reflexão que trago aqui. Minha amiga e colega Mara, perspicaz da arte de bem escutar, havia me dito alguns dias antes: "Nem tudo o que é falado em aula é para ti!", frase que ajudou a superar o achatamento do ego que esse "último dia" me trouxe e a tentar pensar de outra maneira as próximas disciplinas que ministrarei. Neste Brasil de retrocessos e violências, é preciso multiplicar os "últimos dias", aprender com eles e tentar construir um "resto das nossas vidas" mais justo e solidário.

P.S.: um aluno me confidenciou no final de uma das aulas de História e Relações de gênero que, a partir de nossas discussões, ele entendeu melhor a sua irmã trans. Já valeu a pena!

Essas falas que, por vezes, nos chocam, podem ser interpretadas de diversas formas. Fico pensando que, se não construímos um ambiente de escuta e liberdade, dificilmente algum(ma) aluno(a) faria uma afirmação desta natureza. A possibilidade de aprender com os(as) colegas é, de algum modo, a proposta pedagógica que orienta a ideia de uma sala de aula como "comunidade". Por outro lado, temos que pensar o que nós, como docentes, representamos naquele espaço da sala de aula. Podemos sim ser vistos, em algumas situações, não como aliados(as), mas como representantes de uma instituição que, historicamente, atuou para reforçar hierarquias e exclusões sociais. Estes conflitos talvez fiquem mais explícitos em uma disciplina que, por seus temas, permite estabelecer conexões entre as experiências de vida e os textos que discutimos. Fiquei impactada quando o Dante, um estudante negro, de cerca de 20 anos, relatou a violência que sofreu em uma abordagem policial. Ou quando a Rafaela, uma estudante branca, lésbica, vinda de um município do interior do Rio Grande do Sul, relatou o modo como parte de sua família discutia a orientação sexual dela, interpretada como uma espécie de "falha" em sua criação, atribuindo o seu gosto por meninas a uma ausência da figura paterna. Essas situações onde a sala de aula se transforma em um espaço para falar sobre experiências de violência podem, facilmente, escorregar para uma espécie de catarse, desconexa dos debates teóricos que orientam a disciplina. Mas, ao mesmo tempo, são discussões que trazem uma potência para a sala de aula, ao permitir que os conceitos e categorias que estudamos — e que por vezes são muito abstratas para uma parcela da turma — possam ser visualizados a partir dos relatos dos(as) colegas. Igualmente, essas discussões podem contribuir para contextualizar e historicizar situações que, cotidianamente, nossos(as) alunos(as) enfrentam.

Considerações finais a "seis mãos"

Neste texto, nos propusemos a um exercício de diálogo sobre nossas experiências como docentes da área de teoria e metodologia da história. Partimos de nossas anotações, lembranças, conversas nos corredores e trocas de mensagens para desencadear a escrita, tendo como acontecimento norteador "a última aula do semestre". É possível que situações das últimas aulas tenham se mesclado a outras que transcorreram ao longo das 19 semanas de convivência com cada uma de nossas turmas. Mas, ao escrever e evocar nossas memórias, há sempre um inevitável reordenamento dos eventos desde o momento presente. Perguntamo-nos aqui sobre a validade de construir este diálogo e como ele pode contribuir para uma reflexão mais ampla a respeito dos desafios de ensinar/aprender teoria e metodologia da história na atualidade. Concordamos com bell hooks quando ela afirma:

> A prática do diálogo é um dos meios mais simples com que nós, como professores, acadêmicos e pensadores críticos, podemos começar a cruzar as fronteiras, as barreiras que podem ser ou não erguidas pela raça, pelo gênero, pela classe social, pela reputação profissional e por um sem-número de outras diferenças. [hooks, 2017:174]

Como já foi mencionado no início deste texto, temos, entre nós, várias diferenças em termos de trajetórias pessoais e profissionais, assim como em relação aos nossos marcadores sociais. Mas compartilhamos a preocupação de refletir sobre o que acontece na sala de aula, a partir das nossas práticas docentes e das relações que ali se estabelecem. Nas duas disciplinas, nos deparamos com a discussão de temas sensíveis. Tanto na elaboração dos projetos de pesquisa (em Metodologias da Pesquisa) quanto nos diferentes eixos da disciplina de História e Relações de Gênero, estamos abordando questões socialmente vivas, bastante presentes em diversas mídias e que são objeto de conflitos. No caso da disciplina de Metodologias, percebemos o quanto pensar os temas de pesquisa esbarra em (e, por outro lado, se alimenta de) debates éticos e políticos sobre os efeitos do conhecimento histórico em disputas do presente. É o caso, por exemplo, de estudantes que pretendem enveredar suas pesquisas sobre populações negras, quilombolas, indígenas, movimentos sociais contemporâneos, história dos direitos humanos, entre outros. Contudo, esta questão demonstrou relevância também em projetos com maiores recuos temporais, indicando que, além do impacto historiográfico das pesquisas, há uma preocupação quase unânime em vincular os trabalhos a problemáticas do presente. Na disciplina de História e Relações de Gênero, os chamados temas sensíveis estão presentes em todos os eixos abordados, o que exige um cuidado de nossa parte, uma vez que, não raro, as aulas evocam situações do cotidiano dos(as) estudantes, atravessadas por machismos, racismos, LGBTfobia e diversas outras formas de violências.

A partir das nossas conversas, temos indagado qual é nosso papel como docentes deste conjunto de disciplinas. Uma das questões passa por afirmar o lugar da história como um conhecimento socialmente elaborado, que obedece a aspectos teóricos e metodológicos, no âmbito do qual submetemos nossas pesquisas e produções acadêmicas ao debate dos pares e da sociedade. Em um contexto de tantos ataques às universidades, à ciência e, especialmente, ao conhecimento histórico, é fundamental rejeitar um certo relativismo que busca igualar diferentes narrativas referentes ao passado, validando todas elas como efeitos de verdades individuais. Portanto, evidenciar que a história é resultado de divergências, lutas e diferentes interpretações não significa abrir mão da construção de mediações que elaborem conhecimentos inteligíveis, a partir de diálogos e pontes. Esse caminho que escolhemos passa por produzir conhecimentos situados, que se oponham a um posicionamento totalizante ou excessivamente relativista, o qual, para Donna Haraway, representa as duas faces da mesma moeda:

> A alternativa ao relativismo são saberes parciais, localizáveis, críticos, apoiados na possibilidade de redes de conexão, chamadas de solidariedade em política e de conversas compartilhadas em epistemologia. O relativismo é uma maneira de não estar em lugar nenhum, mas alegando-se que se está igualmente em toda parte. A "igualdade" de posicionamento é uma negação de responsabilidade e de avaliação crítica. Nas ideologias de objetividade, o relativismo é o perfeito gêmeo invertido da totalização; ambos negam interesse na posição, na corporificação e na perspectiva parcial; ambos tornam impossível ver bem. [Haraway, 1995:23-24]

Procuramos, ao longo deste texto, situar nossos pontos de vista parciais sobre as experiências docentes em duas disciplinas que exigem, de forma constante, enfrentar questões relacionadas a como o conhecimento histórico foi e é construído. Este debate diz respeito tanto ao modo como nós vivemos a docência (e como construímos esta reflexão conjunta), mas também às possibilidades de pensar sobre tais temas a partir das nossas "comunidades pedagógicas", ou seja, das diferentes questões que perpassaram (e que com certeza continuarão perpassando cada vez mais) nossas turmas e salas de aula. Nosso olhar, é claro, não conseguiu alcançar a totalidade de vivências que ocorreram nessa comunidade. Há elementos que retiveram nossa observação, enquanto outros foram pouco ou nada percebidos por nós. Acabamos tendo uma tendência a, muitas vezes, focalizar nossa atenção às situações de frustração — nossas e de nossos(as) alunos(as) — em relação ao semestre, talvez porque elas tensionem a nossa postura narcísica de querer fazer a diferença na vida dos(as) estudantes.

Por vezes, esquecemos que a sala de aula é, também, um espaço limitado e atravessado por inúmeras questões. Assim, lidamos cotidianamente com muitas histórias: a da estudante ansiosa em relação ao seu projeto de pesquisa que diz que a família reclama dela porque não fala em outra coisa; a do discente que se desculpa por faltar a três aulas seguidas, mas seu trabalho como motoboy exige que trabalhe nas noites de inverno porque não pode abrir mão desta renda; a do aluno negro que contou à turma uma situação de violência policial que viveu quando voltava do seu trabalho; a do estudante que agradeceu, após uma aula sobre gênero e ensino, porque ele não tinha percebido o quanto era difícil pensar uma aula que não se limite a trabalhar as mulheres como uma história complementar; a excelente participação de uma discente, indígena, que passou o semestre sem usar a palavra mas que, em uma aula sobre gênero nas sociedades indígenas, nos ofereceu um depoimento maravilhoso sobre o modo como a sexualidade é discutida na sua aldeia kaigang; a fala da aluna que conseguiu dizer que não havia aprendido nada em uma das nossas aulas. Essas conversas e situações que dão sentido à sala de aula como um lugar onde se constroem relações nos fazem pensar muito além dos conteúdos, conceitos e categorias que estão nos programas e súmulas das disciplinas. Elas nos interpelam a refletir sobre a responsabilidade (e os limites) das nossas ações como docentes. A respeito dessas diferentes vozes que estão presentes nas nossas turmas, bell hooks comenta o quanto a sala de aula tem sido, também, um lugar onde os conflitos se manifestam:

> De repente a sala de aula feminista já não é aquele porto seguro que muitos alunos de Estudo da Mulher imaginavam que fosse; é, ao contrário, um lugar de conflito, tensões e, às vezes, permanente hostilidade. Para nos confrontarmos mutuamente de um lado e de outro das nossas diferenças, temos de mudar de ideia acerca de como aprendemos; em vez de ter medo do conflito, temos de encontrar meios de usá-lo como catalisador para uma nova maneira de pensar, para o crescimento. Os alunos negros, frequentemente, introduzem nos estudos feministas essa noção positiva de desafio, de investigação rigorosa. [hooks, 2017:154]

A afirmação de hooks, sobre os impactos da presença de estudantes negros em seus cursos sobre feminismo, pode ser estendida para outras salas de aula. Agregamos também o impacto da participação cada vez mais ativa de estudantes LGBTQI+, de mulheres identificadas com o feminismo, indígenas, estudantes vindos da escola pública, entre outros grupos subalternizados, cada qual com diferentes expectativas em relação ao curso de história e às disciplinas que ministramos. Somente um espaço horizontal, onde a professora ou professor pense em conjunto a produção do conhecimento, potencializará essa pluralidade. Desnaturalizar nosso lugar como o de quem tem o monopólio da palavra não é simples. Exige de nós a desconstrução de como aprendemos a ensinar, a incorporar novas performances em sala de aula que abram espaço para uma escuta atenta, para a dúvida, para a conversa, para o gaguejar e, por que não, para as emoções. Exige, por seu turno, que estudantes assumam a corresponsabilidade, colocando em xeque uma tradição escolar que ainda compreende o sujeito aluno como passivo. Ao mesmo tempo, não podemos ter uma visão ingênua e acreditar que somente nossa boa vontade será capaz de produzir uma sala de aula mais horizontal. É preciso nossa atenção ao modo como as hierarquias de classe, raça, gênero, orientação sexual, entre outras, estão presentes, também, na universidade e dentro da sala de aula, e se manifestam por meio de gestos, práticas e discursos. Enxergar a sala de aula como um espaço de conflito significa reconhecer que ali há situações de privilégios e opressões que nos movimentam e, de algum modo, enquadram o modo como nós, docentes, e os(as) estudantes, construímos e ensinamos o conhecimento histórico. Mas que também oferecem um rico potencial para a configuração de outras relações e formas de fazer história.

Nosso diálogo aponta para algumas questões urgentes, entre elas, a necessidade dos(as) alunos(as) de enfocar temas que, até pouco tempo, foram negligenciados pela pesquisa e pelo ensino de história nas universidades. Temas que, não por acaso, estão conectados com suas experiências de vida, militância e, por vezes, com seus marcadores sociais. O lugar da experiência tem sido evocado como um espaço legítimo de produção de saberes que, inclusive, colocam sob suspeita o monopólio da historiografia acadêmica acerca do passado. Esta, talvez, seja uma questão nova para docentes da área de teoria e metodologia, acostumados que estávamos a "ensinar" como examinar o tempo pretérito. Este ambiente de questionamentos colabora para que repensemos nossas práticas e nossos cânones, refletindo sobre outras formas de relação com o passado. Dentro de um curso que pretende formar professores(as) e pesquisadores(as), temos a responsabilidade de estabelecer diálogos.

Contudo, se a experiência e os marcadores sociais são parte inseparável de quem ensina, reflete e pesquisa, estes não podem ser o único lugar de legitimação do conhecimento, sendo preciso igualmente apropriar-se dos debates teórico-metodológicos próprios do campo. Não basta, por exemplo, conhecer (e reconhecer) autores(as) que dialogam com nossos interesses imediatos. Afinal, para questionar os cânones da disciplina com propriedade, é preciso conhecê-los em profundidade e, igualmente, apropriar-se de toda uma literatura crítica que já vem, ao menos desde o final dos anos de 1960, produzindo questionamentos à ciência pautada pelo eurocentrismo, androcentrismo e branquitude. Mediar esse equilíbrio entre a necessária valorização da experiência e a construção de referenciais teórico-metodológicos que possibilitem amplificar as possibilidades de ouvir e dizer é, talvez, um dos nossos principais desafios.

Referências

ALBERTI, Verena. Palestra proferida no IV Colóquio Nacional História Cultural e Sensibilidades, realizado no Centro de Ensino Superior do Seridó (Ceres) da Universidade Federal do Rio Grande do Norte (UFRN), em Caicó (RN), de 17 a 21 de novembro de 2014.

ANDRÉ, Marli Eliza D. A. de. *Etnografia da prática escolar*. Campinas, SP: Papirus, 2013.

ARAÚJO, Fabíola Menezes de. O tempo em Lacan. *Ágora*, Rio de Janeiro, v. XIX, n. 1, jan./abr. 2016, p. 103-114. Disponível em: <www.scielo.br/pdf/agora/v19n1/1809-4414-agora-19-01-00103.pdf>. Acesso em: 3 out. 2019.

AVILA, Arthur de Lima; NICOLAZZI, Fernando; TURIN, Rodrigo. *A história (in)disciplinada*. Teoria, ensino e difusão do conhecimento histórico. Vitória, ES: Milfontes, 2019.

BRASIL. *Artigo 26 A, da Lei de Diretrizes e Bases da Educação Nacional 9.394/1996*.

______. *Diretrizes Curriculares Nacionais para a Educação das Relações Étnico-Raciais e para o Ensino de História e Cultura Afro-Brasileira e Africana*. Brasília, DF, 2004.

BEVIR, Mark. Porque a distância histórica não é um problema. *História da historiografia*, Ouro Preto, n. 18, ago. 2015, p. 11-28. Disponível em: <www.historiadahistoriografia.com.br/revista/article/view/838>. Acesso em: 3 out. 2019.

CADERNOS Pagu, Campinas, n. 50, 2017 (Dossiê "Conservadorismo, direitos, moralidade e violência").

CEZAR, Temístocles. A arte de contar histórias de vida sem biografia. In: AVELAR, Alexandre de Sá; SCHMIDT, Benito Bisso (Org.). *O que pode a biografia?* São Paulo: Letra e Voz, 2018, p. 223-239.

CONNELL, R.; Messerschmidt, J. Masculinidade hegemônica: repensando o conceito. *Estudos Feministas*, Florianópolis, v. 21, n. 1, jan./abr. 2013, p. 241-282.

FALAIZE, Benoit. O ensino de temas controversos na escola francesa: os novos fundamentos da história escolar na França. *Tempo e Argumento*, Florianópolis, v. 6, n. 11, jan./abr. 2014, p. 224-253.

FOUCAULT, Michel. *A ordem do discurso*. São Paulo: Loyola, 2008.

______. O que é um autor? (1969). In: ______. *Ditos e escritos* — estética: literatura e pintura; música e cinema. Rio de Janeiro: Forense Universitária, 2006, p. 268-302.

GARCIA, Guadalupe Valencia. *Entre cronos y kairós*: las formas del tempo sociohistórico. Barcelona; México: Rubí-Anthropos Editorial; Unam — Centro de Investigaciones Interdisciplinarias en Ciencias y Humanidades, 2007.

GIL, Carmem Zeli de Vargas; EUGÊNIO, Jonas Camargo. Ensino de história e temas sensíveis: abordagens teórico-metodológicas. *Revista História Hoje*, v. 7, n. 13, 2018, p. 139-159.

HARAWAY, Donna. Saberes localizados: a questão da ciência para o feminismo e o privilégio da perspectiva parcial. *Cadernos Pagu*, v. 5, 1995, p. 7-41.

HARDING, Sandra. *Feminism and methodology*. Bloomington: Indiana University Press, 1987.

HARTOG, François. *Regimes de historicidade*: presentismo e experiências do tempo. Belo Horizonte: Autêntica, 2013.

HOLLANDA, Heloísa Buarque de. *Explosão feminista*: arte, cultura, política e universidade. São Paulo: Companhia das Letras, 2018.

hooks, bell. *Ensinando a transgredir*: a educação como prática da liberdade. São Paulo: Martins Fontes, 2017.

LÖWY, Ilana. Universalidade da ciência e conhecimentos "situados". *Cadernos Pagu*, n. 15, 2000, p. 15-38.

NASCIMENTO, Beatriz. *Beatriz Nascimento*: intelectual e quilombola. Possibilidade nos dias de destruição. São Paulo: União dos Coletivos Pan-Africanistas de São Paulo (UCPA), 2018.

OLIVEIRA, Maria da Glória. Os sons do silêncio: interpelações feministas decoloniais à história da historiografia. *Hist. Historiogr.*, v. 11, n. 28, set./dez. 2018, p. 104-140.

PACIEVITCH, Caroline; RODRIGUES, Mara Cristina de Matos. "A BNCC e o golpe". Aula pública ministrada no curso de extensão "O golpe de 2016 e a nova onda conservadora". Promovido pelo IFCH da UFRGS, 2017. Disponível em: <www.youtube.com/watch?v=C4QqGViz4Sg&t=186s>. Acesso em: 3 out. 2019.

PEDRO, Joana; SOIHET, Rachel. A emergência da pesquisa da história das mulheres e das relações de gênero. *Revista Brasileira de História*, São Paulo, v. 27, n. 54, 2007, p. 281-300.

PERROT, Michelle. *Os excluídos da história*: operários, mulheres e prisioneiros. Rio de Janeiro: Paz e Terra, 1988.

POPKEWITZ, Thomas S. História do currículo, regulação social e poder. In: SILVA, Tomáz Tadeu da (Org.). *O sujeito da educação*: estudos foucaultianos. Petrópolis: Vozes, 1994, p. 173-210.

RIBEIRO, Djamila. *O que é lugar de fala?* São Paulo: Letramento, 2017.

SCHMIDT, Benito; RODRIGUES, Mara C. M. O professor universitário de história é um professor? Reflexões sobre a docência de teoria e metodologia da história e historiografia no ensino superior. *História Unisinos*, v. 21, n. 2, 2017. Disponível em <http://revistas.unisinos.br/index.php/historia/article/view/htu.2017.212.02/6194>. Acesso em: 3 out. 2019.

SILVA, Petronilha B. G. e. Aprender, ensinar e relações étnico-raciais no Brasil. *Educação*, Porto Alegre, a. XXX, n. 3 (63), set./dez. 2007, p. 489-506. Disponível em: <http://revistaseletronicas.pucrs.br/ojs/index.php/faced/article/view/2745/2092>. Acesso em: 3 out. 2019.

SPIVAK, Gayatri Chakravorty. *Pode o subalterno falar?* Tradução de Sandra Regina G. Almeida, Marcos Pereira Feitosa e André Pereira Feitosa. Belo Horizonte: Ed. UFMG, 2014.

WARSHAUER, Cecília. *A roda e o registro*: uma parceria entre professores, alunos e conhecimento. Rio de Janeiro: Paz e Terra, 2017.

XAVIER, Giovana. Esculpindo a "nova mulher negra": feminilidade e respeitabilidade nos escritos de algumas representantes da raça nos EUA (1895-1904). *Cadernos Pagu*, v. 40, jan./jun. 2013, p. 255-287.

12

Dentro do conceito tem gente etc. e tal: pensando o ensino-pesquisa de teoria da história na universidade

Beatriz de Moraes Vieira

> Cem vezes por dia lembro-me de que minha vida interior e exterior se baseia no trabalho de outros seres humanos, vivos e mortos, e que devo me esforçar para dar na mesma medida que recebi e ainda recebo. [Albert Einstein]

> A Educação, qualquer que seja ela, é sempre uma teoria do conhecimento posta em prática. [Paulo Freire]

Professora, para que serve teoria da história? Qual a diferença em relação à historiografia? O que é um conceito? Não entendo nada, acho teoria muito abstrato... Ah, agora entendi... É comum ouvirmos de nossos alunos frases como essas, às quais se somam as considerações de alguns colegas, para quem teoria da história, ou mesmo historiografia, não configuram uma área dentro do campo da história, nem deveriam ser disciplinas separadas das demais, e sim uma parte do conteúdo de todas as outras, a ser mobilizada pelo professor em conformidade com o conteúdo das aulas. Não é objetivo do presente texto discutir as questões relativas à validade ou não da área, tampouco à sua nomenclatura — como sabido, há ainda muitos pontos em aberto, como fios puxados para uma tessitura ainda em andamento, que compreende uma vasta gama de temas e problemas, desde as teorias do conhecimento até a história da historiografia, passando pela história intelectual, literária e política, pelas filosofias da história, os cuidados éticos, o lugar das metodologias, das linguagens e das mídias etc. Ao invés, a intenção aqui é compartilhar minhas tentativas de resposta às indagações e/ou provocações discentes, ou seja, algumas estratégias, conversas e trabalhos que tenho tido a oportunidade de realizar nas aulas de "teorias da história", no curso de história da Universidade Estadual do Rio de Janeiro (Uerj).

O "mapa desmesurado", a "escultura" e outras metáforas

> Naquele Império, a Arte da Cartografia atingiu tal Perfeição que o Mapa de uma só Província ocupava toda uma Cidade e o Mapa do Império toda uma Província. Com o tempo, estes Mapas Desmesurados não satisfizeram e os Colégios de Cartógrafos levantaram um Mapa do Império, que tinha o Tamanho do Império e coincidia pontualmente com ele. Menos Dedicadas ao Estudo da Cartografia, as Gerações seguintes não sem Impiedade entregaram-nos às Inclemências do Sol e dos Invernos. Nos desertos do Oeste perduram despedaçadas Ruínas do Mapa, habitadas por animais e por Mendigos; em todo o País não há outra relíquia das Disciplinas Geográficas. [Suárez Miranda. *Viajes de varones prudentes*, livro IV, cap. XIV, Lérida, 1658]

O conto "Do rigor na ciência", de Jorge Luis Borges,[1] mostra-se muito instigante para uma reflexão inicial sobre o que significa conhecer e qual seja a função dos conceitos. Sem pretender esgotá-lo — nem sequer analisá-lo literariamente, o que propiciaria uma pesquisa fora dos limites pretendidos —, as turmas efetuam uma interpretação conjunta sobre o texto, debatendo o sentido possível (ou a falta de) para um mapa que pudesse coincidir com o próprio território: sem escala que estabeleça as devidas proporções, esse mapa não mapeia nada, perde sua função orientadora, é um não mapa, incapaz de apontar ao viajante os caminhos a trilhar. Um mapeamento — literal ou simbólico — por definição exige a redução das medidas concretas da realidade a ser mapeada. Necessariamente, então, numerosos aspectos dessa realidade serão deixados de lado, esquecidos ou eliminados, para que o mapa se cumpra enquanto tal. Analogamente aos cartógrafos — e Borges foi um mestre exímio nos jogos de palavras e ideias que carregam correlações implícitas, a serem desbravadas pelo leitor —, o intelectual (e penso em Antonio Gramsci quando afirmou que todo ser humano é potencialmente um intelectual, por

---

[1] Publicado pela primeira vez na edição de março de 1946 de *Los Anales de Buenos Aires*, a. 1, nº 3, como parte de uma peça chamada "Museo", sob o pseudônimo de B. Lynch Davis, usado em conjunto por Borges e Bioy Casares. Ver Vrel (1989). O conto foi adicionado à segunda edição de *Historia universal de la infamia* (1946), de Borges, e posteriormente retirado desse livro por ter sido compilado desde 1961 como parte do *El hacedor* (*O fazedor*).

possuir a faculdade de pensar) precisa de "palavras redutoras", ferramentas que construam escalas e mensurações possíveis para pensar e construir conhecimento sobre um dado fenômeno ou experiência — os conceitos. O problema da transmissão do conhecimento encontra-se também presente no conto, seja pela via da dificuldade/impossibilidade de representação do real, seja no fato de que futuras "gerações" podem perder o sentido do trabalho inicial, apequená-lo, entregá-lo às inclemências da natureza humana, que pode ser brutal e animalesca, ou mendicante de ideias por pobreza de espírito, falta de caráter ou de recursos culturais que permitam a tessitura das analogias, silogismos e demais encadeamentos lógicos. O mapa/conceito torna-se ruína.

Semelhante raciocínio Borges aplicou em seu conto "Funes, o memorioso":[2] pela incapacidade de esquecer, o personagem não podia pensar, nem dormir ou se curar. Esse conto tem sido explorado à exaustão para se tratar da impossibilidade de dissociação entre memória e esquecimento, inextrincáveis por serem constitutivos um do outro, como os fios e os vazados de uma rede de pesca. A metáfora da tessitura é bastante usada por benjaminianos para analisar os movimentos de memória presentes na literatura e na história, tendo como inspiração a imagem de Penélope (entre outros, Gagnebin, 2002)[3] que, à espera da completude e da paz (um dos sentidos plausíveis para o retorno do homem guerreiro à terra natal), desfazia à noite o que tecia durante o dia... Seja na esfera da memória ou do conhecimento, ambos os autores realizam a crítica à busca racional pelos sentidos absolutos. Marcados pela experiência (ou o empobrecimento dela, segundo percepções europeias da época, catalisadas por Walter Benjamin) da Grande Guerra europeia, em sua primeira e segunda fase, quando o que deveria ser processo civilizatório resultou em barbárie,[4] observam que a tradição filosófica ocidental, especialmente a hegeliana — baseada numa concepção epistemológica que crê e busca um conhecimento total sobre todas as coisas, incluindo a história —, havia sido lacerada. Ou, na visão de Frederic Nietzsche, sempre fora um erro e uma arrogância. Nos termos de Fernand Braudel (1992), se a totalidade não deve ser relegada pela historiografia, funciona, porém, como um horizonte norteador dos trabalhos, cuja prática ensina que não se pode alcançar embora seja necessário almejar.

---

[2] Datado de 1942, foi publicado no livro *Ficciones* (1944). Ver primeira impressão também em: <http://biblio3.url.edu.gt/Libros/borges/el_memorioso.pdf>. Acesso em: 10 set. 2019.

[3] Ver, entre outros, Gagnebin (2002).

[4] Ver as cartas trocadas entre Einstein e Freud sobre este tema. Em Freud (2009).

No entanto, é crucial discernir entre diferentes tipos de lacuna ou olvido. O silêncio, como componente da dinâmica do lembrar/esquecer, é estudado por Eni Orlandi (1995) em diversas instâncias: há o silêncio intrínseco à linguagem, significante e fundador, porque toda palavra, como toda representação, é índice de algo, uma presença que indica uma ausência, do mesmo modo como a música é feita de som e silêncio ("um lugar de recuo necessário para que o sentido faça sentido", pois "fora da linguagem não é o nada, mas ainda sentido"). Há o silêncio como condição histórica, uma vez que nos processos de significação da história há regiões de sentido que não se chegam a formular, nem mesmo a reconhecer, isto é, por conta da complexidade das relações sociais certas possibilidades de conhecer estão fora dos limites de um tempo-espaço, fora do horizonte epistêmico de uma época, e como tal são impensáveis ou incogitáveis (estabelecendo-se um âmbito "historicamente não dizível", um "não significado como uma impossibilidade histórica"). E há o silêncio político por excelência, fruto de uma interdição quando as relações de poder em uma sociedade intervêm nas circunstâncias da enunciação, agem sobre a formulação e a responsabilidade dos agentes históricos, determinando o que se pode dizer ou não. Nesses casos, trata-se de sentidos historicamente passíveis de serem ditos, mas interditados; não ocorre ausência de informação, e sim censura, a qual "impede o trabalho histórico dos sentidos" ao atrapalhar sua circulação e elaboração, assim como o processo de identificação dos sujeitos em sua relação com os sentidos.

Os "não ditos" são também analisados por Michel de Certeau como um dos elementos componentes da operação historiográfica, visto que "toda interpretação histórica depende de um sistema de referência" e, portanto, "os 'fatos históricos' já são constituídos pela introdução de um sentido na 'objetividade'." (Certeau, 2000:67). Deste modo, existem escolhas anteriores, conscientes ou não, mas marcadas pelos lugares institucionais e sociais ocupados pelo historiador, e tais lugares simultaneamente permitem certo tipo de pesquisa/produção e proíbem outros:

> Tal é a dupla função do lugar. Ele *torna* possível certas pesquisas em função de conjunturas e problemáticas comuns. Mas *torna* outras *impossíveis*; exclui do discurso aquilo que é sua condição num momento dado; representa o papel de uma censura com relação aos postulados presentes (sociais, econômicos, políticos) na análise. Sem dúvida, esta combinação entre *permissão e interdição* é o ponto cego da pesquisa histórica e a razão pela qual ela não é compatível com *qualquer coisa*. É igualmente sobre esta combinação que age o trabalho destinado a modificá-la. [Certeau, 2000:77]

O autor aponta aqui para o papel ético-cognitivo do historiador que trabalha para alterar o aparente paradoxo de uma pesquisa/narrativa/análise permitida-interdita. Superar o ponto cego demanda escolhas políticas cuidadosas — valendo lembrar que as condições de possibilidade da historiografia, desde seu momento fundante, ancoram-se no princípio da cidade democrática, que permite o pensamento divergente (Hartog, 2001) —, métodos rigorosos e conceitos acurados, como instrumentos bem afinados para um concerto ou ferramentas bem afiadas para uma obra. Em condições adequadas, então, o conceito histórico pode ser visto como uma ferramenta de pensar experiências espaciais, temporais e sociais particulares, e a teoria da história como uma caixa de ferramentas.

A propósito, ideia de um bom cinzel subjaz desde a Antiguidade à metáfora da escultura — o fato histórico esculpido a partir de uma "massa de eventos" informes, como Luciano de Samósata (c. 125-181 d.C.) sugeria no libelo *Como se deve escrever a história*:

> [...] Com efeito, os historiadores não escrevem como os oradores, já que o que há de ser dito existe e será dito, pois já aconteceu, bastando ordená-lo e dizê-lo. Desse modo, não devem buscar o que dizer, mas como dizê-lo. Em suma, é preciso considerar que quem escreve a história deve assemelhar-se a um Fídias, um Praxíteles, um Alcâmenes ou outro artista desse tipo, já que nenhum deles criou o ouro a prata o marfim ou algum outro material, que pelo contrário, já existia e estava disponível, tendo-lhes sido fornecido pelos eleus, atenineses ou argivos. Eles apenas moldavam, cortavam o marfim, poliam, colavam, ajustavam e ornavam com ouro — sendo esta a sua arte: tratar a matéria como se deve. [...] Justamente essa é também a tarefa do historiador: ordenar os acontecimentos de forma bela e mostrá-los da maneira mais clara possível. Quando, escutando-o, alguém julga ver o que é dito e em seguida o elogia, então, sim, sua obra está perfeita, tendo ele recebido um elogio apropriado a um Fídias da história. [apud Hartog, 2001:230-231]

A lapidação do fato histórico desde a matéria bruta, disponível, mas não inventada,[5] e do historiador como um escultor é uma ideia muitas vezes retomada, dada a repercussão do libelo de Luciano validado por Leopold Ranke — logo, pelo historicismo alemão — no século XIX. Podemos associar

---

[5] *Améthodos hyle*, significando "matéria caótica ou matéria desestruturada, desprovida de elaboração metódica", segundo nota de tradução de Pedro Caldas para Droysen (2010:39).

essa ideia ou metáfora a alguns aspectos teóricos constituintes do campo historiográfico, ou seja, as ferramentas desse esculpir consistem em perguntas basilares, delimitações espaço-temporais, operações de seleção de temas e ordenamento da massa ou *corpus* documental correlato e disponível, construção ou escolha de conceitos pertinentes à análise das fontes, à problematização e à narrativa subsequentes. Três incisões observadas por Certeau na operação historiográfica moderna relacionam-se analogamente ao modo de modelar a matéria bruta, cortando o que é "desnecessário" na massa total dos acontecimentos, o que envolve também o esquecer e o silenciar: a *diferença entre o presente e o passado*; *a distinção quanto à tradição* (religiosa), com a qual a história/historiografia moderna mantém uma relação de dívida e rejeição; *a clivagem entre o discurso e o corpo (social)*. É assim que a história "faz falar o corpo que se cala. Supõe uma decalagem entre a opacidade silenciosa da 'realidade' que ela pretende dizer, e o lugar onde produz seu discurso, protegida por um distanciamento do seu objeto". Assim, a historiografia é um *modus operandi* em que "a violência do corpo não alcança a página escrita senão através da ausência, pela intermediação dos *documentos* [...] e pelo murmúrio que deixa *perceber, longinquamente*, a imensidão desconhecida que seduz e ameaça o saber" (Certeau, 2000:14-15, grifos do autor).

Imensidão desconhecida e longinquamente percebida, sedutora e ameaçadora como as lascas sobrantes do processo escultórico do fato,[6] pois que experiência não esculpida faz parte ainda assim da experiência histórica, relaciona-se também a lembranças não alçadas à "dignidade do memorável" (Nora, 1993:28), isto é, à dignidade do registro e sua explicação. Remetem, ambas as metáforas, à questão da experiência social (quase) irredutível à representação. Isto, por sua vez, quando deriva de intensos processos de dor, pode configurar uma carga de difícil representabilidade ou mesmo irrepresentabilidade característica do

---

[6] Para Rüsen, diferentemente, os fatos não são extraídos de uma matéria bruta, nem a partir de dados objetivos, mas de um conjunto de relações que constitui um "estado de coisas". O fato comporta essa qualidade de "estado de coisas", que dialeticamente indica e recebe significações. Rüsen propõe essa constituição na forma de um circuito complexo, que segue aproximadamente os seguintes passos ou "princípios do sentido histórico": discurso semântico de simbolização do tempo; estratégia cognitiva de produção do conhecimento histórico; estratégia estética da representação histórica; estratégia retórica na provisão de orientação histórica; discurso político de memória coletiva, quando o fato histórico assim construído retorna ao campo da vida prática, cumprindo as funções de orientação que originaram a atividade historiográfica, ao dirigir e motivar ações e ideias, organizar elementos de identidade histórica (pertencimento a grupos, nações ou a humanidade). Rüsen (2001:67-73).

trauma histórico. Neste sentido, a função social da historiografia se adensa com a tarefa de lidar com a memória social, quando o ato de "historicizar" (*mise-en-histoire*) significa também narrar eventos catastróficos, trágicos ou profundamente dolorosos que de outro modo não seriam coerentemente narrados (salvo pelas formas artísticas). Para Jorn Rüsen (2009), trata-se do potencial "destraumatizador" da historiografia, desde que segundo certos princípios e cuidados, o que a torna muito próxima do luto. Se não tanto, ao menos há uma relação entre "escrever a história e escrever o trauma", segundo expressão de Dominick La Capra (2005); ou há um papel simbólico de "rito de sepultamento", que exorciza a morte e os mortos (o passado) ao introduzi-los no discurso, no qual a linguagem tem a função de *dizer* aquilo que não se *faz* mais: "A escrita não fala do passado senão para enterrá-lo. É um túmulo no duplo sentido de que, através do mesmo texto, ela honra e elimina" (Certeau, 2000:107-108). E deste modo, "marcando" o passado como tal, diferente do presente, e dando um lugar aos mortos, o ato de historiar (ou historicizar) exorciza as angústias e redistribui o espaço das possibilidades, do que ainda há por fazer, e assim libera os vivos para as tarefas da vida.[7]

Ao historiador, cabe a tarefa de compreender e explicar essa vida imersa na experiência histórica, por se dar inexoravelmente dentro de relações sociais e espaço-temporais. Necessários a isso, os conceitos e sua tão mal afamada abstração merecem defesa, para o que pode ser também útil a metáfora do vapor d'água, isto é, do processo de destilação: a construção de um conceito abstrato é extraída da experiência histórica concreta, com a meta de que o conceito volte à experiência como um instrumento que dê sentido(s) a ela, assim como um cientista num laboratório realiza a destilação da água, fazendo-a entrar em ebulição, recolhendo o vapor em um tubo de ensaio e induzindo a condensação de volta ao estado líquido. A água destilada não

---

[7] A relação entre memória traumática e história tem recebido crescente atenção no campo da teoria da história. A temática do "trauma histórico", conceito cunhado por Dominick LaCapra, é tratada por uma série de autores a partir dos testemunhos de experiências sociais violentas, como as vicissitudes da (des)colonização, do Holocausto, das ditaduras latino-americanas contemporâneas. Discutem-se os problemas da dor social, da representação, das patologias da memória, da relação perturbada entre subjetividade e objetividade, da vitimização, das estruturas de sentimento (marcadas por medo, angústia, culpa, crueldade, solidão), da despolitização e repolitização da memória, entre outros. No Brasil, tais estudos ainda são incipientes, embora significativos, apesar da relevância do assunto diante da violência de nossa história. Tive a chance de discutir recentemente boa parte desses temas no artigo "Geleia, medula e osso: reflexões sobre experiência histórica dolorosa e conhecimento histórico ético-político" (Vieira, 2019, no prelo).

possui todos os elementos químicos da água "impura", mas ainda assim cumpre uma função social.

Seja como for, nessa ou nas outras metáforas mobilizadas em aula para se compreender o que seja e como funcione um conceito, residem experiências humanas-históricas a serem identificadas, observadas, analisadas. Em outras palavras, importa destacar que todo conceito, mesmo o mais abstrato, parte da concretude da história viva e a ela volta como mapa ou palavra-redutora, carregada de silêncios, mas também de sentidos orientadores. Por isso, dentro do conceito tem gente (os alunos sorriem).

Metáfora, conceito e conhecimento

Por que metáforas, qual sua relação com conceitos e construção de conhecimento... são perguntas que (quase) todos fazemos, desde a Antiguidade clássica, pode-se dizer. Na *Poética*, Aristóteles considera que a metáfora "consiste em dar a um objeto um nome que pertence a algum outro; a transferência pode ser de gênero à espécie, de espécie a gênero, ou de uma espécie a outra, ou pode ser um problema de analogia" (Aristóteles, 1991:21, 1457b6-24).[8] De modo geral, para ele, as figuras de linguagem (tropos) são essencialmente substituições que mudam o registro da linguagem, de um lugar comum para um "alongamento" que cria sentidos mais ricos, enigmáticos (no limite, "barbarismos"), ou seja, trata-se de um uso inusual da linguagem que para dizer coisas reais faz associações "impossíveis" ou estranhas, dizendo algo que as palavras comuns não poderiam dizer (Barriviera, 2006:84). Ao longo do século XX, numerosos debates em torno das teorias da metáfora passaram a compreendê-la como um fenômeno mais complexo, sendo o princípio hermenêutico da substituição (de uma palavra por outra) ampliado para um princípio interativo, segundo o qual uma palavra ou conjunto de palavras afeta toda uma enunciação, conferindo-lhe uma nova significação cognitiva mediante a interação de dois quadros de referência distintos. A metáfora, então, é aquilo que permite um *insight* e (re)organiza nossa visão do assunto original (Silk, 2007:5).

---

[8] Na tradução da coleção Os Pensadores, encontramos numeração diferente: Capítulo XXI, 128. "A metáfora consiste no transportar para uma coisa o nome de outra, ou do gênero para a espécie, ou da espécie para o gênero, ou da espécie de uma para a espécie de outra, ou por analogia." Ver Aristóteles (1991). Seleção de textos de José Américo Motta Pessanha. Para a Poética, a tradução, comentários e índices analítico e onomástico são de Eudoro de Souza.

Um dos nomes centrais nesses debates, Roman Jakobson parte da tradição aristotélica para estabelecer duas ideias fundamentais: a metáfora consiste num elemento de uma polaridade, pois centrada na analogia ou similaridade ela é oposta à metonímia, centrada na associação ou contiguidade; os polos metáfora-metonímia não são simples dispositivos de poesia, ou mesmo de literatura, mas tipificações de dois modos basilares de discurso como um todo, ou seja, os dois pares de relações que envolvem a metáfora (seleção/substituição) e a metonímia (combinação/contexto), são reinterpretados como duas grandes categorias da própria constituição da linguagem. (Silk, 2007:7). Nisso que podemos chamar de domínios ou instâncias prototípicas, a metonímia exerceria função referencial e a metáfora, função expressiva.

Mas esta concepção que ficou conhecida como teoria dos "dois domínios" tem dado lugar crescentemente à concepção que vê fortes laços entre metonímia e metáfora, e ambas como dinâmicas de linguagem primordiais na constituição de sentidos.[9] Do prisma da filosofia da linguagem, interessam especialmente os trabalhos que reinterpretam a teoria de Jakobson com foco na formação dos conceitos, na criação de novos conceitos. Para Renate Bartsch (2009), por exemplo, há forte interdependência entre conceitos e suas expressões linguísticas, uma vez que o conceito deriva da estabilização de exemplos experimentados ou situações linguísticas já sentidas como satisfatórias. Um conceito que esteja linguisticamente codificado, mas ainda não estabilizado, seria um quase conceito. A estabilização significa que um novo conjunto (de ideias, imagens, significações) pode ser adicionado metafórica ou metonimicamente aos velhos conjuntos, sem alterá-los substancialmente. Deste modo, metáfora e a metonímia pressupõem a existência de itens não metafóricos e não metonímicos, que podem ser transferidos para novos e ampliados usos. Bartsch alicerça sua argumentação nas noções de perspectiva e mudança de perspectiva: ampliar e estreitar são processos conceituais que não envolvem mudança de perspectiva; porém as inovações conceituais de fato são aquelas que, sim, envolvem essa mudança, produzindo uma "volta" ou "desvio" baseados numa modificação no contexto semântico, no interesse ou atenção produzida pelas palavras. Enfim, para se discernir a diferença en-

---

[9] "*What the present volume has abundantly revealed are two things: the ubiquitous presence and role of metonymy and, in a great many cases, its strong links with metaphor. The interaction between metonymy and metaphor has thus become the most salient focus in the research in metaphor and metonymy in the last decade ... They all reveal a potentially new truth: In the beginning was the word, and then came metonymy and metaphor*" (Dirven, 2009:37-38).

tre metonímia e metáfora seria preciso abordá-las não apenas em termos de domínios da realidade, mas também em termos de proximidade e distância conceitual (Dirven, 2009; Silk, 2007: passim).

Já na visão interativa de Paul Ricoeur, a metáfora possui um significado que vai bem além da poesia, tendo o poder de redescrever a realidade. Ao passo que a metonímia seria um simples dispositivo literário de substituição, a metáfora seria regida pelo princípio do desvio, que não obrigatoriamente se vincula ao substitutivo, como antes pensava a tradição aristotélica. Isto porque, para um tropo consistir num uso desviante da palavra ou frase, é necessário que isto seja perceptível, caso contrário não haverá desvio para aqueles que usam a linguagem. Ricoeur parece criar mediações entre Aristóteles e Jakobson, entre outros, ao explorar a ideia de linguagem como classificação e metáfora como reclassificação, pois se pode afirmar que a estratégia da linguagem presente na metáfora reside na obliteração das fronteiras lógicas e estabelecidas da linguagem, de modo a trazer à luz novas semelhanças, que a classificação anterior nos impedia de ver.

Em *A metáfora viva*, o filósofo francês defende a pluralidade dos modos do discurso e postula uma irredutível assimetria entre a experiência e o dizer, o que origina diversos níveis de linguagem. Entre estes, a experiência simbólica mais profunda tem como via de acesso a articulação artística-literária. Uma vez que do primado da experiência derivam as significações de ordem linguística, a experiência histórica e a artístico-poética são reinos de sentido, que exigem ser ditos em linguagem. Contudo, a realidade possui riqueza inédita, que transcende o habitual e o estabelecido, logo só pode ser dita e mostrada pela linguagem da imaginação criadora.

Tal é o caminho percorrido por Ricoeur para aproximar a linguagem científica e a linguagem artística por meio da metáfora: ambas transgridem a visão ordinária das coisas e o discurso do senso-comum ao suspender o sentido literal e sua respectiva referencialidade, posto que a imaginação criadora assimila entre si campos semânticos diversos, reestruturando-os e fornecendo base a uma nova significação por aproximar significados até então separados pelo sentido literal. Assim surge o sentido metafórico, que consiste num processo retórico básico pelo qual o discurso liberta o poder de certas figuras de linguagem para redescrever a realidade.

Por conseguinte, como as variações e possibilidades de mundo implicam inovações da linguagem, a imaginação do inédito do mundo vincula-se necessariamente a seu dizer inovador, tanto na ciência quanto na poesia. Ricoeur estabelece, ademais, uma analogia entre o funcionamento da metáfora nas artes e do modelo nas ciências: a metáfora seria um modelo teórico imaginário que, transpondo-se para um domínio de realidade, faz as coisas serem vistas de modo diverso, mudando a linguagem habitual. Por isso, consiste num procedimento que simultaneamente descobre novas conexões entre as coisas e as redescreve. No que tange ao real, a metáfora é para o discurso poético o que o modelo é para o discurso especulativo-conceitual, ambos vinculados a uma ordem linguística que remete à estrutura da experiência.

O que distingue então o poético do especulativo-conceitual? Trata-se de que *o novo sentido, saído do enunciado metafórico, é uma possibilidade ou solicitação de conceitos, mas ainda não é uma síntese conceitual.* A existência (o ser) é o referente de ambas as linguagens, mas a tematização explícita de um discurso especulativo exige a passagem da imagem metafórica ao conceito. As dinâmicas das significações e das referências permitem a inovação semântica, posto que a imaginação criadora instiga o conceito a pensar sempre mais, o que o impede de se cristalizar na univocidade. Com isso perpetua-se o jogo de interações entre o metafórico e o conceitual, sem que nunca se atinja um saber absoluto e definitivo. Sendo inconcluso o dinamismo dos discursos poético e especulativo, a *metáfora é viva por vivificar uma linguagem constituída, tanto quanto por incluir o impulso da imaginação na dinâmica do conceito.* Assim, a poesia, como linguagem artística, e a disciplina da história, como discurso conceitual-especulativo, aproximam-se em virtude do caráter modelar da metáfora, tida como operação constitutiva dessas duas linguagens igualmente.

Mas, diz Ricoeur, a percepção de que os sujeitos estão expostos aos efeitos da experiência histórica precede todo discurso e permanece irredutível ao processo puramente linguístico de transmissão, porque não é na esfera das leis linguísticas que o humano compreende a si mesmo, e sim na apropriação do sentido mediado por tais leis. Textos, documentos e monumentos atuam como mediadores do sentido de nossa conexão histórica. A ideia de historicidade, portanto, antes de referir-se à verdade como adequação (*veritas*), é uma característica da existência e de seus modos, da relevância do humano como modo de ser temporal e da verdade como manifestação (*aletheia*). A narrativa histórica, ao estruturar, abreviar e condensar a diversidade da práxis social, tornando-a compreensível pela intensificação da visão das coisas, relaciona os tempos em função do que foi, é e será possível. Isto é condicionado pelo princípio da analogia, ou seja, é a imaginação analógica que permite a conexão interna da historiografia: ligando os tempos e afirmando os laços dos mais diversos sujeitos históricos, funda o conhecimento do semelhante pelo semelhante e estende a significação de "humano" a todos os indivíduos predecessores e sucessores. Este laço analógico é radicado na semelhança profunda dos seres humanos e constitui a intersubjetividade, porém somente nos é acessível, na atual condição histórica, pormeio da ideologia e da utopia, como figuras do imaginário social (Ricoeur, s.d.: passim).[10]

Seja como for, cumprem-se na escrita da história as principais funções da metáfora: tornar as coisas mais claras; fazê-las imediatas, como se fossem acessíveis aos sentidos; explorar associações, incluindo associações contrárias, para além de qualquer ponto ou grau de comparação limitado. E ainda que a função da imediaticidade seja predominante no uso poético — aspecto este que foi discutido por Aritóteles na *Retórica*, sob a designação de "*energeia*" ou "atualidade", o que foi depois associado por ele à noção de "pôr as coisas diante dos olhos" (Silk, 2007:129) —, sua importância para a teoria da história tem sido crescentemente destacada por autores tão diferentes quanto Carlo Ginzburg (2002), ao explorar a *Retórica* aristotélica para tratar do papel dos vestígios ou fontes históricas como evidências (termo em que se inclui o verbo "ver", derivado do latim) ou provas de acontecimentos passados; Octavio Paz (1984), ao dizer que o poema não representa, mas apresenta uma experiência e isso caracteriza seu modo de ser histórico e contraditório, provocador de "anti-história"; e Hans Ulrich Gumbrecht (2010), ao analisar os efeitos de presença, considerando as diferenciações entre cultura da presença e cultura do sentido.

Destas reflexões podemos depreender que dentro do conceito há metáfora viva e, nela, pedaços de história a serem elaborados.

Compartilhando experiências de ensino-aprendizagem

Exercício 1 — Análise do Vestibular de história da Uerj: No segundo semestre de 2018 foi proposto à turma de Historiografia I, do curso de história da Uerj, um trabalho em grupo consistindo na análise de questões do Vestibular

[10] Para uma leitura mais ampla da imagem metafórica nas linguagens poética e historiográfica, ver Vieira (2005).

Uerj 2019, já realizado e tornado público. Três das questões selecionadas livremente pelos discentes seriam analisadas com base nas leituras realizadas ao longo do período e outras extras, caso considerassem pertinente. A proposta foi bem acolhida pela turma, que realizou os trabalhos de modo bastante consistente.

Observando que o exame discursivo da segunda fase do Vestibular da Uerj para o ano de 2019 caracteriza-se como uma "prova temática", um grupo de alunos apresentou uma introdução com uma visada geral sobre o exame:

> O aluno deveria responder questões que abordavam direitos religiosos, políticos e sociais dentro de um eixo cronológico de cinco séculos, tendo o marco inicial no contexto da Reforma-Contrarreforma e o marco final nos eventos recentes da sociedade contemporânea. Obviamente, o tema não foi escolhido por coincidência. Toda a conjuntura nacional de perda de direitos dos últimos anos influenciou na elaboração da prova. Além disso, a prova também demonstrou estar consciente das discussões historiográficas mais recentes. [...] é necessário abordar, antes de tudo, a própria historicidade do exame discursivo. Elaborada dois anos após o golpe de 2016, ela foi feita em um contexto de perda de direitos importantes para o cidadão brasileiro. [...] Nesse caso, percebe-se que a prova foi feita para dialogar com os acontecimentos do tempo presente. Sobre as concepções historiográficas, a prova apresenta questões ligadas à História Social, mais precisamente a uma "História Vista de Baixo" [...] cujo objetivo é a produção histórica daqueles e sobre aqueles que foram considerados excluídos da história tradicional, como operários, camponeses, mulheres, negros, escravizados e/ou toda pessoa considerada comum. [Iggers, 2010:110]
>
> Para entender todo o percurso dessa tendência, faz-se necessário levar em consideração George Iggers, quando o mesmo afirma que, após a queda do muro de Berlim notou-se que era preciso uma nova forma de fazer história para melhor compreensão das condições de vida dos contemporâneos da época. Buscava-se uma pesquisa histórica que não levasse em consideração apenas forças homogeneizadoras da globalização, mas também as formas econômicas e culturais de resistência a este processo. [Iggers, 2010:106-108]

Entre as questões mais escolhidas, encontram-se aquelas referentes ao tema do voto feminino, das culturas africanas e indígenas e da prisão política de grandes lideranças no século XX. As análises mobilizavam aspectos teóricos da história da mulher ou do feminismo, da história do tempo presente-nova história política, e da história da África em perspectiva antirracista. Com a palavra, os discentes:[11]

> Questão 2 — sobre pensador africano na virada do século XVI para XVII: "No enunciado da questão é perceptível uma valorização do uso da razão, principalmente no que tange ao questionamento de verdades estabelecidas e que tinham uma função de suporte da organização social, como por exemplo a desigualdade, tida como natural, entre homens e mulheres, a interferência religiosa no aspecto social e político e a própria instituição da escravidão. [...] Esse tipo de raciocínio é bem característico do conceito moderno de história, quando a história é percebida como processo e como progresso. [...] Um aspecto bastante interessante da questão é que, ao se colocar passagens do trabalho de um pensador etíope, Zera Yacob (1599-1692), que desenvolveu várias ideias antes mesmo dos iluministas ocidentais, o que vai de encontro a toda uma historiografia eurocentrada, é dado espaço, com exemplos factuais, ao protagonismo africano, que sempre foi ignorado e negligenciado por um pensamento europeu. [...] Somente um processo de pesquisa mais cuidadoso, tendo como objeto os pensadores e seus trabalhos produzidos, pode jogar novos focos de luz em pontos consolidados da história. Realmente é um pouco inusitado uma questão de vestibular trazer esse tipo de informação, pois normalmente a África só é considerada nos currículos de História Geral a partir das Grandes Navegações e do tráfico negreiro, só reaparecendo depois do chamado Neocolonialismo e posteriormente nas lutas de independência, além, claro, da pré-história como berço da humanidade. Neste sentido, uma História dos intelectuais pode, fugindo de um caráter meramente biográfico como na História Política que a primeira geração dos Annales tanto combateu, abrir novos leques de estudos, se articulando com a História Social. Esta articulação entre ideias e como elas circulam, ou deixam de circular nas sociedades, fica evidente". Além disso, "contrariando a visão hegeliana de que a África não possuía história, pois não possuía avanços, nem desenvolvimento, a historiografia africana progressista desenvolve novas abordagens teórico-metodológicas criadas para o estudo histórico do continente que contribuem para o desenvolvimento da Historiografia mundial, no 'pluralismo de estratégias' defendido por Iggers (2010, p. 22) e na perspectiva da História Universal,

[11] Destaco aqui trechos que me pareceram mais bem elaborados, na impossibilidade de reproduzir tudo. Agradeço aos alunos Adriele Silva, Bruno Rodrigues Machado, Gabriel Rodrigues da Costa Farias, Edmilson Alcântara de Barros e Silva, Laura Paiva, Mariana Barreto Jorge, Mateus Marinho, Mayara de Oliveira Teodoro, Reginaldo Carvalho da Silva Jr., Rodrigo de Souza da Costa e Tainara Jerônimo.

menos centrada na Europa e problematizando questões relacionadas a diferentes etnias e à herança colonial".

Questão 3 — sobre a Declaração de Independência dos EUA: "fundamentada de acordo com as concepções da história política. [...] Essa categoria historiográfica operava de forma hegemônica no século XIX no campo da historiografia e considerava apenas as relações de poder emanadas pelo Estado e por suas instituições, fazendo uma abordagem factual dos acontecimentos políticos, de forma geral. Durante a terceira década do século seguinte, este modelo historiográfico entrou em descrédito, principalmente após as duras críticas recebidas pela escola de Annales; no entanto, com o alargamento do campo da historiografia e de seus campos de estudo, durante a segunda metade do século XX, a história política passou por um processo de retomada, mas dessa vez, com a incorporação de mais objetos de estudo. [...] A história política tende a analisar os homens no tempo por meio da relação de poder exercido entre eles e entre grupos sociais distintos. [...] Essa questão do vestibular da Uerj foi formulada exatamente por meio desse caminho, uma vez que busca cobrar dos candidatos o conhecimento do processo histórico desse contexto dentro da escala política. Ao mesmo tempo que propõe como pergunta a análise dos desdobramentos históricos de cunho político ocasionados pela Revolução Americana, também busca saber dos candidatos como essa mudança alterou a compreensão entre os colonos dentro desse território que deixou de ser uma colônia. Ao alterar drasticamente um sistema político por outro, principalmente dentro do contexto de conquista da independência obtido através de uma revolução, iniciada por um ato de 'declarar' (declaração), as relações de poder entre os indivíduos também mudam, principalmente no que diz respeito à relação indivíduo-Estado, na qual passam a assumir outras diretrizes. Portanto, essa questão trouxe, por meio da corrente historiográfica a qual a norteou, a necessidade de compreensão dos acontecimentos históricos por meio do viés político, destacando não só o poder exercido pelos agentes do Estado, como também a compreensão das relações de poder dentro de uma escala cotidiana, as quais influenciam e são influenciadas pelas grandes transformações políticas ocorridas ao longo do tempo".

Questão 5 — sobre história indígena no Brasil: "A questão de número 5 mostra duas visões distintas sobre os direitos indígenas. Uma do início do século XIX escrita pelo José Bonifácio, enquanto outra apresenta artigos do capítulo VIII da Constituição Brasileira de 1988. [...] A partir do momento em que a história social começou a abranger também as partes "subalternas" da população, os estudos sobre história indígena ganharam a sua importância. Além disso, é necessário compreender que, mesmo a constituição prevendo que as populações indígenas possuem o direito a suas terras e o reconhecimento de suas organizações sociais, seus direitos garantidos pela constituinte são desrespeitados devido aos interesses econômicos [...]. Um exemplo disso existe bem ali do lado do Campus da Uerj: a Aldeia Maracanã que há anos sofre, mas também resiste, os ataques do Governo do Estado que deseja que aquela área seja removida."

Questão 10 — prisões políticas no século XX (Gandhi, Luther King e Mandela): "Historiadores como Hobsbawm abordam que a História do Tempo Presente é a história do nosso próprio tempo, do tempo de vida do historiador, independente de marcos significativos de ruptura (Padrós, 2004, p. 200). Apesar das prisões desses líderes não fazerem parte de uma História Imediata, a memória desses acontecimentos ainda está presente dentro do dia a dia da vida política dos locais onde esses eventos ocorreram. Suas ações são temas de intensos debates no cotidiano, alguns reivindicam seus feitos, outros criticam e fazem de tudo para apagarem seus legados. As causas pelas quais lutaram ainda não foram completamente resolvidas. Pelo modo como os afro-americanos são tratados dentro daquela sociedade, o sonho de Martin Luther King ainda está longe de ser realizado. Na África do Sul de Nelson Mandela, apesar do Apartheid ter acabado, as desigualdades entre negros e brancos naquele país ainda são enormes. No caso brasileiro, as batalhas de narrativas sobre os governos autoritários estão a todo vigor dentro da sociedade seja pelas mídias sociais, tradicionais, discursos e depoimentos de envolvidos nos processos e nas conversas comuns do dia a dia. Coincidentemente, uma das respostas dessa questão sobre o caso brasileiro seria o nome de Luiz Inácio Lula da Silva, que foi preso por suas ações sindicais na ditadura militar e, atualmente, está preso por motivos que tudo leva a crer foram políticos. [...] Portanto, ficou claro que a banca de vestibular da Uerj teve como principal objetivo [pôr a] dialogar questões do passado com os acontecimentos recentes da sociedade. Alguns problemas continuam os mesmos. Nesse quesito, o uso das diversas visões historiográficas foi de enorme acerto para a construção de um pensamento crítico."

Exercício 2 — O "Tribunal de texto": Nas turmas de Historiografia I e Teoria da História do ano de 2019, na atividade intitulada "Tribunal de texto", obtive significativa adesão por parte dos discentes, o que foi certamente estimulado também pelo entusiasmo demonstrado pela aluna-monitora da disciplina. Os "Tribunais" consistem em um trabalho em duas partes: primeiramente, uma dupla se reúne para ler o texto proposto e elencar pontos de "defesa" e "acusação" das ideias nele contidas. Os textos-autores de apoio são igualmente de livre escolha, mas necessários para respaldar a qualidade dos argumentos. Depois, em aula especialmente marcada, as duplas dividem-se nos grupos de acusação e de defesa e realiza-se o debate, sem que haja um julgamento final, pois o objetivo do trabalho é propiciar o manejo de ideias contrárias e diversas, independentes da opinião pessoal do estudante, embora estes aprendam igualmente a colocar suas questões de modo mais bem embasado. No primeiro semestre, os textos debatidos foram o capítulo "A organização da cultura" de *Os intelectuais e a organização da cultura* de Antonio Gramsci, e "Enredo e verdade na escrita da história" de Hayden White, e no segundo semestre, "Curso de filosofia positiva: primeira lição" de Auguste Comte.

Para a monitora Letícia Fonseca Araújo Souza, os "Tribunais" mobilizavam as turmas de maneira especial e foram o "ponto alto" de sua experiência na monitoria:

> Os estudantes iam preparados e animados, por vezes alunos que não falavam dentro de sala de aula se soltavam nos tribunais. Uma ocasião que me marcou foi o tribunal do [texto do] Hayden White, quando três alunas fizeram críticas duras e pertinentes acerca da questão ética de se contar um fato histórico trágico de maneira cômica. Foi lindo de ver, pois elas, que eram tímidas, dominaram o debate e alimentaram a fala uma da outra, elas de fato produziram conhecimento coletivamente.

De modo geral, as impressões dos alunos destacaram o valor da experiência por exercitar uma leitura mais atenta do texto, o aprendizado de novas ideias, a interação entre os participantes, a oralidade/capacidade de expressão verbal de argumentos, a superação da timidez para falar em sala de aula, a ludicidade e leveza do trabalho, a indicação para que seja repetido ou adotado por outros professores. Houve também críticas construtivas, sugestões ao modo de condução por parte da "juíza" (professora e/ou monitora), no sentido da melhor organização e condução da atividade.[12] Em suma:

> A atividade do tribunal foi bastante importante no sentido de que trouxe esclarecimentos de muitas questões do texto. Além disso, permitiu uma interação maior entre a turma. Outro ponto a se destacar é que a divisão entre acusação e defesa trouxe uma

[12] Agradeço a presteza da avaliação a Renata Linhares, Vinícius Cardoso, Roberta Soares, Luana Almeida, Rafael Silva Santana e Bruno Antunes Costa, das turmas de Teoria da História do segundo semestre de 2019.

leveza para a compreensão do texto, permitindo uma maior assimilação do conteúdo. Ressalto também que foi uma forma muito divertida de se debater um texto em sala. Para os tímidos feito eu: o tribunal permitiu que muitas dúvidas fossem tiradas, e muitas reflexões vieram à tona. Dessa forma, acredito que é uma ferramenta muito válida em sala de aula.

Exercício 3 — Dentro do conceito tem gente, sentidos possíveis: Também na turma de Historiografia de 2019, um trabalho escrito em duplas envolvia uma questão sobre o que entendem pela expressão "dentro do conceito tem gente". Esta espécie de lema ou mote, que podemos considerar uma metáfora, tem sido usada muitas vezes ao longo do curso com a meta, entre outras coisas, de estimular os discentes a perderem o medo de trabalhar com conceitos e pensar teoricamente. Em grandes linhas, podemos classificar as respostas em três blocos, segundo o enfoque priorizado para interpretar a questão: a) um olhar que podemos chamar de cognitivo ou epistemológico, pois a percepção do problema e os argumentos desenvolvidos se fizeram desde o prisma da construção do conhecimento histórico, incluindo a historicidade do conceito; b) um foco no papel e na perspectiva do historiador, sublinhando tanto a questão da subjetividade, da bagagem cultural e política existente na relação passado-presente, quanto a ética profissional. Neste item, foi notória a inclusão do tema da voz subalterna, da função social do historiador como um mediador para "dar voz" aos silenciados, aos mortos, anônimos ou desfavorecidos; c) uma argumentação construída a partir da temática ou linha historiográfica, sendo esta compreendida como o alicerce do conhecimento que se volta para os sujeitos históricos, tais como a micro-história, a nova história cultural, a história imediata ou do tempo presente, e, sobretudo, a história feminista ou da mulher e a perspectiva decolonial.

O primeiro enfoque, alicerçado em premissas das teorias do conhecimento, era minha perspectiva central ao propor o mote, mas outras possibilidades foram acrescentadas pela turma em seus exercícios, o que traz elementos enriquecedores ao trabalho, como se pode constatar nos trechos selecionados a seguir:

> Para se construir uma escrita da história sólida e concreta é necessário fugirmos do obscurantismo do ceticismo epistemológico, para isso é necessário utilizarmos não só os grandes modelos como metodologia, mas também a experiência humana (carregada de suas peculiaridades e traumas). É um movimento dual, entre quem vive no

contexto e quem escreve sobre ele — mesmo com a "distância necessária" a empatia faz parte do processo da escrita da história. [...] É preciso, portanto, de forma cuidadosa utilizarmos da melhor forma os vestígios para a escrita da história. A história não é uma jarra vazia que precisa ser preenchida com líquidos conceituais [...].

Ao observarmos a expressão, podemos destacar uma crítica à historiografia que possui um olhar mais atento aos conceitos do que aos indivíduos [...].

A ideia da expressão é um apelo para não nos distanciarmos do ser humano enquanto historiadores, mesmo diante dos mais complexos conceitos. [...] é uma resistência à sobreposição das estatísticas aos indivíduos, contra a desumanização dos sujeitos diante da simples definição.

O termo "Dentro do conceito tem gente" trabalha em contrapartida com a forma rasa em que a palavra "conceito" é empregada. Quando o tema é História Econômica, a ideia que se vê construída é de uma história feita de números e gráficos, quando na verdade a história econômica propõe as diferentes formas de sobrevivência em que o ser humano se calcou até o tempo presente. O termo faz gerar a ideia de que o conceito é construído a partir de práticas do homem e graças a ele [...] como apresenta Roger Chartier em suas ideias sobre os signos. Para contribuir com isso, podemos entender os trabalhos exercidos por Koselleck sobre como os conceitos são formados socialmente.

A história, assim como sua escrita, sofre grande influência das ações do homem no tempo e espaço, o que significa dizer que passa por transformações. Da mesma forma, os conceitos construídos socialmente também se transformam ao longo do tempo, conforme nos ensina Koselleck em "Uma história dos conceitos". [...] E os indivíduos se inserem em sua realidade social vivendo o tempo e efetuando transformações nos conceitos a partir de suas ações.

A partir do debate do trio, chegamos a um consenso de que a expressão "Dentro do conceito tem gente" tem como ideia que qualquer conceito vai alem do que apenas palavras. [...] nós mexemos com pessoas, suas vidas e feitos. [...] É nesse caso que se busca trazer aqueles grupos que sempre foram marginalizados durante as narrativas históricas majoritárias.

Dentro do conceito tem gente trata-se de aplicar um olhar com um pouco mais de humanidade e sensibilidade na forma de se escrever, estudar ou interpretar a

> história. Dessa maneira, pode-se citar o historiador italiano Carlo Ginzburg e seu pioneirismo na formação da corrente historiográfica conhecida como "micro-história", tendo sido desenvolvida a partir de grande exploração e envolvimento com fontes, tendo forte ligação com biografias e reconstituição de contextos de figuras presentes ao longo da história mas que são ignoradas pela falta de representatividade em grandes acontecimentos. Nessa forma, nota-se a importância de um olhar ou uma maior atenção não só para os grandes acontecimentos, mas para quem viveu ao longo da história [...].
>
> A expressão "dentro do conceito tem gente" refere-se à presença do autor em sua obra ou sua não neutralidade no caso da ausência do corpo no texto. A exemplo, na historiografia feminista mais contemporânea, a Maria Lugones que magistralmente discute a questão da decolonialidade de gênero [...]. Ainda dentro de um conceito de decolonialidade podemos apresentar a ideia de Dipesh Chakrabarty, quando fala de "provincializar" a Europa. Chakrabarty colocou a História da Europa não mais como "a História", mas como "uma História", demonstrando uma possibilidade de criação de uma nova forma de fazer História, pautada em outros aspectos de sociedades não europeias. Dessa forma, esses autores fixam a sua experiência de vida no seu "fazer História".

"A dor da história" — inconclusões

O sofrimento é uma questão espinhosa, por certo difícil de se lidar por remeter diretamente às vivências dolorosas de que ninguém escapa no mundo, embora em situações e graus distintos. Em projetos de pesquisa e artigo intitulados "A dor da História", entre outros, venho trabalhando este assunto, seja em perspectiva teórica, seja no estudo dos acontecimentos e da cultura/literatura do Cone Sul, ou especificamente do Brasil, em relação à ditadura dos anos 1960-80. Esse título consiste em mais uma metáfora cujo objetivo é canalizar a atenção para o quanto há de desventura e padecimento social nas vivências dos sujeitos históricos, mas também — correlatamente — para as angústias de quem se põe a historiar, estudar, pesquisar, escrever, conceituar, teorizar. A clareza da correlação dessa dupla experiência dolorosa me veio, além dos estudos de memória traumática, sobretudo da manifestação de estudantes sentindo-se angustiados com as inumeráveis e aparentemente infindáveis situações violentas em todos os espaço-tempos históricos.

Em busca de embasamento, encontrei reflexões pertinente em diversos historiadores. Sublinho aqui algumas considerações de Pocock e Koselleck,[13] por exemplo, que discutem como se organiza a experiência na história e pela historiografia, ou seja, trabalham sobre a conexão estruturante entre experiência e linguagem, tanto em seus (de ambas) momentos de estabilidade quanto de mudança. Compreender essa correlação habilita o historiador a se inteirar de como os habitantes de uma sociedade puderam conhecer a experiência, o que foram capazes de conhecer e que respostas foram capazes de articular e, em continuação, efetuar. Se a linguagem "interage com a experiência; proporciona as categorias, a gramática, e a mentalidade através das quais a experiência deve reconhecer-se e articular-se" (Pocock, 2001:168), o mesmo cabe às linguagens historiográficas. Em consonância, Koselleck observa que se não há experiência, não há palavra ou conceito; todo termo tem um referencial histórico e os *conceitos históricos mantêm uma relação tensa com seu conteúdo*, com aquilo que almejam tornar inteligível e compreender. Com o objetivo de "dar conta das experiências de vida", o historiador as identifica com a "história concreta" e estipula a necessidade de separar e analisar cuidadosamente a diferença entre esta e as afirmações linguísticas presentes nas fontes textuais, para as quais se pergunta então o que indiciam em relação à história concreta (Koselleck, 1992:135-145).

Daí se pode inferir que a experiência histórica violenta e dolorosa encontra, ou deveria encontrar, equivalente nas percepções, escritas e teorizações da história. É para onde aponta o trabalho de Arlette Farge quando pleiteia que a dor seja um dos "lugares para a história", posto que não cabe ao relato literário (artístico em geral, podemos acrescentar) remediar uma ausência da historiografia neste quesito: "a dor significa, e a maneira como a sociedade a capta ou a recusa é extremamente importante. [...] a emoção, a dor, a infelicidade, são sentimentos que a história deve também interpretar [...]" (Farge, 2011:19 e 22). Desde outro prisma, Koselleck (1997) atenta para o sofrimento produzido por perdas pessoais ou geracionais que permitiram um "singular ganho de experiência imposto aos vencidos", qual seja, o aprendizado desde a derrota, o que possibilitou ao longo da história ocidental a construção de

[13] Na impossibilidade de indicar outros tantos, mas igualmente porque outros autores de relevo para esses estudos estão apresentados em outros trabalhos que venho gradualmente desenvolvendo e publicando, sobretudo aqueles ligados à teoria crítica. A relação desta com o pensamento decolonial ou a história subalterna ficará para outra ocasião.

juízos, inovações de métodos e interpretações históricas capazes de solidez suficiente para conferir à história dos derrotados uma existência durável. De modo geral, segundo o autor, se os vitoriosos tendem a se concentrar na curta duração para legitimar os eventos que lhes deram a vitória, os perdedores recorrerão à longa duração para procurar evidências e argumentos que expliquem sua derrota. Com pontos de contato com esse raciocínio, embora em direção diversa, seguem as considerações de Traverso (2018) ao defender a "melancolia de esquerda" como uma dor que não submete os derrotados ao aprisionamento psíquico no passado, porém ultrapassa o luto e impulsiona novos projetos e ações políticas baseados em horizontes futuros, conforme uma tradição ocultada, mas existente, de olhos abertos à dúvida quanto ao *status quo* e à imprevisibilidade dos acontecimentos históricos, de busca por justiça e por real emancipação. Na forma de uma melancolia rebelde ou luto revolucionário, em que se amalgama inelutável persistência, transmite-se de uma geração a outra uma tristeza que não recua a um universo fechado de lembranças, mas uma memória orientada para o futuro, vinculada a uma gama de sentimentos, percepções, sensibilidades, manifestações estéticas e políticas que envolvem uma transição para novos tempos.

Tais reflexões se somam àquelas do início do presente texto sobre a necessária incompletude do conhecimento histórico, de acordo com as metáforas do mapa desmesurado, da escultura do fato etc., de modo a irmos compondo os sentidos possíveis para o que seja a dor e a delícia da consciência histórica, isto é, de saber-se vivendo historicamente e de estudar/escrever/teorizar/historiar a história.

No Brasil atual, algumas persistências de longa duração, mas sobretudo desde a última ditadura, acirram o pesar dessa consciência. A violência de Estado, o projeto econômico que aprofundou a desigualdade social, a memória dolorosa ou traumática, as dificuldades para implantação dos mecanismos de Justiça de Transição democrática, as disputas de memória, as continuidades de práticas violentas (tortura, encarceramento em massa, racismo, machismo, sexismo travestidos de patriotismo) revelam elementos de excepcionalidade na vigência da democracia. Revelam também a disjunção entre experiências, desejos e perspectivas, ou, para usarmos a conceituação de Koselleck, uma forte disjunção entre espaço de experiência e horizontes de expectativa. Isto que se ocultava sob a euforia da redemocratização, e latejava sob os governos social-democratas (amenizado por políticas públicas sociais, que buscavam garantir direitos fundamentais à população, nos anos 2002-16), acirrou-se recentemente com os golpes políticos e o desmonte do Estado, a política econômica ultra-neoliberal, a dessolidarização social e um estado de coisas que se configura como brutal barbárie.[14]

Neste contexto, em que as lutas por sobrevivência, por direitos mínimos, contra a injustiça crescente na sociedade brasileira, em que se afirmam as tradições patriarcais e racistas, vinculadas às estruturas do capital, num mundo em que as coisas dominam os seres humanos e o tempo das vidas é dedicado ao trabalho (cada vez mais precarizado) e às durezas do desemprego, aumentam as decorrentes desestruturações familiares e psíquicas. Vidas precárias, como caracterizou Judith Butler (2019), não apenas pela ação direta da violência sobre seus corpos, mas também pelo estigma silencioso e silenciado que as inclui na sociedade como vidas "matáveis", ou pela exclusão do direito à memória coletiva e ao luto público.[15] Essas vivências cotidianas marcam profundamente a maior parte dos alunos do curso de história da Uerj, que lutam por moradia, por educação e saúde públicas, por transporte acessível e subsidiado, por cotas raciais e sociais, por segurança alimentar e social, por proteção contra abusos sexuais e racistas, por um lugar ao sol, por um alento de justiça, por maior solidariedade, pela memória de seus parentes e amigos

[14] Dialogo aqui com as ideias de Menegat sobre a "economia política da barbárie", que se traduziu durante os governos do Partido dos Trabalhadores por meio de políticas públicas de gestão da crise econômica e social, realizando a contenção dos extremos de pobreza, de violência e horror, ou mesmo melhorando as condições de vida de uma parcela da população. Em entrevista concedida à *Revista Maracanan*, o professor insere essa discussão no espectro mais amplo das "teorias da crise" de viés marxista ou (neo)liberal e aborda a relação entre a noção da barbárie contemporânea, a crise mundial não resolvida após a II Guerra — apenas amenizada na forma de uma "trégua", nos trinta "anos gloriosos" (c. 1945-1975) — e a história do capitalismo. Considerando as origens e desdobramentos das questões envolvidas no "colapso do capitalismo" por suas autocontradições, geradoras de massas humanas excluídas das possibilidades de sobrevivência minimamente dignas, e sem abrir mão de sua verve contundente, Menegat analisa a situação do Brasil hoje, tanto do prisma econômico quanto político e cultural, e chama a atenção para o fato de que "A humanidade não cabe mais nos cálculos da economia. Impõe-se uma escolha como nunca antes havia se colocado: ou o capitalismo (que é a barbárie cotidiana em que vivemos, em permanente progressão) ou a existência da humanidade (que somente poderá se efetivar em outra forma de socialização)" (Menegat, 2018, bem como a introdução dos entrevistadores ao respectivo Dossiê). Sem essa economia política ou gestão da barbárie, dado o atual desmonte das políticas públicas e de numerosos direitos sociais duramente conquistados ao longo da história brasileira, o que se tem é pior: a barbárie em estado bruto.

[15] Dialogo aqui com a bela Conferência de Encerramento ministrada pela profa. Marcia de Almeida Gonçalves, intitulada "A vida como mestra da história", no II Encontro de Pesquisa em Teoria da História e História da Historiografia (II EPETH), realizada na Uerj em 1º de novembro de 2019.

assassinados, violentados ou maltratados pela violência física e simbólica de uma desigualdade social crescente num país onde, contraditoriamente, graçam também tantas belezas etc. etc. etc. "Brutalidade jardim"... na metáfora-oximoro criada por Torquato Neto.

Tudo isto, parece-me, de um modo ou outro tende a aproximar os alunos dos estudos sobre a experiência histórica dolorosa, a dor social, as memórias traumáticas, as formas da violência, as dinâmicas da melancolia rebelde que teima em buscar possíveis e melhores mundos e, talvez enviesada-tristemente, os faça compreender na carne os sentidos possíveis para a expressão "dentro do conceito tem gente".

E nas calhas de roda da sala de aula, no cruzamento das experiências docentes e discentes, na interação dos corpos presentes, das vozes que se fazem ouvir, todas as vozes possíveis, nas mesclas de dores e alegrias, no aprendizado de transformar dor em potência, na tarefa de comungar vivências e metáforas e conceitos, na construção das relações respeitosas que fundamentam a formação coletiva do conhecimento, a aula é (ou pode ser) um poema a muitas mãos.

Referências

ARISTÓTELES. *Ética a Nicômaco; Poética*. Seleção de textos de José Américo Motta Pessanha. 4. ed. São Paulo: Nova Cultural, 1991 (Os pensadores, v. 2).

BARRIVIERA, Alessandro. *Poética de Aristóteles, tradução e notas*. Dissertação (Mestrado) — Universidade de Campinas, Campinas, 2006.

BARTSCH, Renate. Generating polysemy: metaphor and metonymy. In: DIRVEN, René et al. (Ed). *Metaphor and metonymy in comparison and contrast*. Berlim: De Gruyter, 2009, p. 49-74.

BORGES, Jorge Luis. *O Fazedor* (1960) e *Ficções* (1944). Tradução de Josely Vianna Baptista. In: ______. *Obras completas de Jorge Luis Borges*. São Paulo: Globo, 2000. v. 2. Disponível em: <lelivros.site>. Acesso em: 10 set. 2019.

BRAUDEL, Fernand. História e ciências sociais: a longa duração. In: ______. *Escritos sobre a história*. São Paulo: Perspectiva, 1992, p. 41-78.

BUTLER, Judith. *Vida precária*: os poderes do luto e da violência. Belo Horizonte: Autêntica, 2019.

CERTEAU, Michel de. A operação historiográfica. In: ______. *A escrita da história*. 2. ed. Rio de Janeiro: Forense Universitária, 2000, p. 65-122.

COMTE, Auguste. Curso de filosofia positiva: primeira lição. In: COMTE. São Paulo: Abril Cultural, 1983, p. 3-20 (Os Pensadores).

DIRVEN, René. Metonymy and metaphor: different mental strategies of conceptualization. In: ______ et al. (Ed.). *Metaphor and metonymy in comparison and contrast*. Berlim: De Gruyter, 2009, p. 75-112.

DROYSEN, J. G. Arte e método. In: MARTINS, Estevão Rezende (Org.). *A História pensada*: teoria e método na historiografia europeia do século XIX. São Paulo: Contexto, 2010, p. 31-47.

FARGE, Arlette. *Lugares para a história*. Belo Horizonte: Autêntica, 2011.

FREUD, Sigmund. *Escritos sobre a guerra e a morte*. Tradução de Artur Morão. Covilhã: Universidade da Beira Interior, 2009.

GAGNEBIN, Jeanne-Marie. O rastro e a cicatriz: metáforas da memória. *Revista Pro-posições*, v. 13, n. 3 (39), set./dez. 2002, p. 125-133.

GINZBURG, Carlo. *Relações de força*: história, retórica, prova. Tradução de Jônatas Batista Neto. São Paulo: Companhia das Letras, 2002.

GRAMSCI, Antonio. *Os intelectuais e a organização da cultura*. 4. ed. Tradução de Carlos Nelson Coutinho. Rio de Janeiro: Civilização Brasileira, 1982.

GUMBRECHT, Hans Ulrich. *Produção de presença*: o que o sentido não consegue transmitir. Tradução de Ana Isabel Soares. Rio de Janeiro: Contraponto; PUC-Rio, 2010.

HARTOG, François (Org.). *A história de Homero a Santo Agostinho*. Belo Horizonte: UFMG, 2001.

IGGERS, G. Desafios do século XXI à historiografia. *História da Historiografia*, Ouro Preto, n. 4, mar. 2010, p. 105-124.

KOSELLECK, Reinhart. *L'expérience de l'histoire*. Tradução de A. Escudier e colaboradores. Paris: Gallimard; Seuil, 1997.

______. Uma história dos conceitos: problemas teóricos e práticos. *Estudos Históricos*, Rio de Janeiro, v. 5, n. 10, 1992, p. 134-146.

LA CAPRA, Dominick. *Escribir la historia, escribir el trauma*. Buenos Aires: Nueva Visión, 2005.

MENEGAT, Marildo. A crítica da economia política da barbárie: Entrevista a VIEIRA, Beatriz; FELIPPE, Eduardo Ferraz; NICODEMO, Thiago Lima. *Revista Maracanan*, n. 18, jan. 2018, p. 268-276. Disponível em: <www.e-publicacoes.uerj.br/index.php/maracanan/article/view/31056>. Acesso em: 15 nov. 2019.

NORA, Pierre. Entre memória e história: a problemática dos lugares. *Projeto História* — Revista do Programa de Estudos Pós-graduados em História, São Paulo, n. 10, dez. 1993, p. 7-28.

ORLANDI, Eni. *As formas do silêncio*: no movimento dos sentidos. Campinas: Unicamp, 1995.

PAZ, Octávio. *Os Filhos do barro*: do romantismo à vanguarda. Tradução de Olga Savary. Rio de Janeiro: Nova Fronteira, 1984.

POCOCK, J. G. A. Historia intelectual: un estado del arte. *Prisma*. Revista de história intelectual, Buenos Aires, n. 5, 2001, p. 145-173.

RICOEUR, Paul. *A metáfora viva*. Introdução à edição portuguesa de Miguel Baptista Pereira. Porto: Rés Editora, s.d.

RÜSEN, Jörn. Como dar sentido ao passado: questões relevantes de meta-história. *História da Historiografia*, Ouro Preto, n. 2, mar. 2009.

RÜSEN, Jörn. *Razão histórica*: teoria da história; fundamentos da ciência histórica. Brasília: UnB, 2001.

SILK, Michael. Metaphor and metonymy: Aristotle, Jakobson, Ricoeur, and others. In: BOYS-STONES, G. R. *Metaphor, allegory, and the classical tradition*: ancient thought and modern revisions (2003). Publicado em Oxford Scholarship Online, set. 2007.

TRAVERSO, Enzo. *Melancolia de esquerda*. Belo Horizonte: Ayiné, 2018.

VIEIRA, Beatriz de Moraes. Geleia, medula e osso: reflexões sobre experiência histórica dolorosa e conhecimento histórico ético-político. In: PINHA, Daniel; PEREZ, Rodrigo (Org.). *Tempos de crise*: ensaios de crítica política. Rio de Janeiro: Autografia, 2019. [no prelo]

VIEIRA, Beatriz de Moraes. Poesia e história: diálogo e reflexão. *ArtCultura* (Dossiê História e Poesia), Uberlândia, v. 7, n. 10, jan./jun. 2005, p. 7-21.

VREL, F. Leyendo *Historia universal de la infamia*. *Ibero-Americana Pragensia*, Praga, a. XXIII, Praga, 1989, p. 21-28. Disponível em: www.borges.pitt.edu/sites/default/files/Vrhel%20Leyendo.pdf. Acesso em: 10 set. 2019.

WHITE, Hayden. Enredo e verdade na escrita da história. In: MALERBA, Jurandir (Org.). *A História escrita*. Teoria e história da historiografia. São Paulo: Contexto, 2006, p.191-211.

13

Teoria da história, ensino de história e novas tecnologias

Pedro Telles da Silveira
Thiago Lima Nicodemo

A articulação entre teoria da história, ensino de história e as novas tecnologias não é exatamente uma novidade já que os historiadores e historiadoras vêm reagindo desde pelo menos a década de 1960 ante o horizonte da introdução de novas tecnologias. A introdução destas tecnologias no ofício da história implicou uma série de desafios metodológicos, principalmente relacionados com a análise de grandes quantidades de dados e a possibilidade de autenticação dos novos tipos de fontes históricas, sobretudo aquelas cujas existência é exclusivamente digital. No entanto, estes profissionais mostram certa resistência a uma reflexão mais sistemática sobre o tema, mesmo diante da quase inevitável incorporação de recursos digitais nas suas dinâmicas de ensino e pesquisa. Seria possível dizer então que os historiadores e historiadoras têm respondido a essa demanda de maneira diversa e, no geral, dispersa, o que também é resultado da variedade de ferramentas e instrumentos digitais utilizados. Mais importante ainda, o treino nessas ferramentas tem sido levado a cabo por profissionais e grupos de pesquisa frequentemente situados às margens da teoria da história como campo estabelecido e, em certo sentido, autônomo.[1] Quanto a isso, portanto, os efeitos da relação entre conhecimento histórico e as tecnologias digitais, apesar de sua presença cada vez maior em diferentes campos da investigação histórica, têm sido obscuros para a teoria da história como área de atuação e reflexão.

[1] Alguns exemplos são os historiadores e historiadoras que usam bancos de dados na pesquisa histórica, muitas vezes relacionados com a prosopografia ou diversas variedades da história quantitativa. No Brasil, esse campo é bem representado pelo trabalho contínuo — e que merece maior atenção — de Gil (2015); Gil e Barleta (2015:427-455).

De outro lado, porém, ainda são incipientes os esforços da teoria da história para abordar as mudanças trazidas pelas novas tecnologias para conceitos fundamentais da prática histórica — tais como fontes, narrativa, representação, tempo e verdade — ou campos de atuação privilegiados por historiadores e historiadoras, como as alterações introduzidas na natureza do arquivo, as mudanças na circulação dos discursos de memória e a função, no geral, do conhecimento histórico na paisagem social, cultural e tecnológica contemporânea.[2] Isso sinaliza a existência de um campo de reflexão bastante amplo que ainda está por ser adotado pela teoria da história e influenciar na formação de historiadores e historiadoras, embora seja perceptível que as mudanças nos conceitos e campos elencados anteriormente virão, se é que já não estão aí. Para muito além da simples incorporação de novos (ou nem tão novos) métodos, a reflexão sobre "o que" e "como" ensinar no campo da teoria da história e congêneres pode contribuir para repensar a forma com que a história em si é ensinada no âmbito universitário e, no limite, a uma revisão de parâmetros curriculares, periodizações históricas, eixos (eurocêntricos ou não), relação entre ensino e pesquisa, crítica documental, entre vários outros aspectos. A ideia pode parecer não mais do que uma supervalorização ou uma hipertrofia da teoria da história com relação a outras disciplinas. No entanto, se considerarmos o papel histórico dessa subdisciplina no Brasil, que agrega temas teóricos, metodológicos e historiográficos no campo da história, veremos que a plataforma sugerida pode ser na verdade coerente.

Voltada tanto para o passado quanto para o futuro, a teoria da história, abarcando também a história da historiografia, é um dos principais elos que compõem aquilo que Manoel Luiz Salgado Guimarães chamou "memória disciplinar" (Guimarães, 2007). Pensada como elemento na formação de historiadores e historiadoras, sua função propedêutica à prática histórica implica o conhecimento dos problemas e métodos que compõem o conjunto do conhecimento histórico; concebida como campo de pesquisa autônomo, situação de que passou a gozar nos últimos 20 anos, especialmente no contexto brasileiro (Araujo, 2006, 2013; Nicodemo, Pereira e Santos, 2018), ela também envolve antecipar questões e problemas que podem afetar a prática e a situação geral dos estudos históricos, para o que é necessária uma contínua crítica do presente. Ambas as funções nem sempre estão em perfeita harmonia, mas elas são inseparáveis na formação de historiadores e historiadoras qualificados para atender aos problemas do nosso tempo.

---

[2] Araujo e Pereira (2018); Silveira (2018); Cardoso e Nicodemo (2019).

Quais as alterações trazidas no estatuto da teoria da história nos cursos de graduação devido à introdução das novas tecnologias? Que funções a teoria da história pode ou deve assumir numa configuração marcada pela presença dos meios digitais? Estas são as questões — na verdade, apenas uma questão, bastante ampla — que ocupam nossa reflexão nas próximas páginas. Nosso objetivo é refletir sobre o significado da teoria da história na formação de historiadores e historiadoras em sua relação com os problemas trazidos pelas tecnologias digitais. Estes problemas são de ordem metodológica, isto é, relativos aos procedimentos utilizados por historiadores e historiadoras; teóricos, ou seja, relacionados com o entendimento dos aspectos constitutivos do conhecimento histórico; mas, sobretudo, epistemológicos, uma vez que as tecnologias digitais implicaram uma ruptura — no linguajar dos entusiastas da tecnologia, uma "disrupção" — na ordem do saber previamente existente. Ainda estamos sentindo e buscando compreender os efeitos dessas mudanças tão rápidas nas formas de se comunicar e, consequentemente, de produzir e arquivar documentos que talvez possamos mesmo falar em uma ruptura (Simon, 2019).

Não abordaremos sistemática ou separadamente cada uma dessas ordens nas quais se desdobra o problema, até mesmo porque não consideramos que seja possível isolá-las. Principalmente, não o faremos porque avançamos a proposta da possibilidade da teoria da história ter o papel de unificar a reflexão sobre os impactos ocasionados pela introdução das novas tecnologias nos estudos históricos, tornando os historiadores e historiadoras mais conscientes dos seus efeitos e contribuindo para sua formação. Advogaremos, assim, o papel da teoria da história na articulação e na unificação das diferentes áreas que compõem o saber histórico, visando à formação integral de historiadores e historiadoras. Essa formação necessariamente reúne aspectos metodológicos, teóricos e epistemológicos.

Nossa reflexão terá três momentos distintos. No primeiro, abordaremos a história da introdução da teoria da história no Brasil, a qual permitirá compreender as funções que a disciplina e, depois, campo da teoria exerceu na compreensão acerca do que é o conhecimento histórico e o caráter da formação dos historiadores e historiadoras. Num segundo momento, trataremos da relação nem sempre fácil entre tecnologia e epistemologia, o que faremos a respeito da problematização do papel das grandes narrativas da contemporaneidade — sua suposta ausência — e da ascensão do discurso epistemológico na historiografia nas últimas décadas. Por fim, após este panorama, concluiremos tratando do que a teoria da história pode contribuir para a formação de historiadores e historiadoras hoje e no futuro.

I

Qual a função da teoria da história nos currículos de graduação nos cursos de história no país? Embora suas funções sejam diversificadas, como já esboçado, é possível reformular a pergunta indagando que demandas o ensino de teoria veio atender ao longo de sua história. Para isso, retomaremos um conjunto de trabalhos já realizados sobre a introdução da teoria da história e da história da historiografia no Brasil, antes de tratarmos do que o campo pode indicar daqui para a frente.

Primeiramente, no entanto, é preciso lembrar que os termos, senão controversos, ao menos não deixam de ter suas indefinições, justaposições e outra contrariedades. Assim, se teoria da história parece ter sua origem, no Brasil, com o trabalho de José Honório Rodrigues, estampando a capa de *Teoria da história do Brasil* (1978), originalmente publicado em 1949, "historiografia" e "história da historiografia" tiveram significados cambiantes na reflexão histórica brasileira ao longo do século XX. Thiago Nicodemo, Mateus Henrique de Faria Pereira e Pedro Afonso Cristóvão dos Santos têm argumentado que "a categoria historiografia talvez tenha se transformado no indicador das transformações do moderno conceito de história", principalmente no contexto entre o último quarto do Oitocentos e as décadas do pós-guerra (Nicodemo, Pereira e Santos, 2018:18). Para além disso, o desenvolvimento institucional da produção historiográfica após a Segunda Guerra Mundial permitiu que o termo ganhasse certa autonomia, de modo que

> A categoria tem a vantagem de não se confundir, como o conceito de história, com a história em si, o processo vivido. Trata-se, assim, provavelmente de uma sofisticação do próprio conceito de história e também da radicalização da pretensão científica desse conceito. Pelo menos nas língua românicas, a categoria "historiografia" abre, portanto, um novo espaço de experiência, a saber: da história "científica" profissional e universitária. [Nicodemo, Pereira e Santos, 2018:24]

Dessa forma, historiografia e história da historiografia são duas etapas no processo de autonomização do conhecimento histórico. Num primeiro passo, efetivando a distinção entre a escrita da história e o processo histórico; num segundo momento, estabelecendo os limites da produção histórica ante outras áreas do saber, como a literatura e as ciências sociais. Esta é importante no contexto da institucionalização universitária no país, quando os saberes sobre a nação sintetizados desde fins do XIX na forma de *ensaio social* começam a se especializar e se compartimentalizar em disciplinas autônomas, ao mesmo tempo que a história sofria a concorrência das ciências sociais, assim como para viabilizar a demarcação entre a crônica e a história na tradição da escrita histórica. A esse respeito, Rodrigues foi enfático: "O estudo da historiografia representa, assim, a libertação da disciplina [histórica] da história literária" (Rodrigues, 1979:XV).

Não obstante a consolidação do termo "historiografia" ocorrer na passagem do XIX até à metade do século XX, é apenas com Rodrigues que o conceito recebe sua primeira sistematização. Em *Teoria da história do Brasil*, Rodrigues defende a criação da disciplina de "Introdução aos Estudos Históricos", uma vez que "a grande tarefa do ensino universitário de história é mostrar como se investiga, como se manejam as fontes, como se aplicam os métodos e a crítica, como se doutrina e interpreta o material colhido e criticado, na tentativa de recriar o passado numa composição ou síntese histórica" (Rodrigues, 1978:X). O desejo de Rodrigues foi atendido em dezembro de 1956, com a regulamentação da disciplina por meio da aprovação da Lei nº 2.594/1955, no mesmo contexto que estabelece a separação dos cursos de história e geografia, que até então costumavam ser ministrados juntos. Este momento é um marco para a mudança de orientação para os cursos universitários que passam a incluir de forma deliberada um ideal de pesquisa como base da formação. O conceito de historiografia permitiria então uma nova mediação entre ensino e pesquisa principalmente por meio do acesso a acervos e à análise documental. O próprio José Honório observa, na terceira edição de *Teoria da história do Brasil*, que o campo de metodologia, de teoria e de história da historiografia, reunido no vocábulo "historiografia", tem função principalmente didática, contribuindo para a formação dos alunos e alunas dos cursos de história. Assim,

> [...] se se aceita e aprova hoje, nos melhores meios universitários, que não é possível continuar a ensinar história em grau elementar sem mostrar como se adquire o conhecimento histórico, e as razões de sua fidedignidade, então, como compreender que futuros professores universitários, historiadores e diretores de serviços públicos com função histórica, permaneçam no mais ingênuo desconhecimento dos processos de conhecimento, de crítica e da pesquisa na historiografia? [Rodrigues, 1978:228]

Entretanto, se o ensino de historiografia se destina, em primeiro lugar, ao aprendizado de habilidades que permitam "libertar a história do diletantismo, do autodidatismo" (Rodrigues, 1978:230), incutindo o discernimento crítico no trato da informação, percebe-se que ele não se esgota neste aspecto. Para Rodrigues, não basta "o depoimento ou testemunho", pois "é necessária a reflexão sobre todos eles e a consequente interpretação", de modo que "o pior erro da historiografia contemporânea foi precisamente o de se deixar levar por uma escandalosa superestimação de suas técnicas" (Rodrigues, 1978:231-232). A formação histórica não acaba no aprendizado de procedimentos técnicos ou no treinamento das ciências auxiliares, mas envolve uma dimensão propriamente teórica. Isso leva ao concurso de outras disciplinas, com as quais a história dialoga de igual para igual. Para Rodrigues, a teoria da história fornece a consistência do campo em suas pretensões de cientificidade entre uma metodologia própria e um lugar epistemológico distinto. A teoria conecta o particular ao geral no conhecimento histórico.

Relacionado ou não com os esforços de Rodrigues, o fato é que passa a se tornar mais comum a presença de disciplinas introdutórias nos períodos iniciais dos cursos de graduação a partir do final dos anos 1960 e inícios de 1970. Este é o contexto da consolidação dos cursos universitários de história e das características de sua formação. A demanda já estivera presente no primeiro encontro nacional da Anpuh, que então abrigava apenas os professores e professoras de história que atuavam no ensino superior, realizado em Marília, em 1961. Na ocasião, foi aprovada moção requisitando a inclusão da disciplina de "Introdução Metodológica à História" e, depois, de "Teoria da História", junto da história da historiografia, nos cursos universitários de graduação (Nicodemo, Pereira e Santos, 2018:163). Mais ou menos coincidente, no âmbito cronológico, a Reforma Universitária de 1968 e, posteriormente, o I Plano Nacional de Pós-Graduação, vigente entre 1975 e 1979, também contribuíram para determinar o caráter da formação em história no país, além de consolidar modelos de atuação para os quais uma visão específica de teoria e historiografia estava prevista.

Se a universidade nas suas primeiras décadas no Brasil serviu fundamentalmente para o treinamento de professores no contexto da expansão nacional do ensino escolar, a partir sobretudo da década de 1950 a universidade passa a encampar mais sistematicamente uma ideia de pesquisa. Então as décadas de 1950 a 1970 são um momento de disputas sobre a própria ideia do que seria fazer pesquisa na universidade, especialmente diante da possibilidade da incorporação de arquivos, acervos e bibliotecas (o que inclui também a relação com as mídias e tecnologias de época). Importante ressaltar que o ensino como tema de reflexão passa então a ser mediado por esse ideal de pesquisa. Isso certamente ajudou a afastar a reflexão sobre ensino dos incipientes departamentos de história que se espalhavam pelo Brasil no período; ou pelo menos a enquadrá-la nos termos descritos anteriormente. Em outras palavras, teoria da história e historiografia oferecem critérios para orientar uma ideia de formação voltada para a pesquisa e de caráter mais técnico.

Trata-se, portanto, da substituição de uma ideia de formação universitária que marcou os primeiros cursos no Brasil voltada para a formação de professores para outra que privilegia a formação de pesquisadores. Teoria e historiografia entram de forma importante no debate pois oferecem uma releitura de um ideal formativo que alia uma preocupação com o ensino com o treinamento para pesquisa. Evidentemente, essas mudanças têm como pano de fundo um conjunto de disputas e, apesar do papel inegável da teoria e da historiografia, temos que reconhecer que a formação universitária nas décadas seguintes, de 1970 a 1990, foi marcada por uma crença muito maior no empirismo e no método do que propriamente na reflexão teórica, como sugeriu Rodrigo Perez de Oliveira recentemente, a historiografia brasileira contemporânea foi marcada por um rigoroso processo de institucionalização, que delimitou a hiperespecialização e o empirismo como seus postulados teórico-metodológicos mais importantes. Como resultado,

> Essas formulações teóricas inspiraram os historiadores na produção de estudos de caso, caracterizados pelo rígido recorte cronológico e geográfico dos seus objetos de pesquisa, levando a interdição da síntese, do estilo ensaístico, da diacronia de longa e média duração e da percepção de que a história poderia ser uma "ciência social aplicada", dificultando, assim, a mobilização do conhecimento histórico para fins de engajamento político direto. [Oliveira, 2018:199]

Essas disputas, que levaram ao desenvolvimento de um ideal formativo voltado para a empiria ao mesmo tempo que consolidaram o ensino de teoria e historiografia em quase todos os currículos, precisam ser muito melhor compreendidas. Independentemente da argumentação do autor, ao longo dos anos 1970, a maior frequência dos cursos de introdução e teoria atesta o desenvolvimento da autoconsciência dos historiadores e historiadoras sobre sua formação; voltada para o passado da disciplina, a historiografia desdobrou-

-se em história da historiografia, buscando entender as condições de escrita da história em diferentes momentos. Em maior ou menor grau, trata-se de compreender o passado da escrita da história, fortalecendo a reflexão crítica sobre o tema por meio de estudos monográficos a seu respeito, como aqueles realizados por Nilo Odália, Carlos Guilherme Mota, Maria de Lourdes Janotti e Maria Odila Leite da Silva Dias. Uma série de concepções se articulam a partir daí, frequentemente vinculando a escrita da história à sociedade e, mais especificamente, aos condicionantes estruturais do país.

O surgimento de estudos monográficos e uma maior reflexividade de parcela dos historiadores e historiadoras dedicados ao estudo do passado da disciplina histórica salienta a transitividade entre a história da historiografia como tema de estudos e a teoria da história como aspecto geral da formação dos estudantes de história. Essa mesma transitividade foi problematizada por Valdei Lopes de Araujo (2013). Para o autor, em contraste com a visão unificadora da teoria da história pensada por Rodrigues, a inclusão das disciplinas de introdução e teoria nos cursos universitários de história no período referido "esvaziou" seu significado, pois elas apareceram no contexto do favorecimento de uma orientação empirista nas graduações, para não mencionar a superespecialização que levou a subdisciplinas cada vez mais cerradas. O resultado é o descompasso com o qual abrimos o texto, qual seja, a teoria como uma espécie de caixa de ferramentas, de um lado, e a história da historiografia como um tema ou subdisciplina dos estudos históricos no geral, de outro lado. Para Araujo, nessa situação, a teoria da história pouco precisa justificar sua presença nos currículos universitários de história, mas a história da historiografia frequentemente confunde a escrita da história e seu estudo crítico (Araujo, 2013:35), devido à ambiguidade no termo "historiografia" salientada anteriormente.

Não precisamos retomar ou detalhar estas tensões, mas podemos abordá-las como ponto de partida para uma série de problematizações. Primeiro, se a intercambialidade entre teoria da história e história da historiografia é verificada, em detrimento da última, então tanto a distância com relação à teoria da história como eixo da formação em história quanto o privilégio de recortes disciplinares menores estão em jogo. Isso é significativo porque leva a pensar se, com a introdução das tecnologias digitais, trata-se simplesmente da criação de uma nova subdisciplina — a história digital —; do desenvolvimento de novos métodos, a partir de uma concepção instrumental de teoria; ou de um questionamento mais amplo do estatuto da história como conhecimento? Segundo, implícita na argumentação estava o embasamento no conceito moderno de história, porém a maior reflexividade da historiografia acadêmica, que investiga cada vez mais as condições de sua produção atual e pregressa, não é sintomática do distanciamento cada vez maior entre a história escrita e a história vivida? Nesse sentido, a presença das novas tecnologias reforça, questiona ou suspende a problemática da justificativa da historiografia moderna, até então coincidente com o conceito moderno de história? Significativamente, se a escrita da história e o processo histórico se distanciam, é notável que a pressão pela introdução de modificações e/ou atualizações metodológicas, teóricas ou epistemológicas na historiografia é resultado da consciência de que a história vivida na atualidade e os registros dela resultantes são bastante diversos dos anteriores. O impacto do digital sobre a historiografia levaria à necessidade de reconduzir, então, a teoria da história a uma posição unificadora no contexto da atual disciplina histórica?

II

Apesar da aparição recente do termo "história digital" e de todo o aparato discursivo em torno das novas tecnologias — digitais —, a aplicação do computador na pesquisa histórica remonta, ao menos, aos anos 1960, quando foi utilizado nas iniciativas da história serial francesa e da cliometria norte-americana; posteriormente, entre as décadas de 1970 e 1980, a maior difusão de seu uso e o aumento na sua capacidade de processamento trouxeram os bancos de dados a primeiro plano, algo que não foi deixado de lado por historiadores e historiadoras que se dedicam de uma forma ou de outra à história social, à história econômica, à prosopografia e outros campos nos quais o manejo e a análise de informações podem ser acelerados ou mais bemvisualizados com o uso do computador. Mesmo a empiria raramente é não mediada na atualidade, tornando concreta a correção feita por Michel de Certeau a respeito dos *dados* serem, na verdade, *fatos*.

Esses debates tiveram repercussão no Brasil, embora tenham sido largamente esquecidos. Que eles não tenham articulado memória e não tenham contribuído para a genealogia da história digital demonstra que o adjetivo ali adicionado, o "digital", é ele mesmo fruto de uma ruptura. Assim foi sinalizado por pensadores como Pierre Lévy e Manuel Castells em suas obras de interpretação dos novos fenômenos na década de 1990; cerca de dez anos mais tarde, a aposta foi renovada com um texto explicitamente dedicado às relações entre as potencialidades das novas tecnologias e a prática científica. Em junho de 2008, Chris Anderson argumentou que a grande quantidade de informações agora disponível tornava o método científico obsoleto. Como afirmava então,

> O método científico é construído em torno a hipóteses testáveis. Esses modelos, em sua maioria, são sistemas visualizados na cabeça dos cientistas. Os modelos são testados e os experimentos confirmam ou negam modelos teóricos de como o mundo funciona. Essa é a maneira pela qual a ciência funcionou durante séculos. [Anderson, 2008]

Agora, no entanto, "Confrontada com essa quantidade tão grande de dados, essa abordagem científica — apresentar hipóteses, construir modelos, testá-los — está com os dias contados", de modo que

> Nós podemos parar de procurar modelos. Nós podemos analisar dados sem hipóteses a respeito do que eles mostrarão. Nós podemos jogar os números nos maiores conjuntos de computadores que o mundo já viu e deixar que os algoritmos estatísticos encontrem os modelos que a ciência não consegue encontrar. [Anderson, 2008]

O texto de Anderson é menos relevante pelo que previu efetivamente na prática científica do que pelo campo de enunciação que abriu. De fato, a construção de modelos e as formas de visualização se tornaram cada vez mais relevantes no conhecimento; o renovado componente visual levou à indistinção, muitas vezes, entre objeto e teoria; por último, a percepção do Big Data como agregado de dados empíricos se fixou na opinião pública. Ainda assim, é o foco na metodologia — *como?* —, ao invés da teoria — *por quê?* — que mostra a maior alteração na matriz do conhecimento proposta por Anderson.

O gesto do autor pode ser concebido como parte de um movimento que, em algum tempo, chegaria também às humanidades. Alexandre de Sá Avelar e Márcia de Almeida Gonçalves já apontaram uma certa "reação à concepção de cultura como um sistema de símbolos, em favor de uma visão que enfatiza o caráter performativo de sua constituição, através de um conjunto de práticas permeadas por ações, relações de poder, lutas, contradições e mudanças" (Avelar e Gonçalves, 2015:67). Dessa forma,

> [...] os símbolos e signos são mobilizados para identificar os aspectos da experiência dos agentes que são responsáveis pela produção de sentidos e significados, ou seja, apresentam-se como resultados de uma realidade experimentada por homens e mulheres em suas práticas sociais cotidianas. [Avelar e Gonçalves, 2015:67]

Com isso, os autores ecoam o diagnóstico feito por Gabrielle Spiegel (2009) e, alguns anos antes, Nancy Partner (2009) sobre a fortuna do giro linguístico na atualidade. A esse respeito, Ewa Domanska foi taxativa pois, para ela, "as correntes pós-modernistas [...] estão esgotadas e não pertencem mais à atualidade, senão à história das humanidades" (Domanska, 2011:131-132).

Nenhuma das contribuições mencionadas no último parágrafo chega ao extremo da rejeição do método científico e menosprezo do pensamento teórico, mas pode-se afirmar que entre o texto de Anderson e as perspectivas recém-apresentadas existe um panorama mais amplo de insatisfação com o saber teórico e, logo, o movimento em direção a uma ênfase na prática e na empiria, por mais mediada que ela seja por instrumentos digitais. Em maior ou menor grau, isso implica a substituição do vocabulário associado à crítica por outro, cuja ênfase é a ação. O recente prestígio da história pública não deixa de estar associado a esse processo. Ele afeta também a escrita da história das humanidades, como demonstrado pelo trabalho do pesquisador holandês Rens Bod em *A new history of the humanities* (Bod, 2012).

Pioneiro na aplicação de métodos computacionais à filologia nos Países Baixos, Bod encontra o fio condutor de sua história no estudo dos princípios metodológicos que permitem aos humanistas encontrarem padrões de interpretação nos materiais que estudam. Bod desconstrói, portanto, a categoria de paradigma científico como conceito central de uma história assumidamente descontínua das ciências, tal como proposto no modelo kuhniano; em seu lugar, ele instaura uma narrativa contínua sobre o progressivo desenvolvimento da metodologia, a qual é o elemento de unificação não somente entre as humanidades — favorecendo uma abordagem interdisciplinar, em detrimento da formação de cada disciplina —, mas que também borra a fronteira entre as humanidades e as ciências duras. Como ele afirma, "[...] existe uma diferença apenas de grau entre as humanidades e as ciências, assim como há um contínuo entre a natureza de seus padrões e suas possíveis 'exceções'. A história das humanidades parece ser o elo faltante na história da ciência" (Bod, 2012:7).

Para a história, a situação descrita é mais relevante por apresentar um quadro decididamente diverso daquele demonstrado por François Hartog entre os anos 1980 e 1990, caracterizado por uma maior "postura reflexiva" e pela aproximação entre epistemologia e historiografia (Hartog, 2011). Foi nesse mesmo contexto que a história da historiografia se consolidou como área de estudos no interior do conhecimento histórico. Ora, o problema colocado pelos desdobramentos anteriores é o de pensar o papel do ensino de teoria da história quando a relevância da teoria e da autorreflexividade cedem lugar à prática metodológica e à experimentação, para além do treino em ferramentas específicas. Qual o valor, por conseguinte, da crítica da tradição quando não é mais a tradição, mas a própria crítica, que está em jogo?

Desnecessário dizer que este cenário tem implicações para a educação no geral. Embora não seja a consequência necessária da maior difusão das tecnologias digitais, é difícil não relacionar seu advento e o descenso da teoria e da reflexão crítica com o favorecimento de uma concepção "técnica" de educação e o temor em torno do caráter essencialmente político do conhecimento em sala de aula, expresso no fantasma da "doutrinação" levado pelo Escola Sem Partido e outros movimentos de judicialização do ensino de história (Salles, 2019; ver também Penna, 2013; Silva, 2019). Nestes casos, esposa-se a crença na suposta neutralidade da técnica. Outros exemplos são o aumento do número de videoaulas — os Moocs — e cursos de educação a distância. Apesar de possibilitarem o acesso à formação universitária por um conjunto mais amplo de indivíduos com menor disponibilidade de instituições de ensino, o aumento da carga horária à distância, a difusão de materiais prontos e a reprodução de aulas gravadas são frequentemente sinônimo de redução de custos, aumento dos lucros e precarização do ensino. Nada disso seria possível sem as tecnologias digitais.

Frequentemente voltados para a transmissão de conteúdos, tais materiais não estimulam a inserção dos alunos e das alunas numa tradição historiográfica mais ampla e tampouco contribuem com o desenvolvimento de habilidades críticas ampliadas. Em qualquer sentido que se busque, a presença consciente da teoria da história como uma etapa necessária da formação de historiadores e historiadoras, seja atuando no ensino, seja na pesquisa acadêmica, está largamente ausente.

Uma resolução para este problema escapa em grande medida às possibilidades da história e, mais ainda, da teoria da história, pois diz respeito a mudanças sociais, políticas, econômicas e culturais e seus reflexos institucionais em curso na contemporaneidade. Mesmo assim, é possível esboçar uma tentativa de compreensão estruturada a partir do que de melhor a teoria da história tem a oferecer: a reflexão sobre conceitos e categorias que compõem o conhecimento histórico, tais como documento, memória, temporalidade, e tantas outras categorias que passam hoje por profundas transformações.

Nesse sentido, François Hartog percebe na emergência de uma preocupação mais aguda com a historiografia o sinal de um esvaziamento da grandes narrativas da modernidade, processo sacramentado por Jean-François Lyotard na passagem para a década de 1980. Para Hartog, o esgotamento dos grandes paradigmas seria responsável por uma crise na imaginação do futuro, que se tornaria apenas negativo ou, no limite, inimaginável. Com isso, o resultado é a perpetuação do presente, chamada por ele de "presentismo" (Hartog, 2014). Valdei Lopes de Araujo e Mateus Henrique de Faria Pereira, em diálogo com o historiador francês, afirmam que o que este considera ser uma crise da modernidade é, de fato, elemento constitutivo da própria modernidade. Batizando de "atualismo", ao invés de "presentismo", eles utilizam a categoria para caracterizar um período em que o discurso histórico perdeu sua função de orientação e o futuro é apenas embrionário. Para além disso, nossa época também é marcada pela imbricação de temporalidades distintas, sendo uma das consequências uma maior democratização do acesso aos registros do passado por meio das tecnologias digitais (Araujo e Pereira, 2018:112-113). Assim, é a autoridade da história e da historiografia como continentes do passado que se encontra em questão.

Mas se isso mostra alguns dos motivos para o declínio da história, não explica o fascínio exercido pela tecnologia. Quanto a isso, vale mencionar a reflexão de Zoltán Bodiszár Simon (2019), também em diálogo com Hartog. Para o autor, o historiador francês se equivoca ao afirmar a ausência de perspectivas de futuro pois, em sua opinião, estas teriam transitado da política para a tecnologia. A tecnologia é um dos poucos vetores do "progresso" em nossa sociedade; por outro lado, o progresso tecnológico está associado à inovação constante, da qual está ausente tanto o planejamento do futuro — como na utopia — quanto a mudança radical da sociedade — a revolução —, ambos elementos que povoaram o imaginário político nos últimos dois séculos. A situação concebida por Simon mantém a orientação ao futuro do conceito moderno de história, porém o futuro se torna incerto. Para ele, isso é passível de conceitualização, porém, por meio da categoria de *mudança sem precedentes*, na qual a imprevisibilidade do futuro e o alargamento da ação humana no presente tornam inválidos os ensinamentos e, até mesmo, a comparação com o passado. Novos tempos se abrem, marcados pela contingência e pela imprevisibilidade.

Seja como for, o problema enunciado por esta reflexão traz questões pertinentes ao ensino de história e, por conseguinte, ao ensino de teoria da história. Em primeiro lugar, se a tecnologia substituiu a política na imaginação de futuros possíveis e na consciência da atuação histórica, formando novos agentes a partir das possibilidades apresentadas pela técnica, e não dos modelos de atuação política, então como é possível manter a associação entre ensino e emancipação que marcou o caráter cívico e, no fundo, idealista, sem qualquer juízo de valor, que sustenta a prática educacional? Toda educação torna-se, ela também, "técnica"? Em segundo lugar, a imprevisibilidade do futuro e a inequação entre as capacidade da atuação histórica presente e seus efeitos no mundo, muito alargados ou demasiado reduzidos e ineficazes, lançam suspeitas sobre a "disponibilidade" da história para os indivíduos e grupamentos sociais, que é outra característica do conceito moderno de história que se encontra em questão. Com ela, encontra-se abalada também a relação, já enunciada, entre a importância da educação e a construção de planos de futuro melhores que o presente. Por último, sem uma concepção de tempo que a apoie, o que sustenta a relevância da escrita da história? Em outras palavras, podemos reformular a pergunta de Hans-Ulrich Gumbrecht (1999) e questionar, para o que nos ocupa neste capítulo: como ensinar teoria da história *depois* de aprender com a história?

III

Diante das modificações impostas pelas novas tecnologias nas últimas décadas, devemos nos perguntar se, e como, a historiografia como disciplina deveria mudar. Como pudemos ver, no contexto brasileiro, as subáreas de teoria da história e historiografia foram lugar privilegiado de disputas e ofereceram conceitos mediadores para a relação entre pesquisa e ensino nas humanidades. Considerando esse papel histórico, parece recomendável que pensemos se a teoria da história deve mudar, transformar sua agenda, precipitando uma nova mudança na relação entre ensino e pesquisa nos cursos superiores de história.

De início, uma série de questões se apresenta. Do lado dos arquivos, é preciso considerar quais as formas de arquivamento atualmente existentes e o que efetivamente está sendo armazenado e, mais importante ainda, recuperado. O problema da garantia da estabilidade de fontes históricas on-line, naturalmente instáveis e voláteis, sujeitas a constantes edições, já foi contornado de maneiras diversas na historiografia brasileira (Caldeira Neto, 2009; Almeida, 2011); outras referências, no entanto, têm sugerido recortes diferenciados, e alguns deles tomam a própria internet como unidade de análise, enquanto outros empregam recursos do Big Data (Brügger e Schroeder, 2017). Dada a pletora de novas ferramentas e problemas metodológicos que se apresentam, existe a necessidade de resistir à tentação de considerar que a atual paisagem de dados descortinada por estes instrumentos seja confundida com a própria realidade histórica. Mais especificamente, é necessário se perguntar que ocasiões se apresentam para que historiadores e historiadoras exerçam as principais virtudes de seu saber, como a autorreflexividade, a percepção da construção histórica da experiência social e, necessariamente, das próprias categorias de análise. Para isso, é necessário o diálogo com novas áreas, que transcendem as humanidades, como a teoria da comunicação e a ciência da computação (Gitelman, 2013; Loukissas, 2019), para além do reconhecimento de que os instrumentos "técnicos" de pesquisa implicam também eles questões "teóricas" — na verdade, ambas as dimensões nunca estão tão apartadas assim quanto se costuma pensar.

Um segundo eixo de problemas se origina da predominância da comunicação digital on-line em nossa sociedade. Imediatamente, assim que surgiu no trabalho de historiadores e historiadoras, o problema da autoridade compartilhada por estes e estas veio à tona, uma vez que todos, para lembrar o discurso de Carl Becker na American Historical Association em 1930, "poderiam ser historiadores". Ainda que o diploma não seja a única e tampouco a principal garantia da credibilidade do que dizem os historiadores e historiadoras, é inegável que os circuitos de autoridade se expandiram para além do que o anteriormente existente, descentrando os detentores de formação superior em história de sua posição privilegiada na elaboração e verificação de enunciados sobre o passado. Atualmente, são os historiadores e historiadoras que correm atrás dos discursos sobre o passado que circulam nos veículos midiáticos mais diversos, da televisão às redes sociais. Nesses casos, as características do saber acadêmico — a observação de métodos específicos, a avaliação pelos pares etc. — são apenas uma parcela dos critérios que tornam válido o saber, frequentemente perdendo espaço para o apelo emocional e para a empatia. Quando incorporado por historiadores e historiadoras de formação, muitas vezes sob a rubrica da história pública, o problema se torna, então, até que ponto é possível ou benéfico "abandonar" a teoria, descartar o peso das questões trazidas pela teoria da história ao conhecimento histórico ante as necessidades ampliadas de comunicação. Trata-se de uma questão difícil e que apresenta novos dilemas e condicionantes éticos para a prática histórica.

Uma terceira questão, derivada desta, é a própria compreensão do que será o ensino, não apenas de teoria da história, mas em sentido geral. O contexto histórico que vivenciamos demonstra o crescimento do desequilíbrio entre "teoria" e "prática", frequentemente consideradas — mais uma vez — opostas. Isso se traduz na ênfase para que a formação de professores e professoras se desfaça de seus aspectos teóricos e da carga conceitual adquirida ao longo dos cursos de graduação, para se resumir à aplicação de conteúdos. Como vimos, as novas tecnologias fazem parte da configuração discursiva que torna isso possível e, até mesmo, desejável. Por outro lado, ainda que não sejam neutras, as tecnologias digitais não são necessariamente inimigas e, daí, outro desafio se apresenta: como admitir a "prática" positivamente no ensino de história e de teoria da história, dando lugar à experimentação? Tendo em vista as tecnologias digitais, tanto aprender quanto ensinar ainda têm o mesmo significado? Essas questões implicam o letramento digital e o que no exterior é chamado de *thinkering*, isto é, o aprendizado através da prática (Vee, 2017; Fickers, 2018). Acreditamos que as novas tecnologias, portanto, não têm efeitos apenas deletérios para o ensino de história, mas podem ser ferramentas para o exercício simultâneo de capacidades críticas e criativas. Assim, a sala de aula de história, seja na educação básica, seja na universidade, pode se tornar um grande laboratório.

Apesar de seus desdobramentos recentes, todas essas questões se ligam ao passado da historiografia e mostram as mudanças introduzidas pelas novas tecnologias em problemas que constituem a atuação de historiadores e historiadoras. Não obstante sua relevância, elas perdem de vista um aspecto estruturante da época em que vivemos. Vale a pena relembrar as críticas de Valdei Lopes de Araujo, Mateus Henrique de Faria Pereira e Zoltán Bodiszár Simon ao conceito de "presentismo", tal como articulado por François Hartog. Em comum, o que eles compartilham é a percepção de que a incapacidade de imaginar o futuro não significa que este não exerça sua força sobre o presente; assim, a imprevisibilidade e a incapacidade de imaginação não indicam o retorno a uma temporalidade estática, mas que aceleramos em direção ao desconhecido. É nesse sentido que Simon pensa a noção de "mudança sem precedentes", uma vez que os acontecimentos não se reduzem à sua genealogia, mas incorporam potencialidades só reconhecidas no momento de sua eclosão.

Para a inter-relação estudada aqui, gostaríamos de encerrar este texto com a provocação de que a teoria da história possa ser o elemento unificador da disciplina histórica numa situação de "mudança sem precedentes". Isso significa que, além dos problemas já trazidos por sua tradição, a historiografia e, por conseguinte, o ensino de história poderiam se abrir para o que ainda é impensado. Uma série de problemas já se anunciam aqui, como a superação dos limites dos conceitos eurocêntricos que estabeleceram a legitimidade da prática historiográfica nos séculos XVIII e XIX; a necessidade da expansão para realidades geográficas múltiplas, assim como um olhar mais acurados para as consequências da globalização; a adoção de escalas temporais diferentes, que impliquem novas associações entre os seres humanos e o espaço e a transformação da agência histórica pela relação com os aparelhos técnicos; os desafios ao tempo histórico trazidos por aparatos — os computadores — cuja temporalidade parece tão diferente da nossa; o papel da inteligência artificial na compreensão da história, até agora só povoada por humanos, mas daqui para a frente cada vez mais intermediada e caracterizada pela presença de máquinas. Todas essas questões ainda precisam ser pensadas, mas considerar a disciplina histórica numa situação de "mudança sem precedentes" nos levaria a abrir o conhecimento histórico e, com isso, nossos alunos e alunas, para problemas que ainda sequer imaginamos.

Referências

ALMEIDA, Fábio Chang de. O historiador e as fontes digitais: uma visão acerca da internet como fonte primária para pesquisas históricas. *Aedos*, Porto Alegre, n. 8, v. 3, jan./jun. 2011, p. 9-30.

ANDERSON, Chris. The end of theory: the data deluge makes the scientific method obsolete. *Wired*, 23 jun. 2008. Disponível em: <www.wired.com/2008/06/pb-theory/>.

ARAUJO, Valdei Lopes de. História da historiografia como analítica da historicidade. *História da Historiografia*, Ouro Preto, n. 12, ago. 2013, p. 34-44.

______. Sobre o lugar da história da historiografia como disciplina autônoma. *Locus*, Juiz de Fora, v. 12, 2006, p. 79-94.

______; PEREIRA, Mateus Henrique de Faria. *Atualismo 1.0*: como a ideia de atualização mudou o século XXI. Mariana: SBTHH, 2018.

AVELAR, Alexandre de Sá; GONÇALVES, Márcia de Almeida. Giro linguístico e escrita da história nos séculos XX e XXI: elementos para um debate. In: MEDEIROS, Bruno Franco et al. (Org). *Teoria e historiografia*: debates contemporâneos. Jundiaí: Paco, 2015, p. 57-78.

BOD, Rens. *A new history of the humanities*: the search for principles and patterns from antiquity to the present. Oxford: Oxford University Press, 2012.

BRÜGGER, Niels; SCHROEDER, Ralph. *The Web as history*. Using Web archives to understand the past and the present. Londres: UCL Press, 2017. Open access PDF. Disponível em: www.uclpress.co.uk/products/84067.

CALDEIRA NETO, Odilon. Breves reflexões sobre o uso da internet em pesquisas historiográficas. *Revista Eletrônica do Boletim do Tempo*, Rio de Janeiro, a. 4, n. 20, 2009, p. 1-6.

CARDOSO, Oldimar; NICODEMO, Thiago Lima. Metahistory for (ro)bots: historical knowledge in the artificial intelligence era. *História da Historiografia*, v. 12, n. 29, jan./abr. 2019, p. 17-52.

DOMANSKA, Ewa. El viraje performativo en la humanística actual. *Criterios*, La Habana, n. 37, 2011, p. 125-142.

FICKERS, Andreas. How to grasp historical media *dispositifs* in practice. In: AASMAN, Susan; FICKERS, Andreas; WACHELDER, Joseph (Ed.). *Materializing memories*: dispositifs, generations, amateurs. Londres; Nova York: Bloomsbury Group. 2018, p. 85-101.

Gil, Tiago Luís. *Como se faz um banco de dados (em história)*. Porto Alegre: Ladeira Livros, 2015.

______; BARLETA, Leonardo. Formas alternativas de visualização de dados na área de história: algumas notas de pesquisa. *Revista de História*, n. 173, jul./dez 2015, p. 427-455.

GITELMAN, Lisa (ed.). *"Raw data" is an oxymoron*. Cambridge, Mass.: The MIT Press, 2013.

GUIMARÃES, Manoel Luiz Salgado. A disputa pelo passado na cultura história oitocentista no Brasil. In: CARVALHO, José Murilo de (Org.). *Nação e cidadania no Império*: novos horizontes. Rio de Janeiro: Civilização Brasileira, 2007, p. 93-122.

GUMBRECHT, Hans-Ulrich. *Em 1926*: vivendo no limite do tempo. Rio de Janeiro: Record, 1999.

HARTOG, François. *Evidência da história*: o que os historiadores veem. Tradução de Guilherme João de Freitas e Jaime A. Clasen. Belo Horizonte: Autêntica, 2011.

______. *Regimes de historicidade*: presentismo e experiência do tempo. Belo Horizonte: Autêntica, 2014.

LOUKISSAS, Yanni Alexander. *All data are local*: thinking critically in a data-driven society. Cambridge, Mass: The MIT Press, 2019.

NICODEMO, Thiago Lima; PEREIRA, Mateus Henrique de Faria; SANTOS, Pedro Afonso Cristóvão dos Santos. *Uma introdução à história da historiografia brasileira (1870-1970)*. Rio de Janeiro: FGV Editora, 2018.

OLIVEIRA, Rodrigo Perez. O engajamento político e historiográfico no ofício dos historiadores brasileiros: uma reflexão sobre a fundação da historiografia brasileira contemporânea (1975-1979). *História da Historiografia*, n. 26, jan./abr. 2018, p. 197-222.

PARTNER, Nancy. Narrative persistence: the post-postmodern life of narrative theory. In: ANKERSMIT, Frank; DOMANSKA, Ewa; KELLNER, Hans. *Re-figuring Hayden White*. Stanford: Stanford University Press, 2009, p. 81-104.

PENNA, Fernando de Araújo. *Ensino de história*: operação historiográfica escolar. Rio de Janeiro: PPGE/UFRJ, 2013.

RODRIGUES, José Honório. *História da história do Brasil*. Rio de Janeiro: Companhia Editora Nacional, 1979.

______. *Teoria da história do Brasil*. Rio de Janeiro: Companhia Editora Nacional, 1978.

SALLES, Diogo da Costa. *Criando a doença para vender a cura*: o discurso da "doutrinação ideológica" do Movimento Escola Sem Partido. Dissertação (mestrado) — Programa de Pós-Graduação em História Social, Universidade Estadual do Rio de Janeiro, Rio de Janeiro, 2019.

SILVA, Renata da Conceição Aquino da. *Ensino de história como reativação do político*. Dissertação (mestrado) — Programa de Pós-Graduação em História Social, Universidade Estadual do Rio de Janeiro, Rio de Janeiro, 2019.

SILVEIRA, Pedro Telles da. *História, técnica e novas mídias*: reflexões sobre a história na era digital. Tese (doutorado) — Instituto de Filosofia e Ciências Humanas, Universidade Federal do Rio Grande do Sul, Porto Alegre, 2018.

SIMON, Zoltán Boldiszár. *History in times of unprecedent change*: a theory for the 21st century. Londres; Nova York: Bloomsbury Group, 2019.

SPIEGEL, Gabrielle. The task of the historian. *American Historical Review*, v. 114, n. 1, fev. 2009, p. 1-15. Disponível em https://academic.oup.com/ahr/article/114/1/1/41181?login=true.

VEE, Annette. *Coding literacy*: how computer programming is changing writing. Cambridge, Mass.: The MIT Press, 2017.

14

O ensino de teoria como análise de historicidades: uma eletiva sobre os anos 1980

Valdei Araujo[1]

À memória de Ricardo Benzaquen de Araujo. Que nos convidou a olhar o abismo.

> [...] possuindo verdadeiro horror à incompletude, ao vazio, pretender reunir todos os fios soltos do texto para criar uma imagem absolutamente coerente, regulada e compreensível da realidade, uma imagem onde tudo, até o acaso [...] pode e deve fazer sentido.
>
> [Araujo, 1988:48]

Neste texto pretendo descrever e refletir sobre estratégias didáticas que tenho adotado em minha prática docente como professor da área de teoria e história da historiografia (T&HH) no curso de história da Universidade Federal de Ouro Preto (Ufop). Parto da inquietação de que o ensino destas disciplinas poderia ser um convite ao pensamento, e de que pensar a história passa pela busca de ferramentas e estratégias que evidenciem os próprios riscos de naturalização das tecnologias disciplinares. Como atingir, mesmo que modestamente, objetivos tão ambiciosos em sala de aula? Que dimensões da historicidade podem ser mobilizadas para além daquelas já consagradas? Quais conceitos e fenômenos podem nos servir de apoio para estimular nossos estudantes a experimentar formas inovadoras de sentir, representar e

[1] De algum modo muito verdadeiro, todos os estudantes, homens e mulheres, que dividiram essas disciplinas comigo são também autores deste artigo; para me desculpar pelo furto de assiná-lo sozinho, deixo aqui registrado meu reconhecimento e felicidade de ter encontrado com tanta gente talentosa.

apresentar fenômenos históricos? No lugar de buscar respostas definitivas e universais, quero apenas compartilhar com leitores e leitoras alguns resultados práticos dessas inquietações.

Tomando como ponto de partida a proposta de que a historicidade pode ser usada como categoria que aponta para as múltiplas camadas nas quais a história pode se apresentar, entre 2015 e 2016 ofereci uma disciplina eletiva intitulada "A década perdida reencontrada". Com ligeiras alterações, o curso foi novamente oferecido em 2019. Além, disso, ministrei em 2017 uma eletiva que tentava aproximar a catástrofe de Chernobil com o crime da Vale-BHP que levou ao rompimento da barragem em Bento Rodrigues, na cidade de Mariana, tendo como guia o livro *Vozes de Tchernóbil*, de Svetlana Aleksiévitch. Em comum, essas disciplinas procuravam conjugar as ferramentas e os problemas típicos do campo da T&HH para pensar as múltiplas camadas de temporalidade envolvidas nesses eventos-fenômenos. Além de apresentar as estratégias e categorias mobilizadas, analisarei uma amostra da produção discente da primeira disciplina, que se concentrou em um blog especialmente criado para articular as ações historiográficas, na produção de audiovisual, exposição e ações de extensão e curadoria de histórias junto à comunidade local.

De modo a oferecer um guia de problemas, teorias, objetos e métodos que poderiam ser explorados ao longo do curso, produzi o diagrama mostrado na figura 1. Não é o caso de explorar cada ramo do modelo nos limites deste artigo, mas apenas ilustrar alguns caminhos possíveis para o trabalho com as historicidades que foram explorados nas três disciplinas.

A década perdida reencontrada

Como já apontei, o objetivo da disciplina foi pensar formas de acessar e (re) apresentar os modos da historicidade acontecidos em determinado horizonte histórico. Sabemos que a temporalidade se estrutura em categorias como expectativa, experiência e êxtase-estase, que podem ser abordadas como futuro, passado e presente, mas também de muitas outras formas teórico-historicamente construídas, como memória, projetividade e ação-inação. É sempre a partir desse solo que a historicidade se organiza em torno de disposições afetivas ou climas (medo, angústia, depressão, felicidade, ansiedade), disposições físicas (fome, saciedade, dor, calor etc.) e disposições espaciais (perto, longe, dentro, fora, rápido, lento etc.). Todas as estruturas da temporalidade

Figura 1
Diagrama de problemas, teorias e métodos

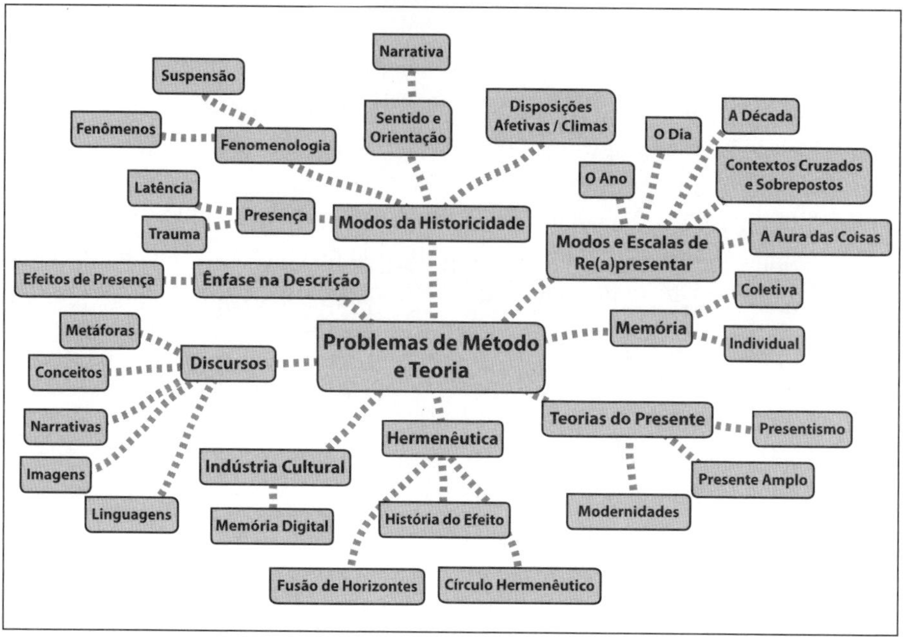

Fonte: Elaboração do autor.

são moduladas pela historicidade; dito de outra forma, a historicidade é a temporalização da temporalidade considerando seus planos ônticos e ontológicos. Não é difícil perceber que até aqui estamos acompanhando a reflexão de Heidegger em *Ser e tempo*, mesmo que com alguma liberdade e desenvolvimento.

Queremos chamar aqui de modos da historicidade a forma como as dimensões anteriores se combinam, se organizam, se expressam — ou se ocultam — discursiva e extradiscursivamente. Os fenômenos da historicidade podem ser evidentes como as imagens, objetos, metáforas, narrativas, conceitos, linguagens e discursos; ou latentes, como a realidade que afeta as "evidências" sem que possa ser representada diretamente; por exemplo, o que está soterrado pelo esquecimento ou o que ainda não é conhecido, como uma disposição afetiva latente que pode perpassar os eventos sem que seja visível. Em um segundo nível, a historicidade pode se dar de modo impróprio, quando todos os fenômenos são naturalizados e vividos como única realidade, e de modo próprio, quando se revela o caráter de possibilidade dos acontecimentos e horizontes históricos vividos, e que passado, presente e futuro deixam de ser experimentados apenas como uma sucessão linear e estanque. O que em outro lugar chamei de analítica da historicidade são as ferramentas teórico-analíticas que podemos construir para explorar cognitiva e existencialmente o tempo histórico, evitando sua redução ao "passado", que o senso comum tende a confundir com o universo do historiador.

Na disciplina em questão, nos detivemos nos anos 1980 e utilizamos ferramentas conceituais e metodológicas de teorias da história-historicidade para lidar com fenômenos culturais variados, interrogando-os naquilo que poderiam revelar da temporalidade e dos mundos da vida na chamada "década perdida". Procurei me concentrar em abordagens fenomenológicas e nos "fatos" da chamada "cultura de massa", sem limitar-me a ela. Da mesma forma, embora o cenário brasileiro tenha sido o ponto focal, tentamos não o abordar de modo exclusivo ou privilegiado, incentivando os alunos, na medida de suas possibilidades, a buscar cruzamentos com outras histórias infra e supranacionais.

Convidamos os estudantes a explorar a multiplicidade das fontes históricas disponíveis, sempre a partir de um questionário ligado aos fenômenos da historicidade: música, filmes, jornais, tv, HQs, revistas, literatura, historiografia, tecnologias, entre outras. Embora mobilizados, as abordagens e objetos clássicos das histórias social e política não tiveram centralidade na disciplina, evitando usá-los como contextos naturalizados a partir dos quais os demais eventos pudessem ser explicados. Romper com a ilusão de que os contextos historiograficamente produzidos possam ser tomados como reflexos da realidade era um objetivo fundamental da estratégia didática, o que levou a um adiamento do recurso imediato à historiografia, como geralmente recomendado nos manuais de método.

Na mesma direção, embora recortada na década de 1980, procuramos incentivar uma compreensão menos linear e processual do tempo, estimulando experimentos que pudessem ajudar a revelar a estrutura densa de cruzamentos entre passado, presente e futuro que constitui cada instante do tempo, superficialmente vivido como linear, sucessivo e contínuo. Portanto, a disciplina não foi caracterizada como de "história contemporânea", ou mesmo do "tempo presente", mas como um corte transversal no tempo histórico que poderia apontar para múltiplas dimensões. Assim, os estudantes foram estimulados a construir estratégias e escalas distintas de cronologia e periodização, podendo ser um evento, um dia, um ano, uma década e a partir desse gesto formal de delimitação experimentar e (re)apresentar os fenômenos históricos. Um ganho que se tornou evidente logo nos primeiros exercícios foi o confrontar-

-se com o abismo de cada escala, quando mesmo um dia da história oferecia fontes e experiências inesgotáveis, impossíveis de serem totalizadas. Ainda assim, o historiador em formação precisava confrontar-se com a necessidade de representar e apresentar, tornar evidente em objetos limitados o infinito abismal da história.

O curso foi organizado em torno de alguns módulos, a saber, (1) entre utopias e distopias: viver com e sem ideologia; (2) futurismo e cinema; (3) expectativa e latência: a epidemia da Aids; (4) evento, acontecimento, clima e mudança estrutural: 1984-89; (5) música e clima histórico; (6) inflação, pacotes e manipulação do tempo; (7) simultaneidades, canais e ilhas: entre o surf e o punk; (8) a análise da historicidade como fusão de horizontes: os anos 1980 como parte do agora. Cada módulo procurava experimentar categorias de análise que pudessem apontar para distintas camadas da historicidade e outros fenômenos de agenciamento temporal.

A disciplina tinha como objetivo paralelo incentivar a autonomia e o protagonismo do estudante, e para isso foram sugeridos dois tipos de exercícios: (1) experimentos de imersão e prospecção. Em se tratando de um passado relativamente recente, como explorar as fontes de conhecimento e experiência dessas histórias? O estudante foi convidado a buscar, descobrir e construir acessos variados aos mundos da vida e refletir sobre os desafios cognitivos que esses caminhos apresentavam: a memória, a duração, as fontes audiovisuais, a internet com seus diversos recursos, a historiografia acadêmica, a documentação tradicional, fontes de "segunda ordem" como documentários e filmes, a imprensa, entre outras. E (2) experimentos de apresentação, ou seja, como traduzir e comunicar o conhecimento e as experiências adquiridas com os experimentos de imersão? Tradicionalmente, o historiador produz textos acadêmicos como artigos e livros, considerando os novos meios e formatos de comunicação, alguns produzidos e inventados ao longo dos anos 1980; como pensar e propor outras formas de apresentação do conhecimento histórico para um público diversificado: acadêmico, escolar, não especializado em geral? Da mesma forma, a narrativa, em especial em seu formato "realista-oitocentista", tem sido a forma quase exclusiva de apresentação da "história"; quais as alternativas? Quais seus limites? Ela pode ainda ter eficácia e força emancipadora?

A avaliação sugerida passava pela análise de um "diário de bordo" onde o estudante descreveria os experimentos de nível 1, e de uma "apresentação histórica", que a depender de sua natureza poderia ser executada e entregue ao longo ou ao final do curso. A apresentação deveria privilegiar a comunicação social da experiência histórica, seja em âmbito escolar ou extraescolar para um público não especializado. Cabe aqui ressaltar que a esmagadora maioria dos estudantes no curso de história da Ufop cursa licenciatura, embora a existência de um programa de pós-graduação consolidado e uma longa tradição de pesquisa exerçam um forte impacto nas vocações e expectativas dos estudantes.

Os livros listados na bibliografia de apoio diziam respeito sobretudo aos problemas teóricos e metodológicos que orientaram a disciplina. A bibliografia secundária deveria ser construída pelo próprio estudante, com apoio docente, à medida que fosse construindo seus experimentos. Ela mesma deveria ser encarada como um "problema", mais do que um "contexto natural" ou reflexo dos fenômenos abordados. Nas primeiras aulas os estudantes foram incentivados a "suspender" seus juízos acerca dos anos 1980 em busca de uma aproximação dos fenômenos. O primeiro exercício que fizemos foi refletir sobre o resultado de uma busca no Google de imagens com o termo "anos 80", que trouxe como resultado um mosaico homogêneo e estereotipado do que seria a cultura de massas retrospectivamente projetada pela indústria da nostalgia.

Figura 2
Resultado de busca no Google imagens pela expressão "anos 1980"

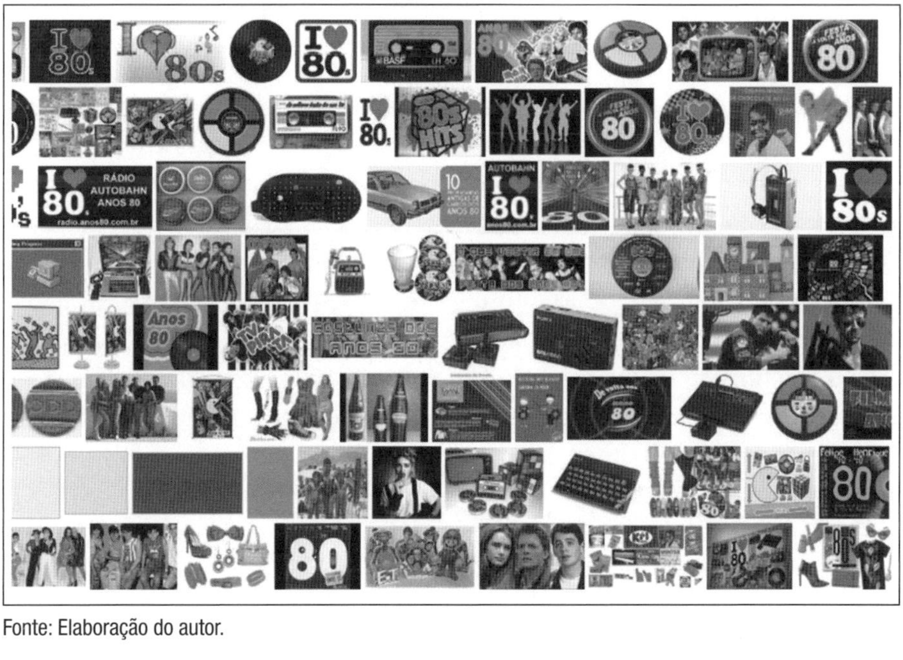

Fonte: Elaboração do autor.

O resultado da busca foi uma oportunidade para discutirmos as armadilhas e os limites das representações da história e começarmos a pensar em formas de evitar ou reforçar essa apreensão empobrecedora. Foi também um importante momento para refletirmos sobre os efeitos das sobreposições geracionais — afinal, qualquer experiência da história se dá sempre em um horizonte do presente habitado por pessoas com diferentes idades. Em sala de aula essa situação geralmente se extrema entre um docente, naturalmente mais velho, e uma turma, geralmente mais nova e de uma mesma geração. Nascido em 1971, a década de 1980 foi o da minha passagem de jovem a adulto, portanto, decisiva na construção de meu horizonte existencial, enquanto para a turma a década de 1980 poderia ser tão passado quanto a de 1880 ou 1780, eles simplesmente não existiam e qualquer experiência que poderiam ter desse "objeto" teria de ser indireta, ou não, já que representação, objetos e processos ainda os podia conectar com esse horizonte perdido. Por outro lado, para o professor, seria a década de 1980 mais real, mais totalizável, ou estaria ela também irremediavelmente perdida em sua ilusória unidade que a expressão "década de 1980" sugeria?

Uma das estratégias da disciplina mais bem-sucedida foi a criação de um blog na plataforma Blogger da Google, cujo resultado pode ainda ser encontrado, embora com uma nova leva de postagens produzidas na segunda oferta da disciplina no primeiro semestre de 2019.[2] Se hoje os blogs parecem um tanto obsoletos, em 2015 eram ainda a opção mais viável para um trabalho colaborativo e experimental em grupo. Após a criação, inseri cada estudante como colaborador-autor, de modo que pudessem postar contribuições individuais identificadas, mas que ao mesmo tempo fossem levados a reagir a uma produção que se apresentava de forma coletiva e relacional, já que cada postagem seria indexada por marcadores que funcionariam como uma das estratégias de leitura do blog, como pode ser visto na imagem seguinte que recupera o conjunto de postagens marcadas com o rótulo 1989. Mas o conteúdo, organizado de forma dinâmica, poderia assumir ainda diversas configurações a depender do modelo dinâmico e de outros níveis de indexação, como autoria e data de publicação.

[2] O blog pode ser ainda visitado no link: <http://osanos80s.blogspot.com/?view=timeslide>.

Figura 3
Blog a Década Perdida Reencontrada. Acesso em: 11 fev. 2020[3]

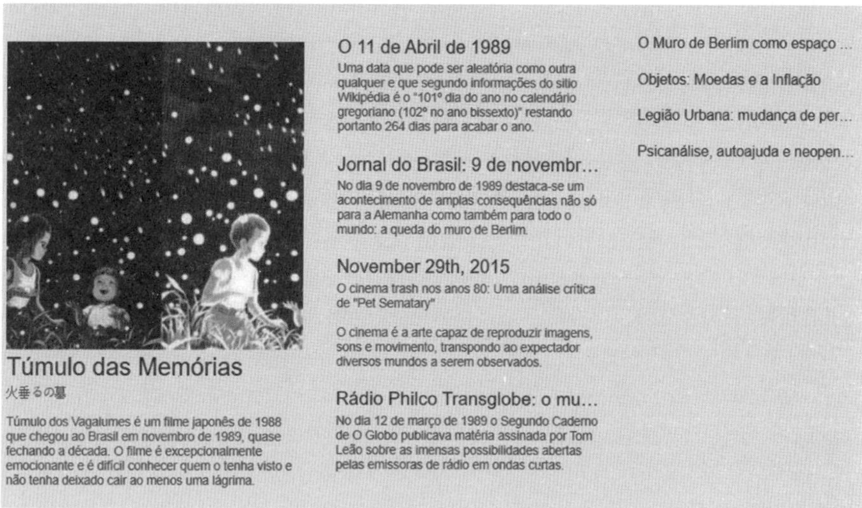

Fonte: Elaboração do autor.

Geralmente, cada postagem ficava em modo rascunho, sendo publicada apenas depois de um debate em sala e a revisão pelo professor. No site, em uma seção que intitulei "Modos de Usar", o blog está assim descrito: há vários modos de usar o material aqui disponibilizado, desde a leitura linear das postagens, a navegação por marcadores, por autor, por tema. A proposta é que o leitor tenha máxima liberdade em suas incursões. A plataforma Blogger oferece o recurso "visualizações dinâmicas" que permite que o conteúdo seja reorganizado a partir da escolha de outros "modelos" de exibição. Cada modelo oferece possibilidades de uso e experiência do conteúdo publicado. O usuário pode alterar os "modelos" predefinidos, produzindo diferentes formas de ler e visualizar o trabalho coletivo.

As postagens foram classificadas em diferentes tipos: (1) de imersão — que priorizaram o contato com material originalmente produzido nos anos 1980, podendo ou não estar acompanhadas de alguma interferência analítica. Uma primeira produção foi uma breve descrição da experiência do surfe a partir da revista *Fluir*, na qual o discente procurou apontar para os climas históricos evocados a partir de uma ênfase descritiva:

---

[3] Disponível em: <http://osanos80s.blogspot.com/search/label/1983>.

> Do amarelo gritante ao tímido azul-claro; vermelhos, brancos e rosas se misturam no caleidoscópio do movimento. O corpo se desloca no ar na realização da manobra, evidenciando a estabilidade recursiva das três quilhas (Simon Anderson), inventada em 1983. Equilíbrio e concentração são partes inerentes ao todo do surfe. Uma especificidade se destaca do conjunto: a projeção do surfista para além da onda. O recurso ao ar (aéreo) enfoca a tônica da música: a radicalidade. Terra, mar e ar é o subtitulo da revista *Fluir*, lançada em São Paulo, no mercado editorial em 1983. No quarto número da revista, surfe, skate e voo livre são condensados como temas centrais de sua capa, abrindo ao leitor todo um universo a ser explorado: a liberdade e o movimento. Das ondas tubulares do México à entrevista com Roberto Valério, sufista e grande empresário do surfe — Ciclone; passando pelo verão brasileiro e pela "New York Expo Cicle", além dos "points" do skate, na captação de suas imagens e manobras: a condensação do momento! A viagem, como possibilidade de intensidade, abre-se como horizonte a ser explorado.[4]

Com baixa intensidade analítica, a ênfase na descrição reforça a necessidade de tornar em um objeto textual circunscrito os resultados do encontro com eventos, vestígios e fenômenos do passado. Outra forma de experimento de postagem de imersão tomou a forma mais simples de recuperar objetos dos anos 1980, como na postagem em que são exibidos diferentes anúncios da marca Caloi de bibicletas, produzindo um efeito de estranhamento com um objeto que, embora do passado, permanece sem muitas mudanças no presente.[5]

Um resultado surpreendente foi apresentado por uma estudante que desenvolveu sua intervenção usando a estratégia da anamorfose de um dia, como pensada por Daniel Faria. Muitos outros estudantes escolheram esse caminho, com resultados sempre muito interessantes, quase sempre com o uso de fontes periódicas. Neste caso, a fonte destacada foi uma carta recebida pela mãe da aluna no dia 15 de julho de 1989.[6] O dia é desta forma apresentado ao leitor: "Sábado, 15 de julho de 1989, lua crescente, dia regido pelo signo de câncer. No jornal do dia 16, foto de sátelite tirada ao meio-dia do dia anterior.

---

[4] Disponível em: <http://osanos80s.blogspot.com/2015/11/aintensidade-o-momento-e-viagem--girando.html?view=mosaic>.

[5] Disponível em: <http://4.bp.blogspot.com/-ul01xlm4FAo/VlHqr9op0nI/AAAAAAAAABI/1SYpMDxvuWk/s1600/Caloi%2BAluminum.jpg>.

[6] Disponível em: <http://osanos80s.blogspot.com/2016/01/semente-no-escuro.html?view=flipcard>.

A previsão para o Brasil é de áreas de nebulosidade associadas a chuvas [...]". Em seguida, o tema é então introduzido:

> Em São Paulo a americana Trudy escreve para a amiga Maria Inez uma carta que, via correio, só chegaria alguns dias (quiçá semanas) depois a Belo Horizonte. Na carta, enviada junto com um presente, o livro "Woman who has sprouted wings: poems by contemporary latin american women poets", Trudy incentiva a amiga a continuar escrevendo poemas: "Para você vê que seus poemas merecem ser publicados como los de esas poetisas latino-americanas."

Em um espaço de duas postagens a autora recupera elemento das trajetórias de vida de sua mãe e da amiga Trudy no final da década de 1980. Se na primeira postagem a carta de Trudy é usada como acesso às expectativas e medos das duas jovens, entremeando trechos da carta com elementos dos jornais que circularam no dia em que fora escrita, na segunda postagem a autora convida sua mãe para ouvir música e falar sobre os anos 1980:

> Numa tarde desse janeiro chuvoso convidei minha mãe, que é a Maria Inês que recebeu a carta da Trudy (vide a outra postagem) e que viveu a década de 1980 para ler a carta, ouvir umas músicas e conversar comigo sobre como era sua vida, das memórias que tem, do que ela gostava e não gostava naqueles anos, da amiga Trudy, das músicas que costumava ouvir.[7]

O que se desenvolve é uma apresentação, ao mesmo tempo pessoal e universal, das relações entre mãe e filha, entre suas pessoas que, vivendo o mesmo tempo, não são simplesmente contemporâneas. Essa fusão de horizontes que começou entre as duas acabou por envolver toda a turma e, acredito, qualquer leitor aberto às experiências da história.

Muitas outras postagens trataram dos anos 1980 a partir de escalas e fenômenos que normalmente não receberiam destaque em uma pesquisa historiográfica corriqueira: a história do próprio instituto e as atas do movimento estudantil à época, as janelas históricas que passam a ideia de terem vindo da profundidade do tempo colonial, mas que estão gravadas com a data 1985, data da restauração do prédio, a placa que marca o fim do restauro assinada

---

[7] Disponível em: <http://osanos80s.blogspot.com/2015/12/entre-mercedes-sosa-e-barbarella.html?view=flipcard>.

pelo presidente-ditador Figueiredo e datada dos anos 1980. Muito rapidamente, e com os próprios recursos, os estudantes foram desentranhando as diversas camadas dos anos 1980 que ainda constituíam seu presente. Se ainda habitamos objetos produzidos nos anos 1980, não habitaríamos também seus climas e valores, ideias e cultura política? O quanto do universo autoritário do fim da ditadura que envolveu a criação do próprio instituto não permanecia à espreita, esperando uma oportunidade para despertar. Depois descobriríamos que essa imagem poderia ser uma metonímia da situação brasileira.

Algumas postagens recuperaram aspectos do cotidiano local, das cidades de Ouro Preto e Mariana; uma delas "descobriu" o videoclipe "Tempos modernos" produzido em 1982 pelo programa *Fantástico* da Rede Globo.[8] Na peça, o cantor faz uma viagem no tempo, cujo passado era encenado nas ruas de Ouro Preto e Mariana, e um futuro otimista era cantado em tom de fantasia: "Eu vejo um novo começo de era/ De gente fina, elegante e sincera/ Com habilidade /Pra dizer mais sim do que não, não, não." O futurismo como fantasia também apareceria em anúncios dos primeiros computadores pessoais; um conjunto deles foi assim introduzido pelo estudante:

> Você já existia em 1981? Os microcomputadores já existiam. No dia 11 de maio de 1981 anunciou-se um dos mais sugestivos microcomputadores portáteis da época, Osborne 1, digo o "PAI" dos notebooks. Anagrama IPA. O hardware, isto é, corpo ou parte física da máquina é similar às multifuncionais HP de nosso tempo. Para manuseá-lo bastava fechar o teclado e arrastá-lo para cima e para baixo. No centro vemos uma tela de 3 polegadas de raios catódicos (CRT). Imagine! Uma tela de notebook que cabe na palma de sua mão. Estranhamente, as duas gavetas, de cada lado, eram as unidades de disco flexível de 5½ polegadas, de faces simples que podiam armazenar em torno de 91 Kbytes cada um. Os seus conectores, de padrões há muito minguados: IEE 484 e RS-232C.[9]

Nas primeiras tentativas de intervenção, os estudantes tendiam a reproduzir todos os protocolos de um texto historiográfico tradicional, como se o blog pudesse ser transformado em uma espécie de revista acadêmica, como

[8] Disponível em: <http://osanos80s.blogspot.com/2016/01/o-otimismo-em-tempos-modernos-lulu.html?view=flipcard>.

[9] Disponível em: <http://osanos80s.blogspot.com/2015/12/osborne-1-ipa-dos-notebooks.html?view=flipcard>.

na postagem sobre Psicanálise, autoajuda e neopentecostalismo,[10] que apresenta uma espécie de pré-projeto de pesquisa, ou a intervenção intitulada "a resistência em envelhecer, a indústria da beleza e o culto ao corpo na década de 80". Essas primeiras incursões, e muitas outras, foram motivadas pelo convite feito a eles de que utilizassem as então recentes hemerotecas virtuais e repositórios de jornais como *Folha de S.Paulo* e *O Globo* para imergirem no dia a dia ali mostrado identificando estranhamentos em torno de fenômenos da historicidade. Foi apenas após algumas aulas, discutindo o que significava a suspensão provisória dos instintos crítico-analíticos e o recurso naturalizado à historiografia como contexto, que foi possível a abertura para outras estratégias de acesso a outros modos da historicidade, como os climas históricos, a aura dos objetos esteticamente construídos e as estratégias de descrição densa e produção de gestos dêiticos — ou seja, que intensificam mais do que explicam os fenômenos encontrados. Naturalmente, esse exercício de suspensão da crítica como rotina não significa abandoná-la, mas compreender seus efeitos e limites.

Outra modalidade de postagem envolvia a apresentação de depoimentos e elaborações. Material externo ligado ao blog que tivesse sido produzido sobre os anos 1980 em outros momentos. Nessa modalidade incluímos documentários, depoimentos e historiografia. Incentivamos o compartilhamento de instrumentos de pesquisa, postagens de ferramentas como bibliografias e outros materiais de aprofundamento. Por fim, postagens que denominamos "apresentações" analíticas em que o estudante era desafiado a intensificar determinado aspecto das historicidades dos anos 1980 que ainda poderíamos reconstruir.

Além das postagens no Blog, a própria turma decidiu-se pela produção de uma exposição presencial ao final da disciplina que pudesse levar para o público alguns dos resultados alcançados. Além de objetos que evocavam certos aspectos do cotidiano dos anos 1980, todos transformaram algumas de suas postagens em pôsteres, muitas vezes acrescentando neles códigos QRs que direcionavam para o blog ou para material audiovisual que pudesse ser executado ali mesmo no ambiente da exposição, que foi montada pelos corredores do próprio instituto. Também foi produzida uma *playlist* no Youtube com material que foi exibido durante o período da exposição. Os estudantes

[10] Disponível em: <http://osanos80s.blogspot.com/2015/11/normal-0-21-false-false-false-pt-br-x.html?view=flipcard>.

atuaram ainda como monitores, explicando ao público aspectos do que estava sendo exibido. A seguir, podemos ver os resultados das visitas ao blog e a algumas das postagens. Esse aspecto de uma avaliação que, mesmo criativa e experimental, é pensada como uma intervenção no mundo real motivou bastante os estudantes. Como vemos nos resultados, até hoje é uma porta de acesso possível aos anos 1980.

Figura 4
Página analítica do blogger

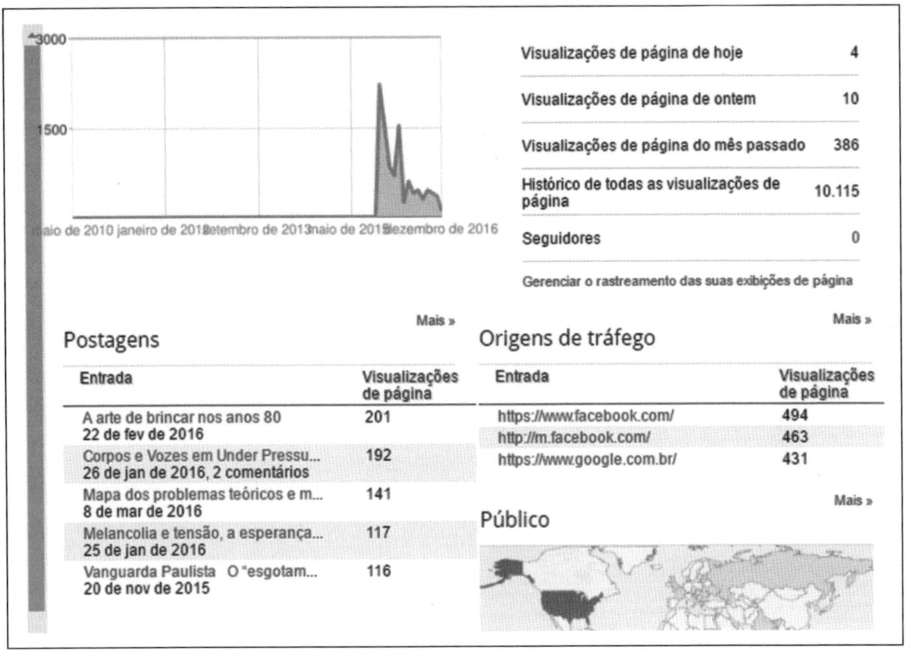

Fonte: Elaboração do autor.

Para finalizar esse breve e incompleto relato, gostaria de deixar alguns registros fotográficos da exposição, com destaque para a intervenção que os alunos produziram na placa comemorativa que, como citado, foi inaugurada pelo ditador João Figueiredo e que hoje ainda é uma presença fantasmagórica dos anos 1980 em nosso presente.

Figura 5
Um dos pôsteres com código QR usados na exposição

Fonte: Elaboração do autor.

Figura 6
Pôster sobre movimento punk e objetos

Fonte: Elaboração do autor.

Figura 7
Parte da intervenção sobre o movimento negro nos anos 1980

Fonte: Elaboração do autor.

Figura 8
Lema do movimento punk

Fonte: Elaboração do autor.

Figura 9
Intervenção na placa assinada pelo ditador Figueiredo

Fonte: Elaboração do autor.

Referências

ABREU, Marcelo; Rangel, Marcelo. Memória, cultura histórica e ensino de história no mundo contemporâneo. *História e Cultura*, v. 4, n. 2, 2015, p. 7-24.

ARAUJO, Valdei Lopes de. A aula como desafio à experiência da História. In: GONÇALVEZ, Marcia de Almeida et al. (Ed.). *Qual o valor da história hoje?* Rio de Janeiro: Editora da FGV, 2012, p. 66-77.

______. História da historiografia como analítica da historicidade. *História da Historiografia*, n. 12, 3 set. 2013, p. 34-44.

ARAUJO, Ricardo Benzaquen de. Ronda Noturna: narrativa, crítica e verdade em Capistrano de Abreu. *Estudos Históricos*, Rio de Janeiro, v. 1, 1988, p. 28-54.

BRACKETT, John. "Hand In glove" and the development of The Smiths' sound. *Dutch Journal of Music Theory*, v. 18, n. 2, 2013, p. 69-87.

BRITO, Tiago V. de. *O despertar da presença*: a tensão epistemológica na filosofia da história de Gumbrecht. Dissertação (mestrado) — Programa de Pós-Graduação em História, Universidade Federald do Espírito Santo, Vitória, 2014.

CARLOS, E.; RIBEIRO, Evandro Carlos Pinheiro. *Movimento punk* — a insustentável rebeldia do ser. Monografia (bacharelado) — Universidade Gama Filho, Rio de Janeiro, 2012.

FARIA, Daniel. Anamorfose de um dia: o tempo da história e o dia 11 de dezembro de 1972. *História Da Historiografia*, v. 17, 2015, p. 11-29.

GODDARD, Simon. *Mozipédia*: a enciclopédia de Morrisey e dos Smiths. São Paulo: Leya Brasil, 2013.

GUMBRECHT, Hans U. Perdido numa intensidade focada. *Aletria*, v. 15, 2007, p. 11-19.

______. Presencias de Mozart. *Historia y Grafía*, v. 27, 2006, p. 73-195.

______. *Produção de presença*: o que o sentido não consegue transmitir. Rio de Janeiro: Contraponto; PUC-Rio, 2010.

______. Uma rápida emergência do "clima de latência." *Topoi*, v. 11, n. 21, 2010, p. 303-317.

LYTHGOE, E. Disposición afectiva y temporalidad en Martin Heidegger entre 1927 y 1930. *Aurora*, v. 26, jul./dez. 2014, p. 759-775.

MCCABE, Hugh. *Punk rock politics and the aesthetics of participation*. Disponível em: www.acw.ie/2012/12/punk-rock-politics-and-the-aesthetics-of-participation/. Acesso em: 19 nov. 2015.

MCKAY, George. *I'm so bored with the USA*: the punk in cyberpunk. Londres: Routledge, 1999.

NUNN, Heather. *Thatcher, politics and fantasy*: the political culture of gender and nation. Londres: Lawrence & Wishart, 2002.

PEREIRA, Mateus Henrique de Faria. Nova Direita? Guerras de memória em tempos de Comissão da Verdade (2012-2014). *Varia Historia*, v. 31, n. 57, set./dez. 2015, p. 853-902.

______; ARAUJO, Valdei Lopes de. *Atualismo 1.0* — como a ideia de atualização mudou o século XXI. Mariana; Vitória: SBTHH; Milfontes, 2019.

POMPEU, D. Stimmungen Lesen, ler entre a forma e a substância. *Retrieved*, 30 set. 2014.

QUADRAT, Samantha Viz (Org.). *Não foi tempo perdido*: os anos 80 em debate. Rio de Janeiro: 7Letras, 2015.

RANGEL, Marcelo de M.; RODRIGUES, Thamara de O. História e modernidade em Hans Ulrich Gumbrecht. *Redescrições*, v. 4, n. 1, 2012, p. 63-71.

RATCLIFFE, Matthew. Why mood matters." In: WRATHALL, Mark A. (Ed.). *The Cambridge companion to Heidegger's being and time*. Cambridge: Cambridge University Press, 2013, p. 157-176.

REINALDIM, I. Arte e crítica de arte na década de 1980: vínculos possíveis entre o debate teórico internacional e os discursos críticos no Brasil. s.d.

SENRA, Alvaro de Oliveira. CNBB, democracia e participação popular (1977-1989). *Anos 90*, v. 24, n. 46, 2016, p. 97-120.

WILTON, Tori. *The correlation between punk subcultures and the social media phenomenon*. Dublin: Dublin Institute of Technology, 2014.

15

Autoria e formação como desafios para a historiografia e o ensino de história em tempos de crise democrática: contribuições de Ilmar Rohloff de Mattos e Manoel Luís Salgado Guimarães

Daniel Pinha Silva

> Mas professor, como é possível falar em "professor-autor" ou *bildung* no contexto da sala de aula de hoje? A gente vive um clima de censura à palavra do professor na escola, pais nos pressionando o tempo inteiro para não serem contrariados, isso sem contar o governo que nos considera inimigos da nação. Afinal, em que condições poderíamos falar em autoria e formação como *bildung* nos dias de hoje?

A pergunta em forma de provocação veio de um aluno do curso de Teoria da História da turma de 2019 do ProfHistória Uerj, numa aula que debatia os textos de Ilmar de Mattos (2006), "Mas não somente assim! Leitores, autores, aulas como texto e o ensino-aprendizagem de História", e de Manoel Salgado (2009), "Escrita da história e ensino da história: tensões e paradoxos". A questão proposta por este aluno expressou um objetivo central deste Programa de Pós-Graduação, voltado exclusivamente a mestrandos que estejam atuando em sala de aula como professores: ele mobilizou conceitos centrais dos autores em debate — no caso, autoria e *bildung* — pensando-os na práxis vivenciada em sua experiência profissional. O mestrando do ProfHistória é professor da rede pública e/ou privada e esta condição lhe permite complementar o consagrado caminho da universidade para a escola, pensando em outra perspectiva, isto é, a do conhecimento escolar que indaga a produção acadêmica. A reflexão sobre a história, em seus sentidos, formas e historicidade — objeto privilegiado pelos debates teóricos da história — ganha outro corpo quando vista da condição do aluno que lê a partir de sua vivência como professor, aquele que experimenta o desafio do ensino-aprendizagem da história na condição de professor — enfrentando agora, como mestrando, a condição de aluno.

A pergunta sobre as condições de vigência da autoria (como procedimento da aula, segundo Ilmar de Mattos) e da formação como *bildung* (sentido e meta do ensino, segundo Manoel Salgado) em uma aula de história inscrita nos dilemas político-pedagógicos do professor brasileiro contemporâneo acabou orientando a discussão da aula naquele dia. Como todo bom debate, ele não se encerrou ali, gerando desdobramentos em forma de novas perguntas: como e por que o debate da aula foi orientado naquela direção? Como o contexto político experimentado por aqueles alunos possibilitou a emergência de tantas leituras e indagações semelhantes? Em que medida este contexto limita, esgarça e demonstra a potência dos conceitos formulados por Mattos e Salgado? Mas, afinal, quais as condições de possibilidade da autoria e da formação em uma aula de história hoje?

Eis alguns dos desafios propostos na aula que o presente texto pretende enfrentar.

1. Contexto de enunciação da pergunta: experiência de crise e ensino de história

A pergunta do meu aluno e o debate na turma são reveladores do quanto o contexto de crise democrática tem mobilizado a atuação de professores no Brasil de hoje — me refiro aos anos de 2019 e 2020, momento em que a aula foi proferida e este texto está sendo redigido. Ensinar história hoje envolve uma série de desafios para além daqueles que sempre marcaram o trabalho do professor brasileiro, como a baixa remuneração, precariedade das condições físicas de trabalho e situações de estresse profissional; é ter de lidar com a experiência da crise democrática no tempo presente, tanto das instituições quanto dos valores democráticos. Uma crise que se manifesta das mais diversas formas, desde o questionamento do lugar do professor como especialista e academicamente preparado para falar do passado até a ameaça de demissão por posicionamentos ideológicos divergentes em relação aos pais de alunos e ao governo.

Observamos no contexto contemporâneo uma grande proliferação da história em diversos meios não acadêmicos, em especial pela internet e redes sociais, revelando, por um lado, o aumento do interesse pelo passado por parte da sociedade e maior publicização e visibilidade do conhecimento histórico. Por outro, esta proliferação, muitas vezes fora do controle e rigor dos especialistas, também possibilita a disseminação de *fake news* do presente e do passado, negacionismos e distorções em função de projetos políticos no presente. Como consequência, muitos professores têm lidado com um cotidiano de questionamento — por parte de pais, alunos e direção de escolas — do estatuto de verdade histórica produzida pela história disciplinar, tendo em vista uma requisição por neutralidade/imparcialidade na narrativa dos eventos passados. Ao mesmo tempo, há em curso no debate público contemporâneo — manifestado, inclusive, por produtos culturais como filmes, novelas e séries de TV — um processo de alargamento da discussão acerca da inclusão dos sujeitos ditos marginais ao paradigma do "homem universal" — branco, homem, europeu, ocidental —, isto é, da problematização sobre o lugar de negros, mulheres, indígenas, gays — entre outros — e, por conseguinte, da necessidade da disciplina história incorporá-los à sua reflexão.

A sensação de crise reverbera também, com efeito, um clima político de instabilidade democrática gerado desde o controverso processo de impeachment de Dilma Rousseff da Presidência da República em 2016. Trata-se de um processo iniciado com as Manifestações de Junho de 2013 — na tomada das ruas por movimentos difusos, inicialmente em defesa da redução da tarifa do transporte público urbano e do direito à cidade e, posteriormente, por pautas antissistêmicas que flertavam com tendências antidemocráticas em nome do combate à corrupção —, tendo como desdobramento o Golpe Parlamentar a Dilma em 2016 e a prisão política de Lula da Silva em 2018 — então, o principal líder de oposição ao governo vigente. Tal movimentação política não suspendeu o funcionamento pleno da ordem constitucional instituída em 1988, mas criou uma sensação permanente de crise institucional, como se a qualquer momento a exceção ao sistema democrático pudesse ser mobilizada — nos termos de Luis Felipe Miguel, "entre uma democracia que já não é e uma ditadura que ainda não pode ser" (Miguel, 2017:123).

A eleição de Jair Bolsonaro à Presidência, em outubro de 2018, acentuou ainda mais este clima. Bolsonaro se notabilizou em sua trajetória política no Parlamento pelo discurso negacionista em relação à Ditadura e o envolvimento em polêmicas por seus ataques a grupos minorizados, como gays, mulheres, negros. Candidato, atacou adversários em discursos, falando em extermínio às oposições. Já na Presidência, reivindica e autoriza comemorações nos quartéis militares do aniversário do Golpe de 64 e é leniente em relação a discursos favoráveis ao fechamento do sistema por meio de um novo Ato Institucional nº 5.[1] Ataca professores, acusando-os de doutrinação, inflamando discursos e ações de censura em sala de aula. Em abril de 2019, o ministro de Estado da Educação Abraham Weintraub chegou a afirmar que é direito do aluno filmar professores em sala de aula, contrariando prerrogativas constitucionais e princípios éticos do trabalho docente (Agostini, 2019).

Um dos sinais mais evidentes da crise, explicitando o crescimento de uma "onda conservadora" (Demier, 2016), é a difusão do Programa "Escola Sem Partido". Mesmo que não tenha logrado êxito na forma de uma lei capaz de revisar a Lei de Diretrizes e Bases da Educação nº 9.394/1996 e a Constituição Federal, no sentido de revisar as liberdades de cátedra e de expressão do professor, a retórica em torno do "Escola Sem Partido" — amplamente defendida pelo atual presidente da República — autoriza e estimula a prática da vigilância, censura e controle da voz do professor. Para Gaudêncio Frigotto, o "Escola Sem Partido" associa discurso ultraconservador, fundamentalismo religioso e lógica de mercado, sintetizando a lógica da educação como mercadoria e reprodutora das hierarquias sociais brasileiras (Frigotto, 2017:29). Segundo Fernando Penna, está em jogo uma concepção de educação ancorada na desqualificação do professor, em estratégias discursivas fascistas e na defesa do poder total dos pais sobre seus filhos (Penna, 2017:36). Trata-se, portanto, da afirmação de uma perspectiva de sociedade que assume como princípio o veto ao confronto de vozes em âmbito público — contrariando a liberdade de expressão, cara aos princípios da democracia liberal —, a negação da alteridade, em nome de um pensamento único que busca naturalizar hierarquias sociais e a estrutura histórica racista e patriarcal da sociedade brasileira.

O que está em jogo na crise brasileira não é apenas o reconhecimento da crise de um ponto de vista institucional, no que tange ao rompimento com o pacto constitucional e as regras do jogo, mas daquilo que podemos chamar cultura de valores democráticos — entre os quais, condições iguais de manifestação da diferença em âmbito público, resolução dialogada de conflitos sociais, garantia da pluralidade e dissonância de opiniões políticas e redução de assimetrias sociais e raciais (Levitsky, 2018). Henrique Gaio chama a aten-

---

[1] Em outubro de 2019, o deputado federal e filho do presidente, Eduardo Bolsonaro, declarou em entrevista que um novo AI 5 — suspensão plena das prerrogativas constitucionais, inclusive fechamento do Congresso — poderia ser novamente utilizado pelo governo brasileiro caso houvesse radicalização das esquerdas. Após a repercussão negativa, o presidente contemporizou o caso, afirmando se tratar de liberdade de expressão exercida por um parlamentar. Castro e Formenti (2019).

ção para a narrativa do medo e o sentimento político de nostalgia autoritária reivindicados pela narrativa antidemocrática brasileira gerada pela crise, disparadores de "passados distorcidos" e "futuros minguados", isto é, em busca de uma retomada do passado — de naturalização das hierarquias sociais e raciais — e a interdição de futuros a grupos socialmente excluídos que, ainda de maneira incipiente, conheciam algum tipo de abertura no cenário anterior à crise (Gaio, mimeo). Nas palavras do autor: "O projeto autoritário sempre latente promete o passado enquanto ruptura, enquanto os *setores progressistas investem na defesa da legalidade* e na universalização de direitos" (Gaio, mimeografado) — acrescento, via de regra, uma defesa antes restauradora do que alargadora das possibilidades democráticas.

O ensino escolar de história bem como as pesquisas e reflexões dele decorrentes são inteiramente permeáveis a essas condições políticas de enunciação, tendo em vista a natureza de seu objeto de estudo. A problematização acerca da história ensinada na escola traz em sua história e em seu âmago a compreensão de princípios ético-formativos orientadores de concepções de cidadania e democracia em disputa no espaço público. Em artigo recente, Circe Bittencourt destaca a centralidade da categoria "pedagogia do cidadão" nos currículos de história como instrumento formativo vocacionado para a ação e o exercício da democracia. São sintomáticas, neste sentido, a incorporação curricular recente das histórias da África e dos indígenas, por meio das Leis n$^{\underline{os}}$ 10.639/2003 e 11.645/2008, no sentido de ampliar os significados de "identidade" para além da lógica eurocêntrica (Bittencourt, 2018:142). Ao ressaltar as categorias temporalidade, identidade e diferença como chaves-mestras de leitura na pesquisa em ensino de história, Carmem Gabriel propõe não só uma articulação entre pedagogia e história, mas também entre presente e passado, isto é, levando em conta demandas sociais do tempo presente para pensar funções políticas atribuídas à história como disciplina, direcionando análises a perguntas tais como "Que perfil de cidadão a escola do início do século XXI pode e deve contribuir para formar? Que concepção de identidade a escola deve reforçar, estimular ou até mesmo combater?" (Gabriel, 2019:157).

Como veremos adiante, Ilmar de Mattos e Manoel Salgado seguem inteiramente essa tradição de leitura, demandando que o ensino de história esteja além do conhecimento organizado sobre o passado, mas à disposição de uma dimensão formativa capaz de orientar ações no presente. Por este motivo, o contexto político de enunciação que gerou a pergunta do meu aluno é tão decisivo, afinal, é o próprio sentido das reflexões em ensino de história que se coloca à disposição de pensar-se a partir de um contexto social mais amplo, para além da aula. A desconfiança do aluno — e da turma —, portanto, não é em relação à sofisticação argumentativa dos autores, mas resulta de uma compreensão cética acerca do presente que lê o texto, que é, ela mesma (a compreensão) sintomática da experiência da crise.

Publicados, respectivamente, em 2006 e 2009,[2] os textos de Ilmar de Mattos e Manoel Salgado percorrem caminhos distintos para chegar a um ponto convergente: a reivindicação de uma ética democrática ao ensino de história e da historiografia. Em busca de uma reflexão teórico-historiográfica sobre a história ensinada, sem, contudo, dissolver balizas entre a produção acadêmica e a escolar, nem hierarquizar lugares de produção do conhecimento, os autores se dispõem a produzir uma aproximação epistemológica entre historiografia e ensino de história — ambas amparadas por métodos, instrumentos e conceitos que conformam um olhar privilegiado aos especialistas do passado, professores e historiadores. A diferença central está na ênfase. Enquanto para Ilmar o foco está na figura do professor de história como autor, intelectual e narrador de histórias, Manoel chama a atenção para a inserção do ensino de história na agenda de debates dos estudos em teoria e história da historiografia, situando o problema do ensino em meio às outras formas de produção e meios de difusão do conhecimento histórico no interior da cultura histórica.

Se o sentido da aula está sempre além dela, isto é, está na vida, como as categorias "autoria" e "formação", nos termos propostos por Ilmar e Manoel, podem ser mobilizadas em um ambiente de crise? Eis a retomada da incômoda pergunta mobilizadora destas linhas, lida agora sob as lentes da conjuntura de crise que a gerou.

[2] A primeira versão do texto de Manoel Salgado foi apresentada oralmente no âmbito do Seminário Ensino da História: Memória e Historiografia, na Universidade Federal Fluminense entre 2 e 4 de junho de 2008, incluído na agenda de atividades do projeto "Culturas políticas e Usos do passado — Memória, historiografia e ensino de história". O evento originou o livro *A escrita da história escolar: memória e historiografia*, no qual Manoel Salgado publicou o capítulo de abertura. Oliveira (2013:130-143).

2. Professor-autor e aula como texto: condição criativa e abertura de futuro

Os trechos seguintes são extraídos de uma entrevista concedida por Ilmar de Mattos, em setembro de 2006.[3] Sobre como teria formulado os conceitos que mobilizam as hipóteses centrais de sua principal pesquisa historiográfica, defendida como tese de doutoramento em 1985, *O tempo Saquarema*, ele responde.

> Nossa geração queria mudar o mundo através do ensino. Conversávamos muito, de uma maneira até um pouco arrogante, sobre a necessidade de produzir materiais didáticos diferentes, novos, atualizados. E, buscando um pouco de coerência, foi o que tentei fazer logo que me formei. Então, a minha produção intelectual começa por aí. A reflexão acadêmica é fruto de você estar permanentemente dialogando na produção das suas aulas, tanto com os textos chamados clássicos quanto com o que está aparecendo de novo. E, como sempre, buscando dar respostas ao mundo em que se estava vivendo e depois respostas que a gente podia chamar, com alguma pretensão, de teóricas. [Mattos, 2019]

Comparando professores formados na mesma época que a sua e as novas gerações, ele afirma:

> Hoje, esses professores descobriram que eles produzem aulas. Você dá um programa para um professor, da escola média, da escola fundamental, e ele de imediato questiona aquilo, quer introduzir temas, maneiras diferentes de trabalhar. Isto é fruto dessa mudança na academia. [...]
> De modo geral, o professor pegava o texto, podia até ser o próprio texto didático, um texto canônico, e fazia a aula dele a partir dali. Quando eu digo que o professor produz, é que ele se assume como autor da sua aula e não apenas como um reprodutor de alguma coisa. O saber como construção. Quer dizer, o próprio livro didático deixou de ser uma coisa dada. Agora se sabe que aquilo é uma visão historiográfica determinada. Neste sentido, o professor fica à vontade para ter a dele, introduzir novos

[3] Originalmente, a entrevista foi publicada na edição impressa da *Revista de História* da Biblioteca Nacional de setembro de 2006. Atualmente, a entrevista está disponível na plataforma Entrevistas Brasil. Disponível em: <http://entrevistasbrasil.blogspot.com/2009/01/ilmar-rohloff-de-mattos--ensinar.html>. Acesso em: 15 out 2019.

> temas e reflexões. Tradução disso: nos cursos de especialização, o professor, geralmente, já não vai para se atualizar. Ele vai para aprender a produzir História no nível dele — que é o nível da sala de aula. Não vai sair dali para ser historiador no sentido estrito do termo. [Mattos, 2019]

No primeiro trecho, Ilmar de Mattos revela dois sentimentos (de certo modo complementares) compartilhados por sua geração: a formação em história estaria voltada para o ensino e, por meio dele, seria possível transformar o mundo. Além disso, a pesquisa acadêmica em história seria desdobramento de inquietações surgidas na experiência da aula. Ou seja, sua tese de doutoramento — hoje um clássico da historiografia brasileira, com mais de cinco edições desde a primeira edição em livro, em 1987 — foi pensada para responder questões mobilizadas na aula. Ilmar eleva, assim, a potência da aula como instrumento de produção do conhecimento histórico, espaço aberto ao novo trazido pelos alunos em confronto com as novidades da pesquisa historiográfica, espécie de laboratório vivo da história. No segundo extrato, dessa vez assumindo a voz de professor universitário atuante na formação de professores para o ensino escolar, Ilmar de Mattos refaz a condição intelectual do professor, dessa vez, destacando o manancial de pesquisas acadêmicas à disposição do especialista em história, diante de um contexto marcado pela expansão dos programas de pós-graduação e de meios de divulgação e mensuração das pesquisas. O professor, agora, *produzia* aulas — e não apenas *preparava* — assegurando à aula a condição de operação intelectual.

Em outra entrevista, desta vez concedida à professora Marieta da Moraes Ferreira[4] em junho de 2011, Ilmar de Mattos destaca a dupla inserção, na escola e na universidade, como traço distintivo da sua formação e seu modo de ver a história. Por meio deste trânsito entre os diferentes ambientes de produção

---

[4] A entrevista foi concedida no âmbito do projeto sobre a constituição da história como campo disciplinar no Rio de Janeiro a partir do desenvolvimento do curso universitário de história da Universidade do Distrito Federal, da Faculdade Nacional de Filosofia e do Instituto de Filosofia e Ciências Sociais da UFRJ. Ainda nesta entrevista, avaliando o papel das pós-graduações ele diz: "Naquele momento as teses eram muito diferentes das de hoje. A razão do surgimento das Faculdades de Filosofia era formar professores, porque ser professor é ir para lá. Eu não tenho muito elaborado como isso incide, hoje, na graduação, na formação dos professores, mas é uma coisa que me preocupa muito. Não preciso nem explicar o porquê. [...] Por que é difícil, hoje, discutir uma graduação com esse vínculo com a Escola? Porque se, durante muito tempo, era a Escola que ancorava uma reflexão para a graduação de História, hoje em dia quem ancora isso é a pós-graduação. A graduação está com os olhos na pós" (Ferreira, 2013:417).

do conhecimento historiográfico, o autor define uma identidade intelectual para si, forjando, ao mesmo tempo, as balizas que conformam aproximações e distanciamentos entre a pesquisa e o ensino da história. Sobre as motivações de sua decisão pela história, responde Ilmar de Mattos:

> Eu diria que a opção maior sempre foi a de ser professor. Foi assim que fui parar na Faculdade Nacional de Filosofia. [Ferreira, 2013:393]
> Dei aula desde os 12, 13 anos, mas era aula particular. Eu gostava muito de ensinar. Desde o primeiro ano [da faculdade] eu comecei a dar aula regularmente. [Ferreira, 2013:408]

Estes depoimentos nos ajudam a compreender o ponto central de "Mas não somente assim! Leitores, autores, aulas como texto e o ensino-aprendizagem de História" — que chamarei, de agora em diante, de "A aula como texto". Resultado de um repertório de leituras, mas, também, de uma prática docente acumulada, a aula é compreendida como um empreendimento intelectual de seu autor, o professor de história. O professor não é um mero reprodutor de teses acadêmicas, ajustadas a uma linguagem mais acessível aos alunos. O professor é um autor, pois cria a partir de um amplo repertório de referências, a começar pelo manancial historiográfico que o atualiza, mas não somente isto, a partir da experiência do diálogo, da cultura escolar e das histórias trazidas por seus alunos.

Neste sentido, ele dá um passo decisivo na direção da superação de um sentimento de inferioridade entre pesquisador e professor, como se o segundo fosse mero reprodutor do primeiro — um sentimento construído a partir de longa tradição de valorização da cultura escrita em detrimento da oralidade, fundamental, aliás, à afirmação de uma concepção moderna de história (Benzaquen, 1999). A trajetória acadêmica de Ilmar é atravessada por essa recusa e seu artigo soa como um chamado aos professores para que pensem seu ofício a partir de uma condição intelectual de horizontalidade em relação aos historiadores.

> Assim, recusamos uma exclusão, que não raro se desdobrava em um sentimento de inferioridade — os que ensinam história contam uma história, mas não fazem história — para afirmar que os professores de história fazem história por meio de uma aula — a Aula como texto. Um sentimento de desforra e uma heterodoxia que se expressam por meio de uma denominação — a Aula como texto — que a muitos

> poderá parecer pedante e desnecessária. Guarde-se, porém, que o que ela expressa, antes de mais nada, é a consciência de uma prática; a diferença que nos identifica. [Mattos, 2006:12]

Não são raros os relatos de alunos do ProfHistória que, no debate da aula, se reconhecem nesta prática descrita por Ilmar, como se as questões trazidas ali já fossem "velhas conhecidas" à espera de alguém capaz de emprestar a sua escrita e sistematizá-la. O texto convida este tipo especial de leitor — o professor — a refletir sobre essa prática, reconhecendo-se como autor a partir do que já acumulara em aulas anteriores e nas experiências futuras.

Da hipótese central sobre a condição autoral do professor, o argumento se desdobra em três.

O primeiro leva em consideração a condição narrativa como ponto de convergência entre a atuação de professores e historiadores: ambos contam histórias. "Professores e escritores de história contam uma história; ao texto escrito corresponde a aula. Ambos são autores; ambos fazem História" (Mattos, 2006:5). A aproximação da aula ao texto, neste sentido, é um primeiro ato de justaposição horizontal entre duas formas de contar. Isto não inibiria o caráter performático da aula, em tudo aquilo que envolve a voz e a interação com os alunos. Tal como em uma peça teatral, este texto é falado, expressão do gesto e do corpo, de um ator que, neste caso, é também autor. Se pelo ato de contar historiadores e professores de história se equivalem, a condição receptiva de um e de outro determina a diferença. Ou seja, são as diferentes experiências de leitura que os fazem caminhar para lugares distintos. Perseguem ambos, em seus ofícios, a velha máxima de Marc Bloch sobre "para que serve a história?", e Ilmar atribui ao professor a tarefa de leitor e tradutor da historiografia: *uma tradução que torce e transforma o texto*, admitindo uma dimensão criativa ao ato de ler e traduzir (Mattos, 2006:12). É a própria identidade intelectual de Ilmar que está em jogo, tal como delineada nas entrevistas anteriores: como autor de aulas, que elucidaram temas para uma pesquisa historiográfica que deram origem a uma tese, e como professor universitário, cuja função primordial é a formação de outros professores para a escola. É esta condição, em trânsito entre os saberes acadêmicos e escolares, que lhe possibilita a afirmação do professor como leitor da historiografia — manifestada em artigos, livros, teses e, também, os meios audiovisuais e outros que não contam com o suporte escrito — colocando grande peso na condição criativa que distingue este ato de leitura. Na autoria e na leitura, professores e historiadores se aproximam — assumindo o pacto de verdade e os critérios de validação teórico-metodológicos que distinguem o discurso da história — e se distinguem, a partir de percursos e formas distintas de narração e autoria.

Segundo ponto central: o professor é autor de uma obra sempre incompleta, à espera de seus leitores, no caso, os alunos. A aula é um espaço de encontro entre diferentes atos de leitura — atos e graus diferentes de leitura, guardando a voz de especialista atribuída ao professor — onde as vozes se dispõem em modo instantâneo, sem aguardar a impressão e a leitura individual que caracteriza o exercício da leitura do texto escrito. Uma leitura empreendida pelo professor a partir de sua vivência pessoal, prática docente acumulada e de seu arsenal historiográfico — nos termos de Ilmar, citando Machado de Assis, o professor "pode ir buscar a especiaria alheia, mas há de ser para temperá-la com o molho de sua fábrica" (Mattos, 2006:12), em encontro com a leitura empreendida pelo aluno, que traz para a aula suas memórias e saberes. Em ambos os casos, sublinha-se a capacidade criativa do leitor, daquele que é capaz de agir diante de uma obra incompleta. Como procedimento, a aula mobiliza conceitos e métodos caros à área de conhecimento que enuncia, isto é, a história; ao mesmo tempo, se vale da característica que a distingue, ou seja, o fato de que todos os seres humanos experienciam a história e podem contá-la, para se aproveitar das vivências dos alunos como matéria bruta a disposição da reflexão histórica.

E é justamente se aproveitando desta característica, de que todo sujeito vive histórias e é capaz de narrá-las, que Ilmar de Mattos constrói o terceiro movimento fundamental de seu artigo.

> Sublinhando o valor do ato de diferentes leituras para a autoria daquela Aula, sublinha-se também a importância de um Texto diferente na formação de novos leitores, aos quais é oferecida, em circunstâncias e situações diversas, *a possibilidade de se tornarem autores de novas identidades, construtores da cidadania e de ressignificar a memória.* [Mattos, 2006:5, grifo meu]

O encontro possibilitado pela aula produz uma transformação que aponta para além da aquisição do conhecimento histórico adquirido ali; aponta para a vida. "Nossa geração queria mudar o mundo através do ensino", dizia Ilmar no trecho da entrevista destacado anteriormente, e tal propósito parece não ter sido inteiramente dispensado, na medida em que o sentido da aula se direciona para a ressignificação das memórias, construção de novas identidades e da cidadania.

Neste ponto, a orientação para uma ética democrática converge com tendências historiográficas modernas que apontam para a necessidade de ampliar a abrangência de temas, objetos e sujeitos tratados pela história, mudanças que reivindicam a presença de novos protagonistas na cena narrada.

> As novas experiências que caracterizavam a modernidade tardia, e que desde então não cessaram de se ampliar e aprofundar, também marcavam fortemente outros historiadores, em que pesem as diferenças entre os mesmos. Ao fim e ao cabo, era a própria oficina da história que se transformava. Experiências que, além de incidirem sobre a própria explicação erudita da história, também se manifestam de modo agudo nas experiências vividas por homens e mulheres em todos os quadrantes. De modo cada vez mais acelerado, deslocam-se os modelos europeus de cultura; os Estados Unidos tornam-se o centro de produção e circulação global de cultura; e a descolonização do Terceiro Mundo faz emergir as sensibilidades descolonizadas. Sob o impacto da globalização e da compressão das dimensões espaço-temporais, os três grandes pilares da identidade e da cultura nacionais — as grandes narrativas da história, da língua e da literatura — são cada vez mais postos em questão. Produzem-se novas identidades, ao mesmo tempo em que novos sujeitos emergem no cenário político e cultural. *A abertura para a diferença e o progressivo deslocamento em direção às margens revelam novos atores e autores.*
>
> Neste mesmo movimento, alguém mais ganha dimensão: o leitor. Desde então, ele não mais se recusa a atribuir sentido aos textos que lhe são oferecidos para leitura, subvertendo mesmo a própria etimologia ao questionar a autoridade do autor. Somente naquele que lê o texto parece se completar plenamente; e um autor em particular já não mais detém o monopólio do texto que produzira, no qual prognosticava o futuro: o historiador. Qualquer que seja o suporte, qualquer que seja a referência dos textos que lhe são oferecidos, é ao leitor que parece caber o papel privilegiado, porque a leitura é sempre apropriação, invenção e produção de significados. *E, mais do que nunca, o leitor se mostra capaz de transitar entre o mundo da leitura e a leitura do mundo.* [Mattos, 2006:10, grifos meus]

O aluno como leitor ocupa não só um lugar de sujeito que traz para o encontro da aula o acúmulo de sua trajetória individual definidora de uma identidade, mas coloca esta identidade em risco, em confronto com aquilo que irá encontrar de novo no conhecimento histórico. O "mundo da leitura" — capaz de tematizar a abertura para a diferença e o deslocamento em direção às margens, revelando novos atores e autores, nos termos de Ilmar de

Mattos — confronta a identidade trazida pelo aluno antes da aula e se dispõe a desestabilizá-la, ou até mesmo transformá-la, despontando ("transitando") para uma nova "leitura do mundo".

Somente uma perspectiva calcada na valorização da cultura democrática é capaz de projetar e realizar essa aula. Em primeiro lugar, porque Ilmar de Mattos parte do pressuposto de que o ambiente da aula é atravessado por uma dissonância de vozes em debate — nas palavras do autor "como diferentes também são as indagações que nossos alunos fazem, prenhes de outras tantas inquietações" (Mattos, 2006:14) — em um ambiente escolar marcado pela pluralidade — "a Escola já não pode pretender reproduzir uma homogeneidade" (Mattos, 2006:14). Por fim, o elogio da diferença, tão caro a uma cultura democrática, fundamental ao modelo de cidadania proposto ali: "A aula como texto ou o texto de nossa aula propicia que cada um dos alunos valorize as diferenças, constitua identidades, crie memórias e exercite a cidadania" (Mattos, 2006:15). A experiência democrática se torna, portanto, a única capaz de comportar a evidenciação e o confronto com a diferença na arena pública, sem que essa diferença implique hierarquizações.

Esta conclusão nos faz pensar no quanto o horizonte político a partir do qual Ilmar de Mattos enunciou seu texto possibilitou essa abertura, essa potencialidade para a aula e para a própria história. Era um contexto de estabilização democrática na vida política — ao menos uma sensação compartilhada de estabilização — que possibilitava demandar da aula de história esse tipo de potência de formação. A sombra da censura, do obscurantismo, da mordaça, do veto ao debate, nada disso parecia forte e disponível ao debate político da época, a ponto de produzir um incômodo intelectual a Ilmar. Dificilmente um aluno-professor naquele cenário mobilizaria a pergunta sobre "como ser autor neste contexto?".

Na perspectiva de Ilmar de Mattos, enquanto conta apenas com a reflexão do professor, a aula é inacabada, tornando-se aula no encontro, na relação com os alunos; mas e se o aluno assumir o papel policialesco de vigilância, entendendo a figura do professor como doutrinador, tal como propõe a lógica do movimento "Escola Sem Partido"? Se o horizonte de formação da aula aponta para o que está além dela, isto é, o exercício de uma cidadania calcada em valores democráticos, como perseguir este objeto em meio à experiência da crise que contamina todo um ambiente público? Mas, afinal, como pensar em uma aula como texto nestes moldes, em um contexto mais amplo de esgarçamento no presente e fechamento do horizonte democrático no futuro, como é o nosso?

Reconfigurada após as linhas deste ensaio, a pergunta feita por meu aluno volta a martelar, insistentemente, minha reflexão. E no próprio potencial aberto pela leitura do artigo de Ilmar, um esboço de resposta começa a ser traçado: não, nenhum contexto obscurantista será capaz de anular a autoria e a capacidade de um professor em disparar novos futuros.

3. *Bildung* e formação no horizonte historiográfico e para além dele

> Comecei fazendo comunicação e história — a primeira na PUC, e a segunda na UFF, onde fui muito influenciado pelo professor Ilmar Rohloff de Mattos. Depois de um ano fazendo as duas, me decidi definitivamente por História. E quem — eu sempre brinco com ele — me inoculou esses vírus foi o Ilmar, em um curso de historiografia brasileira. Eu nunca me esqueço do primeiro texto que ele nos deu para ler. [...] O texto era do Michel de Certeau. [...] A questão da historiografia nasceu ali pra mim. Como pensar a teoria, não de um ponto de vista de uma camisa de força, não como uma mera caixinha de ferramentas, mas como sendo historicidade, outra coisa completamente diferente. [Salgado, 2019]

A entrevista que gerou o trecho anterior, publicada em janeiro de 2010,[5] nos dá indícios de que havia uma ambiência e uma afinidade intelectual em comum entre Ilmar de Mattos e Manoel Salgado. Mais do que isso: Manoel distingue na figura de Ilmar a imagem do professor, que não apenas lhe influenciara em sua escolha pela história, mas cujas lições motivavam questões capazes de atravessar toda a trajetória acadêmica dele. O interesse pelo campo da teoria e historiografia teria surgido a partir da leitura de Michel de Certeau — mediada pela aula do professor Ilmar —, capaz de trazer uma reflexão teórica sobre a história não como um emaranhado de escolas e correntes de pensamento, mas em sua historicidade, isto é, nas formas e tensões entre passado-presente-futuro geradoras do texto historiográfico. Analisando a condição de Manoel Salgado como professor-autor de aulas, Rodrigo Perez Oliveira identifica Michel de Certeau como um interlocutor constante de Sal-

[5] Originalmente a entrevista foi publicada na edição impressa da *Revista de História* da Biblioteca Nacional de janeiro de 2010. Atualmente a entrevista está disponível na plataforma Entrevistas Brasil. Disponível em: <http://entrevistasbrasil.blogspot.com/2010/01/manoel-salgado-guimaraes--historia-numa.html>. Acesso em: 15 out. 2019.

gado, "propositor de uma agenda ética, na qual o conhecimento histórico era, sobretudo, um esforço de escuta, de elogio da alteridade" (Perez, 2019:206). Por meio dos estudos historiográficos, seria possível desnaturalizar/produzir estranhamento das formas pelas quais a história é escrita, desvendando o não dito — categoria cara a Certeau —, as motivações e objetivos subjacentes — inclusive sentidos políticos — que "prefiguram a formulação dos objetos e os exercícios de pesquisa e da escrita" (Perez, 2019:230).

Ainda na mesma entrevista, perguntado sobre a separação entre ensino escolar e produção historiográfica, é dessa maneira que Salgado responde:

> Existe sim. Nós temos uma tradição universitária, em que vulgarizar é perder qualidade. O professor de história não é assim tão importante. No fundo, o que fica para os alunos, é que ser professor é menos digno do que ser pesquisador. Ora, se a gente continuar formando profissionais desse padrão, como é que a gente pode querer ter um professor digno dentro de sala de aula, que acredite em seu trabalho? [Salgado, 2019]

Enfrentar o ensino de história como problema central para a historiografia significaria, inicialmente, o reconhecimento de uma condição de horizontalidade entre professores e historiadores, entre a história escrita e a ensinada. Ainda que não atuasse como pesquisador-especialista em cadeiras universitárias dedicadas ao ensino de história como área de pesquisa e investigação, Manoel se reconhece como professor atuante na formação de professores, o que por si só traria o compromisso em valorizar o trabalho docente na escola, em meio a um desprestígio social generalizado — inclusive, no ambiente acadêmico. Manoel lida com a história ensinada como algo que deve despertar interesse comum a todos que atuam na área de história, componente fundamental a todos que operam profissionalmente com o passado. Neste sentido, ele traz para as análises sobre o ensino uma abordagem teórica e ética que orienta suas investigações na teoria da história e história da historiografia. Nos termos de Gessica Guimarães: em Manoel Salgado, há a "afirmação da abordagem teórica como uma chave de leitura do passado, em outras palavras, na acepção da teoria da história e história da historiografia não apenas como campos autônomos da pesquisa histórica, mas como exigência mesma do trabalho de todo historiador" (Guimarães, 2019:176).

Pensar a historiografia em sua historicidade, para além de uma "mera caixinha de ferramentas", significava, para Manoel Salgado, investir numa compreensão ampliada das múltiplas formas e meios de difusão da história postos em circulação na sociedade, portanto, a sua cultura histórica — categoria fundamental ao autor[6] —, incluindo aí o discurso erudito produzido por especialistas preocupados em delimitar a história como uma área de conhecimento. Sobre esta perspectiva alargada da historiografia, Durval Albuquerque enfatiza na obra de Salgado o acento a historicidade das formas, das regras, das instituições — dos lugares sociais, nos termos de Certeau —, dos contextos de recepção de suas obras, estratégias políticas e narrativas que lhes sustentavam, "questionando como foram fabricados, que operações e situações os tornaram possíveis" (Albuquerque, 2013:147); percebido dessa forma, o texto historiográfico é o evento a ser investigado em todas as matizes.

Em "Escrita da história e ensino da história: tensões e paradoxos" — chamado, a partir de agora, de "Tensões e paradoxos" —, essa perspectiva ampliada dos estudos em teoria e história da historiografia se estende à reflexão sobre o ensino de história, em sua relação não apenas com a historiografia acadêmica produzida na universidade, mas na interface com a cultura histórica que a gerou. Manoel Salgado considera que o avanço nos programas de pós-graduação em história e o consequente crescimento da produção acadêmica na área geraram a necessidade de ampliação das formas e meios de divulgação do conhecimento historiográfico produzido — bem como das reflexões sobre os sentidos e impactos sociais dessa produção. A história ensinada em ambiente escolar seria um dos instrumentos mais potentes dessa difusão. Mais do que isso. O estímulo ao diálogo entre os dois lugares sociais de produção — escola e universidade — provocaria historiadores acadêmicos a questionar-se sobre o estatuto da história, tendo em vista um processo mais amplo de formação pedagógica da sociedade (Salgado, 2009:36). Daí a necessidade de conhecer as condições históricas que possibilitaram a história como matéria ensinável e objeto de uma pedagogia escolar — "matéria efetivamente organizada sob um sistema que prevê seu ensinamento, sua transmissão" (Salgado, 2009:36) — conformadora de uma dimensão particular de uso do passado, um uso pedagógico que carrega implicações políticas. Em suma, em "Tensões e paradoxos" o ensino é incorporado como parte das reflexões teóricas da história, tendo em vista sua historicidade e as formas pelas quais a história ensinada dialoga com outras formas de circulação do conhecimento histórico (Salgado, 2009:39).

---

[6] Sobre a categoria "cultura histórica" na obra de Manoel Salgado, ver Caldeira e Marcelino (2019).

Aproximando historiografia e ensino de história em um mesmo processo de *produção* do conhecimento histórico, o passo seguinte do argumento de Manoel Salgado se direcionava para a *difusão*, e esta não poderia ser tratada como mero desdobramento das pesquisas, mas traria à tona dois problemas fundamentais: a forma pela qual a história é transmitida e os públicos para os quais ela se dirige. Salgado traz para sua reflexão sobre o ensino duas das principais preocupações que atravessam sua obra, sobre as formas e os públicos da história.

Era fundamental situar o ensino de história em uma problemática das formas: "Pensar o ensino de história como um dos usos possíveis que foram formulados para aqueles que se ocuparam de escrever sobre o passado articula-se a um tempo e às formas próprias desse tempo conceber a escrita da história" (Salgado, 2009:38). Isso traria ao centro do debate a dimensão retórica que compõe a atividade historiadora, retomando, com isso, questão cara que atravessa as preocupações de historiadores desde a Antiguidade, acerca das melhores formas de contar a história — não como mero adorno, mas como componente essencial da configuração do texto historiográfico, aquela que investe nas formas de persuasão pela palavra e na construção lógico-formal dos argumentos (Salgado, 2009:41). Rodrigo Turin destaca a esse respeito que "as pesquisas acerca da história da disciplina e das culturas históricas são acompanhadas por uma crescente problematização da forma através da qual aquelas pesquisas se realizavam e se expressavam", e isto significa "complexificar os instrumentos de investigação sobre aqueles vínculos, assim como a fraturar a linearidade narrativa de sua representação" (Turin, 2013:80) além de "reinserir em suas análises a indeterminação dos diferentes futuros que orientavam aquelas experiências do passado" (Turin, 2013:80).

Sobre a relação entre a centralidade do público para a escrita da história e a história ensinada, afirma Manoel Salgado em "Tensões e paradoxos":

> Isso porque a apresentação desses resultados não é mera decorrência da pesquisa realizada, mas obrigatoriamente deve considerar o público-alvo para o qual os resultados da pesquisa se direcionam. Esse ator deve ser parte ativa nas considerações acerca do uso específico do passado através de uma pedagogia escolar. Nesse sentido, o público-alvo, parece claro, não está constituído apenas pelos pares da academia, mas também pelos diferentes públicos que demandam narrativas do passado, entre eles os alunos que devem aprender história nas escolas. [Salgado, 2009:40]

Historiografia acadêmica e ensino de história articulam-se, assim, em função das demandas dos distintos públicos que as consomem. Trata-se de ponto seminal na concepção teórico-historiográfica de Salgado, como sugere Gessica Guimarães: para ele, o desafio fundamental da historiografia contemporânea "não era apenas desbravar arquivos, ou sofisticar nossas teorias, mas, sobretudo, ampliar nossa capacidade de interlocução" (Guimarães, 2019:174). A indagação sobre os públicos se direciona, assim, a toda comunidade de leitores da história, presente nas universidades, nas escolas e para além delas: afinal, como as diferentes formas de difusão da história se constroem em função das demandas do público que as consomem?

E o que distingue o interesse do público contemporâneo pela história, segundo Manoel Salgado, é um movimento duplo, que combina uma forma presentista de experimentação do tempo com uma inflação memorialística.[7] A febre de preservação dos bens materiais, respeito pela memória e pelas lembranças (Salgado, 2009:42), próprios da sociedade contemporânea, demandariam um esforço crítico redobrado por parte dos professores, o que significa não tratar de maneira indistinta memória e história, tampouco desprezá-la, mas em construir um modo de lidar com a memória como problema para a história. Está em jogo, portanto, a reflexão sobre o "papel do ensino de história em meio a essa cultura da memória que, se por um lado é particularmente importante para o trabalho do historiador, por outro não deve ser confundida com o próprio exercício da crítica histórica" (Salgado, 2009:45). Trata-se de um momento particularmente importante para elevar a memória como problema para o ensino de história, valendo-se do olhar e método crítico oferecidos pela abordagem teórico-historiográfica da história — isto é, questionando sobre as formas, os meios de difusão, os projetos políticos subjacentes e a historicidade da condição memorialística em análise.

> Entender como certos procedimentos de ritualização memorialística estão embutidos num corpo de ensinamentos reificados a partir de conteúdos solidamente estabelecidos,

---

[7] A interlocução mais imediata de Salgado aqui é com Hartog. O presentismo seria sintoma de uma época marcada por um presente hipertrofiado e, ao mesmo tempo, de uma inflação memorialística geradas pelas necessidades da sociedade de consumo, de aceleração do tempo imposta pelos meios de comunicação de massa, pela internet, em suma, pela efemeridade e superficialidade das relações sociais. Nos termos de Hartog "O presente tornou-se o horizonte. Sem futuro e sem passado, ele produz diariamente o passado e o futuro de que sempre precisa, um dia após o outro, e valoriza o imediato" (Hartog, 2014:148).

> mas pouco interrogados em sua historicidade, aproxima-nos dos procedimentos de uma historiografia como campo de investigação e interrogação acerca dos fundamentos do nosso ofício. Podem e devem contribuir para diminuir os espaços de silêncio e desconfiança mútua entre escola e universidade. [Salgado, 2009:39]

O que parece mais decisivo no argumento de Manoel Salgado, no entanto, surge na parte final do texto, ponto que amarra toda a sua abordagem historiográfica acerca do ensino de história: mas, afinal, qual o lugar da história ensinada na formação cultural dos sujeitos para a vida? Aqui ele nos revela um sentido para a história, que a prescinde e ultrapassa, quando afirma o papel da história na formação mais ampla do sujeito no mundo, em sua *bildung* — conceito empregado inicialmente no contexto prussiano oitocentista, cujos sentidos remetiam às ideias de modelar, dar forma e expressividade (Salgado, 2009:46). Inicialmente, ele historiciza a construção deste conceito, associando-o à formação alemã de quadros políticos, tendo em vista as exigências da cidade moderna, para chegar à questão acerca do lugar da história neste tipo de formação. Nas palavras de Salgado, "a história como disciplina nos quadros da *bildung*, de uma paideia humanista moderna, não pode ser vista de forma diferenciada do trabalho de transmissão, educação e ensino, entendidos menos em sua dimensão prática e instrumentalizada e mais em sua dimensão formativa" (Salgado, 2009:47). Tal como na *paideia* grega, a incluir uma diversidade de temas de interesse para a formação pública do homem na cidade, a noção de *bildung* sugere uma formação ampla a partir de valores culturais comuns, capazes de ratificar/cultivar continuamente nossa própria humanidade. Nos termos de Gessica Guimarães, tal cultivo levaria o autor a compreender o "ensino de história como um direito, como uma necessidade, como uma possibilidade de enfrentar os desafios do nosso mundo" (Guimarães, 2019:176).

O principal desafio para a escrita e o ensino da história no mundo contemporâneo é, portanto, de natureza ético-política. A história como conhecimento histórico produzido por especialistas, seja o historiador ou o professor, teria um lugar fundamental na formação cultural mais ampla do sujeito no mundo, no cultivo de sua humanidade. Em "Tensões e paradoxos" esse cultivo significa, sobretudo, o reforço de uma ética da alteridade que diga respeito à construção de formas de vida em público, assentadas, ao mesmo tempo, em formas de individuação e socialização. Em outras palavras, uma formação que se constitua na relação com o outro.

> Considerar a *bildung* implica necessariamente compreendê-la como um processo de socialização e individuação. Diz respeito, portanto aos processos de construção de formas de vida coletiva, assim como de individualidades em relação ao mundo. Significa, pois, um conjunto de competências de interpretação do mundo e também de si mesmo que visam aspectos da práxis, do saber e da subjetividade, reforçando seu caráter abrangente e não unilateral de formação especializada. [Guimarães, 2019:49]

Nesta mesma linha argumentativa, Manoel Salgado respondia sobre "o lugar da História na sociedade hoje", ainda na entrevista mencionada:

> Eu não acredito que a finalidade da História seja tirar boas lições para sabermos como nos portar. Não é isso. Mas sei que não conseguiríamos viver sem o seu estudo. Acho que nós temos um papel muito importante: discutir a relação entre História e ética no nosso mundo contemporâneo. Precisamos estabelecer a possibilidade de contato com horizontes muito amplos, com "o outro", enfim. E eu acho que a discussão da ética é central na nossa sociedade.
>
> A ética como condição de repensarmos o que nós queremos deste mundo. Lembro do trabalho de um filósofo alemão, que conheci faz pouco tempo, chamado Hans Jonas. Em *O princípio da responsabilidade*, ele chama exatamente atenção para isso. O que é que nós estamos produzindo como mundo? Nós estamos inviabilizando a condição de outros viverem nesse mundo, ou seja, de outros terem história. Esse é um alerta fundamental para nós, historiadores. [Salgado, 2019]

Em "Tensões e paradoxos", está em jogo a reflexão sobre o lugar da história como disciplina — escrita e ensinada, insisto — na afirmação deste princípio de responsabilidade comum, formado a partir da subjetividade e na relação com o outro. Tal posição se colocaria em confronto mais imediato com modelos tecnicistas, fragmentados e unilaterais de educação que, vistos de maneira acrítica, provocariam apatia e processos de *dessubjetivação.*

Estamos falando de um protocolo ético assumido no presente, o que significa dizer, sem possibilidade de transferência de responsabilidade para o futuro. Manoel Salgado recusa uma perspectiva de história calcada na suspensão ou sacrifício do presente em nome da concretização de um ideal no futuro, visão que orientou muitas concepções de história calcadas numa teleologia a guiar ações e justificar atrocidades e violência no presente — elas também capazes de provocar processos de *dessubjetivação* e apatia. Ao mesmo tempo que afirma a formação como direção e necessidade da história, Manoel nos revela uma profunda desconfiança em relação ao futuro, e na possibilidade de ele ser capaz de anular a barbárie que pode acometer sujeitos e sociedades. Esta perspectiva se apresenta na abertura e na conclusão do argumento. Na abertura:

> Tal discussão me parece significativa em nossa contemporaneidade, não apenas para nós como profissionais especializados em construir narrativas sobre o passado, mas, sobretudo, como cidadãos para os quais pensar e escrever acerca do passado implica discutir as demandas por orientação implícitas nessa tarefa de reflexão sistemática e crítica acerca do passado. Implica, portanto, assumirmos nossas responsabilidades diante do presente, abrindo mão do papel de profetas de um futuro que, como bem nos adverte Octavio Paz, não pode estar contido em nenhum livro de história, posto que ele, o futuro, é um segredo! [Salgado, 2009:36]

Na conclusão:

> Por outro lado, igualmente atemorizados por uma barbárie cada vez mais presente e possível em nossos cotidianos, repensar a história e seu ensino, nesses termos, pode nos ajudar a refazer a nossa humanidade esgarçada, tornando o passado não o lugar seguro para as respostas que nos angustiam, mas a fonte [...] para nossa ação no mundo. E com isso talvez contribuir para que assumamos nossas responsabilidades, não para com o futuro, que é segredo, mas para com o presente, que é a vida que temos a partilhar com outros homens para sermos, como eles, humanos. [Salgado, 2009:50]

Ainda que profundamente cético em relação ao futuro — sempre impreciso e instável — desprovido de potencial redentor da "humanidade esgarçada", a análise de Manoel Salgado não traz em seu bojo a experiência da *dissolução democrática* no presente e uma expectativa de *progressivo fechamento democrático* no futuro. Tal como no texto de Ilmar de Mattos, a presença da censura e do obscurantismo não assombrava a reflexão ética de Salgado. Sentido inteiramente contrário ao manifestado pelo meu aluno em sua pergunta, em 2019: aqui o presente democrático aparece em dissolução e o futuro em vias de fechamento. É como se o novo contexto provocasse uma nova camada de leitura, capaz de atravessar todo o debate ético e político despertado a partir destes textos.

Afinal, de qual barbárie estaríamos falando agora, cerca de 10 anos depois? Quais os sentidos da formação como *bildung* estariam disponíveis aos professores de história em contexto de crise, se eles estiverem orientados por princípios de responsabilidade democrática diante do outro e na edificação de formas de vida coletiva?

4. Considerações finais

Qual o lugar ético-político da historiografia e do ensino de história em um ambiente de crise democrática? Esta pergunta não foi o ponto de partida daquela aula, mas se tornou o ponto de chegada. E foi ela que me trouxe até aqui.

Este texto é também uma forma de reconhecimento da aula em seu potencial profundamente transformador da figura do professor. Aquele que prepara, produz, transmite, ensina, em suma, aquele que é autor e formador — espero que essas palavras sejam lidas com a elasticidade semântica possibilitada pelas lições em forma de texto dos professores Ilmar de Mattos e Manoel Salgado —, ou seja, o professor, é também leitor e (continuamente) formado pelo espaço de troca e escuta da aula, capaz de gerar desconserto, incômodo e, por que não, uma reflexão e sistematização em forma de texto, como esta que se apresenta aqui. A aula provoca, sim, no professor/pesquisador a abertura e o *trânsito entre o mundo da leitura e a leitura do mundo.*

Desdobramento da aula e em interlocução direta com ela, este texto perseguiu a questão trazida por um aluno — também professor, no contexto de enunciação do ProfHistoria — sobre as condições de autoria e formação, tal como propostas por Ilmar de Mattos e Manoel Salgado, no contexto de uma crise democrática que atinge diretamente a atividade docente nos dias de hoje — anos 2019-20.

Na perspectiva analítica destes dois autores, a interface entre ensino de história e historiografia e a atuação do professor de história é: 1. Pensada em sua condição intelectual, capaz de produzir historiografia em condições específicas, em Ilmar de Mattos; 2. Em Manoel Salgado, objeto de investigação teórico e historiográfico, diante de uma abertura no escopo de investigação dessa área, tomando como objeto teórico a circulação da história em suas múltiplas formas de produção e difusão de uma dada cultura histórica. Partindo de balizas que demarcam aproximações e distanciamentos entre as tarefas do historiador e do professor de história, eles traçam identidades que demarcam um ponto de chegada comum: a afirmação de uma historiografia, acadêmica e escolar, numa perspectiva ética e politicamente orientadas, voltadas para o exercício da cidadania e da prática de valores democráticos no presente.

Autoria (Ilmar de Mattos) e formação/*bildung* (Manoel Salgado) são categorias analíticas voltadas não apenas para a reflexão, produção e apreensão da história, escrita e ensinada, mas para a maneira pela qual este conhecimento serve para a vida. Trata-se, portanto, de um caminho que começa na produção/leitura da história como área do conhecimento — tendo em vista o jogo entre diferença e permanência temporal entre passado, presente e futuro —, mas o ultrapassa, chegando à vida em público, à relação com o outro, à experiência histórica daquele que lê e se confronta com as contingências do presente. Em suma, é esta dimensão ético-política que mobiliza a pergunta do nosso aluno-professor e renova os sentidos atribuídos aos textos de Ilmar de Mattos e Manoel Salgado.

Tanto o trânsito entre historiografia e ensino de história quanto a aposta numa ética democrática para o ensino e a pesquisa histórica, pontos fortes dos argumentos dos autores, dialogam e são tributários de um contexto social, político e epistemológico de enunciação compartilhados pelos autores, que partia de uma estabilização mínima dos valores democráticos naquele presente que lhes permitia investir em categorias como autoria e formação como possibilidades de abertura de futuro, sem a sombra da censura e do obscurantismo. São conceitos forjados em enlace e no interior da democracia, visando a sua intensificação.

E quando esse horizonte democrático deixa de ser estável, caso do nosso atual contexto de enunciação, os sentidos de autoria e formação se reconfiguram. Esgarçados e fragilizados pela crise sim, porém sem perder o potencial democrático acumulado por diversas gerações de professores e historiadores que nos antecederam. Este acúmulo nenhum contexto sob a sombra do obscurantismo é capaz de apagar. Talvez esta circunstância de crise gere uma oportunidade renovada e urgente de ler e debater Manoel Salgado e Ilmar de Mattos naquilo que eles mais demandam em relação ao conhecimento histórico: o cultivo da nossa humanidade, em meio à barbárie cotidiana; espaço de disparo de novas leituras de mundo a partir das leituras da história.

Referências

AGOSTINI, Renata. Ministro da Educação diz que filmar professores em aula é direito dos alunos. *O Estado de S. Paulo* [on-line], 28 abr. 2019. Disponível em <https://politica.estadao.com.br/noticias/geral,ministro-da-educacao-

-diz-que-filmar-professores-em-aula-e-direito-dos-alunos,70002808189>. Acesso em: 16 out. 2019.

ALBUQUERQUE, Durval M. Um mestre de rigor: Manoel Luiz Salgado Guimarães e a delimitação do campo de estudos de historiografia no Brasil. *História da historiografia*, n. 13, dez. 2013, p. 144-153.

BENZAQUEN, Ricardo. História e narrativa. In: MATTOS, Ilmar R. *Ler e escrever para contar*. Rio de Janeiro: Access, 1999.

BITTENCOURT, Circe Fernandes. Reflexões sobre o ensino de história. *Estud. av.* [on-line], v. 32, n. 93, 2018, p. 127-149.

CALDEIRA, Ana Paula; MARCELINO, Douglas. A história como experiência estética: o conceito de cultura histórica na obra de Manoel Salgado Guimarães. In FREIXO, A.; LAURANDI, F.; PEREZ, R. *Experiências de formação*: um tributo ao professor Manoel Salgado. Rio de Janeiro: Autografia, 2019 p. 41-62.

CASTRO, Fabricio; FORMENTI, Ligia. Bolsonaro defende filho por fala sobre AI-5. *Portal Terra* [on-line], 5 nov. 2019. Disponível em: <www.terra.com.br/noticias/brasil/politica/bolsonaro-defende-filho-eduardo-por-fala-sobre-o-ai-5,c2fcae2adfdf896157de57ed388c5c00fp99nv7o.html>. Acesso em: 10 nov. 2019.

DEMIER, Felipe; HOELEVER, Rejane. *A onda conservadora*: ensaios sobre os atuais tempos sombrios no Brasil. Rio de Janeiro: Mauad X, 2016.

FERREIRA, Marieta de Moraes *A história como ofício*: a constituição de um campo disciplinar. Rio de Janeiro: FGV, 2013.

FRIGOTTO, Gaudêncio (Org.). *Escola "sem" partido*: esfinge que ameaça a educação e a sociedade brasileira. Rio de Janeiro: LPP/Uerj, 2017.

GABRIEL, Carmen Teresa. Pesquisa em ensino de história: desafios contemporâneos de um campo de investigação. In: MONTEIRO, Ana Maria; RALEJO, Adriana (Org.). *Cartografias da pesquisa em ensino de história*. Rio de Janeiro: Mauad, 2019, p. 143-161.

GAIO, Henrique. "Filha do medo, a raiva é mãe da covardia": ensaio sobre democracia, nostalgia e ódio. In: PINHA, Daniel; PEREZ, Rodrigo (Org.) *Tempos de crise*: ensaios de história política. Mimeografado.

GUIMARÃES, Gessica. Apontamentos sobre a modernidade e o ensino de história: a "aula como texto" de Manoel Luiz Salgado Guimarães na Uerj. In: FREIXO, A.; LAURANDI, F.; PEREZ, R. *Experiências de formação*: um tributo ao professor Manoel Salgado. Rio de Janeiro: Autografia, 2019, p. 147-179.

HARTOG, François. *Regimes de historicidade*: presentismo e experiências do tempo. Belo Horizonte: Autêntica, 2014.

LEVITSKY, Steven; ZIBLATT, Steven. *Como as democracias morrem*. Rio de Janeiro: Zahar, 2018.

MATTOS, Ilmar Rohloff de. Entrevista. *Portal Entrevistas Brasil*. Disponível em: <http://entrevistasbrasil.blogspot.com/2009/01/ilmar-rohloff-de--mattos-ensinar.html>. Acesso em: 15 out. 2019.

______. "Mas não somente assim!" Leitores, autores, aulas como texto e o ensino-aprendizagem de história. *Tempo* [on-line], v. 11, n. 21, 2006, p. 5-16.

MIGUEL, Luis Felipe. Caminhos e descaminhos da experiência democrática no Brasil. *Revista Sinais Sociais*, v. 22, 2017, p. 99-129.

OLIVEIRA, Maria da Gloria. Historiografia, memória e ensino de história: percursos de uma reflexão. *História da Historiografia*, n. 13, dez. 2013, p. 130-143.

PENNA, Fernando de Araújo. O Escola sem Partido como chave de leitura do fenômeno educacional. In: FRIGOTTO, Gaudêncio (Org.). *Escola "sem" partido*: esfinge que ameaça a educação e a sociedade brasileira. Rio de Janeiro: Uerj; LPP, 2017, p. 111-130.

PEREZ, Rodrigo. O professor Manoel Salgado como tradutor da ética historiográfica sugerida por Michel de Certeau: uma reflexão sobre memória, testemunho e função social do conhecimento histórico. In: FREIXO, A.; LAURANDI, F.; ______. *Experiências de formação*: um tributo ao professor Manoel Salgado. Rio de Janeiro: Autografia, 2019, p. 205-241.

SALGADO, Manoel. Entrevista. *Portal Entrevistas Brasil*. Disponível em: <http://entrevistasbrasil.blogspot.com/2010/01/manoel-salgado-guimaraes--historia-numa.html>. Acesso em: 15 out. 2019.

SALGADO, Manoel. Escrita da história e ensino da história: tensões e paradoxos. In: ROCHA, Helenice et al. *A escrita da história escolar*: memória e historiografia. Rio de Janeiro: Ed. FGV, 2009, p 35-50.

TURIN, Rodrigo. História da historiografia e memória disciplinar: questões sobre um gênero. *História da Historiografia*, n. 13, 2013, p. 78-95.

16

Para que teoria?

Rebeca Gontijo

O título deste texto é uma provocação. Serve de mote para os comentários que desenvolvo aqui, oscilando entre um ensaio — misto de reflexão pessoal, a partir da minha experiência como professora de teoria da história em uma universidade pública brasileira e periférica — e uma síntese de leituras.

Começo observando que teoria é uma coisa muito abstrata e o(a) estudante que procura um curso superior de história parece ir em busca de algo mais concreto: os fatos. "Vamos aos fatos, professora, porque eu quero saber o que realmente aconteceu, o que eu não aprendi na escola, o que o professor e livro didático não contaram." A frase é fictícia, mas a situação é corriqueira.

O que acontece quando o aluno e a aluna se deparam com o desafio colocado por uma disciplina chamada Teoria da História? A reação varia. Alunos(as) com algum gosto pela reflexão, parecem estar mais receptivos à discussão teórica. Talvez. O fato é que chegam ao ensino superior com alguma bagagem de conhecimentos sobre diversas matérias, cujos conteúdos encontram ressonância no curso universitário de história: história antiga, medieval, moderna, contemporânea e do Brasil. No caso da teoria, parece que não trazem bagagem e a disciplina costuma ser uma viagem sem mapa. Mas será isso mesmo?

É claro que o esforço para desconstruir o aprendido e construir algo novo faz parte de todo processo de aprendizado. E os(as) alunos(as) enfrentam isso ao longo de todo o curso, em todas as matérias. Um certo desequilíbrio ou mesmo algum nível de incômodo não deve parecer estranho em nenhuma experiência que visa à aquisição de novos conhecimentos. Desafiar e ser desafiado faz parte do processo. E tanto o professor como os(as) alunos(as) podem vivenciar isso.

Talvez seja um equívoco supor que não trazem nada na bagagem que possa auxiliá-los nas aulas de teoria, simplesmente porque não se trata de uma matéria escolar. Uma concepção de história construída na escola e na vida, alimentada por indagações do tipo *o que é história e para que serve* pode ser identificada na fala de alguns viajantes. Uma certa compreensão do tempo e do espaço também está presente. Afinal, a curiosidade por saber o que aconteceu exige algum esforço de abstração e de distanciamento, considerando que a curiosidade surge quando percebemos que falta informação, que algumas peças do quebra-cabeça não se encaixam ou não estão disponíveis. Acredito que é nessa brecha entre o que se sabe e o que não se sabe, quando cresce a dúvida, a incerteza e a curiosidade por saber mais ou mesmo a necessidade de resolver um problema, que cresce a imaginação e, em alguma medida, a possibilidade de teorizar.

Mas o que vem a ser isso? O que é teoria? Teorizar significa o quê? Ou ainda, o que é teoria da história? Antes de tentar responder essas questões, convém lembrar que não é difícil encontrar interpretações que colocam em dúvida a relevância da discussão teórica, historiadores que desconfiam ou que estão certos sobre a menor importância da teoria diante da empiria no estudo da história. Será esse ponto de vista nada mais que um resquício positivista, de acordo com o qual a teoria é assunto para filósofos e não para historiadores? Para o historiador francês Pierre Chaunu, por exemplo, "a epistemologia é uma tentação que se deve decididamente saber afastar" (apud Hartog, 2011:246). Chaunu disse isso nos anos 1960 e, de lá pra cá, será que alguma coisa mudou? A história foi seduzida pela epistemologia, como perguntou François Hartog, mais recentemente? (Hartog, 2011:246).

Como observou Marcia Mansor D'Alessio, a relação entre teoria e história é delicada, porque há uma tensão entre ambas. Tensão que seria produzida pelo contraste entre o universal, objeto da filosofia e da poesia, e o particular, que interessa à história. Teoria e história são compreendidas pela autora como duas formas de conhecimento, e a primeira estaria mais próxima da forma de compreensão propiciada pela filosofia e pela poesia, enquanto a segunda encontraria esteio na empiria e no método, que lhe possibilitariam atingir o patamar de ciência.[1]

Mas essa dicotomia, amparada em certa tradição de estudos sobre a teoria da história e a epistemologia das ciências, não evidencia o papel da teoria

---

[1] A autora retoma a comparação entre poesia e história feita por Aristóteles e explora a relação entre ciências nomotéticas e ideográficas a fim de explicar essa tensão. Ver D'Alessio (2019:157-174).

na construção de toda história, ou melhor, na construção do pensamento histórico. Mostra apenas os argumentos que afastam teoria e história, que recusam a teorização em favor de uma ideia de história associada à ciência e ao método. Teríamos, um método (um caminho) sem teoria (uma visão)[2] e uma ciência sem abstração? Por isso a pergunta, cuja resposta parece ser óbvia: será possível encontrar alguma obra histórica sem uma fundamentação teórica?

O objetivo aqui não é discutir diretamente os modos como teoria e história se articulam. O que proponho é uma breve reflexão sobre a minha experiência docente na sala de aula do curso de Teoria e Metodologia da História, procurando dialogar com professores-historiadores que se dedicaram a pensar sobre essa experiência. Selecionei dois conjuntos de reflexões: o primeiro é composto por textos publicados no final do século XX, por um grupo reunido no simpósio Questões de Teoria e Metodologia da História, realizado na Universidade Federal do Rio Grande do Sul, em 1999. O segundo é composto por dois artigos produzidos recentemente que focalizam a prática docente e o lugar do referido curso nos currículos universitários.[3] Após construir um contraste entre essas reflexões, produzidas em momentos distintos, teço alguns comentários a partir da minha própria experiência lecionando a disciplina.

"Mas você ainda quer falar de teoria da história!?"[4]

No final do último milênio, um grupo de historiadores brasileiros se reuniu para discutir algumas questões de teoria e metodologia da história que consideravam relevantes naquele momento. Partiam da percepção de que os historiadores eram avessos a estudos teóricos, mas consideravam, então, que

---

[2] A palavra teoria tem origem grega (*theõría*) e significa visão. Mas não se trata de uma visão qualquer. Trata-se de uma visão de conjunto, atenta, observadora, especuladora, que permite formar uma imagem mental, um pensamento sobre aquilo que é observado. Sua raiz está presente em vários termos, tais como: *theaomai* (contemplar, observar), *theoreîn* (olhar através de), *theoréo* (examinar, inspecionar, observar), *theorema* (teorema, que é uma proposição que pode ser demonstrada por meio de processos lógicos), *theoreticós* (teorético), *theorikos* (teórico), *theatro* (teatro)... e *Theos* (Zeus). Houaiss e Villar (2001).

[3] GUAZELLI et al. (2000); Rodrigues e Schmidt (2017:169-178); Pereira (2018:88-114).

[4] Frase usada por Carlos Fico no texto apresentado durante o evento da UFRGS, para ilustrar argumentos avessos à discussão epistemológica. Argumento que o autor considerava baculino, porque baseado na força e não na razão. Ver Fico (2000:29).

algo havia mudado, porque as discussões teórico-metodológicas e historiográficas frutificavam no Brasil por meio de eventos, de pesquisas realizadas no âmbito das pós-graduações e de publicações. De acordo com os organizadores da coletânea que reuniu os trabalhos apresentados durante um evento:

> os historiadores brasileiros têm produzido reflexões teóricas originais, pensadas pelo ângulo de suas problemáticas concretas de pesquisa e, por outro, reconhecem a necessidade das disciplinas teórico-metodológicas nos currículos dos cursos de História. [Guazelli et al., 2000:10]

Contudo, em meio à constatação de que havia mudanças em curso, os organizadores também chamaram atenção para a relação entre os limites da reflexão teórica e a dificuldade para ensinar aos futuros profissionais da área a produzir conhecimento histórico e, ao mesmo tempo, refletir sobre o conhecimento produzido. Em muitos casos, o ensino de conteúdos teórico-metodológicos estaria limitado ao espaço de uma disciplina introdutória, que, segundo eles, era obrigatória.[5] Os organizadores também observaram que não havia princípios comuns mínimos capazes de definir o que se pensava que um(a) estudante deveria estudar nesse domínio.[6] O mais usual era o ensino de técnicas de pesquisa, pois prevalecia a compreensão de que a formação do historiador envolvia um aprendizado prático relacionado com procura, coleta, organização e análise de informações em diversos tipos de fontes, perspectiva articulada à noção de ofício aplicada ao fazer do historiador.

[5] Lembro aqui que a exigência da disciplina Introdução está presente no Parecer nº 377/1962, do Conselho Federal de Educação, que fixou o currículo mínimo dos cursos de história. O relator, Newton Sucupira, propôs a seguinte organização: 1) matérias históricas propriamente ditas, distribuídas a partir da divisão cronológica tradicional; 2) disciplinas culturais complementares, que continuem para a compreensão do conhecimento histórico; 3) disciplinas destinadas ao estudo do método histórico. A disciplina Introdução ao Estudo da História era compreendida como disciplina de método, que deveria compor a parte fixa ou obrigatória dos cursos. Ver Nascimento (2013:265-304).

[6] Observo que, no final dos anos 1960, a Associação de Professores Universitários de História (Anpuh) apoiou iniciativas para discutir o ensino da disciplina Introdução ao Estudo da História. Um dos objetivos desses encontros era, justamente, refletir sobre a necessidade ou não de conteúdos mínimos comuns. Refiro-me às discussões realizadas durante o I Encontro sobre Introdução ao Estudo da História, em Nova Friburgo, Rio de Janeiro, em 1968; o II Encontro, realizado em Juiz de Fora, Minas Gerais, 1970; e o III Encontro, em Campinas, São Paulo, 1972.

No fim do século XX, alguns historiadores e historiadoras consideravam que:

> os cursos formadores de profissionais de História deveriam oferecer aos estudantes o instrumental teórico-metodológico-técnico que os habilitasse a produzir conhecimento histórico e analisar o conhecimento produzido, no sentido rigoroso do que significam estes termos. [Guazelli et al., 2000:11]

Segundo os organizadores do livro, a situação havia mudado, pois a discussão sobre referenciais teórico-metodológicos do conhecimento histórico adquirira estatuto acadêmico sob a forma de disciplinas. Ao mesmo tempo, a chamada crise da razão moderna[7] exigia maior atenção aos referenciais teóricos. Por conta disso, cabia perguntar: quais seriam as características do programa da disciplina dessa área tida como instrumental no currículo de um curso universitário de História? Quais os critérios para definir os conteúdos básicos destinados a iniciar o futuro profissional nos instrumentos de produção e crítica do conhecimento histórico? O que precisaria ser lido para conhecer o campo da teoria e da metodologia da História? Como deveriam ser as atividades docentes e discentes nessas disciplinas? Que relações poderiam ser estabelecidas com as demais disciplinas do currículo?[8]

Partia-se da constatação de que os alunos não traziam experiências de ensino-aprendizagem anteriores que pudessem fornecer um vocabulário específico, um conjunto de conceitos oriundos de áreas como a filosofia, as ciências sociais, a linguística etc., necessários ao estudo da teoria ou epistemologia da história. Além disso, os textos utilizados em sala de aula não eram produzidos com "intenções didáticas".

O clima era de renovação, mas também de crise, relacionada com a diluição de fronteiras disciplinares e a multiplicação de objetos e especialidades, percebidas por alguns como uma ameaça à "identidade do ofício do historiador" (Falcon, 1996:12). Isso dificultaria tanto a constituição de uma unidade teórico-conceitual da disciplina quanto a identificação de uma "pragmática metodológica do ofício" (Fico, 2000:28).

---

[7] A esse respeito ver, por exemplo: Jenkins (2006).

[8] Guazelli et al. (2000:12). O capítulo de Carlos Fico oferece um panorama da produção histórica nos anos 1990, destacando a produção de trabalhos de reflexão teórico-conceitual, metodológica e historiográfica, algo distinto do que ocorrera na década anterior, marcada por um "antiteoricismo", segundo o autor. Ver Fico (2000:36).

Os autores demonstram a preocupação com a formação profissional no curso de história, como, aliás, já havia ocorrido nos anos 1960 (Apuh, 1962). Para Carlos Fico, por exemplo, a profissionalização ocorrera ao longo da década de 1980, considerando o aumento expressivo da produtividade dos cursos de pós-graduação e o aprimoramento teórico-técnico-metodológico dos trabalhos, em comparação com a década anterior, quando predominavam análises negativas dessa produção.[9]

Supostamente, a preocupação com a formação do historiador[10] guiou as reflexões sobre os cursos de história ao menos desde a década de 1960; contudo, o interesse pela teoria da história nem sempre teve lugar. A discussão sobre a disciplina Introdução ao Estudo da História, obrigatória desde 1962, até que o currículo mínimo do curso superior de história fosse abolido, em 2002, com frequência era conduzida por preocupações com o aprendizado do método e das técnicas de pesquisa, a reflexão teórica sendo vista por alguns como secundária ou mesmo desnecessária. Salvo engano, a criação de disciplinas específicas dedicadas à teoria da história parece datar da década de 1990.[11]

O fato é que, no final do século XXI, a reflexão teórico-historiográfica ganhou espaço, sendo relacionada por Carlos Fico com o processo de profissionalização e institucionalização vivido desde os anos 1980 e pressionado por novos desafios a partir da década seguinte; com a exigência de maior refinamento do debate teórico, metodológico e historiográfico, evidenciado nas

---

9 O autor chama atenção para o fato de que nem todos concordam com essa leitura, apresentada pela primeira vez em Fico e Polito (1992). Francisco Falcon, por exemplo, defende a tese de que a dinâmica anterior à criação dos programas de pós-graduação, marcada pelo embate entre "tradicionalistas" e "renovadores", teria sido decisiva para essa profissionalização. Ver Fico (2000:37); Falcon (2015:150-170). Mais recentemente, uma tese corrobora a hipótese, defendida por Fico e Polito, de que só a partir dos anos 1980 é possível falar de uma historiografia profissional no Brasil. Ver: Santos (2018).

10 Distingo aqui a preocupação com a formação do historiador da preocupação com a formação do professor de história, que, a princípio, norteou a criação dos primeiros cursos de história no Brasil, tanto no Rio de Janeiro como em São Paulo. A esse respeito, ver: Ferreira (2013); Costa (2018); Silva (2019).

11 Desenvolvo melhor esse argumento em um estudo inédito sobre três eventos realizados nos anos 1960 e 1970, que focalizam o currículo dos cursos superiores de história. Ainda não foi possível levantar informações sobre a inclusão de disciplinas específicas sobre teoria da história nos currículos dos cursos superiores, o que permitirá saber a partir de quando esse domínio passou a ser visto como necessário à formação profissional do historiador e do professor de história, visto que o currículo é comum, diferenciando-se pela realização ou não de disciplinas pedagógicas.

publicações periódicas, assim como nas teses e dissertações; e com o contato, que o autor considerava necessário, com a produção estrangeira, relacionado com o fortalecimento do mercado editorial e a necessidade de responder, de forma "mais criativa" aos impasses da chamada "crise da história" naquele momento, de modo a evitar "o papel de caudatário das discussões teóricas que realmente importam".[12]

Ieda Gutfreind também participou do evento e informou que as questões postas para discussão versavam sobre os critérios para definir os conteúdos básicos para o ensino de teoria e metodologia da história, considerando as leituras necessárias para conhecer tal campo, as atividades docentes e discentes ao longo do curso e as relações com as demais disciplinas. A professora expôs o modo como lidava com sua matéria, cujo núcleo consistiria em três questões: o que é história, para que serve e como trabalha o historiador. A partir desse núcleo, seu curso era organizando em três grandes eixos: o do conhecer (fundamentação epistemológica), o do conhecimento histórico produzido (historiografia) e o da conjuntura histórica contemporânea, que naquele momento está relacionada com a globalização e o embate entre modernidade e pós-modernidade. O objetivo do curso não se resumia a transmitir conhecimentos ou aprofundá-los, mas criar condições para que o aluno desenvolva reflexões críticas sobre a disciplina, assumindo o papel de um sujeito ativo, estimulado e também responsável pela bibliografia e pela elaboração de roteiros para a apresentação dos resultados das leituras. Então, o método de ensino consistia em elaborar um programa com os conteúdos distribuídos por dias letivos e demandar a participação dos alunos com base em leituras prévias e discussões na sala de aula, antecedidas por comentários sobre o texto e o autor escolhido. Portanto, um papel central era atribuído à leitura nesse curso, que, como observou a própria professora, estava limitado à cultura ocidental (Gutfreind, 2000:99-104).

Outro ponto de vista, mas não muito distinto, foi apresentado por Silvia Petersen, que considerava a reflexão sobre o ensino de teoria e metodologia necessária, não secundária, levando em conta seu papel na formação do historiador. Seu texto ofereceu um diagnóstico e não uma prescrição visando

---

[12] Como novos desafios surgidos na década de 1990, além daqueles relacionados com a disciplina e o ofício, Fico destaca outros, de natureza institucional: as demandas de avaliação regular, com exigências de diminuição do tempo despendido para a obtenção de títulos; com pedidos de definição rigorosa de áreas e linhas de pesquisa e as deficiências de recursos. Fico (2000:37-40).

solucionar os problemas detectados. Considerava que havia dificuldades próprias do caráter dessa disciplina e que sua análise pode ser útil para traçar os limites e possibilidades do trabalho docente. Abordando o conteúdo dos programas de teoria e metodologia, cuja definição percebe como a primeira dificuldade, lembrou que, há alguns anos, quando o tema era discutido, a questão principal era saber se os conteúdos de teoria e metodologia deveriam estar "diluídos" nos programas das demais disciplinas do curso ou se deveriam constituir uma disciplina própria. Naquele momento, essa dúvida parecia não persistir diante da necessidade de pensar sobre conteúdos epistemológicos, teóricos e metodológicos em meio a uma crise de paradigmas (Petersen, 2000:105-106). Sua percepção era, então, a de que:

> Hoje, talvez como nunca, os diagnósticos sobre a situação e mesmo a definição do conhecimento histórico se revelam diversos, fragmentados, contraditórios e não estão isentos de um olhar impressionista, limitado frequentemente pela instituição, grupo acadêmico ou país onde desenvolvemos nossa atividade de ensino e pesquisa. [Petersen, 2000:106]

Assim, a reflexão sobre a formação do historiador e o papel da teoria nessa formação ocorria em meio a uma crise, que exigia respostas como uma espécie de reação aos ataques sofridos pela história, cuja cientificidade era questionada num contexto em que a linguagem era tida, ao menos por alguns, como princípio articulador de todo o debate epistemológico. Caberia ao professor desenvolver um programa capaz de dar ao aluno elementos para refletir sobre o encontro entre uma perspectiva científica do conhecimento e sua própria crítica (Petersen, 2000:107).

O argumento segue apresentando o que faltaria nos estudantes que iniciam o curso de história: faltava conhecimento sobre o conteúdo elementar das teorias da história herdeiras da epistemologia racionalista (o positivismo, a escola metódica, a escola dos Anais e o marxismo) e das novas tendências críticas a essa epistemologia; faltava capacidade para historicizar essas teorias, de modo a conseguir compreender a transição "de um espaço teórico para outro". Petersen também identificou o que havia na bagagem desses estudantes: a capacidade de simplificação das abordagens estudadas e a facilidade de incorporar vocabulário de outros campos teóricos, provocando um "rebaixamento da análise historiográfica". Além de informar, um dos objetivos principais do professor de teoria e metodologia seria, justamente, "corrigir vieses" que simplificam, de forma equivocada, o que é complexo. Tarefas que ser tornavam mais difíceis na medida em que o "mercado de ofertas" de referenciais analíticos se alargava.

Num segundo momento do texto, a autora discorreu sobre a seleção e uso da bibliografia, considerando a necessidade de levar o aluno a acompanhar a divulgação, cada vez mais rápida e extensa, de conteúdo teórico-metodológico, constituindo "verdadeiro cipoal que enreda o estudante". Contrária às "iniciativas tipo 'livro didático'", por considerar que os mesmos trariam mais prejuízo que benefícios,[13] Petersen preferia programas panorâmicos, que ofereciam uma visão extensiva e não monográfica ou verticalizada das diferentes tendências teórico-metodológicas da produção do conhecimento histórico. E isso requeria uma seleção rigorosa e uma articulação lógica dos eixos e questões considerados mais relevantes dessas tendências. Não haveria espaço para improvisação por parte do docente. Contudo, a autora alerta que isso não implicava um curso sem abertura para adaptações em função das características das turmas e interesses específicos dos alunos. Mas sua preocupação seria articular esses interesses com os objetivos gerais de ensino-aprendizagem, que seriam levar o estudante a: perceber sua condição de iniciante, desencorajando "certa petulância intelectual"; refletir sobre os próprios enunciados, às vezes inconsistentes até no plano da lógica; avaliar as próprias intervenções; perceber atitudes acríticas. Completando o quadro, os alunos deveriam ser capazes de entender no que consiste uma reflexão teórica voltada para a produção do conhecimento histórico, aprender a formular problemas, a ler um texto teórico e a selecionar ideias pertinentes ao seu interesse específico. Introduzir os alunos nas reflexões relativas ao conhecimento histórico, orientando a leitura dos textos escolhidos, parece ser o modelo do curso de Petersen, revelando o papel central ocupado pelo professor que informa, seleciona o que será lido e orienta sobre como se deve ler, corrige vieses equivocados e introduz o aluno naquele que é o domínio disciplinar do professor (Petersen, 2000:111-117).

Dezoito anos depois, dois professores da mesma instituição que abrigou o evento do qual extraí e analisei apenas três textos, elaboraram uma outra reflexão sobre suas experiências com a disciplina Teoria e Metodologia da História, observando a persistência de certo desconforto em relação às disciplinas de

[13] Interessante observar que, algum tempo depois, Petersen publicou um manual: Petersen e Lovato (2013).

teoria, métodos e técnicas do historiador e historiografia, consideradas como "momentos desagradáveis e obscuros do curso". Por isso colocaram novas questões (Rodrigues e Schmidt, 2017:169-178).

O que ensinamos quando ensinamos teoria da história?

As práticas docentes e os objetivos de ensino-aprendizagem no ensino de teoria e metodologia da história têm sido revistos em uma nova conjuntura e com nova perspectiva. Assumindo uma postura etnográfica e hermenêutica, Mara Rodrigues e Benito Schmidt pensam que os alunos não são mais os mesmos. O impacto do sistema de cotas promoveu a inclusão de grupos até então excluídos da universidade pública. Ao mesmo tempo, performances e identidades de gênero diversificadas deixaram de ser "tímidas e intimidadas", suscitando mudanças nos costumes, o que também é observável no espaço acadêmico. Os autores indagam se a situação do ensino na sala de aula seria a mais resistente aos projetos de controle e domesticação que uma cultura dominante tenta impor a todas as práticas sociais, considerando que nesse espaço o "império do presente", do imediato, impõe desafios e pode evoluir para rumos inesperados. Assim, como os programas de teoria e metodologia da história poderiam continuar sendo os mesmos? (Rodrigues e Schmidt, 2017:172-173) Em suas palavras:

> Como podemos manter nossa lista de leituras e estratégias de ensino sem modificações, se quando as elaboramos, as pensamos, mesmo que inconscientemente, para um grupo de características genéricas (seriam leitores e ouvintes universais, conformados a partir de um modelo branco, masculino, de classe média, com um repertório de leituras e viagens relativamente comum?) e homogêneas? [Rodrigues e Schmidt, 2017:173]

Um ponto que me parece central na reflexão de Rodrigues e Schmidt decorre da constatação de que, mantendo nossas estratégias e leituras sem modificação, supondo que o público discente é homogêneo e segue um padrão universal, assumimos uma postura narcisista, que consiste em dar aulas para nós mesmos e nos colocamos como exemplos acabados para o devir dos alunos como professores e pesquisadores. Se não somos responsáveis pela invenção desse modelo, caracterizado pela centralidade do professor na sala de aula, o seríamos por sua reprodução acrítica (Rodrigues e Schmidt, 2017:173).

Partindo dessas constatações, o artigo propõe uma série de perguntas, sinalizando para uma futura agenda de reflexões. Partindo da ideia de que a aula pode ser compreendida como um texto, cujo autor é o professor, os autores consideram que essa aula/texto só se completa pela ação de leitura por parte dos alunos. Os autores foram inspirados por estudos que ajudam a pensar a aula como texto, o professor como autor e o aluno como leitor. O processo de aprendizagem como similar ao processo de leitura. Mas, complexificam a suposta equivalência entre aula/texto, professor/autor, aluno/leitor, aprendizado/leitura, observado que o processo de ensinar/aprender é mais dinâmico, fragmentado e diluído do que o processo de escrita. E também ampliam os referenciais ao dialogar com os estudos sobre "aprendizagem significativa" (Rodrigues e Schmidt, 2017:173-174). Ou seja, oferecem novos elementos para a reflexão sobre o ensino-aprendizagem nos cursos superiores e para a reflexão sobre o ensino de teoria da história. Trata-se, então, de considerar o público, os alunos, em um contexto diferente e que se transforma rapidamente, o tempo presente invadindo a sala de aula nas universidades, com suas demandas e dúvidas. Para além de planejar o curso e selecionar conteúdos, ouvir os alunos é considerado fundamental, assim como a preocupação com uma "aprendizagem significativa", tornada possível não apenas pelo planejamento prévio do docente, mas pela possibilidade de dar lugar à conversa, ao improviso e às "relações horizontalmente construídas", abrindo espaço para o afeto, mas sem infantilizar os alunos ou estimular o "populismo docente". Professores e alunos participando da autoria da aula, considerando que a chave para a construção do conhecimento é o diálogo em relações simétricas (Rodrigues e Schmidt, 2017:174).

Um ano depois da publicação do artigo de Rodrigues e Schmidt, outro texto colocou uma série de problemas ao indagar sobre o lugar epistêmico da teoria da história. Ana Carolina Barbosa Pereira chamou atenção para esse aspecto considerando a geopolítica do conhecimento. A autora propõe uma definição e um uso particular da categoria de *lugar epistêmico*, que é útil para pensar sobre as funções da teoria da história nos cursos superiores (Pereira, 2018:88-114).

Inspirada pelo debate sobre geopolítica da produção intelectual, Pereira constata que a teoria da história, tal como praticada (e ensinada) no Brasil, oferece exemplo do que pode ser definido por "dependência acadêmica", "mentalidade cativa" ou "metrocentrismo".[14] Seu objetivo é pensar a produção

[14] Sobre esses conceitos, ver Connell (2011:9-20); Alatas (2008, 2000:23-45).

e o consumo da teoria da história no Brasil, atribuindo um viés operacional à noção de *lugar epistêmico*. Não sem antes reforçar a perspectiva de que uma definição dessa categoria implica considerar um compromisso ético-político em construir um pensamento contra-hegemônico (Pereira, 2018:97). A partir disso, a autora propõe definir formas de operacionalizar seu uso como instrumento teórico-metodológico de investigação e análise. E constrói dois procedimentos que supostamente permitem evidenciar o local geopolítico oculto em modelos hegemônicos, com pretensão universalista.

Importante observar que a reflexão de Pereira tem início com um relato sobre sua experiência como professora de Teoria da História. Assumindo que o repensar contínuo da bibliografia, dos objetivos e das estratégias de avaliação utilizadas é uma prática comum, a autora relata que, após alterar a bibliografia de um curso visando incluir os debates sobre a geopolítica do conhecimento, algo que há décadas tem sido feito no campo das ciências sociais, observou a reação curiosa dos alunos, mas também uma resistência vigorosa por parte de um deles, incomodado diante da ausência de autores considerados canônicos na área de história. Pereira argumenta que o modo como ensinamos e desenvolvemos pesquisa em teoria da história no Brasil nos coloca em posição de consumidores dos referenciais importados, sobretudo europeus. Por isso considera pertinente indagar sobre como essa posição foi construída, por que e de que modo tem sido perpetuada. Em suas palavras, "o que está em questão, portanto, é a urgência em extrapolar a categoria de lugar social dos(as) historiadores(as) e de considerar a existência de um *a priori* epistêmico que o antecede, regula e condiciona" (Pereira, 2018:90).

E o primeiro procedimento que propõe é a crítica ao cânone ou a problematização das narrativas fundacionais. E para identificar esse cânone, um recurso seria analisar os manuais, os livros introdutórios da área. Tais obras visam tornar um grupo de historiadores conhecido, afirmando seu lugar na constituição do campo. Há também algumas obras panorâmicas, que oferecem uma síntese dos conhecimentos teórico-metodológicos acessível a estudantes. Segundo Pereira, o que há de comum entre essas coletâneas é que elas inscrevem a história na Antiguidade clássica europeia e descrevem o processo de institucionalização da ciência histórica no século XIX, com seus paradigmas fundacionais. Autores europeus elaboraram um programa teórico-metodológico e sistematizaram os conhecimentos que resultaram na disciplinarização da história. A sequência da história inclui a renovação realizada pelos historiadores franceses vinculados aos Annales, seguidos por outras vertentes que marcaram a historiografia ao longo do século XX. Pereira ainda observa que é um conjunto restrito de textos fundacionais (e autores fundadores) que compõe uma linha direta entre eles e nós. Há poucas referências ao contexto não europeu. Obras recentes que atualizam os trabalhos fundacionais contribuiriam, a seu modo, para atualizar a perspectiva colonizadora e imperial que orienta essa produção.

O segundo procedimento proposto por Pereira é a crítica ao *a priori* das teorias universalistas da história. Em sua interpretação, é preciso enxergá-las e problematizá-las, denunciando o "provincialismo travestido de universalidade", ou ainda, "desmascarar o irredutível particularismo destas interpretações e a sobranceria de proclamá-las universais" (Pereira, 2018:101). A autora exemplifica o método por meio da análise da teoria da história de Jörn Rüsen, autor de muito prestígio no Brasil. Além disso, seria importante ampliar o repertório bibliográfico, desde que essa ampliação incluísse abordagens desenvolvidas em outros centros. Por fim, considera importante ouvir as demandas estudantis, lembrando que nós, professores(as), por vezes somos confrontados(as) pelos(as) estudantes que questionam a bibliografia sem diversidade de perspectivas com recorte de gênero e raça, por exemplo. Romper com o hábito que orienta nossas escolhas acadêmicas e docentes seria importante, e o fundamental seria ter ciência das relações geopolíticas, com frequência invisíveis, em nossas referências bibliográficas, superando "a subnutrição epistemológica e metafísica, investindo em um cardápio mais diversificado" (Pereira, 2018:110).

Teoria na periferia

Lugares de fronteira, à margem, podem ser bons pontos de observação. Não estão aqui, nem lá. Seropédica fica entre o Rio de Janeiro e São Paulo, na zona metropolitana de uma grande cidade onde há várias instituições de ensino superior com cursos de história importantes e consolidados. O curso da Universidade Federal Rural do Rio de Janeiro pode ser considerado recente, quando comparado a outros, mais antigos, porque foi criado em 2001. O Programa de Pós-graduação em História é mais novo ainda, pois o mestrado abriu sua primeira turma em 2008 e o doutorado, em 2014. Contudo, o grupo de professores reunidos em dois departamentos de história, um em Seropédica, do qual faço parte, outro em Nova Iguaçu, Baixada Fluminense, foi formado por algumas das principais instituições de ensino superior do país: a Universidade Federal do Rio de Janeiro (UFRJ), a Universidade Estadual de Campinas (Unicamp), a Universidade Federal Fluminense (UFF), a Universidade de São Paulo (USP) e o antigo Instituto Universitário de Pesquisas do Estado do Rio de Janeiro (Iuperj), e alguns estudaram no exterior, mais exatamente, em Berlim. Então, embora nossa atuação se concentre na periferia, nossa formação está relacionada com o que há de mais consolidado na área de história em nosso país. Somos egressos daqueles que muitos consideram os principais programas de pós-graduação em história brasileiros nos últimos 30 anos, talvez.

Será que o lugar social, que autoriza e limita, afeta os hábitos adquiridos pelos docentes ao longo de seu processo de formação? Provavelmente sim. Não é à toa que falamos de uma "cultura ruralina", com suas "jabuticabas". Há coisas que, supomos, só existem por lá. Mas deve ser assim em todo lugar. Minha experiência como professora de teoria e metodologia da história começou em 2009 e de lá pra cá tenho sido movida por um incômodo constante e crescente com essa minha disciplina, devido ao seu viés eurocêntrico, colonialista, branco e sexista. É oferecida nos dois primeiros períodos do curso e, por conta disso, tem um inevitável caráter introdutório. Eu diria que são dois cursos de introdução à história.

Faço parte de uma geração que contribuiu para a constituição de uma espécie de comunidade de especialistas na área de teoria da história, bem como da história da historiografia em nosso país. Essa comunidade se evidencia por meio de eventos, periódicos especializados e publicações originais, resultantes das pesquisas na área desenvolvidas no Brasil. Quando eu era aluna da graduação, na UFF, década de 1990, havia disciplinas de teor teórico, como Introdução à História, mas não havia a ideia de especialidade propriamente, visto que prevalecia a perspectiva de que todo e qualquer professor poderia lecionar tais disciplinas, consideradas transversais ao curso. Abordando os fundamentos do ofício do historiador, as disciplinas teóricas nada mais fariam do que introduzir os discentes nesses fundamentos. Portanto, qualquer historiador(a) deveria ser capaz de ministrá-las.

Mas foi com outra perspectiva que prestei concurso público num contexto em que a área já possuía um desenho particular, sendo possível identificar aqueles e aquelas historiadoras que a ela se dedicavam por meio de eventos, teses, dissertações e publicações. A constituição do que defino aqui como uma comunidade de especialistas estabeleceu novos hábitos, novas diretrizes para o estudo e o ensino das disciplinas. E foi com esse olhar que prestei concurso e comecei a lecionar em 2009, almejando compor uma área, ao lado de outros especialistas, na minha nova instituição.

Essa retrospectiva breve me ajuda a refletir sobre minhas escolhas e práticas, que têm sido marcadas pelo mencionado incômodo, que aliás, é compartilhado por vários colegas da área.[15] Por que isso ocorre? A princípio, a articulação entre teoria e história da historiografia, norteada pela preocupação em apresentar um panorama dos debates historiográficos desde o século XIX, guiou meus cursos. Compreendendo que a teoria se ocupa das possibilidades e dos limites do conhecimento histórico, que variam ao longo do tempo, optei por fornecer uma visão panorâmica da história da disciplina, pontuando com reflexões teóricas sobre as escolhas dos historiadores de outros tempos e do nosso tempo. Creio que a história da historiografia pode ter uma função propedêutica no ensino da teoria, dando lugar e corpo às reflexões mais abstratas. Mas esse lugar e esse corpo canonizados obliteram o processo por meio do qual a história foi e é pensada e até escrita de outras maneiras. Considero importante ampliar o conjunto do que vem a ser designado como historiografia.

As questões relativas ao lugar social de produção sempre foram importantes para mim, visto que um dos autores que considero mais estimulantes é Michel de Certeau (1982), lido várias vezes desde a graduação. Um autor companheiro de viagem, posso dizer. Pensar o lugar, as práticas e os textos têm sido uma perspectiva estruturadora da minha relação com a disciplina história em geral, e com a teoria da história, em particular. Um interesse em saber o que *faz* o historiador quando *faz* história motivou minhas pesquisas de mestrado e doutorado e continua motivando. O *fazer* e a identidade ou o *éthos* do historiador são temas de pesquisa e que, de certa forma, estimulam a reflexão teórica e as preocupações em sala de aula. O interesse em pensar a construção do cânone também.

Mas foi durante minha atuação na UFRRJ que me deparei com dois aspectos que, a meu ver, contribuíram para ampliar o leque de possibilidades para abordar a teoria da história. De um lado, as mudanças decorrentes do Reuni, que ao abrir vagas de trabalho criou o lugar que hoje ocupo, bem

[15] Além dos citados artigos de Pereira (2018), Rodrigues e Schmidt (2017), chamo atenção para outros textos que, de diferentes modos, manifestam a preocupação com o caráter colonialista da teoria da história ou propõem mudanças na função social do historiador: Araujo (2017:191-216); Santos, Nicodemo e Pereira (2017:161-186); Oliveira (2018:104-140); Bevernage (2018); Avila, Nicolazzi e Turin (2019).

como as vagas para um número maior de alunos(as), mais diversificados em decorrência das cotas sociais e raciais. Ou seja, o público dos cursos de história mudou, pois é distinto daquele que eu integrei como aluna. Por outro lado, as transformações internas à própria disciplina e às áreas afins, com um volume cada vez maior de produção e de acessibilidade graças à internet. Entre as transformações observadas, chamo atenção para: a ampliação das pesquisas sobre ensino de história escolar no Brasil, que fornecem indícios importantes para pensar o ensino superior; a complexificação das análises sobre o tempo histórico ao longo da segunda metade do século XX, mas com repercussões atuais; a difusão dos estudos decoloniais, sobretudo no âmbito das ciências sociais; e a expansão dos estudos de gênero.

A lista de transformações talvez seja mais ampla, mas não interessa aqui ser exaustiva. Apenas sinalizo, correndo o risco de ser impressionista, que algo aconteceu nas últimas décadas afetando as percepções da disciplina, colocando novas demandas, questões e problemas. Ao menos entre aqueles e aquelas que se dedicam ao estudo da teoria da história e da história da historiografia, um certo desejo de "indisciplinar" a história tem lugar (Avila, 2019:19-51). Não parece estranho, hoje, questionar a própria pertinência da escrita da história, disciplina imperialista que a tudo e a todos parece querer abarcar, mas que sabidamente promoveu exclusões que tenta compensar. Um certo fascínio pela história parece fazer com que a cada ano o curso da UFRRJ, *campus* Seropédica, receba 120 estudantes ávidos por saber o que realmente aconteceu. Ao longo do curso, a expectativa é a de que percam a ingenuidade e compreendam a história como o resultando de um trabalho regido por certas regras e avaliado por pares. Ao mesmo tempo, espera-se que adquiram certa familiaridade com um vocabulário próprio da disciplina, compartilhando um cânone que sabidamente resulta de escolhas e exclusões.

As possibilidades e os limites da disciplina, pensados a partir dos lugares, das práticas e dos textos, constituem aquilo que costumo abordar e, aos poucos, procuro introduzir minhas próprias preocupações conjugadas aos interesses dos alunos, em função de demandas do presente que penetram na sala de aula. Por isso, tenho procurado enfrentar temas como o "lugar de fala", a memória e os públicos da história, dando especial atenção à experiência do tempo, que considero central para o estudo do mundo contemporâneo. Sem pretender uma conclusão e respondendo à pergunta que dá título a este texto, acredito que a teoria da história e o estudo da historiografia podem contribuir para a compreensão de ambos, ampliando a crítica da cultura. E quanto à bagagem que os alunos e alunas trazem para o curso, pode não ser aquela que nós, professores(as) gostaríamos. Mas os viajantes, professora, alunos e alunas, não deixam de levar curiosidade, desejo de descoberta, vontade de compreender e explicar.

Referências

ALATAS, Syed Farid. Intellectual and structural challenges to academic dependency. *International Sociological Association e-bulletin*, n. 9, mar. 2008, p. 3-26.

ALATAS, Syed Hussein. Intellectual imperialism: definition, traits, and problems. *Southeast Asian Journal of Social Science*, v. 2, n. 1, 2000, p. 23-45.

APUH. *Anais do I Simpósio de História do Ensino Superior* [1961]. Marília: Apuh, 1962.

ARAUJO, Valdei Lopes de. O direito à história: o(a) historiador(a) como curador(a) de uma experiência histórica socialmente distribuída. In: GUIMARÃES, Géssica; BRUNO, Leonardo; PEREZ, Rodrigo (Org.). *Conversas sobre o Brasil*: ensaios de crítica histórica. Rio de Janeiro: Autografia, 2017, p. 191-216.

AVILA, Arthur Lima de. O que significa indisciplinar a história? In: ______; NICOLAZZI, Fernando; TURIN, Rodrigo. *A história (in)disciplinada*: teoria, ensino e difusão do conhecimento histórico. Vitória: Milfontes, 2019, p. 19-51.

______; NICOLAZZI, Fernando; TURIN, Rodrigo. *A história (in)disciplinada*: teoria, ensino e difusão do conhecimento histórico. Vitória: Milfontes, 2019.

BEVERNAGE, Berber. *História, memória e violência de Estado*: tempo e justiça. Vitória: Milfontes, 2018.

CERTEAU, Michel de. *A escrita da história*. Rio de Janeiro: Forense Universitária, 1982.

CONNELL, Raewyn. A iminente revolução na teoria social. *Revista Brasileira de Ciências Sociais*, v. 27, n. 80, 2011, p. 9-20.

COSTA, Aryana Lima. *De um curso d'água a outro*: memória e disciplinarização do saber histórico na formação dos primeiros professores no curso de história da USP. Tese (doutorado em história) — Universidade Federal do Rio de Janeiro, 2018.

D'ALESSIO, Márcia Mansor. Teoria e história: uma relação delicada. *Expedições*, a. 7, n. 2, ago./dez. 2019, p. 157-174.

FALCON, Francisco. A historiografia brasileira contemporânea, 1958-1969 [2000]. In: ______. *Estudos de teoria da história e historiografia*. São Paulo: Hucitec, 2015, p. 150-170.

______. A identidade do historiador. *Estudos Históricos*, Rio de Janeiro, v. 9, n. 17, 1996, p. 7-30.

FERREIRA, Marieta de Moraes. *A história como ofício*: a constituição de um campo disciplinar. Rio de Janeiro: FGV, 2013.

FICO, Carlos. Algumas anotações sobre historiografia, teoria e método no Brasil dos anos 90. In: GUAZELLI, Cesar Augusto Barcellos et al. (Org.). *Questões de teoria e metodologia da história*. Porto Alegre: Ed. da UFRGS, 2000, p. 27-40.

______; POLITO, Ronald. *A história no Brasil (1980-1989)*: elementos para uma avaliação historiográfica. Ouro Preto: Ufop, 1992.

GUAZELLI, Cesar Augusto Barcellos et al. (Org.). *Questões de teoria e metodologia da história*. Porto Alegre: Ed. da UFRGS, 2000.

GUTFREIND, Ieda. Ensino de teoria e metodologia nos cursos de história. In: GUAZELLI, Cesar Augusto Barcellos et al. (Org.). *Questões de teoria e metodologia da história*. Porto Alegre: Ed. da UFRGS, 2000, p. 99-104.

HARTOG, François. *Evidência da história*: o que os historiadores veem. Belo Horizonte: Autêntica, 2011.

HOUAISS, Antônio; VILLAR, Mauro Salles. *Dicionário Houaiss de língua portuguesa*. Rio de Janeiro: Objetiva, 2001.

JENKINS, Keith. *¿Por qué la historia?* Ética e posmodernidad. Mexico: Fondo de Cultura Económica, 2006.

NASCIMENTO, Thiago Rodrigues. A formação do professor de História no Brasil: percurso histórico e periodização. *Revista História Hoje*, v. 2, n. 4, 2013, p. 265-304.

OLIVEIRA, Maria de Glória de. Os sons do silêncio: interpelações feministas decoloniais à história da historiografia. *História da Historiografia*, v. 11, n. 28, set./dez. 2018, p. 104-140.

PEREIRA, Ana Carolina Barbosa. Precisamos falar sobre o lugar epistêmico da teoria da história. *Tempo & Argumento*, Florianópolis, v. 10, n. 24, p. 88-114.

PETERSEN, Silvia Regina Ferraz. Teoria e metodologia da história: experiências no ensino de graduação. In: GUAZELLI, Cesar Augusto Barcellos et al. (Org.). *Questões de teoria e metodologia da história*. Porto Alegre: Ed. da UFRGS, 2000, p. 105-117.

______; LOVATO, Bárbara Hartung. *Introdução ao estudo da história*: temas e textos. Porto Alegre: Edição do Autor, 2013.

RODRIGUES, Mara Cristina; SCHMIDT, Benito Bisso. O professor universitário de história é um professor? Reflexões sobre a docência de teoria e metodologia da história e historiografia no ensino superior. *História Unisinos*, v. 21, n. 2, mai./ago. 2017, p. 169-178.

SANTOS, Pedro A. C.; NICODEMO, Thiago; PEREIRA, Mateus H. de Faria. Historiografias periféricas em perspectiva global ou transnacional: eurocentrismo em questão. *Estudos Históricos*, v. 30, n. 60, jan./abr. 2017, p. 161-186.

SANTOS, Wagner Geminiano dos. *A invenção da historiografia brasileira profissional, acadêmica*: geografia e memória disciplinar, disputas político-institucionais e debates epistemológicos acerca do saber histórico no Brasil (1980-2012). Tese (doutorado em história) — Universidade Federal de Pernambuco, Recife, 2018.

SILVA, Renata Augusta dos Santos. *A quem cabe formar o professor de história?* Os caminhos e debates em torno de um *éthos* de formação. Tese (doutorado em história) — Univeersidade Federal do Estado do Rio de Janeiro, Rio de Janeiro, 2019.

Sobre as autoras e os autores

Ana Maria Ferreira da Costa Monteiro
Professora titular aposentada da Universidade Federal do Rio de Janeiro (UFRJ). Concluiu o doutorado em educação na Pontifícia Universidade Católica do Rio de Janeiro (PUC-Rio, 2002) e o mestrado em história na Universidade Federal Fluminense (UFF, 1985), tendo realizado estágio pós-doutoral na Universidade Federal de Pernambuco (UFPE, 2017) sob a supervisão de Durval Muniz de Albuquerque Junior. Foi diretora da Faculdade de Educação da UFRJ de 2008 a 2015. Bolsista de produtividade em pesquisa do CNPq nível 2, é professora do Programa de Pós-graduação em Educação da UFRJ e do Programa de Pós-graduação em Ensino de História, Mestrado profissional — ProfHistória/Capes/UFRJ, onde atua como coordenadora adjunta nacional. Líder do Laboratório de Estudos e Pesquisas em Ensino de História (Lepeh/UFRJ).

Beatriz de Moraes Vieira
Professora associada do Departamento de História, Instituto de Filosofia e Ciências Humanas, da Universidade do Estado do Rio de Janeiro (Uerj), atuando na graduação como docente, e coordenadora da área de teoria da história e historiografia, e no Programa de Pós-graduação em História, como professora permanente e coordenadora da linha de pesquisa "Política e Cultura". Possui doutorado em história social (UFF, 2007); mestrado em literatura brasileira (UFF, 1997); Especialização em Educação Estética (Unirio, 1992) e em Literatura (UFF, 1996); graduação em história (UFF, 1988). Realizou estágio de pós-doutorado na Cornell University, EUA (2018), onde mantém vínculo como Visiting Scholar no Latin American Studies Program (Lasp).

É membro do núcleo de pesquisa Comunidade de Estudos de Teoria da História e Historiografia (Comum) da Uerj e do Conselho Científico e Editorial de Publicações da Sociedade Brasileira de Teoria e História da Historiografia (SBTHH).

Benito Bisso Schmidt
Professor titular do Departamento de História da Universidade Federal do Rio Grande do Sul (UFRGS), membro do Programa de Pós-Graduação em História e do Mestrado Profissional em Ensino de História (ProfHistória) da mesma universidade, e bolsista de produtividade do CNPq. Atualmente coordena o Centro de Referência da História LGBTQIA+ do RS (Close) e integra o Laboratório de Estudos sobre os Usos Políticos do Passado (Luppa) da UFRGS.

Carmen Teresa Gabriel le Ravallec
É bacharel e licenciada em história pela Universidade Federal Fluminense (UFF, 1980), possui pós-graduação em estudos do desenvolvimento pelo Institut d'Études du Développement (Iued, Genebre, 1982) e mestrado e doutorado em educação pela Pontifícia Universidade Católica do Rio de Janeiro (PUC-Rio, 1999, 2003). Realizou pós-doutorado na Université des Sicences Humaines de Lille 3 (França, 2014-15). Desde 2011 é professora titular de currículo da Faculdade de Educação da Universidade Federal do Rio de Janeiro (UFRJ). É bolsista de produtividade de Pesquisa do CNPq e Cientista do Nosso Estado (CNE, Faperj). Atua em orientação, pesquisa e docência nas áreas de currículo e de ensino de história na graduação e nos programas de pós-graduação em educação (PPGE/UFRJ) e no Programa de Pós-graduação em ensino de História (ProfHistória/IH/UFRJ). Coordena o grupo de pesquisa Currículo, Conhecimento e Ensino de História (Gecceh). Possui publicações nas áreas do currículo e do ensino de história.

Daniel Pinha Silva
Doutor em história social da cultura pela Pontifícia Universidade Católica do Rio de Janeiro (PUC-Rio). Professor do Departamento de História da Uerj, do Programa de Pós-Graduação em História Social (PPGHS-Uerj) e do Programa de Pós-Graduação em Ensino de História (ProfHistória, Uerj. Integrante dos Laboratórios de Pesquisa Comum-Uerj e Nubhes-Uerj. Autor de capítulos de livros e artigos em revistas especializadas sobre ensino de história, história da historiografia, história intelectual e história do brasil no tempo presente.

Durval Muniz de Albuquerque Júnior

Licenciado em história pela Universidade Estadual da Paraíba (UEPB, 1982), mestre e doutor em história pela Universidade Estadual de Campinas (Unicamp, 1988, 19914). Realizou pós-doutorado em educação pela Universidade de Barcelona e em teoria e filosofia da história pela Universidade de Coimbra. É professor titular aposentado da Universidade Federal do Rio Grande do Norte (UFRGN). Atualmente é professor visitante da UEPB, professor permanente dos Programas de Pós-Graduação em História da Universidade Federal de Pernambuco (UFPE) e da UFRGN. Entre suas publicações destacam-se: *A invenção do Nordeste e outras artes* (5. ed., Cortez, 2011); *A feira dos mitos: a fabricação do folclore e da cultura popular (Nordeste, 1920-1950)* (Intermeios, 2013) e *História: a arte de inventar o passado (ensaios de teoria da história)* (Appris, 2019).

Elias Thomé Saliba

Professor titular de teoria da história na Universidade de São Paulo (USP) há 30 anos, pesquisador 1A do CNPq — e especializado em história cultural, com foco na história do humor e das formas cômicas. Entre suas publicações mais importantes estão os livros *Raízes do riso* (3. ed., Companhia das Letras, 2010), *As utopias românticas* (2. ed., Estação Liberdade, 2004) e *Crocodilos, satíricos e humoristas involuntários: ensaios de história cultural do humor* (Intermeios, PPGH/USP, 2018). Coordena o grupo de pesquisadores em História Cultural do Humor e o site <https://humorhistoria.wordpress.com/>.

Estevão Chaves de Rezende Martins

Graduação em filosofia — Faculdade Medianeira (1971); doutorado em filosofia e história — Universidade de Munique (1976). Professor (1977-2017) titular emérito da Universidade de Brasília (UnB). Pós-doutorados em teoria e filosofia da história e em história das ideias na Alemanha, na Áustria e na França. Temas de pesquisa: teoria e metodologia da história, cultura histórica, história contemporânea (Europa, União Europeia e relações internacionais) e história política (Brasil, Europa ocidental e relações internacionais). Pesquisador Colaborador Sênior na UnB desde 11 de outubro de 2017 (história).

Guilherme Pereira das Neves
Professor da Universidade Federal Fluminense desde 1977, com progressão para titular em 2019. Doutorado pela USP (1994). Pesquisador 1C do CNPq. Sócio honorário do IHGB. Orientador de doutorado, mestrado e graduação. Participou de eventos e publicou trabalhos no país e no exterior, na maioria sobre questões políticas e culturais, em fins do século XVIII e inícios do XIX. Participa como pesquisador principal do projeto Pronex/CNPq/Faperj "Caminhos da política no Império do Brasil" (Laboratório Redes de Poder e Relações Culturais, Uerj).

Mara Cristina de Matos Rodrigues
Possui graduação (licenciatura), mestrado e doutorado em história na Universidade Federal do Rio Grande do Sul (UFRGS.) Pós-doutorado em história na Universidade Federal Fluminense (UFF). Ministra as disciplinas de Teoria da História, professora associada do Departamento de História, do Mestrado Profissional em Ensino de História (ProfHistória) e da Pós-graduação em História da UFGRS. Membro da Sociedade Brasileira de Teoria e História da Historiografia (SBTHH) e do GT de Ensino de História da Anpuh (RS). Ministra as disciplinas de Introdução à História, Teorias da História e Metodologias da Pesquisa Histórica.

Marcia de Almeida Gonçalves
Possui licenciatura em história pela Universidade do Estado do Rio de Janeiro (Uerj, 1987), mestrado em história pela Universidade Federal Fluminense (UFF, 1995) e doutorado em história social pela Universidade de São Paulo (USP, 2003). Professora associada na Uerj, atuando nas áreas de história do Brasil e teoria da história. Jovem Cientista do Estado pela Faperj entre 2010 e 2016. Coordenadora institucional do Pibid-Uerj (2011-15). Coordenadora do Programa de Pós-Graduação em História do IFCH/Uerj (2015-19). Cientista do Nosso Estado pela Faperj a partir de 2017. Coordenadora do Núcleo de Estudos sobre Biografia, História, Ensino e Subjetividades (Nubhes). Pesquisador 2 CNPq.

Maria da Glória de Oliveira
Possui graduação e mestrado em história pela Universidade Federal do Rio Grande do Sul (UFRGS), e doutorado em história social pela Universidade Federal do Rio de Janeiro (UFRJ), com a tese *A biografia como problema*

historiográfico no Brasil oitocentista, vencedora do Prêmio Anpuh (RJ) 2010, com publicação pela editoras FGV/Edur (2011). É professora associada do Departamento de História da Universidade Federal Rural do Rio de Janeiro (UFRRJ) e membro do quadro permanente do Programa de Pós-Graduação em História (PPHR/UFRRJ) e do Mestrado Profissional em Ensino de História (ProfHistória/UFRRJ), com atuação na área de história da historiografia e teoria da história. Entre as publicações na área, destaca-se a publicação da dissertação de mestrado: *Crítica, método e escrita da história em João Capistrano de Abreu* (Editora FGV, 2013). É pesquisadora líder do Núcleo de Pesquisas de Teoria da História e História da Historiografia (Histor), cadastrado no diretório dos grupos de pesquisa do CNPq. Bolsista de Produtividade em Pesquisa CNPq nível 2.

Marieta de Moraes Ferreira
Doutora em história pela Universidade Federal Fluminense (UFF), com pós-doutorado pela École des Hautes Études em Sciences Sociales e pela Universidade de São Paulo (USP). Professora titular do Instituto de História da Universidade Federal do Rio de Janeiro (UFRJ), foi coordenadora nacional do Mestrado Profissional em Ensino de História (ProfHistória) e é pesquisadora da Fundação Getulio Vargas (FGV). Publicou *Histórias de família: casamentos, alianças e fortunas* (2008) e *Dicionário de ensino de história* (2019), entre outros títulos que publicou e organizou, assim como artigos e capítulos de livros.

Natalia Pietra Méndez
Doutora em história pelo Programa de Pós-Graduação em História da Universidade Federal do Rio Grande do Sul (UFRGS, 2008). Professora adjunta do Departamento de História da UFRGS, do ProfHistória (Núcleo UFRGS) e do Programa de Pós-Graduação em História (UFRGS). Investiga e leciona temas vinculados a: história das mulheres, estudos de gênero, história do feminismo, ensino de história, teoria e metodologia da história.

Pedro Telles da Silveira
Formado em história pela Universidade Federal do Rio Grande do Sul (UFRGS), mestre pela Universidade Federal de Ouro Preto (Ufop) e doutor pela UFRGS. Seu trabalho aborda desde as relações entre história e retórica na Idade Moderna até a interface entre conhecimento histórico e novas tec-

nologias na contemporaneidade. É autor de *O cego e o coxo: historiografia, erudição e retórica no Brasil do século XVIII* (FAP-Unifesp) e *Um lance de retórica: retórica e linguagem na construção do discurso histórico* (Milfontes).

Rebeca Gontijo

Professora de teoria e metodologia da história do Departamento de História da Universidade Federal Rural do Rio de Janeiro (UFRRJ) desde 2009. Atua nos Programas de Pós-Graduação em História e de Ensino de História (ProfHistória) da mesma instituição. Também participa do Núcleo de Pesquisas sobre Teoria da História e História da Historiografia (Histor, UFRRJ) e do grupo de pesquisas Oficinas de História (Uerj). Doutora em história Universidade Federal Fluminense (UFF, 2009).

Temístocles Cezar

Professor titular do Departamento de História, Programa de pós-graduação e ProfHistória da Universidade Federal do Rio Grande do Sul (UFRGS) e foi *directeur d'études invité* na École de Hautes Études en Sciences Sociales de Paris. Presidente da Sociedade Brasileira de Teoria e História da Historiografia, editor-chefe da *Revista História da Historiografia* e bolsista do CNPq. É autor de vários artigos publicados no Brasil e no exterior e de *Ser historiador no século XIX. O caso Varnhagen* (Autêntica, 2018)

Thiago Lima Nicodemo

Professor de teoria da história da Universidade de Campinas (Unicamp). Formado em história pela Universidade de São Paulo (USP) e em direito pela Pontifícia Universdiade Católica de São Paulo (PUC-SP), é mestre e doutor em história social pela USP. Tem experiência como pesquisador na Universidade Livre de Berlim, Universidade de Bolonha, Universidade do Texas em Austin, Stony Brook University, entre outras. Autor dos livros *Urdidura do vivido* (Edusp, 2008), *Alegoria moderna* (Unifesp, 2014) e de *Uma introdução à historiografia brasileira, 1870-1970* (2018, FGV, com Pedro dos Santos e Mateus Pereira).

Valdei Lopes de Araujo

Possui graduação (1995) e mestrado (1998) em história pela Universidade do Estado do Rio de Janeiro (Uerj), doutorado em história social da cultura pela Pontifícia Universidade Católica do Rio de Janeiro (PUC-Rio, 2003), com estágio PDEE na Universidade de Stanford. Atualmente é professor associado da Universidade Federal de Ouro Preto (Ufop). Tem experiência na área de história, com ênfase em história da historiografia, atuando principalmente nos seguintes temas: história da historiografia, história dos conceitos, Brasil império, história política e teoria da história.

Este livro foi impresso nas oficinas gráficas da Editora Vozes Ltda.,
Rua Frei Luís, 100 – Petrópolis, RJ.